图书在版编目(CIP)数据

中国特色社会主义国家审计理论研究. 第三卷, 经济安全审计论 / 蔡春等著. —上海：立信会计出版社，2022.12
　　工商管理理论与中国道路研究书系
　　ISBN 978-7-5429-7279-8

Ⅰ.①中… Ⅱ.①蔡… Ⅲ.①政府审计-研究-中国 Ⅳ.①F239.44

中国版本图书馆 CIP 数据核字(2022)第 257727 号

策划编辑	孙　勇
责任编辑	孙　勇
封面设计	北京任燕飞工作室

中国特色社会主义国家审计理论研究(第三卷)：经济安全审计论
ZHONGGUO TESE SHEHUIZHUYI GUOJIA SHENJI LILUN YANJIU DI-SAN JUAN JINGJI ANQUAN SHENJILUN

出版发行	立信会计出版社		
地　　址	上海市中山西路 2230 号	邮政编码	200235
电　　话	(021)64411389	传　　真	(021)64411325
网　　址	www.lixinaph.com	电子邮箱	lixinaph2019@126.com
网上书店	http://lixin.jd.com		http://lxkjcbs.tmall.com
经　　销	各地新华书店		
印　　刷	上海盛通时代印刷有限公司		
开　　本	710 毫米×1000 毫米	1/16	
印　　张	23.75	插　　页	6
字　　数	463 千字		
版　　次	2022 年 12 月第 1 版		
印　　次	2022 年 12 月第 1 次		
书　　号	ISBN 978-7-5429-7279-8/F		
定　　价	78.00 元		

如有印订差错，请与本社联系调换

国家社科基金重大项目研究成果　　　　"十三五"国家重点图书出版规划项目
教育部哲学社会科学研究重大课题攻关项目研究成果　工商管理理论与中国道路研究书系

中国特色社会主义国家审计理论研究

（第三卷）

经济安全审计论

蔡春　蔡利　等著

图书在版编目(CIP)数据

中国特色社会主义国家审计理论研究. 第三卷，经济安全审计论 / 蔡春等著. —上海：立信会计出版社，2022.12
　　工商管理理论与中国道路研究书系
　　ISBN 978-7-5429-7279-8

Ⅰ.①中… Ⅱ.①蔡… Ⅲ.①政府审计-研究-中国 Ⅳ.①F239.44

中国版本图书馆 CIP 数据核字(2022)第 257727 号

策划编辑	孙　勇
责任编辑	孙　勇
封面设计	北京任燕飞工作室

中国特色社会主义国家审计理论研究(第三卷)：经济安全审计论
ZHONGGUO TESE SHEHUIZHUYI GUOJIA SHENJI LILUN YANJIU DI-SAN JUAN JINGJI ANQUAN SHENJILUN

出版发行	立信会计出版社			
地　　址	上海市中山西路 2230 号	邮政编码	200235	
电　　话	(021)64411389	传　　真	(021)64411325	
网　　址	www.lixinph.com	电子邮箱	lixinaph2019@126.com	
网上书店	http://lixin.jd.com		http://lxkjcbs.tmall.com	
经　　销	各地新华书店			
印　　刷	上海盛通时代印刷有限公司			
开　　本	710 毫米×1000 毫米	1/16		
印　　张	23.75	插　　页	6	
字　　数	463 千字			
版　　次	2022 年 12 月第 1 版			
印　　次	2022 年 12 月第 1 次			
书　　号	ISBN 978-7-5429-7279-8/F			
定　　价	78.00 元			

如有印订差错，请与本社联系调换

蔡 春

　　西南财经大学教授（1994）、二级教授（2008）、经济学（审计学）博士（1991）、博士生导师。中国审计学会副会长、中国政府审计研究中心主任、全国先进会计工作者、财政部会计名家（2018）、中国内部审计协会学术委员、中国成本研究会常务理事。美国伊利诺大学国际会计教育与研究中心高级访问学者（1996-1997）。中国CFO好导师（2016）。被学术界誉为我国"审计领域系统研究审计理论结构第一人"。世界银行贷款资助项目、教育部哲学社会科学研究重大课题攻关项目和国家社科基金重大项目首席专家，享受国务院政府特殊津贴专家。中央军委审计署咨询专家、中央军委装备发展部财务与价格专家、审计署国家审计准则咨询专家、国务院学位委员会全国审计专业学位研究生教指委委员、中国会计学会审计专业委员会副主任委员、四川省学术和技术带头人、四川省有突出贡献的优秀专家、四川省审计学会副会长、四川省科研管理专家。教育部霍英东青年教师奖励基金经济学最高资助获得者（1996）、教育部会计学国家级教学团队负责人。担任《审计研究》《会计研究》《中国会计与财务研究》等期刊编委和《中国会计评论》理事会理事等学术职务。在《经济研究》《会计研究》《审计研究》《经济学家》和 Accounting Horizons, Managerial Auditing Journal 等期刊发表学术论文多篇。曾任西南财经大学会计学院院长和西南财经大学科研处处长等行政职务。长期致力于推动审计理论创新发展，传播审计文化。

蔡 利

西南财经大学会计学院教授、硕士生导师、管理学博士（审计学专业）。中国政府审计研究中心副主任兼办公室主任、西南财经大学会计学院专业学位教育中心副主任、中国审计学会理事、中国会计学会资深专家、教育部学位与研究生教育发展中心评审专家。美国肯塔基大学（University of Kentucky）联合培养博士研究生。入选西南财经大学"光华英才工程""百人计划"，四川省学术和技术带头人后备人选。担任《会计研究》《审计研究》等期刊匿名审稿人。研究领域为审计理论与实务、会计理论与实务、审计与金融安全、审计师行为选择等。在《经济研究》《会计研究》《审计研究》《经济学家》等国内权威期刊公开发表学术论文20余篇，主持国家自然科学基金项目、教育部人文社会科学研究青年项目、审计署重点科研课题、四川省哲学社会科学规划项目（含重大项目）等多项科研项目，作为主研人员参与了世界银行贷款资助项目、国家社科基金重大项目、国家自然科学基金项目、审计署重点科研课题20余项，出版专著1部。曾获审计署优秀博士学位论文奖、中国会计学会优秀论文二等奖、四川省哲学社会科学优秀成果三等奖、西南财经大学刘诗白奖励基金优秀科研成果一等奖、西南财经大学优秀科研成果奖等奖项。

编写委员会

主　任

蔡　春　西南财经大学
　　　　中国政府审计研究中心

成　员

（以姓氏汉语拼音为序）

鲍瑞雪（西南财经大学）　　　　孙　勇（立信会计出版社）
蔡　利（西南财经大学）　　　　唐嘉尉（重庆工商大学）
陈　晔（西南财经大学）　　　　唐凯桃（重庆理工大学）
崔　云（贵州财经大学）　　　　王　朋（西南财经大学）
方涵若（中国建设银行乐山分行）　谢柳芳（西南政法大学）
韩梅芳（重庆理工大学）　　　　徐　藩（西南财经大学）
何　雨（西南石油大学）　　　　杨惠雁（西南财经大学）
黄　昊（西南财经大学）　　　　张　筱（云南民族大学）
李江涛（中国政府审计研究中心）　张翼凌（西南财经大学）
李　明（中国政府审计研究中心）　郑开放（四川农业大学）
刘　静（四川师范大学）　　　　郑倩雯（四川大学）
刘　雷（重庆理工大学）　　　　郑伟宏（四川师范大学）
刘玉玉（山东财经大学）　　　　朱　磊（西南财经大学）
马　睛（西南财经大学）　　　　朱　荣（贵州大学）
马荔丽（西南财经大学）　　　　周　微（成都大学）

序

蔡春同志于1988—1991年在天津财经学院攻读博士学位,师从我国著名会计审计大师李宝震教授,他是我国本土院校培养的最早毕业的审计方向的博士之一。我有幸成为蔡春同志博士学位论文的评审人之一,也见证了他从博士到著名学者的蜕变。他的博士学位论文《审计理论结构研究》于1994年和2001年由西南财经大学出版社和东北财经大学出版社分别出版,影响重大且深远,他也因此获得我国"审计领域系统研究审计理论结构第一人"的赞誉。从1988年至今的30多年时间里,蔡春同志持之以恒地坚守在推进审计理论创新发展的学术探索领域,成果丰硕卓著,堪称审计理论创新研究的大胆追求者和卓越探索者。因其在审计理论创新研究领域的突出重要贡献,蔡春同志于2014年入选财政部会计名家培养工程,2018年荣获财政部颁发的"会计名家"证书。蔡春同志已经成长为我国具有重要影响的会计审计学家。

即将呈现在读者们面前的"中国特色社会主义国家审计理论研究"是一套六卷本著作,包括《中国特色社会主义国家审计理论研究(第一卷):国家审计理论框架论》《中国特色社会主义国家审计理论研究(第二卷):公共经济权力审计论》《中国特色社会主义国家审计理论研究(第三卷):经济安全审计论》《中国特色社会主义国家审计理论研究(第四卷):民主政治审计论》《中国特色社会主义国家审计理论研究(第五卷):国家治理审计论》和《中国特色社会主义国家审计理论研究(第六卷):经济责任审计论》,共计200余万字,可谓鸿篇巨制,是系统探讨国家审计理论的创新之作和扛鼎之作。

该六卷本理论著作是蔡春同志作为首席专家承担的两个国家级重大课题——国家社科基金重大项目(13&ZD146)和教育部哲学社会科学研究重大课题攻关项目(07JZD0018)的系统化研究成果,集中展示了蔡春同志及其团队于2005—

2021年围绕推进审计理论创新研究所做的重要工作。本套著作以公共受托经济责任观和服务国家治理为研究视角,理念新颖,特色鲜明。

第一卷是对其《审计理论结构研究》的拓展,构建了包含"一个原点、四个圈层"的圈层结构式国家审计理论框架。"一个原点"是指公共受托经济责任。蔡春同志开展的国家审计理论研究是以公共受托经济责任为原点的,他认为国家审计理论研究应以公共受托经济责任为内在依据,促进和保障公共受托经济责任的全面有效履行。"四个圈层"包含"十大要素",是指:第一圈层,国家审计本质理论、国家审计假设理论、国家审计目标理论;第二圈层,国家审计行为理论、国家审计功能理论、国家审计组织理论;第三圈层,国家审计规范理论、国家审计信息理论、国家审计方法理论;第四圈层,国家审计环境理论。这种构思新颖奇妙,把国家审计理论框架的各个部分有机地联系起来。本卷的出版无疑是对国家审计基础研究的重大贡献。

第二卷深入系统地讨论分析了公共经济权力审计的内在机理与实现路径,构建了权力监督导向的审计监控体系。本卷深入地讨论了国家审计与腐败治理、权力清单审计、公共经济权力特殊领域(包括预算执行、政府采购、税收制度与政策执行、指标审批)审计问题。蔡春同志认为,经济责任的履行和经济权力的行使是一个问题的两个方面,经济责任履行与经济权力行使直接关联。自2005年以来,蔡春同志带领其团队开展"公共经济权力审计"这一新领域问题的研究,先后有多位他指导的博士生围绕"公共经济权力审计"选择研究方向并完成了博士学位论文,其本人也通过申请国家基金项目来推进这方面的研究。本卷的出版标志着蔡春同志提出并推动的"公共经济权力审计"这一审计理论创新研究的新领域正式确立,同时也为党的十六大以来党中央特别强调审计对权力制约和监督发挥重要作用,提供了重要的审计学理论解释和理论支撑。

第三卷深入系统地讨论分析了关于审计维护经济安全的一系列重要理论与实践问题,包括国家审计维护经济安全的作用机理与内在逻辑问题,金融安全审计、财政安全审计和产业安全审计问题,重大风险防控中的关键审计问题,经济安全审计监测与预警机制构建问题等。蔡春同志从2009年开始带领其团队推进"审计维护经济安全与服务风险防控问题"的研究,先后申请到多项国家级基金项目和省部级重大、重点项目支撑该项研究。他指导的几位博士生分别重点研究了审计维护金融安全、审计维护财政安全和审计维护资本市场安全的问题。本卷是对蔡春同志及其团队10余年创新研究成果的进一步系统化和升华,对学者们在新时代按照习近平总书记提出的总体国家安全观要求,研究国家审计如何服务重大风险防控、构建完善的重大风险防控机制和体系,具有特别重要的理论创新意义和实践指导价值。

第四卷深入系统地讨论分析了民主政治审计的系列理论与实践问题。"国家审计是民主政治的重要内容和推动民主政治发展的重要方式"几乎是审计学术界的共识性观点。但从理论上对审计服务民主政治的内在机理与实现方式进行探讨的研究在国内外都是缺乏的。蔡春同志带领其团队从2009年开始对这一问题的研究进行了大胆创新与深入探讨,第四卷便是研究成果之一。本卷基于中国情境,探讨国家审计如何服务中国特色社会主义民主政治的发展与完善这一重大课题。本卷基于马克思主义民主政治理论和公共受托经济责任观,系统深入地研究和探讨了国家审计服务社会主义民主政治的作用机理、内在逻辑与实现方式等重大理论与实践问题。聚焦于"维护与保障公民权利"与"制约和监督公共权力"两个维度,本卷提出并探讨了审计参与听证制度、制度合理性审计、民生审计和构建以审计为核心的问责机制等问题。我认为,本卷的出版具有特别重大的理论创新价值和实践指导作用,具有填补这一领域审计学术研究空白的意义。

第五卷全面分析了国家审计如何服务国家治理。党的十八届三中全会提出推进国家治理体系与能力现代化的总体改革目标,推动了审计学术界对国家审计服务国家治理的理论与实践问题的全面系统研究。党的十九大以来,国家治理的要求进一步提高,国家审计跃升到了国家治理体系的更高层次。新时代赋予了国家审计在国家治理中的新使命。审计学术界围绕国家审计服务国家治理的机理、机制和实现路径等重大问题的研究,推陈出新、成果丰硕。蔡春同志从2011年开始带领其团队对这一重大问题开展了大量的研究,提出了很多极具特色的思想和观点。第五卷是蔡春同志及其团队10余年研究成果的集成和深化。本卷基于公共受托经济责任观,深入系统地分析和探讨国家审计服务国家治理的机理、机制、内在逻辑和实现方式,形成了"无审计,不治理"这一核心思想和观点。区别于现有的研究,本卷主要从国家审计与依法治国、国家审计与政策措施执行、国家审计与环境治理、国家审计与责任政府建设、国家审计与经济高质量发展、国家审计与国企治理等方面探讨国家审计服务国家治理、提高治理效率的实现方式和路径等。本卷的出版有利于丰富和拓展国家审计服务国家治理这一重大研究领域的研究,具有重要的理论与实践意义。

第六卷深入讨论分析了经济责任审计的相关理论与实践问题。经济责任审计是一项极具中国特色的经济监督制度,是现代审计理论、方法、制度与中国实际相结合的重大创新,现已成为国家审计服务国家治理、领导干部考核评价、权力制约和监督、追责问责机制假设的一种必不可少的审计类型与方式。从20世纪80年代中后期算起,我国经济责任审计的实践探索、制度建设已有30多年。围绕经济责任审计理论与方法的研究成果可谓汗牛充栋。但其中一些重要的基本理论问题,包括经济责任审计的基本理论依据、领导干部经济责任履行与特定组织管理层治理层的责任履行的关系、领导干部经济责任的内涵和外延、经济责任审计运行机制、经济责任审计与其他类型审计的关系、经济责任审计评价体系的构建等一直是没有解决好的问题。蔡春同志带领其团队从2005年开始关注和推动经济责任审计问题的探索与研究,发表了多篇有影响力的论文,承担了与之相关的教育部哲学社会科学研究重大课题攻关项目和多项国家级、省部级项目。他指导的多位博士生围绕经济责任审计进行了博士学位论文选题和写作。第六卷是蔡春同志及其团队近16年的研究成果的集成与升华,主要研究了经济责任审计的功能与目标、经济责任审计的运行机制、目标经济责任确定与经济责任履行报告构建、经济责任审计评价方法与指标体系、经济责任审计报告模式与公告制度、经济责任审计与组织治理和经济责任导向审计模式等重大理论与实践问题。本卷的出版是对该研究领域的重大贡献。

据悉,本套著作还获得了国家出版基金的资助,也是"十三五"国家重点图书出版规划项目,同时还是西南财经大学"工商管理理论与中国道路研究书系"的重要成果,实在是可喜可贺!

党的二十大明确了新时代新征程中国共产党的使命任务:中国共产党的中心任务就是团结带领全国各族人民全面建成社会主义现代化强国、实现第二个百年奋斗目标,以中国式现代化全面推进中华民族伟大复兴。会计审计研究应更加聚焦于构建服务中国式现代化建设的会计审计理论与方法体系。国家审计已经成为国家治理结构中独具特色、不可或缺的重要机制,在服务中国式现代化的建设中无疑具有独特的优势。蔡春同志领衔撰写的这套著作的成功出版,必将对推动构建服务中国式现代化建设的审计理论与方法体系的研究产生重大积极的影响。在我看来,这套著作的出版本身,就代表着蔡春同志及其团队对构建服务中国式现代化建设的国家审计理论创新研究作出的重要贡献。我期待着蔡春同志为审计理论创新发展不断作出更大的贡献!

是为序!

中南财经政法大学

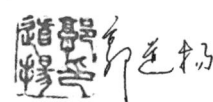

2022年12月于武汉

丛书自序

我们正处于一个需要创新理论、能够创新理论的新时代，国家审计领域的理论创新研究尤其重要、独具魅力！

一、国内外审计研究现状

我们团队以 The Accounting Review（TAR）,Journal of Accounting Research（JAR）,Journal of Accounting and Economics（JAE）,Contemporary Accounting Research（CAR）,Review of Accounting Studies（RAST）,Journal of Accounting,Auditing & Finance（JAAF）,Journal of Accounting and Public Policy（JAPP）,Journal of Business Finance & Accounting（JBFA）,Accounting Horizons（AH）,Auditing：A Journal of Practice & Theory（AJPT）等国际十大代表性会计、审计期刊为考察对象,统计发现,2016—2020年国际十大期刊发表论文2 896篇,其中,审计领域的论文有303篇,占比为10.46%,相较以前呈现增长趋势。但以国家审计或者政府审计为主题的论文只有49篇,按发表年度算,历年发表量分别为2016年12篇、2017年7篇、2018年15篇、2019年6篇、2020年9篇。总体来看,与国家审计相关的论文数量较小,说明国家审计领域的研究在国际上仍不被重视。

我们团队对国内审计研究现状的调研分析发现,国内学术界对审计的研究也存在不少问题,主要表现在三个方面。

(1) 学术研究水平不够高,有待大力提升。我们基于中国知网对"十三五"时期审计领域的论文发表情况做了统计,统计发现,发文总量为42 931篇,其中,中文核心期刊和CSSCI期刊两类核心期刊共发表审计论文3 744篇,占比只有8.72%[①]。这一结果说明高质量审计研究确实有待进一步提升。

---

① 中文核心期刊与CSSCI期刊有交叉,对同一篇论文,我们只统计一次。

从我们以往调研收集的意见来看,论文质量上存在的问题主要有:研究具体细节性问题的偏多,研究我国重大现实需求问题的偏少;跟随性研究偏多,实质性创新研究偏少。在国家审计方面,部分论文理论深度不够,存在偏重政策解读、描述经验做法的现象。

(2) 从以审计为主题的基金立项分布看,明显存在"名校"与"非名校"严重不均衡的现象。"十三五"时期,以审计为主题的国家社科基金年度项目和青年项目共53项。其中,属于"名校"科研人员的只有6项,占比为11.32%;属于"非名校"科研人员的有41项,占比为77.36%;属于其他机构科研人员的有6项,占比为11.32%。77.36%这个数据说明"非名校"具有不甘示弱、勇于争先,不断提高自身审计科研水平和研究能力的精神品质。11.32%表明一些"名校"的审计学科对国家社科基金年度项目和青年项目的投入不够,重视程度不够高。"名校"相对集聚更多优质师资,如果能有更多的教师和学者参与国家社科基金审计主题类项目的申报并获得立项,必将更有利于带动整个国家社科基金项目中审计研究水平的提高。

(3) 在国家级基金的重大项目中,审计学科的项目严重偏少。"十三五"时期,国家社科基金重大项目招标公告中没有审计立项。教育部哲学社会科学研究重大课题攻关项目中,以审计为主题的项目只有2项。这说明关于审计问题的研究确实严重偏少,与国家重大现实需求不相适应。

国内外国家审计研究现状表明,在国家审计领域,尤其是中国特色国家审计领域的创新研究存在巨大空间和机会。

即将由立信会计出版社出版的"中国特色社会主义国家审计理论研究"(六卷本)是我作为首席专家承担的两个国家级重大课题——国家社科基金重大项目(13&ZD146)和教育部哲学社会科学研究重大课题攻关项目(07JZD0018)的研究成果的总结和升华,集中展现了我带领团队在2005—2021年的16年间围绕国家审计理论创新研究所做的思考和探索。

二、本套著作的研究视角

本套著作是基于公共受托经济责任观和服务国家治理的视角展开研究的。

(1) 基于公共受托经济责任观的视角。公共受托经济责任观是贯穿本套著作的主线。公共受托经济责任观是本套著作依托的重要审计动因学说。国家审计理论框架的构建以公共受托经济责任为理论原点,公共经济权力审计研究、经济安全审计研究、民主政治审计研究、国家治理审计研究和经济责任审计研究的基本理论逻辑都基于公共受托经济责任观。

(2) 基于服务国家治理的视角。从广义的视角来看,服务国家治理是公共受托经济责任内涵拓展的要求。国家治理基于公共受托经济责任关系而开展,其核心是监控公共权力的阳光运行,促进公共资源合理有效配置,妥善处理或均衡各方的利益诉求,保证公共受托经济责任的全面有效履行。以保障和促进公共受托经济责任的全面有效履行为本质目标的国家审计是国家治理的主要机制之一。

从狭义的视角来看,服务国家治理是国家审计功能拓展后的最终目标。公共经济权力审计监控体系的重心在于关注公共经济权力的运行,公共经济权力运行所涉及的国家治理的各个领域是国家审计发挥功能的主要阵地。经济责任审计是公共经济权力审计监控体系的有效手段或方法;维护经济安全和推进社会主义民主政治发展是国家治理的两项重要内容,也是国家审计服务国家治理的两条重要实现路径。

三、本套著作的总体研究目标

本套著作的总体研究目标是:基于我国的基本国情,结合中国特色社会主义的基本特征,以国家审计功能拓展为逻辑主线,为实现国家审计服务国家治理的目标,深入研究国家审计领域的若干重要问题,以推动国家审计理论创新,同时为国家审计促进社会主义善治国家的建设提供政策参考。

《中国特色社会主义国家审计理论研究(第一卷):国家审计理论框架论》以公共受托经济责任为理论原点,国家审计功能拓展为基础,探讨构建中国特色社会主义国家审计理论框架。

《中国特色社会主义国家审计理论研究(第二卷):公共经济权力审计论》探讨公共经济权力审计监控机理、机制与实现方式,尝试构建公共经济权力审计监控体系。

《中国特色社会主义国家审计理论研究(第三卷):经济安全审计论》以风险监控为基本出发点,以金融安全、财政安全和产业安全为切入点,探讨国家审计维护经济安全的内在机理、作用路径与实现方式。

《中国特色社会主义国家审计理论研究(第四卷):民主政治审计论》基于社会主义民主政治的内涵,探讨国家审计推进社会主义民主政治发展的内在机理、作用路径及实现方式。

《中国特色社会主义国家审计理论研究(第五卷):国家治理审计论》讨论国家审计服务国家治理的内在机理与作用路径,探讨国家审计促进社会主义善治国家建设的实现方式。

《中国特色社会主义国家审计理论研究(第六卷):经济责任审计论》探讨经济责任审计的功能与目标、经济责任审计的运行机制、目标经济责任确定与经济责任履行报告构建、经济责任审计评价方法与指标体系、经济责任审计报告模式与公告制度、经济责任审计与组织治理和经济责任导向审计模式等重大理论与实践问题。

四、本套著作的研究思路

本套著作围绕公共受托经济责任内涵的拓展,按照"从国家审计功能拓展的基础(中国特色社会主义国家审计理论框架)到国家审计功能拓展的内容(经济责任审计体系、公共经济权力审计监控体系、国家审计维护经济安全、国家审计推进社会主义民主政治发展、国家审计服务国家治理)"的逻辑主线,以服务国家治理为国家审计目标,结合中国特色社会主义的基本特征,研究有关国家审计功能发挥的若干重要问题。

本套著作按如下研究思路逐层展开:

第一,探讨国家审计功能拓展的基础,构建中国特色社会主义国家审计理论框架。以公共受托经济责任观为理论基础,从国家审计理论框架的内涵及特点、构建模式、理论原点、构成要素等方面探讨并构建中国特色社会主义国家审计理论框架。

第二,围绕国家审计功能拓展的内容,分别探讨和研究公共经济权力审计监控问题、国家审计维护经济安全问题、国家审计推进社会主义民主政治发展问题、国家审计服务国家治理问题和经济责任审计问题。

五、本套著作的核心观点和主要创新贡献

在世界范围内,公认的审计基础理论及其体系尚未形成。国家审计理论研究更是非常缺乏,甚至有很多空白无人探索。现有审计教科书上的审计理论根本无法解释丰富多彩的中国特色的审计实践与制度创新。因此,推进和创新具有中国特色的审计理论特别是国家审计理论研究,构建中国特色社会主义国家审计理论体系,具有特别重大的理论和现实意义。

本套著作形成如下核心观点和原创性成果。

第一卷提出了"以公共受托经济责任为理论原点构建圈层结构式国家审计理

论框架"的原创性观点。国家审计理论框架的理论原点是公共受托经济责任。四个圈层分别是:第一圈层,国家审计本质理论、国家审计假设理论、国家审计目标理论;第二圈层,国家审计行为理论、国家审计功能理论、国家审计组织理论;第三圈层,国家审计规范理论、国家审计信息理论、国家审计方法理论;第四圈层,国家审计环境理论。本卷的研究对推进中国特色社会主义国家审计理论体系的构建具有重大意义。

第二卷原创性地提出了"公共经济权力审计"的概念并对公共经济权力审计的内在机理进行了深入讨论,重点研究了公共经济权力审计的实现路径与体系构建,包括国家审计与腐败治理、权力清单审计、公共经济权力特殊领域审计和权力导向审计监控体系的构建等。本卷的研究对党的十六大以来党中央特别强调审计对权力制约和监督发挥重要作用,提供了重要的审计学理论解释和理论支撑。

第三卷在创新性地讨论国家审计维护国家经济安全的机理和内在逻辑的基础上,重点探讨了金融安全审计、财政安全审计和产业安全审计中的关键审计问题,进一步提出了构建经济安全审计监测与预警机制的设想。本卷的研究对国家审计助力"三大攻坚战"中的"重大风险防控",探索构建完善的重大风险防控机制具有重大理论创新意义和实践指导价值。

第四卷提出了"审计特别是国家审计是民主政治的重要内容和推动民主政治发展的重要方式""健全完善的民主政治体制机制必然要求完善的国家审计体制机制与之协调配合"的鲜明观点,讨论了国家审计服务和推动民主政治发展的内在机理与内在逻辑,提出并重点讨论了国家审计服务和推动民主政治发展的实现路径,包括审计参与听证制度、制度合理性审计、民生审计和构建以审计为核心的问责机制等问题。本卷的研究对推进中国特色社会主义民主政治制度的完善具有重大的理论意义和实践价值,具有理论上的原创性。

第五卷提出了"国家审计是国家治理结构和体系中内生的必不可少的组成部分,是国家治理机制中不可或缺的一种治理机制",即"无审计,不治理"的核心观点,探讨了国家审计服务国家治理的内在机理和内在逻辑,重点讨论了国家审计服务国家治理的实现路径问题,包括国家审计与责任政府建设、政策执行效果审计、国家审计服务环境治理、国家审计服务经济高质量发展以及国家审计服务国家治理的其他特别问题。本卷的研究对从国家审计的视角推进国家治理体系和治理能力现代化,具有重大的理论意义和实践参考价值。

第六卷提出了"经济责任审计是一项具有中国特色的经济监督制度,是现代审计制度在中国的一种创新",探讨了经济责任审计的基本理论依据、目标经济责任与责任履行报告、领导干部经济责任履行与特定组织管理层治理层的责任履行的关系、领导干部经济责任的内涵和外延、经济责任审计运行机制、经济责任审计与其他类型审计的关系、经济责任审计评价体系的构建等问题。本卷总结了经济责任审计推动的十大审计理论创新,较为全面、系统地研究了经济责任审计推动审计理论创新的若干问题,对丰富和发展中国特色社会主义国家审计理论体系,指导经济责任审计实践,推进国家治理体系和治理能力现代化,均具有极其重要的理论价值与现实意义。

本套著作在立信会计出版社的大力支持下,获得了国家出版基金资助,也被新闻出版署列为"十三五"国家重点图书出版规划项目,在此,对立信会计出版社致以特别感谢。同时也要感谢西南财经大学将本套著作纳入其"工商管理理论与中国道路研究书系"中。

本套著作是以我所主持的两个国家级重大课题的研究为基础的,没有两个重大课题的支撑,就不会有本套著作的成功出版。

我要诚挚地感谢在2007年教育部哲学社会科学研究重大课题攻关项目申报和研究中给予过我大力支持的教授和专家,他们是:审计署原党组成员、副审计长孙宝厚研究员,北京大学王立彦教授,清华大学郝振平教授,审计署审计科研所原所长崔振龙研究员,审计署法规司原司长王秀明,中南财经政法大学张龙平教授,四川大学干胜道教授,西南财经大学党委书记赵德武教授,西南财经大学会计学院原院长彭韶兵教授,西南财经大学统计学院原院长(现西南财经大学党委常委、副校长)史代敏教授,西南交通大学经管学院原副院长黄登仕教授,英国赖皮尔大学高善生教授,纽约城市大学巴鲁学院叶建民教授,香港城市大学邹宏教授。在项目的申报和研究工作中作出过卓越贡献的团队成员包括:张勇博士、李江涛博士、徐荣华博士、刘更新博士、陈晓媛博士、赵莎博士、杨晓磊博士、谢赞春博士、朱荣博士、李明博士、刘雷博士、朱磊博士和博士研究生杨惠雁。在此表示衷心感谢!

特别感谢在我申报2013年国家社科基金重大项目过程中,武汉大学王永海教授、南开大学张继勋教授、西南财经大学会计学院院长马永强教授、西南财经大学会计学院副院长唐雪松教授和西南财经大学公共管理学院原院长唐兴霖教授的大力支持!该项目的研究工作历时8年之久,先后有多名团队成员参与其中并作出了卓越的贡献,他们是:蔡利博士、谢柳芳博士、张筱博士、刘静博士、唐凯桃博士、李江涛博士、李明博士、刘雷博士、田秋蓉博士、陈孝博士、董延安博士、车宣呈博士、饶翠华博士、苗连琦博士、毕铭悦博士、马可哪呐博士、郑伟宏博士、韩梅芳博士、刘玉玉博士、崔云博士、黄昊博士、郑开放博士、何雨博士、唐嘉尉博士、郑倩雯博士、周微博士、张翼凌博士、博士研究生鲍瑞雪、博士研究生陈晔、博士研究生王朋、博士研究生徐藩、博士研究生马睛、硕士研究生方涵若、硕士研究生马荔丽。他们的接续奋斗，保障了国家社科基金重大项目得以顺利完成！在此一并致以特别的敬意和万分感谢！

我还要特别感谢国际著名会计史学大师、著名会计审计学家、中南财经政法大学郭道扬教授，他欣然接受邀请为本套著作作序并给予本套著作极高的评价！

党的二十大吹响了以中国式现代化推进中华民族伟大复兴新征程的新号角！审计领域的创新研究应聚焦推动服务中国式现代化建设的审计理论与方法体系研究。中国的国家审计在全世界范围内都独具特色，在国家治理的最高层次和全过程都发挥着不可或缺、不可替代的重要作用。探讨和研究服务中国式现代化建设的国家审计理论，进一步推动国家审计理论创新研究，应当成为新时代审计学者的重大使命。本套著作的出版，既代表着我们团队对服务中国式现代化建设作出的部分审计学术贡献，也为我们继续大力推动服务中国式现代化建设的审计理论创新研究奠定了雄厚的基础。我们唯有踔厉奋发，勇毅前行，方能不负伟大时代！

西南财经大学/中国政府审计研究中心

2022 年 12 月于成都

本 卷 前 言

我们团队从2009年开始推进"审计①服务经济安全与风险防控问题"的研究,先后获得多项国家基金项目和省部级重大、重点项目的支持。团队中三位博士研究生的博士学位论文分别重点研究了审计维护金融安全、审计维护财政安全和审计维护资本市场安全的问题。本卷是对我们团队十余年创新研究成果的进一步升华,对理论界和实务界按照习近平总书记提出的总体国家安全观的要求,研究国家审计如何服务重大风险防控、构建完善的重大风险防控机制和体系,具有特别重大的创新意义和指导价值。

《中华人民共和国国民经济和社会发展第十四个五年规划和2035年远景目标纲要》提出,坚持总体国家安全观,强化国家经济安全保障,强化经济安全风险预警、防控机制和能力建设,实现重要产业、基础设施、战略资源、重大科技等关键领域安全可控,着力提升粮食、能源、金融等领域安全发展能力。中央财经委员会第十次会议强调,在高质量发展中促进共同富裕,统筹做好重大金融风险防范化解工作。

本卷在创新性地讨论国家审计维护国家经济安全的作用机理和内在逻辑的基础上,重点探讨了金融安全审计、财政安全审计、产业安全审计和重大风险防控领域中的关键审计问题,进一步提出了构建经济安全审计监测与预警机制的设想。最后,本卷分享了其他国家的最高审计机关在维护经济安全领域的实践。

本卷由9章和相关附录构成。

第1章是导论,主要包括研究背景与研究意义,研究内容、研究方法与研究思路,主要观点与创新之处。

第2章是国家审计维护经济安全研究综述,从国家审计维护经济安全的作用机理、实现方式和重要领域三个方面进行了文献梳理,并对文献做了评述。

---

① 如无特殊说明,本卷所讲之审计主要是指国家审计。

第3章是国家审计维护经济安全的内在逻辑，在介绍总体国家安全观与经济安全的基础上，从国家审计的本质出发，在界定经济安全的内涵与构成的基础上，系统深入分析国家审计维护经济安全的作用机理，并进一步考察系统性风险的衡量与审计监控机理。

第4章是金融安全审计，从金融系统性风险的空间维度和时间维度出发，重点从系统重要性金融机构审计和金融监管审计两方面探讨国家审计维护金融安全的作用路径，并从理论研究的角度剖析金融安全审计的其他关键问题。

第5章是财政安全审计，着重围绕政府债务审计、预算执行审计和PPP项目审计展开，以各地的审计实践作为素材，归纳提炼国家审计在财政安全领域应予以关注的风险点，创新审计方式方法。

第6章是产业安全审计，从产业政策调整、产业转型升级和产业组织安全三个方面分析了国家审计维护产业安全的具体作用。

第7章是国家审计与重大风险防控，主要从重大突发公共事件应对、资本市场安全以及"一带一路"合作三个方面，进一步讨论了国家审计在重大风险防控中的作用。

第8章是经济安全审计监测与预警机制构建的探讨，从建立经济安全审计监测与预警中心、构建经济安全预警指标体系以及构建经济安全预警模型等方面，提出了构建经济安全审计监测与预警机制的初步设想。

第9章是国家审计维护经济安全的国际实践，对美国、加拿大、澳大利亚和欧洲等国家或地区最高审计机关在维护经济安全领域的实践进行了系统梳理，以期为我国国家审计更好地发挥维护经济安全的作用提供借鉴。

附录1至附录8是相关政策文件及资料。

本卷整体框架由蔡春和蔡利设计。各章责任分工是：第1章由蔡利负责；第2章、第3章和第4章由蔡利、马荔丽负责；第5章由蔡利、方涵若负责；第6章由蔡利、徐藩、唐嘉尉负责；第7章、第8章由蔡利、徐藩、方涵若负责；第9章由蔡利、方涵若；附录整理由徐藩、方涵若和马荔丽负责。全书由蔡春负责统稿和审定。

理论研究的复杂性和挑战性决定了本卷研究可能存在一定瑕疵和问题。敬请读者们不吝赐教、批评指正！

作者
2022年12月

目 录

1 导论 ……………………………………………………………………… 1
  1.1 国家审计维护经济安全的研究背景与研究意义 …………………… 1
  1.2 国家审计维护经济安全的研究内容、研究方法与研究思路 ……… 7
  1.3 经济安全审计论的主要观点与创新点 ……………………………… 10

2 国家审计维护经济安全研究综述 …………………………………… 15
  2.1 关于国家审计维护经济安全的作用机理的理论观点 ……………… 15
  2.2 国家审计维护经济安全的实现方式 ………………………………… 19
  2.3 国家审计维护经济安全的重要领域 ………………………………… 21
  2.4 研究评述 ……………………………………………………………… 23

3 国家审计维护经济安全的内在逻辑 ………………………………… 25
  3.1 总体国家安全观与经济安全 ………………………………………… 25
  3.2 经济安全的内涵与构成 ……………………………………………… 28
  3.3 国家审计维护经济安全的作用机理研究 …………………………… 35
  3.4 系统性风险的衡量与审计监控机理 ………………………………… 42

4 金融安全审计 …………………………………………………………… 50
  4.1 系统重要性金融机构审计 …………………………………………… 50
  4.2 金融监管审计 ………………………………………………………… 70
  4.3 金融安全审计的其他关键问题研究 ………………………………… 80

5 财政安全审计 …………………………………………………………… 88
  5.1 政府债务审计 ………………………………………………………… 88

	5.2 预算执行审计	104
	5.3 PPP项目审计	114

6 产业安全审计 ············ 127
6.1 审计与产业政策调整 ············ 127
6.2 审计与产业转型升级 ············ 140
6.3 审计与产业组织安全 ············ 151

7 国家审计与重大风险防控 ············ 157
7.1 国家审计与突发公共事件应对 ············ 157
7.2 国家审计与资本市场安全 ············ 175
7.3 国家审计与"一带一路"合作 ············ 191

8 经济安全审计监测与预警机制构建的探讨 ············ 207
8.1 建立经济安全审计监测与预警中心 ············ 207
8.2 构建经济安全预警指标体系 ············ 222
8.3 构建经济安全预警模型 ············ 241

9 国家审计维护经济安全的国际实践 ············ 245
9.1 美国审计署维护经济安全的实践 ············ 245
9.2 加拿大审计署维护经济安全的实践 ············ 269
9.3 澳大利亚审计署维护经济安全的实践 ············ 278
9.4 欧洲审计院维护经济安全的实践 ············ 288

附录 ············ 303
附录1 《"十四五"国家审计工作发展规划》 ············ 303
附录2 《中国金融稳定报告(2020)》 ············ 317
附录3 中国人民银行 中国银行保险监督管理委员会中国证券监督管理委员会《关于完善系统重要性金融机构监管的指导意见》 ············ 319
附录4 2019年《党政主要领导干部和国有企事业单位主要领导人员经济责任审计规定》的主要变化之处 ············ 325

附录 5　2014—2020 年度中央部门预算执行审计概况及发现的主要问题 …… 326
附录 6　2014—2020 年中央预算执行审计中发现的"三公经费"及会议费
　　　　问题的类型及涉及金额 ………………………………………… 327
附录 7　GAO 就金融监管相关问题发表的审计报告及提供的证词 ……… 328
附录 8　国务院国有资产监督管理委员会央企名录 …………………… 330

参考文献 ………………………………………………………………… 333

1 导 论

1.1 国家审计维护经济安全的研究背景与研究意义

1.1.1 研究背景

经济全球化是当今世界经济最引人注目的发展趋势。2020年,习近平总书记在亚太经合组织工商领导人对话会①上提出:"当今世界,经济全球化潮流不可逆转,任何国家都无法关起门来搞建设,中国也早已同世界经济和国际体系深度融合。"《中华人民共和国国民经济和社会发展第十四个五年规划和2035年远景目标纲要》(简称《"十四五"规划纲要》)明确提出要加快构建以国内大循环为主体、国内国际双循环相互促进的新发展格局,推进国家治理体系和治理能力现代化,实现经济行稳致远、社会安定和谐。在国际层面上,贸易全球化、生产技术与制造体系的快速发展、跨境经济合作与外资的不断引进等,使我国传统经济面临挑战,整体经济态势面临巨大的压力;在国内层面上,市场经济发展不成熟、资源配置效率不高等导致国家经济发展受到不同程度的影响。

联合国于2020年发布的《2020年世界经济形势与展望》报告显示,新兴经济体正面临前所未有的经济危机,随着各国中央银行不断放松货币政策,全球流动性增加,许多国家已积累庞大的公共和企业债务,伴随着外汇缩减和资产负债表迅速恶化,各国债务危机风险不断增加,各国在宏观经济层面去杠杆压力不断增加。各国政府通常采取现金转移、工资补贴、粮食援助、税收减免和加大对中小企业信贷等措施,通过加强社会保障体系以期促进经济包容性增长,但各国政府债务居高不下,财政救助的政策空间有限,经济恢复也表现出相应局限性。2020年年初,新冠疫情暴发,全球经济受到重创。根据国际货币基金组织估计,2020年全球GDP增长率按购买力平价(PPP)计算约为-4.4%。新冠疫情的暴发与不断反弹,导致原本处于历史低位的全球失业率激增,各国就业状况进一步恶化。疫情及疫情防控

---

① 2020年11月19日,习近平在亚太经合组织工商领导人对话会上的主旨演讲。

导致各国供给和需求同时减少,全球宏观经济形势总体上表现为总需求不足。各经济体资本市场大幅震荡,美国股市出现历史性的4次熔断。各国中央银行实施大力度货币宽松政策,以便救助金融市场和实体经济,极力挽救实体经济衰退趋势。受大规模经济救助和刺激政策影响,2020年全球政府债务水平大幅度攀升,且发达经济体政府债务水平上升幅度明显高于发展中经济体。在经济全球化遭遇曲折的现实情境下,因经济现状和历史条件等因素,部分国家经济安全会遭到严峻挑战。在这样的全球经济环境背景下,我国须在坚定支持和捍卫经济全球化的前提条件下,高度关注威胁我国经济安全局势的因素。

首先,在经济全球化的大背景下,金融已然成为各个国家之间博弈的前沿领域。金融是国家经济安全的核心,金融安全直接关乎国家根本利益。美国在1999年《新世纪国家安全战略》报告中将银行和金融系统的安全列为国家"生死攸关的重大利益"(江涌,2009)。我国改革开放的总设计师邓小平同志曾说过,"金融搞好了,一着棋活,全盘皆活;金融搞乱了,一着棋死,全盘皆输"。随着我国金融领域对外开放程度的加深,金融改革与金融创新进程的加快,维护金融安全问题显得愈加重要和突出。突如其来的新冠疫情造成的经济增速放缓加剧了金融体系的脆弱性,在企业收入面临断崖式下跌、债务扩张的状况下,企业面临较高的财务风险,银行以及其他金融机构资产质量受到剧烈冲击,虽然国家及时颁布了各项救助政策,但若疫情延续,债务违约风险则很可能集中爆发。同时,若没有坚实的实体经济基础,股市下行风险将会增大,从而对整个金融体系的稳定性产生负面影响。

关于维护金融安全,党的十六届三中全会提出,"建立健全货币市场、资本市场、保险市场的有机结合、协调发展的机制,维护金融运行和金融市场的整体稳定,防范系统性风险";2008年,中国人民银行、中国银行业监督管理委员会、中国证券监督管理委员会、中国保险监督管理委员会四部委颁布的《关于金融支持服务业加快发展的若干意见》提出要正确处理支持服务业加快发展与防范金融风险的关系。2012年,《金融业发展和改革"十二五"规划》强调提高金融机构风险管理水平,加强金融监管能力建设,避免监管缺位和错位,积极稳妥化解风险隐患,守住不发生系统性、区域性金融风险底线。2016年,《互联网金融风险专项整治工作实施方案》提出各部门需妥善处置金融领域不稳定问题,守住不发生系统性区域性金融风险的底线,维护社会和谐稳定。《"十四五"规划纲要》提出健全金融风险预防、预警、处置、问责制度体系,落实监管责任和属地责任,对违法违规行为零容忍,守住不发生系统性风险的底线;完善宏观审慎管理体系,保持宏观杠杆率以稳为主、稳中有降;加强系统重要性金融机构和金融控股公司监管,强化不良资产认定和处置,防范化解影子银行风险,有序处置高风险金融机构,严厉打击非法金融活动,健全互联网金融监管长效机制。

其次,财政是政府实现其职能的重要手段和经济基础。财政是实现国家治理的基石,同时财政安全也是国家治理目标的内在要求。自改革开放以来,我国各级政府存在财政赤字已经成为常态,财政稳定和财政安全问题一直是党中央和国务院关注的重要问题。2012年,国务院总理温家宝在两会上所作《2012年国务院政府工作报告》中指出"我们高度重视防范和化解财政金融领域的潜在风险隐患,及时对地方政府性债务进行全面审计……这些债务……也存在一些风险隐患,特别是部分偿债能力较弱地区存在局部性风险"。2013年党的十八届三中全会明确指出"财政是国家治理的基础和重要支柱,科学的财税体制是优化资源配置、维护市场统一、促进社会公平、实现国家长治久安的制度保障。必须……建立现代财政制度,发挥中央和地方两个积极性"。2013年年底,李克强总理指出,财政必须转型升级、提质、增效,使财政收支与经济发展相匹配,把财政赤字和债务规模控制在合理范围,审计要发挥对财政的监督作用。2021年,财政部部长刘昆在《建立健全有利于高质量发展的现代财税体制》中明确提到统筹考虑社会主要矛盾阶段性特征、经济周期变化和经济财政运行情况等因素,兼顾稳增长和防风险需要,集成运用、优化组合各项财税政策工具,科学确定赤字率、政府债务规模、税费政策,开源节流、盘活存量、用好增量,保持合理支出强度,实现财政政策逆周期调节和跨周期设计相统一,促进经济运行在合理区间。《"十四五"规划纲要》也提到加快建立现代财政制度,强化对预算编制的宏观指导和审查监督。

近年来,我国政府性债务问题受到国际社会和国内有关部门和群众的普遍关注。审计署公布的"国务院关于2020年度中央预算执行和其他财政收支的审计工作报告"显示,截至2020年年底,审计署重点调查的55个地区政府债务余额为5.07万亿元,平均债务率相较于上年降低13%,债务风险总体呈收敛态势,但在专项债券方面仍然存在重发行轻管理等问题。在新冠疫情的影响下,各国政府债务水平增长过快,主权债违约风险上升,尤其是没有主权货币的欧元区重债国家,以及那些债务水平本来就高且再次快速上升的发展中国家,主权债违约风险尤其大。一旦某个国家出现主权债违约事件或者出现主权债融资难的情况,该国进一步刺激经济的财政能力会受到制约。我国正处在经济发展和社会转型的关键期,经济问题和社会矛盾层出不穷,各种风险最终均会转化为具有"兜底"特性的财政风险,影响财政安全。

最后,随着西方主要国家民粹主义盛行、贸易保护主义抬头,经济全球化遭遇逆流。受新冠疫情的影响,经济逆全球化趋势更加明显,全球产业链面临重大冲击,"卡脖子"问题突出,产业发展风险加剧。随着中国特色社会主义进入新时代,我国社会主要矛盾发生变化,人民日益增长的美好生活需要和不平衡不充分的发展之间的矛盾成为我国社会的主要矛盾。为应对国际国内复杂的经济社会发展局面,解决我国经济社会面临的主要矛盾,党中央、国务院顺势调整产业发展路径。2019年8月26日,习近平总书记在中央财经委员会第五次会议上强调,要提升产业基础能力,打好产业基础高级化攻坚战。2020年5月14日,中共中央政治局常务委员会专题研究提升产业链稳定性、竞争力,并提出构建国内国际双循环相互促进的新发展格局。2020年12月,中央经济工作会议指出,产业链安全稳定是构建新发展格局的基础,统筹推进补齐产业短板、锻造长板,深入实施产业发展质量提升行动,增强产业链自主可控能力。《"十四五"规划纲要》提出,推进产业基础高级化,提升产业链现代化水平,加快发展现代产业体系,推动经济体系优化升级。

依据马克思主义的国家学说,国家审计是政府治理的工具,是国家政治制度的重要组成部分。与其他监管方式相比较,国家审计具有独立性、客观性、权威性及宏观性等特征。它既是民主法治的产物,也是推进民主法治建设的工具。世界各国审计机关在维护国家安全等方面发挥了重要作用。美国审计署(Government Accountability Office,简称GAO[①])以维护国家安全作为最高战略目标,以评估国家经济政策或安全政策及实施效果作为其工作的目标。此外,在高风险领域,GAO提出审计要"应对美国人民福利和财政安全方面面临的挑战"和"应对全球一体化的挑战和安全威胁"。我国审计署在《"十四五"国家审计工作发展规划》(详见附录1)中明确指出:"审计机关要深刻认识我国社会主要矛盾变化带来的新特征新要求,深刻认识错综复杂的国际环境带来的新矛盾新挑战,增强机遇意识和风险意识,认识和把握发展规律,发扬斗争精神,增强斗争本

---

① 美国于1921年在国会之下设置独立的国家审计机构——会计总署(General Accounting Office)。1937年,会计总署改名为审计总署(General Auditing Office),2004年又更名为政府问责署(Government Accountability Office),人们习惯上仍称其为美国审计署。

领,树立底线思维,准确识变、科学应变、主动求变,不断开创审计工作新局面。"

1.1.2 研究意义

1. 理论意义

国家经济安全是国家正常运转的重要基础,尤其是在后疫情时代,经济是否稳定发展影响着国家政治和社会的方方面面。国家审计作为国家治理体系中监督控制系统的重要组成部分,理应并且可以在金融、财政和产业等重要领域为维护国家经济安全发挥重要作用。

对国家审计如何维护经济安全进行研究,主要有以下几个方面的理论意义。

(1) 有助于促进国家治理目标的实现。国家实现良好治理已经成为各个国家的重要目标,各国都在为之而努力。党的十八届三中全会明确提出"全面深化改革的总目标是完善和发展中国特色社会主义制度,推进国家治理体系和治理能力现代化";《"十四五"规划纲要》强调"通过健全金融风险预防、预警、处置、问责制度体系,落实监管责任和属地责任,对违法违规行为零容忍,守住不发生系统性风险的底线。完善宏观审慎管理体系,保持宏观杠杆率以稳为主、稳中有降。加强系统重要性金融机构和金融控股公司监管……防范化解影子银行风险……完善跨境资本流动管理框架,加强监管合作,提高开放条件下风险防控和应对能力。加强财政资源统筹,推进财政支出标准化,强化预算约束和绩效管理。完善跨年度预算平衡机制,加强中期财政规划管理,增强国家重大战略任务财力保障。建立权责清晰、财力协调、区域均衡的中央和地方财政关系;加强国际产业安全合作,推动产业链供应链多元化。立足产业规模优势、配套优势和部分领域先发优势"。可以看出,不同重要领域的经济安全对于实现国家治理目标的重要性。对国家审计如何维护国家经济安全进行研究,可以夯实国家治理的基础,可以加固国家治理的支柱,有助于促进国家治理目标的实现。

(2) 深化国家审计理论研究,推动国家审计理论创新。国家审计与经济安全的相关问题在国内外尚属前沿问题。在金融安全层面,现有的国家审计理论与方法体系尚未上升到维护金融安全的层面。在财政安全层面,已有的关于国家审计如何维护财政安全的研究提出的审计类型、审计理念、审计方式缺乏创新性。而在产业安全方面,当前关于国家审计与产业安全的研究主要聚焦国家审计在文化产业中的作用。基于上述研究现状,本卷分别将维护金融安全、财政安全与产业安全融入国家审计理论体系,推动国家审计理论创新,强化国家审计功能,具有重要的学术价值和现实意义。

(3) 推进维护国家经济安全这一领域研究路径的多元化。首先，金融是政府实现目标的重要手段，相应地，政府是维护金融安全的主导者。现有研究多从金融监管的角度来探究维护金融安全的思路、方式方法以及制度安排等。本卷以国家审计为研究视角，系统分析其功能发挥对金融安全的影响，可为以后类似研究提供新的研究切入点。其次，财政安全的维护离不开国家审计。国家审计的对象类别繁多，而财政安全的影响因素也难计其数，本卷从现有文献中梳理出财政安全的影响因素，这将有助于深化人们对财政安全的认识，推动财政理论的发展。最后，关于国家审计与产业安全的研究尚浅，主要聚焦于国家审计在文化产业中的作用、国家审计与文化产业安全的关系以及国家审计工作对文化创意产业高质量发展的重要性。本卷以国家审计为研究视角，系统分析国家审计对产业政策调整、产业结构升级和产业组织安全的影响，可为以后类似研究提供新的研究切入点。

2. 实践意义

本卷明确界定国家审计维护经济安全的功能定位，系统分析国家审计维护经济安全的作用路径，提供国家审计在维护经济安全方面发挥功能的直接经验证据，探讨国家审计在金融安全、财政安全和产业安全等重要领域维护经济安全的实现方式，以期为审计机关、其他政府部门，尤其是监管机构等未来的工作提供新的思路，同时加深社会各界对国家审计工作的理解，为国家审计工作获取更大的支持，具体表现在以下两个方面。

(1) 强化国家审计功能，提升其风险监控的水平和效率。从现实层面而言，国家审计在对金融活动、财政活动以及产业发展实行风险监控的过程中，发挥了一定的控制、纠偏、修复作用，但国家审计的预防预警功能等尚未达到预期的效果。各个领域中的风险均是复杂的，只有国家审计功能不断地拓展和衍生，国家审计才能更好地维护国家经济安全。国家审计只有充分发挥预防预警功能，从宏观层面深化工作，才能提高风险监控的效率和效果。

(2) 为国家完善重要领域监管，维护经济稳定，保障经济安全提供重要的决策参考依据。在经济社会中，金融是大国博弈的重要工具和手段，金融安全在国家经济安全中占据着重要的地位；财政安全是一国财政持续有效发挥功能的基础，是国家治理的内在要求；我国国家经济发展正处于重要拐点，维护产业安全作为塑造国家竞争力的重要举措，其战略重要性不断提升。本卷从理论研究和经验研究两个层面分析国家审计维护经济安全的作用机理，基于国家审计创新，探讨国家审计在维护经济安全方面发挥功能的方式。本卷的研究成果可为审计机关、其他政府部门,尤其是监管机构提供新的思路,为其未来的政策制定提供参考。

1.2 国家审计维护经济安全的研究内容、研究方法与研究思路

1.2.1 研究内容

经济安全关系到国家政治和社会的方方面面,在国家安全中具有基础性地位。金融安全、财政安全与产业安全等是国家经济安全的重要组成部分,国家审计应该并且可以在维护经济安全的过程中发挥重要的作用。

本卷研究的主要问题是国家审计维护经济安全的实现路径,围绕这一核心问题,本卷共分为九章内容。

第1章是导论。本章主要介绍研究背景与研究意义,研究内容、研究方法与研究思路,主要观点与创新点。本章是开篇章,总领本卷。

第2章是国家审计维护经济安全研究综述。本章主要从国家审计维护经济安全的作用机理、国家审计维护经济安全的实现方式、国家审计维护经济安全的重要领域三个方面对现有文献进行综述,并对相关文献进行评述。

第3章是国家审计维护经济安全的内在逻辑。本章共分为总体国家安全观与经济安全、经济安全的内涵与构成、国家审计维护经济安全的作用机理研究和系统性风险的衡量与审计监控机理四方面内容。总体国家安全观与经济安全一节简述了总体国家安全观的含义,同时阐述了经济安全在总体国家安全观中的地位。经济安全的内涵与构成一节界定了经济安全的内涵与构成:一国或一个地区的经济机制的设计与建设较为完善,具备抵御外部因素冲击的能力,确保其经济体系以及经济的运行和发展能够避免外部风险的剧烈冲击;经济安全主要由金融安全、财政安全、产业安全、生态安全、信息安全和国有资产安全等领域构成。国家审计维护经济安全的作用机理研究一节主要阐述了国家治理视角下国家审计的本质及其与国家治理的关系、国家审计维护经济安全的基本依据以及国家审计维护经济安全的作用机理。系统性风险的衡量与审计监控机理一节分别从系统性风险的衡量、国家审计监控系统性风险的机理两个维度进行阐述,其中,国家审计监控系统性风险的机理部分分别从理论基础、法理依据和现实需求三个方面进行描述。

第4章是金融安全审计。本章共分为系统重要性金融机构审计、金融监管审计、金融安全审计的其他关键问题研究三方面内容。系统重要性金融机构审计一节首先界定系统重要性金融机构与系统性风险,通过识别系统重要性金融机构,梳

理系统重要性金融机构审计的实践,构建出关于系统重要性金融机构的审计思路。金融监管审计一节首先界定金融监管与系统性风险,通过梳理金融监管审计的现实状况,构建关于金融监管的审计思路。金融安全审计的其他关键问题研究一节通过界定互联网金融安全、影子银行与系统性风险,构建互联网金融安全审计与影子银行审计思路。

第5章是财政安全审计。本章共分为政府债务审计、预算执行审计、PPP项目审计三方面内容。政府债务审计一节对地方政府债务进行分类,通过整理现行政府债务审计实践,了解政府债务审计的关注点,从而构建政府债务审计策略。预算执行审计一节对预算执行审计的内涵进行了界定,主要内容包括预算执行审计的主体、审计的客体、审计的目标、审计的内容,通过了解预算执行审计应关注的风险点,提出预算执行审计风险的应对策略。PPP项目审计一节整理了PPP项目的特点,通过梳理PPP项目的财政风险、发展现状,分析PPP项目审计现状,提出审计构想和审计方法。

第6章是产业安全审计。本章共分为审计与产业政策调整、审计与产业转型升级、审计与产业组织安全三方面内容。审计与产业政策调整一节界定了产业政策调整与系统性风险,梳理产业政策与"去产能"政策,通过对国家审计促进"去产能"政策贯彻落实的现状分析和数据分析,提出产业政策审计的策略。审计与产业转型升级一节界定了产业转型升级与产业风险,梳理国家审计促进产业转型升级的实践,构建国家审计促进产业转型升级的思路。审计与产业组织安全一节界定了产业组织安全,梳理产业组织安全审计关注的风险,提出产业组织安全审计的重点研究问题。

第7章是国家审计与重大风险防控。本章共分为国家审计与突发公共事件应对、国家审计与资本市场安全、国家审计与"一带一路"合作三方面内容。国家审计与突发公共事件应对一节主要阐述国家审计在突发公共事件中发挥作用的路径和实现方式。国家审计与资本市场安全一节梳理资本市场的发展历程和现状,分析资本市场风险,剖析国家审计与资本市场安全的关系。国家审计与"一带一路"合作一节基于"一带一路"倡议讨论国家审计的功能,同时探讨国家审计与境外资产安全和境外投资效率的关系。

第8章是经济安全审计监测与预警机制构建的探讨。本章共分为建立经济安全审计监测与预警中心、构建经济安全预警指标体系、构建经济安全预警模型三方面内容。建立经济安全审计监测与预警中心一节主要介绍经济安全审计信息收集系统、评估系统、处理系统和报告系统。构建经济安全预警指标体系一节构建的指标包括金融安全预警指标、财政安全预警指标、产业安全预警指标、生态安全预警指标、信息安全预警指标、国有资产安全预警指标、重大风险防控重要领域安全指标和国家经济安全审计综合指数。构建经济安全预警模型一节阐述如何基于各预警指标,通过预警模型总结出国家总体经济安全状况。

第9章是国家审计维护经济安全的国际实践。本章主要整理美国审计署、加拿大审计署、澳大利亚审计署以及欧盟审计院维护金融安全、财政安全、产业安全以及重大风险防控的实践。

1.2.2 研究方法

本卷主要采用如下研究方法。

(1) 文献研究法。本卷首先从公共受托经济责任观、社会契约观、免疫系统观和其他观点出发分析关于国家审计维护经济安全的作用机理以及国家审计维护经济安全的实现方式的研究。随后分别从金融安全、财政安全、产业安全等方面总结国家审计维护经济安全在不同重要领域的表现。

(2) 经验总结法。本卷通过总结审计署自成立以来所进行的各项审计活动,以及借鉴各个国家的国家审计在维护经济安全中所发挥的作用,提出相关审计思路,探讨国家审计维护经济安全的实现路径。

(3) 实证研究法。本卷通过实证研究的方法证实国家审计在促进"去产能"政策贯彻落实中发挥的作用,在实证过程中利用中华人民共和国工业与信息化部官方网站、国家统计局、《中国房地产年鉴》《中国财政年鉴》《中国审计年鉴》《中国统计年鉴》以及万得数据库(WIND)和中国研究数据服务平台(CNRDS)的相关档案数据,采用评定模型(logit model)、相关性分析等方法来获得国家审计可以促进"去产能"政策贯彻落实的经验证据。

1.2.3 研究思路

国家审计是国家治理内生的"免疫系统"(刘家义,2012),在推进民主政治进程中发挥着重要的作用。国家审计的功能随着公共受托经济责任内涵的拓展而不断拓展,维护经济安全成为其功能拓展的必然结果。本卷旨在系统深入地研究国家审计维护经济安全的作用机理,并在此基础上探讨国家审计维护经济安全的重要领域(金融安全、财政安全和产业安全、重大风险防控)。本卷以公共受托经济责任观为理论基石,以国家审计本质功能为逻辑起点,寻找国家审计维护经济安全的基本依据,明确国家审计维护经济安全的功能定位,分析国家审计维护经济安全的作用路径,尝试搭建一个国家审计维护经济安全的理论分析框架。

本卷的具体研究思路如图1-1所示。

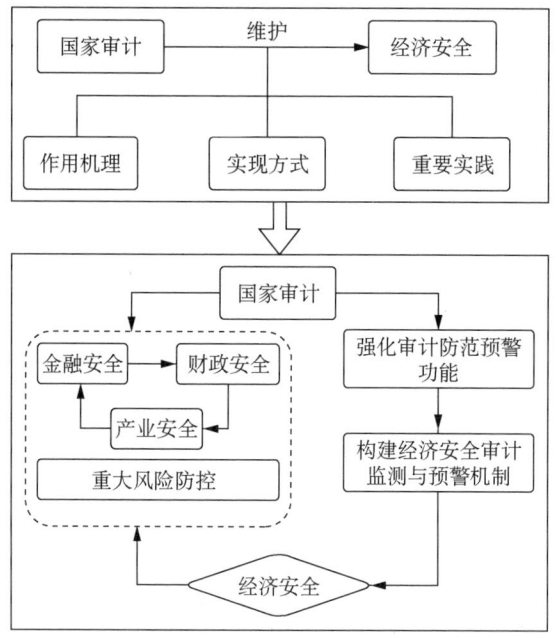

图1-1 本卷研究思路图

1.3 经济安全审计论的主要观点与创新点

1.3.1 主要观点

在全球经济一体化的进程中,我国经济安全需要应对的威胁愈加复杂,影响金融安全、财政安全、产业安全的各种因素,突发公共事件以及资本市场安全隐患均会对我国的经济正常发展带来严重威胁。国家审计产生于公共受托经济责任关系,其本质目标是促进和保障公共受托经济责任的全面有效履行,在维护国家经济社会的健康运行中发挥着重要作用。本卷从国家审计的视角,系统深入地研究了国家审计维护经济安全的作用机理以及实现方式,旨在为国家审计更好地发挥功能,为国家审计实现维护经济安全战略目标提供理论支持、经验证据和政策建议。

(1) 国家审计维护经济安全的着力点在于监控系统性风险。在经济全球化背景下,经济安全的内涵是:一国或一个地区的经济机制的设计与建设较为完善,具备抵御外部因素冲击的能力,其经济体系以及经济的运行与发展能够避免外部风险的剧烈冲击。基于此内涵,对我国经济安全的研究应基于内外冲击可能带来的风险。存在风险是国家经济运行的常态,个体风险会迅速扩大、转移和扩散并演变成系统性风险,成为威胁经济安全的不利因素,当系统性风险集中爆发时则表明经济安全受到威胁。在良好的状态下,经济稳定运行可成为经济安全的基础。因此,维护我国经济安全的内涵就应是:通过加强国家机制的建设,使我国经济具备抵御外来风险冲击的能力,以确保我国经济在面临外在因素冲击时能继续稳定运行,其核心在于监控系统性风险。

国家审计维护经济安全是公共受托经济责任的内涵与时俱进拓展的一个重要体现。国家审计的本质目标在于促进和保障公共受托经济责任的全面有效履行,因此,维护国家经济安全是公共受托经济责任内涵拓展的必然要求。国家审计的本质功能在于控制。在基本层次,国家审计通过其监测功能发挥维护经济安全的作用;在衍生层次,国家审计则通过预防、预警、纠偏及修复功能发挥作用。监测功能是国家审计的其他功能发挥作用的基础,其他功能的实现是监测功能发挥作用的结果。此外,维护经济安全的功能是国家审计传统功能的拓展,是各类审计组织法定职责的基本要求,是国家审计功能拓展的必然。国家审计维护经济安全的着力点是监控系统性风险。

(2)国家审计维护金融安全的立足点在于监督系统重要性金融机构。当前国际环境日趋复杂,不稳定性、不确定性明显增强。在疫情冲击下,各国实体经济陷入困境,企业、金融机构的信用风险和市场风险不断累积,世界经济陷入低迷,经济全球化遭遇逆流,金融体系脆弱性不断加剧。我国国家审计以防范化解重大风险、促进金融服务实体经济、推动金融供给侧结构性改革深化、建立安全高效的现代金融体系为目标,通过对系统重要性金融机构执行防范化解金融风险情况审计、预算执行和财务收支审计等,促进金融风险防控、预警、处置以及相应的问责制度体系的建设与健全,维护金融市场健康平稳运行。国家审计通过对金融监管部门职能履行情况的审计,围绕金融监管部门职能履行,重点关注利率市场化改革和货币政策执行效果,多层次资本市场体系建设,宏观及微观审慎监管的框架、措施和规则的制定与执行等情况,促进金融监管制度的建设与健全,提升金融监管效能,推动我国现代中央银行制度和现代金融监管体系的建设与完善。此外,国家审计监督不良资产的认定和处置,有利于金融监管部门防范化解影子银行风险,严厉打击非法金融活动,健全互联网金融监管长效机制。国家审计的监督有利于我国各地和各部门落实属地责任和监管责任,对违法违规行为零容忍,统筹发展与安全,守住不发生系统性金融风险的底线。

（3）国家审计维护财政安全的着眼点是监督政府债务行为、预算执行与PPP项目。我国地方政府债务种类繁多，随着金融市场的飞速发展，政府及公共部门举债可借助的融资工具也日益多元化，部门预算制度的改革、PPP项目无法稳定运行等因素导致一些地方财政运行困难以及亏损加剧，这些都决定了维护财政安全的重要性。国家审计以政府债务审计为出发点，将经济责任审计、绩效审计、预算执行审计、金融审计等审计方式整合到政府债务审计中，形成审计监督合力，对地方政府债务的形成、使用、管理及偿还环节中的政府债务行为进行客观的评价，重视上述环节中政府行为的合理性、合法性以及经济效益性，提高政府对债务资金的使用效率。部门预算制度改革后，国家审计关注的重点仍然是预算执行和决算环节，充分运用现代信息技术开展审计，将各环节审计关口前移，从源头对预算执行进行审计监督。国家审计针对PPP项目构建全生命周期跟踪审计模式，采用协同审计的组织方式，着重关注项目必要性与合规性，在强化资金管理的同时完善绩效评价。

（4）国家审计维护产业安全的基点在于关注产业政策调整、转型升级与组织安全。世界经济格局的深刻变化与我国经济社会的变化对产业发展提出了新的要求。新结构经济学和产业发展理论认为，政府在产业兴起、发展、成熟与转移过程中发挥重要作用。国家审计通过及时开展产业政策合理性审计，评估产业政策的科学性、合理性等，揭示制度缺陷和完善制度，确保产业发展体制机制、政策更符合产业实际发展需要。产业转型升级与产业政策具有高度关联性，国家审计结合我国制度环境，通过产业转型升级审计机制，关注新型高风险领域以及区域产业布局风险等。产业组织安全与产业政策安全具备内在的联系，国家审计通过发挥审计功能，对国家或地区产业组织安全进行监督与评估，促进相关部门及时防范和化解产业组织风险。

（5）国家审计与重大风险防控。本卷在探究国家审计与金融安全、财政安全、产业安全的基础上，拓展了研究路径，分别从重大突发公共事件、资本市场安全等重要领域出发，将维护经济安全植入国家审计目标理论，以便其更好地指导国家审计行为活动，弥补国家审计在实践中仅仅发挥监测功能、纠偏功能以及修复功能的不足。本卷主张通过构建审计风险监测与预警报告体系，对以系统性风险监控为核心的审计方式方法进行创新，完善问题救助计划审计以及深化公共权力运行审计，强化国家审计预防预警功能。本卷主张打破国家审计通过加强微观审计服务宏观控制的传统思维,建议实施跨领域审计,如从关注重大突发公共事件到服务"一带一路"倡议,以更好地实现维护经济安全这个宏观目标;将关口前移性审计和跟踪审计相结合,强化事前风险监控和事中风险监控,及时察觉和监测系统性风险;采用较先进的连续审计方法对风险进行实时、持续监控;通过审计结果公告,提高审计监督透明度,实现维护经济安全的目标。

(6) 构建经济安全审计监测与预警机制。经济安全是一个相对概念,经济安全与经济不安全是相互对应、相互联系、不可分割的。为保障国家经济安全,本卷建议在审计机关内建立经济安全审计监测与预警中心,对经济安全范畴内重大风险领域进行监测预警。经济安全主要包括金融安全、财政安全、产业安全、生态安全、信息安全和国有资产安全六大方面[①],国家审计针对各个领域设计安全预警指标体系,在收集各类数据信息后,运用安全预警指标体系以及安全预警模型对经济安全状况进行总体分析,并根据分析结果及时作出反应,有助于实现对经济安全状态的有效监测及控制。

1.3.2 创新点

本卷从理论研究和经验研究两个层面系统深入地分析了国家审计维护经济安全的作用机理,梳理国家审计维护经济安全的内在逻辑,并在此基础上,分别从金融安全、财政安全和产业安全以及重大风险防控等重要领域出发,探讨了国家审计维护经济安全的实现方式。本卷创新点主要表现在以下三个方面:

(1) 构建了关于国家审计维护经济安全相关作用机理的理论分析框架。系统研究国家审计如何维护经济安全的问题在国内外尚属前沿。国内外虽有部分文献从理论层面探讨了国家审计维护经济安全的作用机理,但都较为片面,这不利于国家审计理论和实践的发展。本卷着重从金融安全、财政安全和产业安全三方面出发探究国家审计维护经济安全的作用机理。本卷在辨析金融安全与金融风险关系的基础上强调维护金融安全的核心在于通过系统重要性金融机构有效监控系统性风险,从而提出通过识别系统重要性金融机构,构建关于国家审计维护金融安全的审计思路。在辨析财政安全与政府债务风险、PPP项目风险等关系的基础上,结合审计实践,提出国家审计维护财政安全的应对策略。在产业安全方面,本卷强调维护产业安全的核心在于把握产业政策调整、转型升级、组织安全这几个基点,并结

---

① 关于经济安全的内容,为了全面梳理已有研究,本卷在文献综述和理论分析部分都涉及六大方面,在具体探讨国家审计维护经济安全的重要领域时,本卷仅聚焦作者的研究重点,即金融安全、财政安全和产业安全领域,并补充了重大风险防控相关内容。在本卷收尾部分,即经济安全审计监测与预警机制构建部分,为了服务实践,考虑的是经济安全的六大方面。因此,各部分的表述有差异。

合现有审计实践,提出国家审计维护产业安全的应对策略。同时,本卷构建关于国家审计维护产业安全的审计思路。

(2) 对国家审计维护经济安全的作用机理进行了探索性实证研究,获得了较有价值的经验证据。本卷在理论分析的基础上,从金融安全、财政安全、产业安全以及重大风险防控出发,论证国家审计发挥功能有助于经济安全状况的改善,并且进一步考察了这种功能的实际效果。研究发现,国家审计发挥功能会受到各行业安全状况环境因素的影响,尤其是在金融安全方面,基于系统重要性金融机构具有结构和业务复杂度较高、规模较大、与其他金融机构关联性较强等特点,国家审计通过作用于系统重要性金融机构来影响系统性风险,这些经验证据进一步充实了国家审计维护经济安全的作用机理。

(3) 提出构建"省部共建"模式下的经济安全审计监测与预警机制。经济安全涉及的领域多、范围广,威胁国家安全的风险因素也存在于各个领域。审计署作为我国最高审计机关,负责维护国家经济安全,而地方审计机关是审计署的补充力量,两者相辅相成,相互协作。本卷提出通过构建"省部共建"模式下的经济安全审计监测与预警机制,以及时识别威胁国家经济安全的风险隐患,强化事前监督、促进审计关口前移,实现对经济运行情况的实时监控,并将相关信息反馈给经济决策机构,促进其作出正确的经济决策。

2 国家审计维护经济安全研究综述

2.1 关于国家审计维护经济安全的作用机理的理论观点

2.1.1 社会契约观

国家起源理论是基于社会契约观形成的,它把国家看成集中个人自愿转让的个人自由和权利并为个人提供相应安全保护的组织系统,政府是执行这一组织系统职能的机构,个人为了保障和维护契约中约定的权利,同意建立政府和其他公共机构(朱富强,2018)。契约主义是解释政治生活起源和基础的重要概念之一(Elazar,1997),是近代启蒙思想家用来解释国家或政府起源及其权力合法性的理论学说(吴香雪,2018),常常被用来阐释国家、政府、公共组织的合法性,指导社会利益的公平分配,也被人们用于探究社会共同体的组织原则和方式等(于立深,2007)。社会契约论证了公权力来源于公民个体,公民是所有社会身份中最具活力和价值的角色(Dahrendorf,1974),政治权力应始终维护个体利益,进而保证人的人格价值(Gough,1957)。

社会契约赋予了国家权力,同时也赋予了人民监督的权利。吴凌翔(2017)认为,现代国家权力的来源,也是国家金融监管权的来源,国家通过金融立法赋予金融监管主体金融监管的权力和职责。人民将金融自由方面的部分权利让渡给国家,让国家组织实施金融监管、维护金融秩序,是为了获得真正的金融自由。李国学(2018)从契约理论视角出发,发现不同国家可能会存在各种契约,各国政府政策制度的特殊性,使这些契约在性质上表现为不完全的行政契约。

公民通过社会契约的方式,自愿将个人的部分权利转移给政府,从而更好地保护自己的财产与自由,公民个人转移给政府的权利在政府层面表现为执行权和处罚权等,国家审计对这些权力的履行均负有监督义务。源于社会契约的政府必须保障公民的政治自由和生命财产安全,维护社会的共同利益(唐建新等,2008)。政府的职责自然包括维护国家经济安全,这决定了国家审计的目标应包含维护经济、金融安全(许莉,2010)。李兆华和施泽军(2009)基于社会契约论,论述了国家审计维护金融安全的重要性。

2.1.2 公共受托经济责任观

任何组织都是基于某种受托经济责任关系而存在的(Sherer 和 Kent,1983),受托经济责任[①]观是国家审计维护经济安全的理论基础之一(唐建新等,2008)。首先,受托经济责任是一个复杂多面的概念,从本质上讲,对受托经济责任的控制是保证受托经济责任有效履行的需要(王光远,1996)。Stewart(1984)指出,受托经济责任是行使权力的一方对其相关行为所承担的责任。从更广泛的意义上说,受托经济责任意味着受托方要对其相关行为作出一定解释,对其行为负责(Sinclair,1995)。因此,受托经济责任事实上意味着受托人有就自身职责履行情况提供记录并进行说明的义务,基于职责履行情况所产生的赞扬和责备、奖励和惩罚,都可视作是对受托经济责任履行情况的验证(Gray 和 Jenkins,1993)。

国家是一种特殊的组织,基于公民与政府之间的特殊委托代理关系而存在,因而国家有全面有效履行其公共受托经济责任的义务(蔡春等,2012)。公共受托责任是社会契约理论、委托代理理论在国家层面的体现,它阐释了国家治理以及政府规范自身行为的基本动因,是公共管理理论中的核心概念(崔雯雯,2017)。Patton(1992)认为,公共受托经济责任指受托方就其行为、产出和结果等应向委托方承担的责任,验证这一责任的关键是受托方向委托方提供相应经济资源的使用记录。Romzek 和 Dubnick(1987)认为公共受托经济责任的含义已经远远超出了给予答复和接受监督的范围。公共受托经济责任是指特定的主体按照特定要求或原则运用公共权力去经营管理公共资源或资金并报告其经管状况的义务(蔡春等,2012),它包括行为责任与报告责任。行为责任是指公共受托经济责任的履行满足合法合规性、效率性、效果性等要求,报告责任是指受托人将履行责任的情况真实公允地报告出来。

国家审计产生于公共受托经济责任关系,其本质目标是促进和保障公共受托经济责任的全面有效履行。随着社会的发展,公共受托经济责任的内涵在不断拓展,国家审计的功能只有不断拓展,才能确保政府全面有效履行拓展后的受托责任(蔡春和蔡利,2012)。蔡春等(2009)认为,当维护国家经济安全已然成为公共受托经济责任的重要内容时,那么国家审计维护国家经济安全就是公共受托经济

[①] 受托经济责任体现在政府与公民之间便是公共受托经济责任;受托责任体现在政府与公民之间便是公共受托责任。

责任内涵拓展的必然结果。张庆龙和谢志华(2009)认为,维护国家经济安全是国家审计的法定职责,是公共受托经济责任的具体表现形式。

2.1.3 免疫系统观

免疫系统观由刘家义(2012)提出,他认为国家审计作为整个经济社会的免疫系统,能够有效维护国家经济安全。从免疫系统观出发,国家审计的功能主要分为三类:预防功能、揭露功能和抵御功能。宋常(2009)和吕先锫(2010)均认为,国家审计的作用不应只停留在预防和揭露上,预防、揭露和抵御之间是相互联系、相辅相成的关系。具体而言,免疫系统的三种功能是三位一体的。首先,揭露功能是基础。审计的首要职责是监督,监督就必须查错纠弊,揭露违法违规、经济犯罪、损失浪费等不良现象。其次,抵御功能是对揭露功能的提升。国家审计坚持微观查处和揭露,在坚持批判性的基础上发挥建设性作用,提高对各种违法犯罪现象的震慑作用,以此来发挥抵御功能。最后,预防功能是国家审计目标的体现。国家审计根据发现的典型问题,及时发现苗头性、倾向性问题,提前感知国民经济运行中的风险并发出警报,起到风险预警的作用(孟焰和张军,2010)。沈言(2008)基于人体免疫系统的保护、清除、修复三个功能,对国家审计的"免疫系统功能"进行了诠释。

国家审计维护经济安全是发挥审计"免疫系统功能"的必然要求(李东,2011)。在金融安全方面,审计先天的"免疫系统功能"能够有效降低系统或全局性金融风险(余乐,2010)。在财政安全方面,在地方政府性债务治理过程中,国家审计能够起到"免疫系统功能",抑制地方政府发债行为中的违法违规和腐败问题,提高地方政府债务资金的使用绩效,维护国家财政金融安全和经济安全(唐滔智等,2015)。在产业安全方面,张宝英(2020)指出,国家审计具有特殊的"免疫系统功能",通过风险抵御功能、风险识别功能、风险预防功能的实现,可促进企业整体经济实力提升,维护产业安全。

2.1.4 其他观点

维护国家经济安全是我国现阶段国家治理结构对国家审计的职能要求。经济信息安全和国家经济决策是国家经济安全的重要内容,是保持一个国家经济平稳发展的必要条件。随着资本流动与会计服务的全球化,审计监督逐渐呈现国际化特点(王长友和戚艳霞,2016)。当资本行为产生的效果跨越国境时,长臂管辖意味着某些国家主导的跨境审计监管模式必会导致国内法域外适用性扩大,这可能会导致其他国家让渡部分监管主权(郝莉莉和马可哪呐,2017)。如果国家在不考虑国家经济安全的情况下实施跨境审计监管,势必会诱发多种风险,如行业敏感信息被其他国家的监管机构或者相关行业掌握(郝莉莉和马可哪呐,2017),加剧信息不对称并助长受托者的自利行为,增加资产流失风险(马轶群等,2020),这将对我国今后与其他国家会计监管机构的合作模式产生重大影响(余佳奇,2020)。例如,"一带一路"沿线国家以新兴经济体和发展中国家为主,它们在政权形式、法律依据、生态环境、民族文化和宗教信仰等诸多方面有所不同,尤其是在法律依据上(王克玉,2015),国家审计对境外的国有控股企业或公共公司进行审计时,既要遵循国内法律依据,也要考虑国际法律依据,国家审计的公权力属性决定了其境外审计管辖权的实施将与外国政府部门或权力机关的审计管辖发生冲突,境外国有资产及其经营管理受我国和东道国法律环境的双重影响,审计监督不可避免地会带来适用法律上的冲突。

从国际资本流动的视角,Calvo 和 Reinhart(1996)从金融危机的传递效应角度,分析了发展中国家的金融安全问题,认为在金融市场信息不对称的情况下,羊群行为效应将对危机的国际传递和发展中国家的金融安全产生重要的影响。Shacs 等(1996)通过实证分析探讨了国际资本流动与发展中国家发生金融危机之间的关系,认为大量短期资本的流动与危机的爆发存在密切的正相关关系。Frankel 和 Rose(1996)发现新兴市场国家对短期资本的依赖程度越高,其出现危机的可能性越大。国际资本会使跨国公司海外投资增加,跨国公司对相关政府的政策具有影响力,通常被认为是国际经济体系中的重要力量,跨国公司可能威胁到东道国的战略目标甚至国民经济的正常发展,使东道国的经济主权和经济利益受到侵蚀(Hymer 和 Cohen,1979)。随着各国贸易自由化进程逐渐向前推进,Samoff 等(1976)指出,从不平等的国际交换机制出发,发达国家与发展中国家之间的自由贸易可能使发展中国家陷入比较优势陷阱,进而损害发展中国家的贸易利益和贸易安全。

我国企业开展境外投资起步晚,经验匮乏,风险识别、把控和应对能力都不足以保障资产安全,国家审计作为国家治理的基石,充分关注企业资金流动与资产使用,应当在其中发挥一定作用。蔡春等(2009)从审计历史层面、理论层面、法律层面、国际经验层面和现实层面多维度分析了国家审计维护经济安全的作用机理,提出国家审计维护国家经济安全是国家审计原始动因与审计目标的应有之义,是国家审计法定职责的基本要求,是一种国际惯例。在自身职责范围内有效维护国家经济安全,是国家审计现阶段的首要目标和工作任务,它规范和制约着国家审计工作的方向、范围、方式方法和成效(左敏,2011)。

2.2 国家审计维护经济安全的实现方式

2.2.1 审计人员方面

国家审计维护经济安全的实施主体是审计人员,以往文献在强化审计人员的国家经济安全意识、提高审计人员综合素质等方面进行了研究。唐建新等(2008)认为,必须强化审计人员的国家经济安全意识,通过理论研究和培训宣传等途径使审计人员了解国家经济安全的基本理论和国家经济安全的现状,掌握我国保障国家经济安全的有关政策和法规。王志成(2018)认为,审计人员要培养解决微观问题的能力,熟练掌握金融业务、审计业务和计算机技术,提高对宏观政策水平和风险的敏感性。秦荣生(2021)提出,随着党中央对审计工作越来越重视,审计机关要加强审计干部理想信念和社会主义核心价值观教育,引导审计人员树立正确的世界观、人生观、价值观和道德观,切实增强审计干部抵御各种风险和诱惑的能力,坚持依法审计、文明审计、廉洁审计,推进审计队伍职业化。

此外,审计人员要根据企业拓展境外市场的国际化趋势相应提升自己的能力与素质。一些能源、通信等重点企业出于拓展市场(Saudagaran,1988)以及提高资本流动性(Lins等,2005)等需求选择到境外资本市场上市,各国经济相互交织与融合,尤其是在"一带一路"政策背景下,越来越多的企业出征境外,通过多种方式获得境外资产并实现资产的保值增值(吴欣,2019),这在创造发展机遇的同时也给企业带来了风险挑战。Geiger(1998)认为,不同国家可遵循国际证券监管合作惯例,在双边或多边合作框架下共同推进双方审计人员联合检查。龚晓丽(2021)认为,"一带一路"倡议在复杂的世界经济形势下,为促进我国与"一带一路"沿线国家的互联互通、互利共赢、合作发展发挥了重要作用。随着各项合作的开展,涉外审计培训活动也不断增多,审计培训的重要性也与日俱增。

2.2.2 审计类型方面

在审计类型方面,相关文献认为,应不断拓展审计领域,丰富审计手段。左敏(2011)指出,国家审计要以落实权力主体经济责任为主攻方向,以对公共资源配置、公共权力运行、公共政策执行、潜在公共风险的监督和控制为着力点,拓展审计领域。王素梅等(2009)认为,国家审计关注的重点是金融行业及国家重要行业,应当重点关注关系国计民生的经济事项,重点审查政府投资基建项目和技术开发项目,关注国有资本有变动的单位,对易出现舞弊的经济事项和资金进行关注,拓展审计领域至影响国家经济安全和社会安定的国有资金和社会保障类专项资金,对有国际影响的外援项目占有、支配和使用国家大额专项资金的重点行业、重点领域和重点单位予以重点关注。杨林（2021）认为，审计机关应当协调运用多种审计方式：通过财务报表审计摸清企业债务的真实底数与结构状况；通过绩效审计将企业债务风险防控成效作为国有及国有控股企业领导绩效考核的重要参考指标，以此为导向提升企业债务资金使用的合规性、效益性、安全性；通过经济责任审计完善对企业债务资金使用的问责制度，防止因企业领导干部决策失误而导致债务资金被无效或低效使用。曹越等（2015）认为，我国应当实行国家经济安全导向审计模式，国家审计应重点考虑经济风险，站在维护国家经济安全的角度确定财政、金融、能源、环境、民生等审计项目，以是否存在安全威胁作为审计切入点。王海兵和王慧秋（2017）认为，审计全覆盖和突出重点是对立统一的有机整体，突出重点中的重点是从全覆盖的角度基于全面的分析确立的重点。

2.2.3 审计创新方面

在大数据技术飞速发展的背景下，国家审计只有不断创新，才能提高审计效率，保证审计质量。唐建新等（2008）认为，审计创新就是要创新审计计划管理方法，提高审计计划的科学性；创新审计资源（包括信息资源、人力资源、物质资源）配置方法；创新审计组织方式，实施联合审计。蔡春等（2009）认为，应拓展国家审计对象，改进国家审计方法与手段，推进国家审计模式的创新，这对于充分发挥国家审计维护国家经济安全的作用有着重要的意义。陈骏和时现（2018）认为，在审计全覆盖的背景下，审计技术创新要注重不同审计业务的特点，基于不同审计业务类型的创新，才更加利于审计技术方法的推广应用。孔祥银和王琰（2018）认为，加强国家审计信息化建设能够推动我国审计工作积极健康发展，为加强财政资金审计监督提供重要的技术支撑。随着国家审计的重要性被提升至国家治理层面，国家关于构建全覆盖的审计体系这一要求催生了国家审计对大数据分析技术的需求（靳思昌，2018；王帆和谢志华，2019；宋夏云和蔡颖，2020）。审计利用共识机制、智能合约等技术，以数据为导向开展审计活动，有助于解决审计数据安全、数据标准等问题（Ahmad等，2019）。郭虹虹（2021）从提高审计数据的收集质量、创新数据分析方法以及促进审计大数据信息的高效运用三个方面提出了在大数据环境下国家审计创新的方式方法。刘国城（2020）提出国家审计要通过知识协同，做好统筹谋划与长远布局。

2.2.4 审计预警方面

现有研究认为，构建经济安全审计预警系统是国家审计维护经济安全的重要方式之一。经济安全研究的重心在于经济运行过程中经济衰退和剧烈动荡的成因和机理,尤其需要关注实际经济情况与经济表象的背离状态(李金华,2001)。任秀梅和李东光(2012)提出构建经济安全审计预警系统平台,完善配套的法律法规及相关配套设施,以将审计范围有效覆盖影响国家经济安全的领域、实现实时监控为工作重点,以各部门的支持和通力协作为运行前提,探索适合评价经济安全的技术方法。蔡春等(2009)认为,利用国家审计人员在工作中收集的信息,构建综合的经济安全审计预警系统,能够使国家审计工作成果的利用得到深化。李金华(2001)提出,国家经济安全监测警示系统的目标是对国际金融和经济危机产生的前兆实现灵敏反应,并跟踪监控国家的经济运行情况。青小平和唐辉荣(2012)认为,对重点行业、重点企业的国家审计数据进行汇总,采用适当的统计模型建立风险预警模型,运用模型分析相关指标对总体经济安全的敏感性,能为宏观经济调控提出有效的参考建议。曹越等(2015)认为,我国必须尽快建立国家经济安全预警系统,并构建经济安全审计预警指标,利用经济指标预警国家经济风险。

2.3 国家审计维护经济安全的重要领域

2.3.1 国家审计与金融安全

新发展格局对金融安全体系提出了更高要求(陈雨露,2020)。突发事件会造成金融市场信息中断(Kaminsky和Reinhart,1998),使金融市场丧失功能,这种影响会引发多米诺骨牌效应,使风险扩散、损失扩大(Kaufman,1999),最终威胁整个金融安全体系(Bernanke,2009)。当前我国的金融体系存在融资难、资金失衡等问题(邱兆祥等,2020;周诚君,2021),加快构建与"双循环"相适应的现代金融安全体系是重中之重。

国家审计与维护金融安全之间存在一种内在的逻辑关系(许莉,2010)。基于公共受托经济责任观,国家审计维护金融安全是国家审计功能拓展的必然结果(李兆华和施泽军,2009;李东,2011;蔡利,2013)。吕劲松和张晋(2015)研究发现,审计主要是从政府治理、市场治理、公司治理三个层面推动和服务国家治理,在防范化解金融风险、深化金融体制改革、完善金融市场体系等方面发挥了重要作用。马轶群和崔伦刚(2016)指出,国家审计对金融机构和监管部门进行审计,能够实现对金融行业的监管,避免金融风险对金融机构(Raza和Hanif,2013)、金融市场(Gottschalk和Dean,2009)、金融行为以及宏观经济政策(Nautz和Scheithauer,2011)造成非对称性的冲击。国家审计维护金融安全的路径选择包括:不断提升国家审计在维护金融安全中的战略地位(赵圣伟和赵文发,2013),有效维护国家金融主权(段成钢,2010),实现风险的早识别、早预警、早发现(王志成,2018),尤其关注风险的传递和放大机制(赵圣伟和赵文发,2013);加大对金融监管部门的审计(赵劲松,2003;审计署金融审计司课题组,2010);创新审计方法,实施网络化动态监督(段成钢,2010;李健等,2010;蔡利,2013);鼓励地方审计机关利用大数据及联网审计等新手段和新方法,借鉴中央监管部门的监督思路,充分实施金融审计,通过金融审计维护区域金融市场长期动态均衡,发挥国家审计的预防、揭示和抵御功能(孙尚涛,2015;张维,2017)。

2.3.2 国家审计与财政安全

关于财政安全的影响因素,Polackova(1998)提出了财政风险矩阵,并对政府的"既有债务"和"隐性债务"进行了实证研究,拉开了关于财政安全影响因素研究的序幕。关于"隐性债务",Reinhart 和 Rogoff(2011)认为,隐性债务包含国家的公共债务和随着经济危机的发展成为公共债务的私人债务。Joseph 等(1987)从政府举债的角度分析财政风险产生的原因,发现债务的使用模式和使用方向是影响政府债务风险的重要因素。财政承受能力不足、风险控制环节缺失会导致政府债务风险(Lewis,2003)。

关于国家审计维护财政安全的作用,现有实证研究基本得到了一致的结论。韦德洪等(2010)研究发现,国家审计有利于财政资金的安全运行,因为国家审计在税收收入、公共财政支出、政府举债等经济领域扮演了关键的监督角色,国家审计有效地提升了政府治理水平,防范了财政风险(Wildavsky 和 Dirsmith,2006;Santiso,2007)。蒲丹琳和王善平(2011)从媒体监督国家审计的视角进行研究,发现在审计前期和中期,关于国家审计的媒体报道越多,地方审计机关越能发挥作用,其在审计中发现的违规资金和应上缴财政资金越多;在审计后期,媒体报道越多,越能促进被审计单位对审计发现问题的整改以及财政资金的上缴。韦德洪等(2010)研究发现,国家审计能够有效改善财政资金运行的安全性,但二者之间并非线性关系,这说明财政资金运行的安全性还受到其他因素的影响。刘雷等(2014)的研究结果表明,国家审计的揭示功能和抵御功能的有效发挥,显著提高了地方政府财政的安全性,而国家审计对于维护地方政府财政安全的预防功能还未充分发挥出来。彭冲等(2017)基于免疫系统观,采用动态空间面板模型研究发现,国家审计揭示、抵御与预防三大功能协同,对财政支出效率的影响呈现先上升后下降的倒 U 形特征。王静和包翰林(2018)研究发现,在防范和化解地方财政资金运行风险方面,国家审计能够有效发挥"免疫系统"功能,提高财政资金的安全性。

2.3.3 国家审计与产业安全

由于环境变化、自然灾害、决策失误以及国外产业冲击等因素的影响,国家特定产业的生存发展容易受到阻碍、遭受损失,从而出现产业风险(李孟刚,2006)。产业政策的出台对产业风险有一定的调整作用,能够支持新兴产业或衰退产业(宋磊,2002),释放产业发展战略导向信号(冯飞鹏,2018),缓解东部沿海与内地地区发展不平衡的产业布局矛盾(胡安俊,2020),抵御外部经济因素并保护国内产业发展(杨乐和李维,1992)等。

总体而言,关于国家审计维护产业安全的相关文献较少,主要集中在国家审计促进各地政府落实产业政策以及维护国内产业安全方面。此外,在国家审计维护某个特定产业安全的实践经验方面,也有较为零散的研究。在产业政策方面,张强(2014)以美国审计署在推动各方面贯彻落实美国重整制造业政策中的作用为例,说明美国审计署积极参与国家治理的路径和措施,这对我国国家审计在促进政府贯彻落实国家产业政策方面具有借鉴意义。郑伟宏等(2018)基于煤炭上市公司的经验数据研究发现,政策执行效果审计的揭示力度、纠偏力度与企业"去产能"效果均呈显著正相关关系,说明国家审计最终能够积极影响企业实现"去产能"。在产业保护方面,许良虎和杨妍春(2011)从外资并购的角度研究了国家审计与产业安全的关系,认为国家审计监督是一种独立于其他监督体系的经济监督方式,凭借其广阔的视野、充分的信息、准确的判断能够及时发现侵害国家产业安全的风险因素,进而发出预警信号,运用权力抵御这些侵害行为,或者建议政府有关部门采取应对措施。在特定产业安全维护方面,路海英(2021)从采用动态优化的国家审计方法、明确文化创意产业的审计重点等方面出发,基于国家审计内涵阐述了开展国家审计工作对文化创意产业高质量发展的重要性。徐鸣(2021)进一步基于文化产业存在收益不均、项目周期短、辐射能力弱等问题进行研究,发现国家审计可从完善文化产业制度、加强文化产业监督和推进文化产业风险预警三个方面推动文化产业高质量发展。

2.4 研究评述

对于国家审计维护经济安全的作用机理,学术界主要从公共受托经济责任观、社会契约论、免疫系统观和其他角度进行了分析,得到了相对一致的结论,而这仅仅回答了"为什么"的问题,没有对国家审计维护经济安全的具体作用机理给出系统深入的回答,即"怎么办"问题尚未得到解答。对于国家审计是如何维护经济安全的这一问题,现有研究的结论可概括归纳为提高审计人员综合素质、拓展审计领域、加强审计创新、构建经济安全审计预警系统四个方面,但现有研究仅从理论上提出了构想。

伴随着新发展格局的构建,我们对于国家审计维护经济安全的重要领域的研究也应有所变化。对于金融安全,应更加着眼于全球化,注重系统性金融风险的监测与防范,同时关注互联网金融审计与影子银行审计等关键问题。对于财政安全,除关注财政资金的使用效率等,还应结合我国国情,关注地方政府债务风险,以及PPP项目等特殊项目的审计方式。对于产业安全,已有的关于国家审计维护产业安全的研究还基本处于空白状态,有待加强。同时在数字化背景下,国家审计在产业转型升级方面能够发挥什么样的作用也值得讨论。

经济安全是一个综合的概念,国家审计功能的发挥也是多层次、多维度、多角度的。本卷针对现有研究的不足,在深入探讨国家审计维护经济安全的内在逻辑的基础上,分别从金融安全、财政安全、产业安全、重大风险防控四个方面具体考察国家审计功能发挥的效果,力图揭示国家审计维护经济安全的作用路径,从而提出更有针对性的政策建议。

3 国家审计维护经济安全的内在逻辑

3.1 总体国家安全观与经济安全

3.1.1 总体国家安全观

《辞海》对"安"字的第一个释义就是"安全;安稳"。根据现代汉语词典的解释,"安全"就是指"没有危险;平安"。在英语中,"security"一词是与国家安全相联系的,它在国家安全领域的含义主要有两方面的内容:一是安全的状态,即免于危险;二是对安全的维护,指安全措施和安全机构。安全是一个模糊的概念,它会因为行为体的不同、场合的不同、时代的不同、问题的不同而有不同的解释(王东光,2016),因此,阐述安全的含义必须联系具体情况。美国学者卡尔·多伊奇在其《国际关系分析》中认为,安全意味着和平与和平的维护,但是安全作为一种价值,像其他许多价值一样有其实现方式和条件,所以它的含义往往是不明确的。Holmes(1994)认为,安全是一种活生生的"外皮",会因时间和环境的不同而呈现出截然不同的色彩和内容。因此,安全是动态发展的,在具体的情况下有其特定的含义。

1943 年,维特科普夫在其著作《美国外交政策》中最早提出"国家安全"一词。1947 年,世界上第一部国家安全法在美国诞生。美国《国际社会关系百科全书》将国家安全定义为一个国家的内部社会制度不受外来威胁的状态。Baldwin 和 Milner(1992)认为,国家安全是社会科学中最有争议和涉及太多价值判断的概念。20 世纪 70 年代初现实主义学派支配着国际关系理论,在经受其他学派攻击后,到 70 年代末,现实主义学派逐渐发展成新现实主义学派(Groom,1985)。现实主义学派是围绕国家安全建立和发展起来的,该学派主张从权力的角度认识和理解国家安全,以相互作用的国际力量作为研究起点。1979 年,华尔兹教授提出结构分析理论,奠定了"新现实主义"的基石。Baldwin(1993)指出,结构现实主义理论强调体系结构和单位结构,从而奠定了全面发展国际关系理论的基础。Smith 等(1983)主张限制美国对外政策中意识形态的作用,认为意识形态不应该支配美国对外政策。新自由制度主义(Neoliberal Institutionalism)认为国家安全的基本前提是相互依赖与合作,国家间的相互依赖能够催生共同的利益和相近的价值观,因而国家之间可以通过基于制度构建起来的合作关系维持国际秩序安全。不同于现实主义学派主张的霸权稳定,新自由制度主义认为经济利益与国家安全同样重要(Nye,1988)。1992年,彼得·卡赞斯坦提出建构主义。建构主义学派是西方国际关系理论领域的新兴学派,在一定意义上是对现实主义和新自由制度主义的折中和综合。在国家安全研究方面,建构主义学派着眼于"规范""认同"和"文化"等概念。彼得·卡赞斯坦认为"规范、认同和文化与我们对国际国内安全的认识有着非常密切的关系。这些概念使人们不再把物质基础和固定利益作为国家和国际安全的决定要素"。建构主义学派的目标是理解社会实践和国家规范是如何构建国家的身份与利益的。

2014年4月15日,习近平总书记在主持召开中央国家安全委员会第一次会议时提出,坚持总体国家安全观,走出一条中国特色国家安全道路。习近平总书记首次提出总体国家安全观,指出必须既重视外部安全,又重视内部安全;既重视国土安全,又重视国民安全;既重视传统安全,又重视非传统安全。习近平总书记还首次系统提出政治安全、国土安全、军事安全、经济安全、文化安全、社会安全、科技安全、信息安全、生态安全、资源安全、核安全等11种安全。总体国家安全观是新时代中国国家治理的重要指导思想。我国国家安全面临国内外社会形势复杂变化的挑战,总体国家安全观作为一种新的国家安全理念,具有极其深远的意义。刘跃进(2018)从理论梳理的角度入手,将总体国家安全观的主要内容概括为四大要点:"一条中国特色国家安全道路""五个既重视又重视""十二个国家安全要素""四个国际安全理念"。程同顺(2017)从目标中心的角度着手,以总体国家安全观的目标为具体指导,将总体国家安全观的基本内容总结为安全目标、安全领域以及安全实践三大部分。鞠丽华(2018)从系统要素这一角度,对国家安全的内涵界定、国家安全的构成要素以及国家安全的保障体系进行了分析,将总体国家安全观的核心内容归纳为逻辑完整的体系。

总体国家安全观是在新时代背景下形成的,体现了与传统和西方国家安全观不同的特点。在新时代背景下,我国国家安全面临着新形势、新挑战、新问题,总体国家安全观是一个整体系统,所以学习它需坚持马克思主义世界观和方法论(尹佳慧,2016;韩承鹏,2018)。总体国家安全观体现了以人民为中心的宗旨,人民安全贯穿于国家安全的各个领域,甚至从本质上来讲,各个方面的安全都是将人民置于核心地位(李营辉和毕颖,2018;马振超,2020)。总体国家安全观具有深厚的中华优秀传统文化根基,这在"文化溯源"上彰显了中国特色(王明进,2017;生忠军,2019)。在总体国家安全观视域之下,命运共同体是影响国家安全的重要因素,其代表中国和世界共同进步的趋势(高飞,2015;张硕和高九江,2016)。这些研究分别阐述了国家总体安全观的特点与意义。从总体国家安全观的实践运用出发,朱继东(2018)提出以思想领导和组织领导为出发点,以政治安全、经济安全和人民安全为切入点贯彻落实总体国家安全观。张家年和马费成(2019)以总体国家安全观为视角,结合国内外实际安全状况,对新时代国家安全及维护国家安全的策略进行了充分论述。

3.1.2 经济安全在总体国家安全观中的地位

从国际上看,在国际政治领域,国际形势动荡不安,大国博弈日趋激烈,国际秩序进入深度调整期(陈斌和程永林,2020),切实维护国家经济安全就成为一项长期的、复杂的、紧迫的、艰巨的工作(杨云霞和齐昌聪,2020)。第二次世界大战后期,各国逐渐意识到经济安全与国家安全的联系(Chace,1998),所以关于国家安全的国际主流研究是将经济安全置于国家安全整体框架中。在美国的全球安全战略中,经济、军事、文化被视为国家安全战略的三大支柱(Doyle和Richard,2007)。经济安全是基础,国家权力和军事力量都需要经济力量和经济能力的支撑(Eichengreen和Andrew,1996;Dumas,1990)。因此,经济安全是一种竞争力,关系一国的国际政治地位,是其他领域是否安全的关键决定因素。

Khalizad(2018)明确提出"经济安全即国家安全"的论断,致力于促进美国的经济振兴与持久繁荣,从而保持和提升美国的战略竞争力。美国前总统克林顿认为,经济安全应当处于国家对外战略的首位,确保经济安全应当成为维护国家安全的目标之一。奥巴马政府发布的两份《国家安全战略报告》指出,经济安全是国家安全战略的一部分。针对我国加入世界贸易组织,美国于2001年在其国会成立了美国国会中国经济与安全审查委员会①。该委员会每年向国会提交有关中美间经济安全问题的研究报告。其他国家,诸如俄罗斯、印度、日本等国,都将经济安全战略纳入了本国的国家安全战略。在总体国家安全观中,习近平总书记指出,经济安全是基础,是政治安全、社会安全等的基础。国家经济安全成为国家安全的重

---

① 该委员会的职能在于监测和审查美中两国的经济关系和双边贸易对美国国家安全造成的影响,并且以向国会提交年度报告的形式提供行政和立法建议,为执政当局判断美国是否需要采取行动以维护国家安全提供依据。

要内容,是全球化趋势不断发展、深化大背景下的必然。经济安全意味着一国在市场经济秩序稳定的前提下,关系国民经济命脉的重要产业、行业、关键领域及其他重大经济利益是安全的。因此,经济安全关乎国家安全、社会公共安全以及公民安全等多个范畴,对于维护国家安全、促进经济平稳健康发展和社会进步至关重要。因此,庞大的经济系统如何有效、安全地运作显得尤为重要。

3.2 经济安全的内涵与构成

3.2.1 经济安全的内涵

1. 关于经济安全内涵的学术观点

关于经济安全的内涵主要分为能力观和状态观两类观点。"能力观"强调经济安全是国家经济体系本身的安全和维护这种安全的能力,是一国与其他国家相比所具备的较强经济竞争能力(雷家骕等,2000)。Holsen等(1972)认为,国家应将可能阻碍国内经济发展的因素视为对经济安全的威胁,尽管这种阻碍并不一定会造成可以预见的经济损失。Mamoon(2012)认为,经济安全代表政府在收入再分配方面的能力。在经济全球化的背景下,各国经济对外开放程度越高,国家经济安全就越表现为一国避免经济领域遭受重大外部冲击的能力。文军(1999)认为,国家经济安全是一个国家的经济发展所面临的国内国际境况的综合,能够体现国家的经济竞争力以及与经济竞争力相对应的国际政治地位和能力,经济安全应当成为国家经济发展战略中的重要安全维度。Krauce和Nye(1975)认为,当一个国家为了避免外来的经济冲击不得不选择低效率经济时,作为国家目标的经济安全的重要性方可显现出来。雷家骕(2006)认为,国家经济安全是指一个主权独立的国家的最为根本的经济利益不受伤害,即一个国家在主权独立的基础上,经济基础稳固、运行健康、增长稳健、发展持续。

"状态观"强调经济安全是一种状态,在这种状态下,一国的国民经济发展和经济实力没有受到根本威胁(李健等,2009)。张幼文(1999)认为,经济安全有狭义和广义之分,狭义的经济安全是指国家在开放的条件下,经济免受外部冲击而平稳运行,国民财富未发生大量流失;广义的经济安全是指国家防止外部冲击导致国民经济遭受重大损失的一种追求,是国家维护经济的一种战略部署,是一国为使本国经济免受外部非军事政治因素严重损害的一种防范状况。李健等(2009)进一步指出,此种"状态观"应该包括两个方面:一是国内经济安全,即一国经济处于稳定、均衡和持续发展的正常状态;二是国际经济安全,即一国经济发展所依赖的国际经济环境的稳定与持续,包括国外资源和国外市场的稳定,不会出现供给中断或价格剧烈波动,国家的国际投资及国际市场不受威胁。

2. 经济安全内涵的界定

顾海兵等(2007)对中国经济安全内涵的理解和定位是:我国通过建设完善的机制,形成抵御外来风险冲击的能力,使我国经济在面临外部因素冲击时,能够保持稳定运行和健康发展。根据顾海兵等(2007)的解读,外部因素的冲击如何通过内部传导机制逐步威胁国家经济安全应是我们研究经济安全关注的重点,即国家经济的正常运行受到影响的过程是怎样的,他们强调关注"过程的经济安全"。影响我国经济安全的传导机制包括我国政治经济制度存在的缺陷,我国各经济部门间相互联系、相互影响的机制,以及国际经济组织规则中对我国经济安全不利的机制等方面(顾海兵等,2007)。经济安全以经济发展为前提,经济发展过程中充斥着各种风险,窦祥胜(2002)认为,宏观经济本身就蕴含着经济风险,并且是隐藏在经济系统内部的,随着社会经济矛盾的不断加深而日益增大。宏观经济风险的潜在性、隐藏性和累积性特征说明宏观经济发展具有引发经济危机的可能性,也是引发经济危机的前提,当风险累积到一定程度并充分暴露时就会导致经济危机,危害经济安全。因此,经济风险是判断经济安全与否最基本的要素。韩康(2005)认为,经济安全研究的对象是可能发生的经济危机和风险,而经济危机是指市场与经济运行陷入全面混乱,只能采取新政或政府管制手段来解决的状况,中国目前面临的经济风险具体表现为经济发展的差异性或不平衡所引发的风险、政府经济政策失误所导致的风险等。汪军喜(1999)认为,经济风险与经济安全之间的关系为正向相关,在某种程度上,经济风险能够直接度量经济安全。不断累积的经济风险会形成系统性风险,可能造成经济危机的爆发[①]。经济安全受到威胁的极端表现就是经济危机,经济稳定与经济安全之间的关系是局部与总体的关系(顾海兵等,2007),经济稳定是经济安全的特定表现形式。因此,维护经济安全的核心应是:通过不断完善自身经济机制的设计与建设,加强我国经济抵御外部因素冲击的能力,确保我国的经济体系以及经济的运行与发展不会受到外部风险的剧烈冲击。

---

① 风险是抽象的,危机是具象的;谈风险是为了揭示问题,谈危机更侧重于解决问题;研究风险的概念是为了反思,研究危机则是为了控制。风险与危机之间存在着因果关系,风险是前期形态,危机是后期表现,风险与危机之间是一个连续统。从逻辑关联点看,风险是公共危机和突发公共事件的可能性空间,本质上是未发生的不确定性。危机是风险输出的结果,而危机治理过程则意味着风险的逐步"消解"、公共安全感的恢复(丁烈云等,2009)。

3.2.2 经济安全的构成

1. 金融安全

世界经济处于一个全球化、金融开放和金融国际化的背景之下,我国金融安全的主要决定因素为外部因素,而不是内部因素(曾康霖,2008)。对我国而言,金融安全的内涵应是:金融体系在面临外部因素冲击时,仍然保持动态稳定健康发展的状态。具体来说,金融安全是一种能够将金融风险控制在可控范围内,防范系统性风险,使金融体系在面临外部风险因素冲击时保持动态稳定的发展状态,在这种状态下,金融体系不会因受外部因素的冲击而发生金融危机。Eichengreen 和 Andrew(1996)指出,国际金融危机存在的传递效应会影响与发生金融危机的国家存在商业往来的其他国家的经济安全。Radelet 和 Sachs(1998)发现,发展中国家如果有大量的短期国际资金流动,发生金融危机的可能性就很大。基于此,我们认为,金融安全的内涵启发我们对金融安全问题的研究应限定在外部冲击可能带来的国内金融体系运行风险上。从这个角度来说,维护金融安全就是要加强我国经济、金融抵御风险的能力,通过不断完善自身金融机制和金融体系的建设,确保我国的金融体系能够免受外部因素的冲击,能够稳定、健康地运行和发展。影响金融安全最基本的要素是金融风险,金融风险是威胁金融安全的不利因素产生的源头,维护金融安全的核心要义就是防范金融风险,特别是系统性风险。系统性风险的爆发会导致金融危机,更准确地说,金融危机是系统性风险的一个特殊阶段和特殊状态(张晓朴,2010),是金融安全受到威胁的极端表现形式。相较于金融安全,金融稳定的内涵侧重于金融的稳定发展,强调静态状态而非动态的发展趋势,金融稳定主要指金融体系对宏观经济体制、经济结构调整变化的动态适应(王元龙,2004),其本质是金融安全在特定情形下的表现形式。因此,维护金融安全的首要任务是防范系统性风险。系统性风险是可以减轻或降低的,系统性风险的特点之一是或然性(张晓朴,2010),人们能够通过一系列措施来降低它,如提高金融透明度、确保有关各方承担适当的风险,都能降低系统性风险(Lo,2008),从而实现维护金融稳定、保障金融安全的目的。

金融风险、金融危机、金融稳定与金融安全的关系如图3-1所示。

金融安全的内容可以划分为宏观和微观两个层次,具体表现为宏观经济的平稳发展和微观金融机构的稳健运行。宏观层面的经济平稳发展是微观层面金融机构稳健运行的根本条件。宏观层面的经济平稳发展可以分解为两个方面,即宏观调控和金融监管效率,而国家主要通过宏观经济政策和基础制度实现宏观调控。

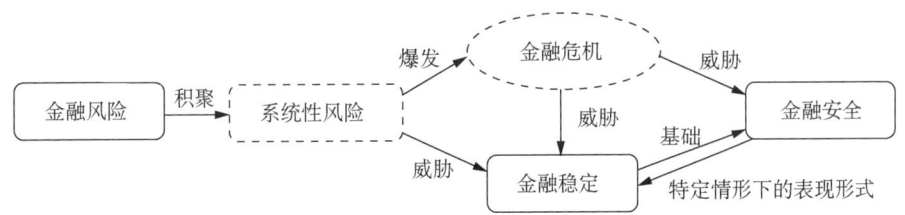

图 3-1　金融风险、金融危机、金融稳定与金融安全的关系

国家调整宏观经济政策的目的是为国家宏观金融的发展创造良好的环境,通过宏观经济政策可以实现促进经济增长、稳定物价、充分就业以及维持国际收支平衡的目的。一方面,宏观经济政策的变化能够通过影响宏观经济状况对金融体系的稳健性和安全性造成影响。Moran 和 Ghoshal(1999)认为,国家主权的削弱与国家开放有一定相关性,贸易、金融的全球一体化以及货币的相互依存是国家安全体系的薄弱环节。Ragnar(1947)认为,国际分工的不平等造成了发展中国家与发达国家之间的不平衡,从而使处于边缘劣势地位的发展中国家的经济畸形发展。Brander 和 Spencer(1988)等提出了战略性贸易政策理论,认为一国政府可以通过对进出口贸易的适度干预来维护国家经济安全。另一方面,宏观经济政策的调整会对金融市场中相关主体的损益状况造成影响,这会调节金融体系的安全状况,从而为国家宏观金融的发展创造良好的环境。Amin(1999)认为,不发达国家的经济过多依附于发达国家,会造成国内经济震荡和国内资本被他国掌控的不良局面。Burnell(2000)指出,很多跨国公司都有将发展中国家的经济或产业变成自己附庸的动机,因此,Hymer(1966)认为,跨国公司对一个国家的经济主权和经济利益也会带来一定的负面影响。宏观调控的另一手段是基础制度,它同样是影响金融体系稳健运行的重要因素,金融体系的稳健运行离不开完善的基础制度,如产权制度、司法制度等(刘锡良和孙磊,2004)。如果基础制度有缺陷,那么社会经济的各个方面都会受到不利影响,宏观经济的运行状况可能受此影响而恶化。Amin(1991)指出,发达国家与发展中国家之间的自由贸易制度会使发展中国家陷入比较优势陷阱,从而损害发展中国家的贸易利益和安全。金融监管是国家监管部门依据国家法律法规对金融业,即金融机构及其金融业务的监督和管理,本质是一种政府规制行为。金融监管能够影响金融体系的运行状态,通过对金融业的监督和管理保障金融体系运行的有序性。

2. 财政安全

财政安全是指财政运行的稳定状态,在这种状态下,财政运行的稳定性不受内外部风险因素的影响。一国维护财政安全的目标是：政府能够持续有效地履行其职责，稳定地提供公共服务和产品，能够满足社会公众对公共产品和服务的需求。财政安全的外在直接表现是政府债务水平和财政赤字都维持在合理、可控的水平。财政安全按照地域可分为中央和地方财政安全。影响财政安全的因素众多，包括内部和外部因素。

  财政风险是财政在运行过程中稳定性受到影响的可能性，经济和社会的影响都可能形成财政风险，具体表现为政府面临较大的财政赤字和债务危机。同其他风险一样，财政风险是影响财政安全最基本的要素。Brixi等(2001)深入研究了保加利亚的财政风险问题，根据财政风险矩阵，开展了对占主导地位的直接财政风险和间接财政风险的实证分析，找出了产生风险的原因和预防风险的管理方法。Lloyd-Ellis和Zhu(2001)通过建立财政风险评估框架，分析财政冲击和财政风险管理的原因，并建议增强财政的稳定性和建立分散风险的风险对冲机制。Hemming和Petrie(2006)对财政脆弱性及其风险预警进行了探讨，就评估的风险因素进行了概括，包括初始财政状况、短期内财政政策的灵敏度、长期的财政可持续性、结构或制度性缺陷、实施财政政策所带来的风险等因素；并且对政府为满足其财政政策总体目标在每种情况下可能承受的风险进行了分析。Uribe(2006)在研究价格水平与政府债务违约比例关系的基础上，发现价格水平越高，政府发生债务违约的可能性越小。Lewis(2003)对印度尼西亚地方政府债务风险和地方财政能力的关系进行了讨论，研究发现，大部分地方的政府债券由中央政府代发，在财政能力许可的情况下，地方政府的债务问题是比较容易解决的，这取决于当地政府和中央政府的意愿以及偿还债务的能力。财政危机是财政风险的极端表现形式，是指国家财政运行因财政收支不相抵而受到严重影响，表现为动荡和混乱的状态，具体可能表现为国家预算赤字数额巨大、收不抵支、国家债务水平剧增、停付国家债务等。为了维护财政安全，实现维护财政安全的目标，政府在公共财政活动中要围绕影响财政安全的各种因素，构建财政安全六要素体系，包括财政收支有效性、政府债务可控性、财政制度合理性、财政信息公开性、权力运行规范性和宏观经济平稳性。财政收支有效性是指政府的财政收入和支出以及进行的各种财政活动或行为具有效率性和效果性。政府债务可控性是指政府的债务水平和债务风险处于可控的范围之内，隐性的债务风险显性化之后不会导致财政危机。财政制度合理性是指政府财政活动或行为所遵循的制度、规章和行为准则是合理的，能够实现政府满足社会公众公共需求的目的，适应社会和市场经济的发展趋势。财政信息公开性是指与政府财政活动相关的信息是适当披露的,信息的需求者可以及时、准确地获知。权力运行规范性是指在财政运行过程中,获取和使用财政资源的权力受到相关制度的约束和监督,权力的运行过程具有规范性。宏观经济平稳性是指政府财政活动的各个环节所处的宏观经济中国民经济增长、通货膨胀、失业、国际收支平衡程度、公共投资规模与结构、利汇率变化等情况的连续性和稳定性。

3. 产业安全

产业安全是经济安全的重要组成部分,是国家经济安全、发展的基础,也是国家制定产业政策及实施经济干预的基本出发点。产业安全是指特定行为体自主产业的生存和发展不受威胁的状态(李孟刚,2016)。

不同理论对产业安全的定义不同。在控制力观下,杨公朴等(2000)认为,产业安全体现的控制力表现在国家对重要经济部门的控制上。于新东(2000)对产业安全的理解是,如果国家能够控制某产业的创始、调整和发展,那么该产业在一定程度上就是安全的。何维达和宋胜洲(2003)认为,衡量产业安全的是产业的发展前景和政府对其产业的控制权受到威胁的程度。在产业竞争力观下,景玉琴(2005)认为产业安全指的是产业的生命力。夏兴园和王瑛(2001)认为,产业安全是指某产业面临各种威胁时所产生的抵抗能力和免疫力,一个产业只有在面对外部威胁的同时仍能够维持均衡发展,它才算实现了所谓的产业安全。产业安全的内涵应该包括三层含义:①产业安全的主体是特定行为体的自主产业。在国际关系中,民族国家是最主要的行为体,产业安全也通常是指民族产业安全。②产业安全包括生存安全和发展安全两个方面。生存安全可以定义为产业的市场或市场份额、利润率水平及产业资本都不受威胁的状态。发展安全可以定义为产业价值或市场份额的提高、产业技术创新及产业的赶超不受威胁的状态。③产业安全度可以通过评价产业受威胁的程度加以反推。

基于此内涵可知,产业安全的特点在于:①民族资本在产业中所占的比例及其控制能力是产业安全的重要标志。②产业安全的主体是"重要产业",重要产业可以理解为那些影响国民经济全局的战略性资源产业、支柱产业、先导产业等。③产业安全问题是在行为体开放过程中由外商直接投资引起的。④民族资本与外国资本及民族产业与外资产业是有差异的。⑤产业安全的标志是本国资本对产业的控制,其实质就是在利用外国资本的过程中民族产业可以获得持续生存与发展的能力,产业安全的关键是国家对有关国家安全的基础性、命脉性或战略性产业的控制,使其可以完全依照本国的意志独立发展。

4. 生态安全

生态安全问题最早是在20世纪80年代被提出的,90年代后因跨越国界的全球性环境公害,如沙尘暴、水污染、大气污染、温室效应等而凸显(Schreurs 和 Miranda,1998)。美国认为环境问题可能对美国国家安全带来威胁(Dooley,2002),便将环境问题列入国家安全范围,并设立了环境与安全方面的机构,如国家安全委员会下设的全球环境事务理事会、国务卿全球事务办公室以及国防部的环境安全办公室(Dabelko,2004)。我国生态安全问题的提出始于20世纪90年代后期,其背景包括:①国内生态环境恶化,生态赤字膨胀,自然灾害加剧。②我国西部大开发进程中的生态环境保护和建设问题引发关注,我国西部脆弱的生态环境引起人们对西部大开发进程中的环保问题的普遍关注。③俄罗斯和西方国家关于生态安全的理论与实践在我国产生反响(曲格平,2002;周珂,2001)。生态安全学是一门自然科学与社会科学的交叉学科(陈国阶,2002)。广义的生态安全是指人的生活、健康、安乐、基本权利、生活保障来源、必要资源、社会秩序和人类适应环境变化的能力等方面不受威胁的状态,狭义的生态安全是指自然和半自然生态系统的安全(肖笃宁等,2002)。在生态安全状态下,国家的生态环境不会威胁国民身体健康,生态环境是国家经济发展的良好支撑和有力保障。人类的生产、生活以及健康等都不会受到生态环境破坏与环境污染等因素的影响,是一国生态系统健康程度和完整性的反映。生态安全的内在要素包括资源和能源的充足性、生物物种的稳定性与多样性、食品的健康性等。换句话说,如果一个国家的生物种群具有稳定性与多样性,自然资源尤其是能源充足,空气、水、海域、土壤等无污染,食品无公害,那么该国家的生态是安全的。生态安全是国家经济体系中的重要因素之一,能够为经济安全提供良好支撑和保障,与国民的幸福指数息息相关。

5. 信息安全

信息安全是指国家、机构、个人的信息空间、信息载体和信息资源不受来自内外各种形式的危险或威胁侵害和误导的外在状态及主体内在感受(戴明禹,2017)。大数据时代的社会发展已经离不开信息,信息已经成为国家未来发展依赖的重要资源。大数据与信息安全相互关联,大数据时代国家必须重视信息安全问题,安全部门以及基础设施对信息安全管理极为重要,若这两个方面出问题,可能会导致别国获取威胁国家安全的信息(Swanson 等,2017)。基于此,Kesharwani(2016)提出大数据时代人类面临的最大挑战便是信息保护问题,为了保障信息安全,必须开发安全可靠的信息共享协议,以确保敏感信息的安全。社会的稳定受到信息安全的影响,即信息的来源、传播和使用过程是否安全,相关的安全控制是否合理,对于社会稳定至关重要。信息安全涵盖了信息产生、传播及使用的各个方面,包括:信息的来源得到相应的保护;信息本身具有准确性、及时性和可靠性;相关数据受到保护,不会被窃取、损害或破坏。在国家经济体系中,信息安全十分重要,经济体系中的信息安全是指关系国民经济的重要企业、监管部门及政府机关,能够及时获取准确且可靠的经济信息,而国家经济运行和健康发展的敏感信息以及企业经营的重要信息不被竞争对手或国家所知晓。

6. 国有资产安全

国有资产安全是指国有资产具有自我积累、自我发展的机制和能力,能够适应国民经济结构和体制转换中的变革,实现持续、稳定和健康发展,对我国经济的健康持续发展和稳定增长起到主导作用。Mantz(1988)认为,国有资产属于非营利资产。胡川(2009)通过研究分析美国等发达国家政府的公共资产管理经验,从多个维度剖析我国行政事业单位国有资产管理模式,认为我国应进一步建立和完善行政事业单位国有资产管理模式,达到优化社会资源配置、有效提升资产效益的目标。企业层面的国有资产安全包括企业投资、并购重组等投资环节的运行安全,也应包括国内及国际经营、内部经营管理等环节的运行安全。我国国有资产安全的关键风险点包括三个方面:一是国有投资决策的寻租空间较大。随着国有企业改革进入新阶段,国有企业进入高速发展时期,一些企业大规模地进行工程建设、设备采购、网络维护等方面的投资,由于存在权力集中、制度不健全等问题,投资决策过程易滋生腐败,产生较大的寻租空间。二是国有资产运行环境复杂,保障国有资产安全的难度大。在国有企业运行结构日益复杂的背景下,威胁国有资产安全的因素增多,威胁的形式更加隐蔽、复杂,难以发现。例如,在一些国有企业,无形资产占比较大,且能给企业带来较大的收益,但难以识别和评估,常被低估甚至被忽视,国有资产安全难以保障。三是国有资产评估过程中"内外勾结"的机会增多。国有企业的改革力度增大,资产评估机会增多,无论是破产重组还是股权多元化改革,都需要对企业原有资产进行评估,由于资产评估过程的不规范,国有企业部分人员与相关方内外勾结侵害国有资产安全的事件常有发生。

3.3 国家审计维护经济安全的作用机理研究

3.3.1 国家治理视角下国家审计的本质及其与国家治理的关系

1. 国家治理视角下国家审计的本质

(1) 公共受托经济责任与国家审计。受托经济责任观是用于解释审计产生与发展的一个重要观点。Lee(1988)认为,审计是为了强化受托经济责任的履行。Flint(1988)强调受托经济责任关系的存在是审计最重要的前提。我国著名审计学家杨时展教授认为,审计因受托经济责任的产生而产生,又因受托经济责任的发展而发展。因此,审计基本理论认为,受托经济责任关系的存在是审计产生和发展的重要条件或首要前提,受托经济责任内涵的与时俱进拓展是推动审计理论不断创新、审计功能不断拓展的内在动力。基于企业经营者(受托人)与所有者(委托人)之间的受托经济责任关系更加明朗化与普遍化,蔡春(2000)强调受托经济责任是现代审计之魂。公共受托经济责任是受托经济责任的一种重要类型,国家审计产生于公共受托经济责任关系的确立,其本质在于保障和促进公共受托经济责任的全面有效履行(蔡春等,2013)。现代审计理论认为,审计产生的基本前提是受托经济责任关系,受托经济责任内容的不断拓展是推动审计不断创新与发展的内在动力。概言之,受托经济责任是审计产生和发展的基本动因之一(蔡春和蔡利,2012)。随着政府支出规模的扩大、公民政治参与愿望的增强以及资源配置要求的提高等,公共受托经济责任的行为责任按照经济性、效率性、效果性、社会性、环境性、控制性和宏观性等要求不断拓展,国家审计覆盖面向政策执行效果审计(蔡春等,2016)、政府绩效审计(蔡春等,2011)、自然资源离任审计(蔡春和毕铭悦,2014)以及权力监督(蔡春和李江涛,2009)等方面拓展。当服务国家治理已然成为公共受托经济责任的重要内容时,国家审计的目标就应包含服务国家治理。

(2) 国家审计的目标。审计目标是审计行为活动意欲达到的理想境地或状态,其并非一成不变的。审计目标必须不断适应审计环境的变化,顺应审计职能的发展。国家审计在本质上是一种确保公共受托经济责任全面有效履行的特殊的经济控制机制,其本质目标在于保障和促进公共受托经济责任的全面有效履行。在全球治理的背景下,随着委托与受托责任关系层级的不断变化,公共受托经济责任的内涵应当并已然包含了治理责任。治理责任强调受托人在从事经济管理过程中确保各利益主体、资源的协调与统一。因此,在国家治理视角下,国家审计目标可分为三个层次,即表象层次、中间层次和本质层次。在表象层次,国家审计目标的重点是提高财务会计信息和其他相关信息的质量,包括真实性、公允性和透明度等。在中间层次,国家审计目标的重点是考察相关经济活动对其应遵循的既定标准或原则的遵循情况,包括真实性、合法性和效益性等。在本质层次,国家审计目标的重点是保障和促进受托经济责任的全面有效履行。

2. 国家审计与国家治理的关系

国家是组织的一种特定形式,国家的存在意味着各种关系的产生、发展,随着各类关系的强化与发展,国家需要通过改革等方式强化治理,不断优化不同主体间的关系。B.盖伊·彼得斯(2001)教授对政府改革有较深入的理解,他指出,政府治理是一个过程,只要社会不断发展,政府持续存在,其治理将永远持续。2011年7月,时任我国审计署审计长的刘家义提出"国家审计是国家治理的重要组成部分……国家审计应在国家治理中发挥重要作用",这一理论观点既是对国家审计功能拓展的理论诠释,也是国家实现善治的现实需要。

(1)国家审计与国家治理的理论基石均为公共受托经济责任。国家审计产生于公共受托经济责任关系,其本质目标是保障和促进公共受托经济责任的全面有效履行。建立国家治理结构是政府履行公共受托经济责任的必然要求,公共受托经济责任是国家治理的基础,两者目标一致,旨在保证公共受托经济责任的有效履行,而公共受托经济责任的履行效果又与国家治理水平相关,因此,建立与完善国家治理结构是政府履行公共受托经济责任的必然要求。公共受托经济责任是国家审计与国家治理共同的理论基础之一(图3-2),保障和促进公共受托经济责任全面有效履行是国家审计与国家治理的共同目标,国家审计与国家治理之间也因公共受托经济责任而紧密联系并相互影响。

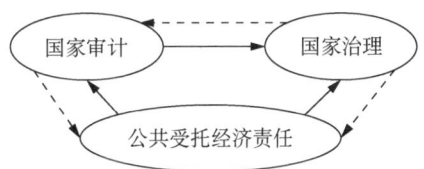

图 3-2 国家审计与国家治理的理论基石

(2)国家审计是国家治理的重要组成部分。依据马克思主义国家学说,国家审计是国家治理的工具,是国家政治制度的重要组成部分。国家审计与国家治理之间是相伴相生、相互依存、相互促进的关系。就历史层面而言,在世界各国历史进程的各个阶段,国家审计均参与了国家治理,两者渊源深厚。据《周记·天官冢宰·宰夫》记载,"宰夫之职,掌治朝之法,以正王及三公、六卿、大夫群吏之位,掌其禁令"。就是说,宰夫负责政治监察,掌理治理之法,监督官吏严格遵守和执行朝法。因此,审计在萌芽时就已成为国家治理的重要组成部分,发挥监控作用。就法律层面而言,国家审计的制度安排都是依据国家宪法或专门法律法令确立的。法国早在1807年拿破仑王朝时期就正式通过法令建立了国家审计院。国家审计系统采用与法院系统相似的体制,国家审计院在地位上仅次于最高法院,其权力与最高法院相同,具有终审权,这解决了国家审计机关的权威性问题。我国宪法规定,国务院下设审计机关,审计机关在国务院总理领导下,依照法律规定独立行使审计监督权。就实践层面而言,国家审计的功能作用体现为国家治理体制机制的持续改善。国家审计作为制约和监督权力的有效机制(宋常等,2014),在腐败的预防、发现、惩戒、预警和控制诸方面具有重要意义(李明辉,2014)。蒋尧明等(2021)指出,腐败治理是国家治理的重要组成部分。新时代国家治理体系和治理能力现代化建设对国家审计的腐败治理功能提出了新的要求,在实现信息共享、加强反腐职能部门协作的同时,国家审计机关应不断创新审计技术方法以揭示隐性腐败,并提高审计证据的可靠性以使审计问责得以有效落实。胡耘通(2021)提出国家审计在腐败的治理过程中发挥的作用是"维护国家财政经济秩序,提高财政资金使用效益,促进廉政建设,保障国民经济和社会健康发展",治理腐败不仅是国家审计的目标,还是国家审计自然产生的一种监督效用。毕秀玲等(2012)指出,国家审计能够缓解社会公众在捐赠款物方面与政府机关和慈善机构之间的代理问题。国家审计可借鉴企业风险管理框架,构建关于政府应对突发公共事件的指标体系,用于评价政府应对危机的能力(车亚飞,2016),帮助政府及时查找并改进在突发公共事件应急管理中存在的漏洞和缺陷,进一步提高政府的危机管理效率和效果(曲伟强,2014)。韦德洪等(2010)通过实证分析论证了国家审计有利于增强财政资金运行的安全性,即国家审计有助于维护国家经济安全。周兰和李惠(2013)从政府审计的三大功能入手,分析了国家审计保障国家经济安全的依据。唐建新等(2009)认为,国家审计可依靠审计调查监督和对国家经济政策实施情况的评估,向制定政策的部门提供反馈信息,以促进宏观政策的完善。总之,国家审计通过促进腐败治理、维护经济安全、提高政府透明度、协助政府应对危机等对国家治理发挥了重要作用。

3.3.2 国家审计维护经济安全的基本依据

1. 国家审计维护经济安全是公共受托经济责任内涵拓展的必然要求

公共受托经济责任是受托经济责任的一种重要类型,国家审计产生于公共受托经济责任关系的确立。蔡春等(2009)分析认为,当维护国家经济安全已然成为公共受托经济责任的重要内容时,那么国家审计维护国家经济安全就是公共受托经济责任内涵拓展的必然结果。随着经济、政治和社会的发展与变化,公共受托经济责任的内涵也不断深化和拓展。在经济全球化、金融开放和金融国际化的背景下,维护经济安全自然成为公共受托经济责任的内涵之一。国家审计与公共受托经济责任之间的关系是辩证的,因此,国家审计的功能要与公共受托经济责任的内涵相匹配,国家审计的功能必须不断拓展。当公共受托经济责任的内涵涵盖维护经济安全时,国家审计的功能就需要拓展到维护经济安全。因此,国家审计维护经济安全是公共受托经济责任内涵拓展的必然要求。

2. 国家审计维护经济安全是对审计传统职责的继承与发展

Dicksee(1905)从三个方面概括了审计的目标:一是检查技术性错误;二是检查原理性错误;三是揭露舞弊与欺诈。Montgomery(1912)认为,审计的目标包括检查和防止错误以及揭露和防止舞弊欺诈。审计的原始目标是查错纠弊。一方面,为了保证账簿记录的准确性,审计要检查账簿记录中的错误或差错;另一方面,为了防止财产的流失,审计要揭露受托人的营私舞弊或欺诈行为。从这个角度来说,审计的传统职责已经涉及维护金融安全。国家审计早在古罗马时期就已担负着维护国家经济安全的使命(文硕,1990)。在古罗马时期,政府重要的经济来源是民间金融业,政府为了促进财政收入的增加和预防各种偷税漏税的行为,一度将民间金融业纳入国家审计的范围之内。这项审计监督任务,在罗马城市由城市总监负责执行,在各省由城市长官设专人负责执行。从事民间金融业的私人金融家需要向审计官员公开他们的会计账册,同时向审计官员提供营业执照。这些会计账册主要分成三种:一是日记账,或称备忘录;二是现金出纳账,用于反映关于金融业务的各项现金收支,系罗马式簿记中最重要的账簿;三是顾客总账。例如,南斯拉夫国家审计的改革与银行体制改革紧密结合在一起,国家审计在对银行的监督和控制方面发挥着重要作用。1963年,南斯拉夫从人民银行中分离出一个名叫"社会簿记局"(Social Accountancy Service)的机构,负责监督资金安全,承担审计职能,直接由联邦议会领导。南斯拉夫国家审计机构正是在银行改革的高潮中诞生的。可见,国家审计维护经济安全是对审计传统职责的继承与发展。

3. 国家审计维护经济安全是国家审计法定职责的基本要求

我国宪法规定,"国务院设立审计机关,对国务院各部门和地方各级政府的财政收支,对国家的财政金融机构和企业事业组织的财务收支,进行审计监督"。我国2021年修正的《中华人民共和国审计法》将立法的目的规定为,"为了加强国家的审计监督,维护国家财政经济秩序,提高财政资金使用效益,促进廉政建设,保障国民经济和社会健康发展"。国民经济和社会健康发展是维护经济安全的基础,财政资金使用效益和廉政建设是经济安全的重要影响因素。我国2010年修订、2011年实施的《中华人民共和国国家审计准则》第六条明确了审计机关的主要工作目标,就是"通过监督被审计单位财政收支、财务收支以及有关经济活动的真实性、合法性、效益性,维护国家经济安全,推进民主法治,促进廉政建设,保障国家经济和社会健康发展"。按照我国 2010 年修订通过的《中华人民共和国审计法实施条例》的规定,审计机关要对国有资本占控股地位或者主导地位①的金融机构的财务收支进行审计监督。国家审计维护经济安全是国家审计法定职责的基本要求。

4. 国家审计维护经济安全是国家审计功能拓展的国际趋势

美国审计署历来就重视对国家安全中的风险进行监控,早从 1990 年开始,GAO 就每隔两年发布"高风险领域清单"(High-Risk Series),提请国会关注高风险领域。例如,自 2009 年以来,GAO 将金融监管体系的改革列入高风险领域清单。GAO 在《2004—2009 发展规划》中提出,要向议会和联邦政府提供及时的、高质量的服务,以应对全球一体化的挑战和安全威胁。澳大利亚审计署将安全审计作为综合绩效审计的一项工作内容。英国审计署曾将政府部门是否遵循信息安全标准作为绩效审计的一个重要内容。瑞典审计署的一位总审计长专门负责"安全、协调、国有经济和资产管理"领域的工作。

应对 2008 年金融危机,各国审计机关也都发挥了重要的作用。GAO 围绕金融监管、不良资产救助计划(Troubled Asset Relief Program)、复苏与再投资法案等方面的问题,及时开展了一系列分析研究和跟踪审计,提交了相关的审计报告,并应国会要求多次发表证词。特别是根据美国紧急经济稳定法案的要求,GAO 每 60 天(两个月)就要汇报不良资产救助计划的执行情况及结果。欧盟审计院对包括衍生品、对冲基金和私人股本在内的资本市场的监管和风险管理进行审计,就有关存款担保和资金需求方面提出建议。欧洲委员会协同欧盟审计院重新考虑了欧盟金融机构特别是大型跨国金融机构管制与监控模式的适当性。此外,欧盟审计院还对欧洲中央银行的管理营运效率进行了审计评价。可见,国家审计维护经济安全是国家审计功能拓展的国际趋势。

3.3.3 国家审计维护经济安全的作用机理

国家审计在本质上是一种确保公共受托经济责任全面有效履行的特殊经济控制机制,其本质目标在于保障和促进公共受托经济责任的全面有效履行。在全球治理的背景下,随着委托与受托责任关系层级的不断变化,公共受托经济责任的内涵应当并且已然包含治理责任。治理责任强调受托人在从事经济管理的过程中确保各利益主体、资源的协调与统一。在国家治理中,国家审计目标的本质层次在于

---

① 国有资本占控股地位或者主导地位的企业、金融机构包括:国有资本占资本(股本)总额的比例超过 50%的企业、金融机构;国有资本占资本(股本)总额的比例在 50%以下,但国有资本投资主体拥有实际控制权的企业、金融机构。

保障和促进公共受托经济责任的全面有效履行,提高财务会计信息和其他相关信息的质量;中间层次在于考察相关经济活动、政策对其应遵循的特定标准或原则的遵循情况;表象层次在于促进领导干部的责任履行、制约和监督权力的运行、保障公共资源的有效利用等。国家审计的职能就是监控国家经济活动,保障和促进政府公共受托经济责任的全面有效履行。国家审计的监控活动在维护国家经济安全方面发挥着五个作用,包括监测、预防、预警、纠偏及修复作用(蔡春等,2009)。在国家审计维护国家经济安全的作用中,监测作用是基本层次的作用,是其他作用有效发挥的基础;预防、预警、纠偏及修复作用属于衍生层次的作用,是监测作用有效发挥的结果。

(1) 监测作用。国家审计通过对经济活动进行监测,可以收集与国家经济安全相关的信息,进而进行整理分析。

(2) 预防作用。国家审计依法对有关经济活动进行审计,从而对违法经济活动产生事前的震慑作用,防止危害国家经济安全行为的发生。

(3) 预警作用。国家审计通过分析审计活动所收集到的经济安全信息,可以及时发现国家经济运行过程中存在的潜在安全威胁,进而对国家经济安全进行预警。

(4) 纠偏作用。国家审计利用法律赋予的权力,及时制止审计过程中发现的有关违法违规行为,从而纠正危害国家经济安全的行为。

(5) 修复作用。国家审计通过对国家经济活动的监控,可以发现国家有关经济制度、经济政策的缺陷,从而为政府部门修复经济制度、经济政策中的缺陷提供依据。

在国家审计维护国家经济安全的五个作用中,国家审计应重点发挥事前预防作用、预警作用,以消除潜在状态下的国家经济安全威胁因素,保障国家经济安全;加强发挥事中纠偏作用,及时制止危害国家经济安全的行为,保障国家经济安全;积极发挥事后修复作用,完善国家经济制度设计与经济政策制定过程,实现国家经济安全。国家审计维护经济安全的作用机理如图3-3所示。

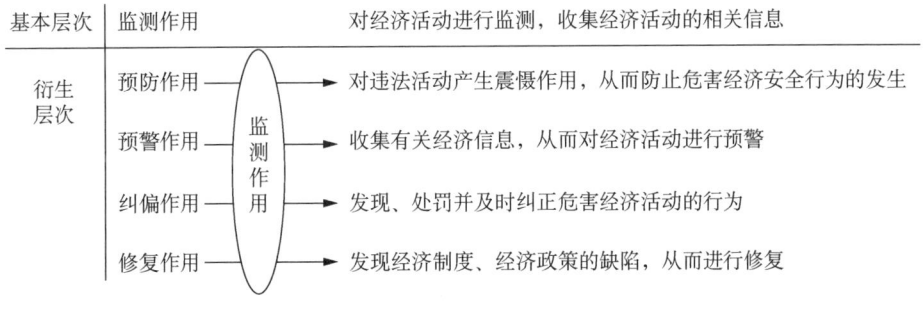

图 3-3 国家审计维护经济安全的作用机理

3.4 系统性风险的衡量与审计监控机理

3.4.1 系统性风险的衡量

1. 系统性风险的定义

Rampini(1999)将系统性风险定义为银行违约的可能性。Bandt 和 Hartmann(2000)指出,系统性事件为对其他机构或市场有巨大影响的某一事件。例如,关于某一机构的负面事件或者金融市场崩溃的相关消息一经公布,便能够对其他金融机构或市场产生巨大负面影响。因此,系统性风险就是发生系统性事件的风险。Bandt 和 Hartmann(2000)指出,系统性风险可分为广义和狭义两种:狭义的系统性风险的核心在于其传染性,即风险从一个主体到一个市场再到一个系统进而传染至其他市场的外部效应;广义的系统性风险在狭义的基础上还强调风险同时逆向、广泛地影响许多金融机构或市场造成的系统冲击。2008 年全球金融危机后,人们对系统性风险内涵的界定更加重视,强调其对实体经济的影响。Acharya(2009)把系统性风险模型化为各银行持有资产的相关性造成的银行同时倒闭的风险。IMF 等对系统性风险的定义是:系统性风险产生于金融系统部分或整体的减值,这种风险可能造成金融行业的崩溃,这种风险可能给实体经济造成潜在的负面后果。Cummins 和 Wiess(2014)将系统性风险定义为发生某一事件的风险,其中该事件能够引起金融系统大部分主体出现经济损失或市场信心下滑,并且有很大可能对实体经济产生显著不利影响。

Goodhart 和 Segoviano(2009)认为,银行的系统性风险包括三个方面,即银行系统的共同危机、特定银行间的危机以及某个特定银行滋生的系统危机,这三个方面相互补充,构成了系统性风险。总体而言,系统性风险的含义强调"系统性"。这个"系统性"包含两方面的含义:①该风险事件影响整个金融体系的功能;②该风险事件会对看似无关的主体造成不利影响。因此,相比个体风险,系统性风险具有复杂性、突发性、传染性、波及面广以及危害大五个基本特征(张晓朴,2010)。

2. 系统性风险的识别与衡量

2008 年全球金融危机爆发后,各国监管当局开始致力于恢复金融稳定性和防范系统性风险(Chen 等,2020)。有研究表明,市场的突然转向预示着系统性风险可能广泛存在(Billoetal,2010)。这些转向指标包括短期利率(Ang 等,2000)、GDP(Hamilton,1989)、通货膨胀(Kumar 和 Okimoto,2007)、市场恐慌(Kritzman 等,2010)。其他研究表明,高波动状态也是系统性风险存在的征兆

(Aesse 和 Segoviano，2009；Goodhart 和 Segoviano，2009）。由于批发性融资不受存款保险保护、对市场信息和经济环境的敏感度较高，过度依赖批发性融资会加剧银行风险（Huang 和 Ratnovski，2011）。López-Espinosa 等（2012）专门考察了批发性融资对大型跨国银行系统性风险的影响，发现批发性融资对银行系统性风险的影响超过了银行规模和杠杆等因素。Moore 和 Zhou（2013）、Van Oordt 和 Zhou（2019）在研究美国银行业系统性风险的影响因素时也涉及批发性融资，结果均发现批发性融资较多的银行具有更高的系统性风险。风险传染是系统性金融风险的核心要义，单个市场风险可能通过市场间风险关联渠道迅速扩散，从而诱发系统性金融风险（杨子晖，2020）。在"去产能"政策背景下，"产能过剩"行业的产品价格过低甚至长期低于生产成本，企业盈利不断下降乃至长期处于亏损状态，这将引发"产能过剩"行业企业破产违约风险上升，进而导致我国系统性风险积聚，甚至引发系统性金融危机与严重的经济萧条（张少东等，2020）。

2017 年中央工作经济会议将防范化解重大风险放在"三大攻坚战"的首位，并明确重点是防控金融风险（周边等，2021）。国内外学者试图构建预警指标以期预测系统性风险的发生（Alfaro 和 Drehmann，2009；Giesecke 和 Kim，2011；Huang 等，2012）。使用宏观经济数据或公开的资产负债表数据衡量系统性风险存在两个缺点：一是不同的国家公开的数据质量差距较大，部分国家甚至会缺乏有效数据（Cerutti 等，2012）；二是静态预警指标不能很好地反映市场变化，存在严重滞后性（Bernal 等，2014）。因此，学者们开始考虑使用更为高频的时间序列数据来度量系统性风险。Goodhart 和 Segoviano（2009）认为，信用违约互换利差法能较好地估算系统性风险，但这种方法的问题是未考虑市场风险（Bernal 等，2014）。Acharya 等（2010）使用系统性预期缺口作为系统性风险的代理变量。Brownlees 和 Engle（2012）提出了一个二元广义自回归方差波动模型以及一个非对称动态条件相关模型来捕捉相关性。此外，他们还构建了短期和长期的边际预期缺口预测指标，并提出了 SRISK 指数，用于衡量系统性风险。Acharya 等（2010）提出使用边际期望损失来度量系统性风险的方法，用边际期望损失来度量系统性风险是较为主流的系统性风险度量方法（范小云等，2011；朱波等，2016）。其他主流的度量系统性风险的方法有 Adrian 和 Brunnermeier（2011）提出的条件风险价值法，该方法用于评估陷入困境的金融单位对整个金融系统的影响（Girardi 和 Erguen，2013），有助于识别从金融机构到金融系统的风险传递。系统性风险测度领域较新的方法是尾部事件驱动网络法，该方法通过构建系统性风险指数，识别尾部事件驱动下金融资产间的非线性联系,捕捉系统性金融风险溢出效应,有利于准确识别系统性风险的非线性演变。

系统性风险衡量方法按照数据来源,分为市场数据估计法和财务数据估计法两大类,具体如表3-1[①]所示。

表 3-1　　　　　　　　　　　系统性风险的衡量方法

类别	方法名称	方法描述	代表文献
市场数据估计法			
投资组合估计法	风险价值法(VaR)	计算某一个资产或投资组合在一定的持有期内和给定的置信区间下的最大可能损失	Benninga 和 Wiener(1998)
	期望亏损法(ES)	计算损失在 VaR 水平之上的平均损失值	Inui 和 Kijima(2005)
	条件在险价值法(CoVaR)	在通过 VaR 测度单个金融机构非条件性尾部风险的基础上,测度某个金融机构陷入困境对其他金融机构尾部风险的影响	Adrian 和 Brunnermeier(2011)
	边际期望损失法(MES)	计算整个市场显著下降时,金融机构的边际期望损失	Brownlees 和 Engle(2012)
	保险价格分析法	计算各银行发行的债务工具组成的投资组合未来 12 个星期内不受财务困境损失影响的保险费用的理论值	Huang 等(2012)
关联研究法	动态条件相关广义自回归方差模型法(DDC GARCH)	计算动态线性与非线性的联合概率密度函数	Hesse 和 Segoviano(2009)
非参数估计法	肥尾估计	截尾依赖法,以投资组合回报对于风险因素的概率分布的敏感性大小来衡量系统性风险	Geluk 等(2009)
		金融系统多变量密度函数法,即运用一致信息多变量密度最优化技巧找到各个组合水平上的各个机构的联合分布密度	Goodhart 和 Segoviano(2009)
	主成分分析法	运用主成分分析法提出吸收率(吸收率等于资产回报的集合的总方差被特征向量的固定数目解释或吸收的比例)	Kritzman 等(2010)
			Billio 等(2010)

[①] 该表根据谭洪涛等(2011)以及胡海峰和代松(2012)关于系统性风险衡量方法的评述整理而成。

(续表)

类别	方法名称	方法描述	代表文献
财务数据估计法			
压力测试	金融压力指数法	通过一系列反映金融体系各个子系统压力状况的指标合成综合性指数	Lliing 和 Liu(2003)
金融稳健	金融稳健指标	从核心指标层和推荐指标层两个层面构建基于财务指标的指标体系	Sundararajan 等(2002); IMF(2009)

3.4.2 国家审计监控系统性风险的机理

1. 国家审计监控系统性风险的理论基础

(1) 公共受托经济责任观。国家审计监控系统性风险是公共受托经济责任内涵拓展的必然要求。国家审计产生于公共受托经济责任,依法对政府的公共受托责任履行情况进行监督与评价。同时,建立国家治理结构也是公共受托经济责任的重要内容,而监控系统性风险是国家治理中重要的一部分,因此,国家审计理应在监控系统性风险方面发挥重要的作用。国家审计对政府在监控系统性风险过程中履行公共受托经济责任的情况进行监督和鉴证,是保障公共受托经济责任履行的必然要求,是国家审计的法定职责。应对系统性风险是国家审计发挥治理功能的重要体现。国家审计在监控系统性风险中,发挥监测、预防、预警、纠偏及修复作用,对政府预防和应对系统性风险事件所使用的大量资源和资金进行监督、评价与追责,最终达到缓解社会公众与政府和资本市场之间的代理问题,降低系统性风险事件对经济社会的危害。

(2) 新公共管理理论。新公共管理理论强调提高政府对公共资源的配置和利用效率,提高相关政策的战略性与稳定性,增强政府透明度,增强政府绩效管理,并鼓励采用激励、弹性化的方式管理政府。国家审计的危机治理功能是国家审计适应新公共管理理论发展的结果。国家审计应明确相关审计机制,在危机发生之前进行预警监测,收集整理相关信息,从微观、中观和宏观层面提供应对政策。在微观上,确定预警机制建立原则、建立预警指标体系、建立预警机制;在中观上,国家审计与其他监管部门相互配合以应对系统性风险事件;在宏观上,国家审计依据国家宏观调控的政策及目标,对宏观调控的调控范围、对象、手段、主要环节及其调控措施的有效性进行审计和监督。国家审计在宏观层面主要表现为一种再监督评价机制。当然,在危机救援阶段,国家审计需要测定经济安全程度、积极参与危机救援全部过程并清楚界定各方责任。

(3) 经济监督论。国家审计的基本职能之一是监督财经法规的贯彻实施情况,查错防弊,保证经济活动在法治的轨道上有秩序地进行。国家审计从政府收支活动和政府履行职责两个方面对其进行监督:一方面,政府收支活动是社会经济活动的一部分,为了防止政府公职人员利用人民赋予的特殊权力进行寻租,由国家审计对政府收支活动进行监督,必然增加社会经济价值。另一方面,政府制定的相关经济政策影响社会经济稳定运行,国家审计通过监督政策制定部门的相关活动,可以预防此类部门的行为对经济稳定造成不利影响。

2. 国家审计监控系统性风险的法理依据

(1) 宪法。我国宪法确立了审计监督制度的基本框架,对审计体制、基本原则、基本职权等作了具体规定①。宪法第九十一条规定:"国务院设立审计机关,对国务院各部门和地方各级政府的财政收支,对国家财政金融机构和企业事业组织的财务收支,进行审计监督。"第一百零九条规定:"县级以上的地方各级人民政府设立审计机关。地方各级审计机关依照法律规定独立行使审计监督权,对本级人民政府和上一级审计机关负责。"在预防和应对系统性风险事件时,政府消耗的人力、物力和财力都属于公共资源,理应作为财政支出接受审计机关的监督审查,包括绩效审计、经济责任审计、政策执行效果审计等。

(2) 审计法。2021年新修订的审计法主要在坚持党对审计工作的领导、扩展审计范围、加强审计队伍建设、赋予审计机关履行职责必需的权限、严格规范审计行为、明确审计整改规定和监督责任等方面作了修订,为强化审计监督、完善审计制度提供了法治保障。在第一章第一条中将立法目的规定为:"为了加强国家的审计监督,维护国家财政经济秩序,提高财政资金使用效益,促进廉政建设,保障国民经济和社会健康发展,根据宪法,制定本法。""维护国家财政经济秩序"与"廉政建设"是为了维护国家经济安全,防止产生系统性风险;"财政资金使用效益"关系到国家运行成本与国家运行效能,对国家稳定有着重要的影响;"国民经济和社会健康发展"的基础条件就是国家稳步发展。第二条明确规定"国务院各部门和地方各级人民政府及其各部门的财政收支,国有的金融机构和企业事业组织的财务收支,以及其他依照本法规定应当接受审计的财政收支、财务收支,依照本法规定接受审计监督"。从第二条来看,国有的金融机构、企业事业组织和负有金融监管、财政监督职责的经济管理部门都是维护国家金融安全的中坚力量。这个审计监督范围界定意味着国家审计监督属于经济监督系统中的最高层次,也就是维护国家金融安

---

① 我国现行宪法为1982年宪法,已历经1988年、1993年、1999年、2004年和2018年5次修订。

全的最高级别的监督。

(3) 中国人民银行法。2020年,中国人民银行发布的《中华人民共和国中国人民银行法(修订草案征求意见稿)》第一章第一条将立法目的规定为:"为了确立中国人民银行的地位,明确其职责,保证国家货币政策和宏观审慎政策的正确制定和执行,建立和完善中央银行宏观调控体系,维护金融稳定,促进金融服务实体经济,制定本法。"第三条明确我国的货币政策目标是保持货币币值的稳定,并以此促进经济增长。第三十三条阐述了中国人民银行对金融机构执行货币政策和信贷政策实施监督管理。第四条和第三十四条阐明,中国人民银行在宏观审慎政策目标下,通过运用金融机构逆周期资本缓冲、系统重要性附加资本、动态拨备计提以及针对特定部门资本要求等资本管理要求,金融机构杠杆率、贷款价值比、贷款收入比、风险资产权重、同业资产(负债)比例要求以及大额风险敞口限制等资产管理要求,金融机构流动性覆盖比例、净稳定融资比例等流动性管理要求,风险准备金等逆周期调节工具,交易费率、保证金比率、杠杆率等金融市场或金融基础设施管理工具,宏观审慎压力测试,国务院确定的其他宏观审慎管理工具等方式维护金融体系的健康与稳定。

(4) 其他相关法律法规。我国的商业银行法、票据法、担保法、保险法、证券法、信托法、证券投资基金法、银行业监督管理法、预算法、企业破产法、突发公共事件应对法、治安管理处罚法等法律法规均可作为重要的审计依据。

国家审计监控系统性风险的职责在国外也被写入了法律法规中。美国法典要求国家审计对金融机构审查委员会、联邦储备委员会、联邦储备银行、联邦存款保险公司以及货币管理局进行审计。国家审计部门在经适当的政府部门书面同意的情况下,可以对开放式保险银行或银行控股公司实施现场检查。因此,国家审计监控系统性风险是国家审计法定职责的基本要求。

3. 国家审计监控系统性风险的现实需求

(1) 国家审计在监控系统性风险中发挥作用是不确定性事件高频化、复杂化的现实要求。2021年是"十四五"开局之年,各个行业面临更多的不确定性,防范系统性金融风险是最紧迫的任务(张维,2021)。中央财经委员会第十次会议提出,中共十九大以来,在党中央坚强领导下,国务院金融稳定发展委员会按照"稳定大局、统筹协调、分类施策、精准拆弹"的基本方针推进工作,已经在防范化解重大金融风险攻坚战中取得重要阶段性成果,经济恢复向好发展的势头。随着经济环境的不断变化,不确定性事件可分为以下几类:①债务风险较高。2008年世界金融危机以后,我国宏观杠杆率态势较好,但居民杠杆率较高却未被各界充分重视,微观层面上家庭负担较重,如果家庭内部出现问题,会影响经济稳定(刘莉亚和梁琪,2019)。2020年国务院公布了修订后的预算法实施条例,规定财政部和省、自治区、直辖市财政部门应当建立健全地方政府债务风险评估指标体系,组织评估地方政府债务风险状况,对债务高风险地区提出预警,并监督当地政府化解债务风险。②金融市场异常波动。自2019年以来,我国股市震荡幅度较大,中美贸易摩擦经常会使股市出现异常波动(刘莉亚和梁琪,2019)。③突发公共事件。各类突发公共事件在全球各国时有爆发,如2003年的非典危机、2008年的汶川地震、2014年的埃博拉病毒疫情、2018年的非洲猪瘟疫情、2019年年底出现的新冠疫情等都严重威胁着世界各国的社会稳定,其所特有的紧迫性与不确定性也为全球经济发展带来了极大的挑战。④房价波动。房价对系统性风险的影响途径有两个。一个是债务通缩途径。当房价出现下跌时,贷款抵押品减值,借款方违约成本下降,违约风险上升,迫于偿还债务的压力,借款方会选择抛售房产,这样一来房地产市场上供给增加,房价进一步下降,这会加重尚未偿还债务的抵押借款人的还款压力,有可能形成大规模的金融危机(吕江林,2015)。另一个是代理成本途径。信贷市场存在信息不对称,对企业来说,外部融资代理成本要高于内部融资,而已有研究表明,代理成本与企业资产净值负相关,这意味着企业资产负债表状况对银行贷款具有重要影响。当房价出现下降时,抵押品价值缩水,代理成本上升,企业融资成本提高。基于此,企业的现金流压力增大,违约风险上升,导致银行风险不断累积。⑤汇率波动。汇率波动对系统性风险的影响主要有三条途径:一是货币错配途径。由于商业银行资产以本币计价,外汇负债以外汇计价,当人民币发生贬值时,商业银行国外债务价值增加,本币资产发生减值,这意味着银行的资产负债表两侧失衡,这会诱发风险。二是资产价格途径。汇率对跨境资本流动的影响显著,货币贬值预期引起资本外流,导致股价下跌,对资本市场造成冲击(许从宝等,2020;张蕾,2020)。三是通胀途径。汇率波动(本币汇率下降)引起资本外流,导致本国货币供给增加,使实际利率下降,刺激长期投资,导致物价上涨(杨小军,2020),最终导致企业成本上升、利润下降,财务风险增大。

各种不确定性事件冲击包括外生冲击与内生冲击,前者会触发内生机制中的负反馈,后者的负反馈达到一定程度会使风险涌现(刘磊和张晓晶,2020)。外生冲击是系统性风险的诱因,是系统性风险发生的导火索(Dicks和Fulghieri,2015)。不确定性事件越来越频繁地在全球范围内爆发,形式越来越多样化,诱因越来越复杂。由不确定性事件引起的公共危机已全面嵌入人类的社会生产生活中,成为一种结构性隐患,深刻影响着全球社会的变迁与治理(袁明旭,2018)。在这样的环境下,国家审计依法全面履行审计监督职责,通过常态化"经济体检",在揭露风险的同时,把财政、金融、企业等各领域审计发现的问题贯通起来综合分析,从源头治理系统性金融风险,防患于未然。综上所述,本卷认为国家审计在监控系统性风险中发挥作用是不确定性事件高频化、复杂化的现实要求。

(2)国家审计在监控系统性风险中发挥作用是构建现代化国家治理体系的必然要义。国家治理现代化是中共十八届三中全会提出的新的时代命题。现代社会进入危机多发的风险时代,对于后发展国家来说,现代化的治理能力意味着全面的治理能力(Binder等,1971),公共危机治理框架的现代化是国家治理体系和治理能力现代化的重要组成部分(容志,2014)。公共危机治理是国家治理的一部分,加强对各种风险不确定性事件的应急管理,建立和完善公共危机管理体系,最大限度减少因系统性风险带来的损失,是维护广大人民群众利益的必然要求,是国家治理体系和治理能力现代化不可或缺的一步。国家审计服务于国家治理,因此,其理应在监控系统性风险中发挥积极作用,这是构建现代化国家治理体系的必然要义。

4 金融安全审计

4.1 系统重要性金融机构审计

4.1.1 系统重要性金融机构与系统性风险

2007年,美国爆发次贷危机并快速席卷其他国家金融市场,形成全球金融危机。通过梳理和回顾,我们发现,金融风险首先通过金融机构暴露。例如,2007年6月,华尔街第五大投行贝尔斯登公司(Bear Stearns Cos.)宣布旗下两个严重涉足次级贷款市场的基金出现重大亏损;7月底,德国工业银行的莱茵蓝基金出现巨额亏损;11月,花旗集团减记80亿~110亿美元结构化资产。随着事态的继续发展,风险快速累积,不断渗入各大型金融机构,并随着其分支机构往外扩散,多米诺骨牌效应使全球金融市场产生连锁反应,整体金融环境波动。2008年2月,瑞银集团宣布亏损113亿美元、美国国际集团宣布2007年第四季度亏损52.9亿美元;3月,摩根大通收购贝尔斯登公司;9月,雷曼兄弟申请破产,美林被美国银行收购,高盛集团与摩根士丹利转为银行控股公司,曾经风光的华尔街五大行[①]不复存在,金融危机开始失控。

金融危机后,各国政府监管机构以及国际金融组织注意到系统重要性金融机构的监管制度不健全、执行不到位成为危机爆发的重要因素(钟春平等,2020)。在全球货币政策大变局和货币供给呈现新变化的背景下,系统重要性金融机构通常采用高杠杆运营模式来获取利润,风险敞口较大,在流动性冲击的干扰下,系统性风险快速累积。由于各系统重要性金融机构位于全球金融业务链重要节点,各金融机构通过股权投资、发行和持有金融债券、拆借回购、证券化衍生产品交易等,构成高度关联的金融网络。在国际视野下,资本跨境流动已成为趋势,跨境资本流入使一国基础性货币量上升,导致资本市场股票收益率增加、本币升值、资产价格上

---

① 华尔街五大投行是高盛(Goldman Sachs)、摩根士丹利(Morgan Stanley)、美林(Merrill Lynch)、雷曼兄弟(Lehman Brothers)、贝尔斯登公司(Bear Stearns Cos.)。

升,资本的加速流入以及经济虚假繁荣会导致国家经济下滑,反作用于股票价格,最终使本币贬值、泡沫经济破裂(关筱谨等,2021),此时位于节点上的系统重要性金融机构的风险损失不断扩大,系统性风险加速累积与扩散,最终对全球金融稳定性造成负面影响。

系统重要性金融机构具有结构和业务复杂度较高、规模较大、与其他金融机构关联性较强等特点。传统微观审慎监管只关注单个金融机构的状况,虽然绝大部分金融机构个体都符合监管标准,但整个金融体系可能已经暴露在跨国交叉、综合的系统风险之中,所以微观监管不足以防范系统性的金融风险,无法从宏观整体层面上保证金融环境稳定。基于此,2009年结束的二十国集团(G20)匹兹堡金融峰会宣布成立金融稳定委员会(Financial Stability Board,简称FSB)作为全球金融稳定的宏观审慎监管国际组织。在2009年的匹兹堡金融峰会上,G20领导人要求金融稳定委员会制定政策框架,以应对与系统重要性金融机构(Systemically Important Financial Institutions,简称SIFIs)有关的系统性风险和道德风险[①]。2009年6月17日,美国政府公布《金融监管改革白皮书》,希望通过新设立一个包含主要金融监管机构成员在内的金融服务管理理事会来负责美国金融体系的宏观审慎监管。欧盟通过建立欧洲系统性风险委员会对系统性风险进行预警、监管与分析等。面对金融环境的不断变化,加之新冠疫情广泛深远的影响,世界经济陷入低迷期,经济全球化遭遇逆流,我国《"十四五"规划纲要》提出完善宏观审慎管理体系,加强系统重要性金融机构和金融控股公司监管,强化不良资产认定和处置,防范化解影子银行风险,有序处置高风险金融机构,严厉打击非法金融活动,健全互联网金融监管长效机制。与此同时,健全金融风险预防、预警、处置、问责制度体系,落实监管责任和属地责任,对违法违规行为零容忍,守住不发生系统性金融风险的底线。2021年8月召开的中央财经委员会第十次会议也对防范化解重大金融风险提出新要求并进行了部署。银保监会党委在传达学习中央财经委员会第十次会议精神时也表示要认真做好高风险机构处置、应对不良资产集中反弹、严防高风险影子银行死灰复燃等重点工作。

---

① G20匹兹堡峰会首脑宣言指出,要在2010年年底前解决系统重要性金融机构问题:系统重要性金融机构应制定国际一致的应急处置计划;开发出有效处置金融机构风险的工具和框架,以避免系统重要性金融机构倒闭带来的破坏,并减轻其未来的道德风险。金融稳定委员会应在2010年10月底前提出可能的措施,包括加强监管和具体的额外资本、流动性和其他审慎要求。

4.1.2 系统重要性金融机构的识别

1. 识别系统重要性金融机构的关键因素

各金融组织以及各国政府对系统重要性金融机构的定义如表4-1所示。从系统重要性金融机构的定义可知,系统重要性金融机构与系统性风险之间存在相关性。系统重要性金融机构经营失败或破产会产生一系列巨大的负外部效应。从微观层面上看,系统重要性金融机构的破产或倒闭会产生经济上的重大溢出效应,致使企业的债权人和股东以直接成本的形式遭受巨额损失,直接破坏企业经营稳定性。从宏观层面上分析,系统重要性金融机构经营失败或破产,会降低金融系统以合理的价格向市场提供所需贷款的能力和意愿,导致整个金融体系在危机中陷入困境并停止履行其主要经济职能,从而影响整个金融市场稳定。与此同时,其经营失败或破产会对实体经济产生负面连锁效应,导致国家经济稳定性受到冲击。

表4-1 各金融组织以及各国政府对系统重要性金融机构定义

组织	定义
国际货币基金组织(IMF)、国际清算银行(BIS)、金融稳定委员会(FSB)	系统重要性金融机构是指在金融市场中承担了关键功能,其倒闭可能给金融体系造成损害并对实体经济产生严重负面影响的金融机构
德意志联邦银行	系统重要性金融机构是指规模庞大、复杂、相互关联的,提供难以替代的服务,若其崩溃可能对整个金融体系产生重大影响的金融机构
澳大利亚储备银行	系统重要性金融机构是指如果其爆发危机,可能对金融稳定造成重大风险的金融机构
中国人民银行、中国银行保险监督管理委员会、中国证券监督管理委员会	系统重要性金融机构是指因规模较大、结构和业务复杂度较高、与其他金融机构关联性较强,在金融体系中提供难以替代的关键服务,一旦其发生重大风险事件而无法持续经营,将对金融体系和实体经济产生重大不利影响,可能引发系统性风险的金融机构(详见附录3)

实践表明,评估认定金融机构的系统重要性是有效监测、衡量和防范系统性金融风险的重要内容和先决条件(马新彬,2019)。2008年全球金融危机之后,国际货币基金组织、国际清算银行和金融稳定委员会3个机构指明评估系统重要性金融机构的因素应包括规模、复杂性和关联性(IMF,BIS和FSB,2009)[①]。这3个机构于2013年7月将评价指标扩展为机构规模、关联度、可替代性、复杂性和全球活跃程度5个维度,如表4-2所示。

---

① 我国监管部门通过"规模、关联度、不可替代性以及复杂性"4个指标来衡量国内系统重要性银行。

表 4-2　　　　　　　　评估系统重要性金融机构关键因素表

关键因素	层级	包含指标	意义
机构规模	衡量金融机构的系统重要性的第一个维度	① 资产负债规模； ② 客户规模； ③ 市场份额规模； ④ 交易量等	① 规模越大，它破产时引起的潜在损失越高； ② 其他机构不可能有能力完全替代它的业务，它一旦出现问题，会直接使民众失去信心
关联度	衡量金融机构的系统重要性的第二个维度	① 存放同业； ② 拆出、拆入资金； ③ 买入返售金融资产； ④ 卖出回购金融资产	① 关联度越高，该机构通过金融网络向其他机构传染风险的能力就越强； ② 具有内在关联性的主要特征有跨行业投资、机构自身的治理层和组织结构复杂、交易对手种类多且交易量较大、业务结构复杂； ③ 金融机构内在关联性使金融危机的传染性极高，金融危机通过金融合约的关系网络能够快速扩散
可替代性	衡量金融机构的系统重要性的第三个维度	① 企业贷款； ② 企业垫款； ③ 个人贷款； ④ 个人垫款	① 该指标主要反映客户和其他机构对其的依赖程度； ② 巴塞尔银行监管委员会认为金融机构的系统重要性与可替代性呈现负相关； ③ 可替代性低的机构一般是在服务市场占有率、专有率都较高的机构，该类机构发生危机，可能会造成市场较大程度的流动性不足，从而加大其他金融机构的危机
复杂性	衡量金融机构的系统重要性的第四个维度	① 衍生金融资产； ② 衍生金融负债； ③ 交易性金融资产价值； ④ 可供出售金融资产价值	金融机构的业务、结构、操作越复杂，一旦其陷入困境，人们就要花费越多的时间和成本处理危机，对整个金融系统的影响越大
全球活跃程度	衡量金融机构的系统重要性的第五个维度	① 跨境资产； ② 跨境负债	对全球性系统重要性金融机构而言，全球活跃程度越大说明其跨国经营的参与度就越高，其影响范围就越大

2. 系统重要性金融机构的识别方法

2008年全球金融危机后,国际组织、各国监管机构和学术界都对系统重要性银行(或金融机构)衡量理论与方法进行了深入的分析和研究,根据国际货币基金组织、金融稳定委员会和国际清算银行于 2009 年 10 月发布的《系统重要性金融机构、市场和工具》,现有评估系统重要性金融机构的方法主要分为四类:指标法、网络分析法、组合模型法、压力测试以及情景分析法,如表 4-3 所示。

表 4-3　　　　　　　系统重要性金融机构的识别方法

识别方法	定义	优点	缺点
指标法	通过选取相关指标,对指标权重进行赋值,再通过某种加总手段,最终获得排序结果的方法	① 便于理解和排序; ② 便于补充指标,除了基本指标,还可以增加辅助指标; ③ 便于监管机构调整	① 数据缺失; ② 指标相关性易受质疑; ③ 指标与阈值选取存在主观性; ④ 人们对排序结果难以达成一致认识; ⑤ 其他问题
网络分析法	通过获得银行间双边敞口矩阵,评估金融机构的系统重要性(一是通过机构间的关联性和集中度来确定;二是通过模拟机构倒闭对其他机构的影响来确定。其特点在于能够模拟信贷事件等对特定金融机构的风险外溢效应,还有银行间市场单个或多个机构破产导致的多米诺骨牌效应所带来的冲击)	方便监管机构判断介入时机和力度	金融机构的实际双边敞口矩阵数据被认为具有机密性并难以获得;如果采用银行间双边敞口矩阵数据进行模拟,分析结果可能会出现一定偏差
组合模型法	通过跟踪一个机构将如何影响其他机构,识别影响组成系统的各机构的共同风险因素,以及衡量单个金融机构对整个系统的风险贡献,从而用于确定金融机构的系统重要性	① 可以选取对金融机构单体风险比较敏感的公开数据; ② 具有前瞻性,在一定程度上能够反映机构未来表现; ③ 公开数据的频率较高,容易从时间维度上反映系统性风险的变化	① 高频率的数据受到金融市场发达程度的限制; ② 相关假设前提比较严格
压力测试以及情景分析法	模拟不同的市场冲击情况,评估其对金融机构存在的潜在影响	对相关金融机构的潜在状态条件进行测试和评估	识别系统重要性机构的目的在于考察金融机构对市场的影响,而不是特定市场条件对金融机构的影响

4.1.3 系统重要性金融机构审计实践

1. 银行领域重要性机构的审计实践

2011年,金融稳定委员会发布的全球系统重要性金融机构由2010年的29家减至28家,中国银行成为中国乃至新兴经济体国家和地区中唯一入选的金融机构[1]。随后,中国工商银行、中国农业银行和中国建设银行分别在2013年、2014年和2015年入选全球系统重要性银行。在审计署审计的8家商业银行中,中国银行、中国建设银行、中国农业银行、中国工商银行都已经入选全球系统性重要金融机构。

从审计署公布的审计结果公告来看,自2003年第1号"审计署关于防治非典型肺炎专项资金和社会捐赠款物审计结果的公告"至2021年第3号"中央部门单位2020年度预算执行情况等审计结果",我国涉及银行业金融机构资产负债损益审计的审计结果公告共有21份[2]。

国家审计对商业银行的资产负债损益进行审计,揭露了商业银行经营管理方面的薄弱环节以及违法违规等问题。表4-4按照经营管理违规问题、经营管理薄弱环节以及经营管理违法问题梳理了国家审计对商业银行进行审计时关注的主要问题。经营管理方面存在的违规问题主要包括:①违规办理存款与结算业务;②违规发放贷款;③违规办理票据业务;④会计违规问题。经营管理方面存在的薄弱环节体现为信贷业务存在风险,具体表现在以下几个方面[3]:①信贷管理,主要是贷款"三查"(贷前调查、贷中审查、贷后检查)制度执行不到位,致使贷款资金被挪作他用,一定程度上增加了信贷风险。例如,农业银行将215亿元涉农贷款投向他处。②存款账户管理,主要表现为虚增存款。例如,光大银行深圳分行通过超授信额度发放贷款,再将超授信额度的贷款转为定期存款,最后用该定期存款为超额度部分贷款提供质押担保等方式,累计虚增存款56.81亿元[4]。③问责制落实不力,主要表现为对违规人员追究责任不到位、处理不及时,以罚代刑的现象比较突出。④实体清理不彻底。部分银行的资产负债表未能全面如实反映资产负债状况。经营管理方面存在的违法问题主要包括外部人员恶意骗贷、员工内外勾结参与作案、违法放贷等。经营管理违法问题主要是一些单位涉嫌违法。

---

[1] 《全球系统重要性金融机构名单变动 中国银行再次入选》,http://www.yicai.com/news/2012/11/2220068.html。

[2] 统计结果里未包括关于商业银行审计整改结果的公告。其中,2012年第20号公告是"招商局集团有限公司2010年度财务收支审计结果",其审计范围包括招商银行股份有限公司;2012年第25号公告是"中国中信集团公司2010年度资产负债损益审计结果",其审计范围包括中信银行。资料来源于中华人民共和国审计署网站。

[3] 表4-4中未详细分类。

[4] 这个事项是审计署发布的2008年第8号审计结果公告提到的。

表 4-4　　　　国家审计对商业银行进行审计时关注的主要问题

问题类别	主要问题	具体问题	涉及单位(年度)
经营管理违规问题	违规办理存款与结算业务	违规使用存款科目、违规开立存款账户,个别单位甚至违规动用客户存款	中国银行(2012)
		在未提供有效资料的情况下办理代发业务	建设银行(2011)
		高息揽存	农业银行(2011)
	违规发放贷款	贷款和担保主体不合规,如违反规定直接向政府机关发放贷款;有的贷款由地方财政部门违规担保;有的贷款虽由地方政府控制的其他公司担保,但保证能力往往不足	工商银行(2010) 中国银行(2012) 农业银行(2011,2018) 建设银行(2011)
		违规向土地储备中心发放贷款	工商银行(2010)
	违规办理票据业务	存在大量无真实贸易背景的票据	中国银行(2012) 交通银行(2013) 建设银行(2011)
		为提供虚假发票和交易合同的客户办理票据	交通银行(2013)
	会计违规问题	形成账外资产,私设小金库	交通银行(2013)
		会计核算不实	中国银行(2012) 建设银行(2011)
		少计收入	工商银行(2010) 中国银行(2012) 建设银行(2011)
		少计资产	工商银行(2010)
经营管理薄弱环节	信贷业务存在风险	结算业务管理存在薄弱环节,未认真履行审核职能,如为客户违规结汇提供便利	农业银行(2011,2018)
		贷款"三查"制度执行不到位,资金未用于规定用途	农业银行(2011) 中信银行(2010) 建设银行(2011) 工商银行(2018)
经营管理违法问题	涉嫌违法犯罪案件未得到有效遏制	发现各类涉嫌违法犯罪案件线索	农业银行(2011,2018) 中国银行(2012) 交通银行(2013) 建设银行(2011) 工商银行(2018)

注:括号里列示的是被审计的资产负债表年度,后同。

2. 保险领域重要性机构的审计实践

保险领域的全球系统重要性金融机构被视为全球保险业的"稳定器"。FSB与相关国际组织共同努力,积极推进全球系统重要性金融机构的评估与认定,制定相关的监管措施,促进保险业的稳定。国际保险监督官协会是国际保险监管规则的制定者,其根据规模、国际活跃度、可替代性、非传统非保险业务和关联性五项指标,并辅以一定的监管指标调整认定了首批全球系统重要性保险机构,提交FSB审议并公布。2013年7月19日,全球金融标准制定与执行的核心机构——金融稳定委员会公布了首批9家全球系统重要性保险机构名单,中国平安保险集团入选,成为发展中国家和新兴保险市场中唯一入选的保险机构。2016年5月26日,保监会公布了首批入选国内系统重要性保险机构的16家保险企业名单①,并要求它们上报财务报表数据、偿付能力报告数据、集团并表数据、子公司数据。2016年,保监会也就《国内系统重要性保险机构监管暂行办法(征求意见稿)》和《国内系统重要性保险机构监管暂行办法(第二轮征求意见稿)》公开征求意见,目的是加强对国内保险机构的监管,特别是对系统重要性保险机构的监管,提升其公司治理水平和危机处置能力,完善保险集团监管制度框架和宏观审慎监管体系。

审计查出的保险公司问题主要有两大类,如表4-5所示。一是经营管理违规问题,具体可分为违反保险法规的问题(违规承保或退保、违规理赔、违规减保、违规支付手续费或佣金、账外经营保险业务)、违反财务法规的问题(财务收支不实、私设小金库、会计核算不准确或不规范)以及违反经营规定问题。例如,2003年10月,中国出口信用保险公司明知项目不在理赔范围内向投保人预赔154.49万美元(折合人民币1 287.65万元),致使预赔款面临巨大的损失②;2004年至2006年,人保资产公司将一部门拨付的企业扶持基金1 258.80万元中的684.32万元直接用于冲减营业费用和发放给个人③;2000年4月,中国再保险公司违规将价值3.16亿元国债委托给下属一经济实体进行融资买卖股票,造成损失近3 700万元④。二是经营管理存在薄弱环节。存在的问题包括:内控制度不完善、风险防控机制有漏洞、盈利能

---

① 16家系统重要性保险机构为:中国人民保险集团股份有限公司、中国人寿保险(集团)公司、中国太平保险集团有限责任公司、中国再保险(集团)股份有限公司、中国平安保险(集团)股份有限公司、中国太平洋保险(集团)股份有限公司、中华联合保险控股股份有限公司、阳光保险集团股份有限公司、泰康人寿保险股份有限公司、新华人寿保险股份有限公司、华泰保险集团股份有限公司、安邦保险集团股份有限公司、富德保险控股股份有限公司、合众人寿保险股份有限公司、中邮人寿保险股份有限公司、华夏人寿保险股份有限公司。

② 详见审计署审计结果公告2010年第9号"中国出口信用保险公司2008年度资产负债损益审计结果"。

③④ 详见审计署审计结果公告2008年第8号"国家开发银行、中国农业银行、中国光大银行股份有限公司、原中国人保控股公司、原中国再保险(集团)公司2006年度资产负债损益审计结果"。

力有待提高。例如,计算机信息系统管理存在漏洞、部分分支机构视内控为无物、不遵守既定的规章制度,通过修改计算机系统储存数据的方式来注销应收保费。又如,部分业务风险较高:一类是融资担保业务,该类业务的风险点包括违规担保、管理缺位、资金监控困难以及风险控制不够等;另一类是内贸险业务,这类业务本身的风险就较高,还存在资信相关信息收集困难、信息获取不及时等问题,因此,融资保单的欺诈风险较高,很难得到有效的防范;还有一类是综合业务,其主要问题在于信息系统部分功能不完善①。

表 4-5　　　　　　　　　　审计查出的保险公司问题

问题类别	主要问题	具体问题	涉及单位(年度)
经营管理违规问题	违反保险法规	违规承保或退保	人保公司(2006,2009) 出口信用保险(2008) 人寿保险(2009)
		违规理赔	人保公司(2006,2009) 人寿保险(2009)
		违规减保	再保险公司(2006)
		违规支付手续费或佣金	再保险公司(2006,2013) 出口信用保险(2008) 人保公司(2009) 人寿保险(2009)
		账外经营保险业务	人保公司(2006,2009)
	违反财务法规	财务收支不实	出口信用保险(2008) 人保公司(2009) 人寿保险(2009)
		私设小金库	人保公司(2009) 人寿保险(2009)
		会计核算不准确或不规范	人保公司(2006,2009) 再保险公司(2006,2013) 出口信用保险(2008) 人寿保险(2009)
	违反经营规定	将国债进行融资买卖股票	再保险公司(2006)
		法人股过户给工会	人保公司(2006)

---

① 详见审计署审计结果公告 2010 年第 9 号"中国出口信用保险公司 2008 年度资产负债损益审计结果"。

(续表)

问题类别	主要问题	具体问题	涉及单位(年度)
经营管理薄弱环节	内部控制不完善		人保公司(2006) 人寿保险(2009) 再保险(2013)
	风险防范机制有漏洞		人保公司(2006,2009) 再保险公司(2006,2013) 出口信用保险(2008)
	盈利能力有待提高		人保公司(2006) 再保险公司(2006)

注:括号内是被审计的资产负债表年度。

4.1.4 系统重要性金融机构审计的思路构建

金融是现代经济发展的核心,关系一国的经济发展和安全。金融安全是国家安全的重要组成部分,在疫情冲击下,各国实体经济陷入困境,企业、金融机构的信用风险上升,市场风险不断累积,金融体系脆弱性不断提高,新兴市场经济体面临大规模资本外流、货币大幅贬值的风险。全球金融市场间的相互联动,增大了局部金融风险跨市场传染的可能性。在此严峻的经济形势下,我国提出维护金融安全,守住不发生系统性风险底线。2017年,党的十九大报告把防范化解重大风险作为"三大攻坚战"之一,强调深化金融体制改革,增强金融服务实体经济能力,提高直接融资比重,促进多层次资本市场健康发展;健全金融监管体系;着力加快建设实体经济、科技创新、现代金融、人力资源协同发展的产业体系。《"十四五"规划纲要》提出加强经济安全风险预警、防控机制和能力建设,实现重要产业、基础设施、战略资源、重大科技等关键领域安全可控,其中需要保障金融重要基础设施安全,维护金融安全,守住不发生系统性风险底线。《"十四五"规划纲要》提出健全金融风险预防、预警、处置、问责制度体系,落实监管责任和属地责任,对违法违规行为零容忍,守住不发生系统性风险的底线。2021年,中央财经委员会第十次会议再次表明我国需保证经济金融大局稳定,坚持底线思维,增强系统观念,遵循市场化法治化原则,统筹做好重大金融风险防范化解工作,在处理好稳增长和防风险关系的同时,防止在处置其他领域风险过程中引发次生金融风险。由此可见,金融安全直接关乎国家根本利益,作为金融政策落地者与业务执行者的系统重要性金融机构在金融体系中居于重要地位,其经营和风险状况直接关系我国金融体系整体稳健性以及服务实体经济的能力。

本卷认为,为了更好地发挥国家审计监控系统重要性金融机构风险、维护金融环境稳定的功能,就必须全面发挥国家审计的全方位监督职能。根据审计法第二十二条和审计法实施条例第十九条,审计机关对国有资产占控股地位或者主导地位的银行或者非银行金融机构,可以进行审计监督。《"十四五"国家审计工作发展规划》第八个部分"金融审计"规定,以防范化解重大风险、促进金融服务实体经济,推动深化金融供给侧结构性改革、建立安全高效的现代金融体系为目标,加强对金融监管部门、金融机构和金融市场运行的审计。主要措施包括:①开展防范化解金融风险情况审计。围绕统筹发展与安全、守住不发生系统性风险底线,持续关注重点地区、重点领域、金融机构、金融市场以及跨机构、跨市场的风险状况,促进健全金融风险防控、预警、处置、问责的制度体系,维护金融市场健康平稳运行。②开展金融监管部门职能履行情况审计。围绕金融监管部门职能履行,重点关注利率市场化改革和货币政策执行效果,多层次资本市场体系建设,宏观及微观审慎监管的框架、措施和规则的制定和执行,金融基础设施建设完善等情况,促进健全金融监管制度,提升金融监管效能,推动建设现代中央银行制度和完善现代金融监管体系。③开展金融机构经营管理情况审计。围绕金融机构资产负债损益的真实性、合法性、效益性,重点关注金融机构资产质量、经营管理、风险防控、公司治理及内部管控等情况,促进金融机构完善公司治理,依法合规经营,增强竞争能力。④开展金融服务实体经济情况审计。围绕深化金融供给侧结构性改革和扩大开放,重点关注金融服务实体经济重点领域和薄弱环节的情况,促进信贷结构优化、提高直接融资比重、降低实体经济融资成本、服务创新驱动发展战略、增强金融普惠性,推动构建金融有效支持实体经济的体制机制。

基于此,本卷立足防范系统性金融风险,树立宏观审计理念,主张采用连续审计方法,开展系统重要性金融机构资产负债损益审计、政策落实跟踪审计、领导干部经济责任审计(李斐,2020)以及公允价值审计(蔡利等,2015)。与此同时,本卷以风险为导向提出审计实施路径,保证国家审计在控制系统重要性金融机构风险的基础之上,关注不同领域、不同行业,以最大限度缩小风险范围与规模,及时切断风险传导链条,实现风险隔离,从而防止次生风险发生。

系统重要性金融机构审计思路如图4-1所示。

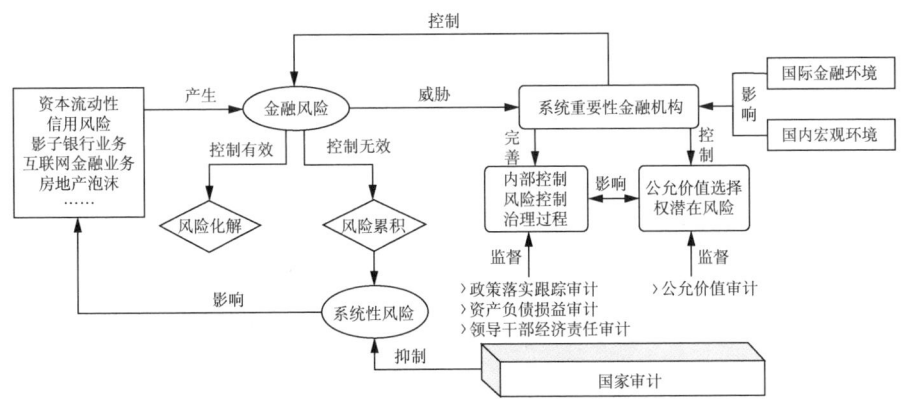

图 4-1 系统重要性金融机构审计思路

1. 审计路径

1) 系统重要性金融机构政策落实跟踪审计

2008 年全球金融危机以来,国家经济金融形势发生了很大的变化,金融业作为国民经济的枢纽,面临很多的不确定性。当前,我国金融业呈现系统重要性金融机构"独大"的金融态势,其执行宏观经济政策的主动性与及时性对于我国宏观政策落实和经济平稳健康发展至关重要。基于此,2016 年 5 月,审计署制定的《"十三五"国家审计工作发展规划》指出,审计工作需重点关注银行、证券、保险等系统重要性金融机构贯彻落实国家重大政策措施情况,推动它们落实国家货币政策、产业政策等宏观调控政策,发展绿色金融、普惠金融、互联网金融,加强对中小微企业、农村特别是贫困地区的信贷、结算、保险等金融服务,更好地支持实体经济发展。2019 年中国人民银行工作会议提出要进一步落实好金融服务实体经济各项政策措施,同时继续开展重大金融政策落实情况审计。2021 年,《"十四五"国家审计工作发展规划》强调重点关注利率市场化改革和货币政策执行效果。

国家颁布的各项金融宏观政策影响我国经济的方方面面,如扶贫、教育以及实体经济发展等。系统重要性金融机构主要负责落实国家金融政策,同时,相对于其他行业而言,其具有较高风险。国家审计以风险为导向,从系统重要性金融机构收集政策执行情况信息,了解政策机制,测试政策执行过程,形成相关政策执行状况评估报告,结合项目审计和专项审计调查或调研,对相关金融政策落实情况开展跟踪调查分析,揭示问题和风险。例如,国家审计对金融支持实体经济特别是中小微企业的政策落实情况开展审计调查,重点关注涉农和小微企业贷款任务要求、减费让利、助保贷执行效果、贷款审批效率等内容,围绕高风险领域有针对性地开展审计工作并投放更多的审计资源。审计人员通过提前介入重大政策执行和落实过程,实施动态监督,积极促进各项政策落地,揭露政策执行中的突出问题和重大金融风险,及时反映金融机构政策落实过程中偏离预期目标的情况,提出有针对性的意见和建议,督促相关系统重要性金融机构及时整改,纠正其违规违法行为,从而防止或避免出现不良结果。国家审计将审计报告反馈给相关政府部门,督促它们对相关政策的贯彻落实,提高金融风险治理水平,促进金融危机治理机制的进一步完善。

表4-6是我们根据审计署审计公告整理的各系统重要性金融机构在政策落实方面存在的问题或工作推进举措。

表4-6 审计公告显示的各机构在政策落实方面存在的问题或工作推进举措

审计公告	存在问题或工作推进举措
2015年第28号公告	人民银行部分分支机构未严格执行支农再贷款发放标准和实施贷后监管; 金融机构通过"以贷转存"、增加多项附加费用等方式变相提高中小企业融资费用
2016年第3号公告	金融机构着力推进投融资体制改革,促进金融支持实体经济,解决小微企业融资难、融资贵等问题
2017年第32号公告	人民银行等七部门发布防范代币发行融资风险公告,规范代币融资行为; 银监会、证监会、保监会开展整顿规范金融秩序专项治理行动,着力防范化解重点领域风险; 人民银行发布报告,明确将资产规模5 000亿元以上银行发行的一年(含)以内的同业存单纳入宏观审慎评估体系同业负债占比指标进行考核
2018年第2号公告	金融机构加强财政金融风险防范,推动统筹盘活财政存量资金
2018年第49号公告	5个省的个别金融机构通过人为调整资产评级等方式掩盖不良贷款13.39亿元
2019年第1号公告	1家金融机构落实金融支持小微企业等要求不到位; 45个地区存在违规向外资企业收费、违规对备案事项进行审批、未在规定时限为外资企业办理备案等问题; 7个地区的部分地方性金融机构存在不良贷款率高、拨备覆盖率低、资本充足率低、掩盖不良资产等问题

(续表)

审计公告	存在问题或工作推进举措
2019年第10号公告	5个省和2个中央部门的14.23亿元财政存量资金和政府债券资金未及时盘活使用
2020年第5号公告	2个省的3家金融机构违规在担保费之外向企业收取咨询服务费、评审费等
2021年第2号公告	9个省的11家人民银行分支机构和141家地方法人银行在2020年普惠小微企业贷款延期支持工具、普惠小微企业信用贷款支持计划等两项直达实体经济货币政策工具管理情况中,存在对个别政策内容执行标准不统一、部分政策支持资金使用不精准,为不符合条件的贷款提供政策支持等问题

与传统政策落实跟踪审计不同,系统重要性金融机构政策落实跟踪审计需横跨多部门和多行业,若只有金融行业专家介入,则必会导致审计覆盖面不全、审计结果不准确等问题,所以需要财政、投资、资源环保等方面的专业审计力量介入。审计内容可以划分为以下四个方面:①对政策执行机制与过程的审计,这是为了确保执行机制的适用性、可操作性以及执行过程的有效性;②对与政策执行紧密相关的公共资金和公共资源的审计,如对金融相关政策执行过程中涉及的公共资金、公共资源的配置与管理情况进行审计,确保资金与资源使用的效率和效益;③对金融相关政策执行结果的审计,通过对金融相关政策执行结果进行成本效益分析,评价政策执行结果的经济性、效率性和效果性;④从政策制定后评估出发,保障各项金融相关政策措施落地,确保制度本身的科学性和协调性等。国家审计应针对上述不同审计内容,有选择性地调配不同审计资源,保证审计资源合理利用。

2) 系统重要性金融机构资产负债损益审计

随着我国金融体制改革的不断深入,系统重要性金融机构的经营品种、业务范围不断扩大。一方面,传统的金融服务项目日趋完善;另一方面,我国"入世"以后,金融业务与国际接轨,相应增加了新的金融产品。《"十三五"国家审计工作发展规划》指出,金融审计以防风险、增效益、促改革为目标,重点审查资产负债损益、经营管理、内部控制等情况,旨在严肃财经纪律,维护经济秩序。《"十四五"国家审计工作发展规划》要求金融审计围绕金融机构资产负债损益的真实性、合法性、效益性开展,强调需重点关注金融机构资产质量、经营管理、风险防控、公司治理及内部管控等情况,旨在促进金融机构完善公司治理,依法合规经营,增强竞争能力。

系统重要性金融机构的经营活动和产出体现在财务报表上。国家审计通过全面检查系统重要性金融机构业务开展和经营管理情况,反映其在日常经营管理中存在的薄弱环节,揭示金融改革过程中的突出矛盾和风险以及系统重要性金融机构扰乱市场秩序的各类违规行为,净化市场环境,增强金融市场稳健性。另外,国家审计通过关注系统重要性金融机构负债水平、资金配置以及资产质量等方面存在的结构性矛盾,进一步促进机构完善公司治理,健全内部经营机制,严格规范财务管理,降低业务经营风险。通过执行资产负债损益审计,还可发现严重影响金融体系稳定的违法案件。例如,审计署在过往执行金融机构的资产负债损益审计时发现了部分违法乱纪行为,涉及农业银行、中国银行、交通银行、建设银行以及工商银行。

国家审计对系统重要性金融机构资产负债损益审计以审计银行的资产负债损益为主,同时逐步加大对证券、保险、信托、基金等非银行业金融机构的延伸审计力度。国家审计通过执行资产负债损益审计,关注被审计单位的业务经营情况和财务管理与会计核算两部分。审查资产负债表的侧重点为系统重要性金融机构信贷资金风险大小、杠杆高低以及资金流动性情况。审查利润表的侧重点为系统重要性金融机构的利润率,关注利润真实性。国家审计应重点分析机构资金的变动情况,分析资金流入或流出的原因,以判断机构在经营中的问题及财务核算与管理是否稳健。传统的财务报表审计属于事后审计,因此,国家审计强化绩效审计方法,加大主要违规领域审计力度,显得尤为重要。早在2008年,审计署便在《审计署2008至2012年审计工作发展规划》中指出"全面推进绩效审计,促进转变经济发展方式,提高财政资金和公共资源配置使用、利用的经济性、效率性和效果性"。系统重要性金融机构资产负债损益审计应积极响应国家政策的号召,推进绩效审计,主动识别被审计单位的内部控制缺陷,识别潜在风险和主要违规违纪现象,尽早提出建议并采取有效的防范措施。同时,国家审计应围绕贷款发放、票据办理、处置不良资产、承保退保、核算不规范等重点违规领域加大审计力度,完善绩效审计的评价指标与方法,建立相应的绩效评价制度,与合规性审计形成互补,提高审计效率,推动被审计单位提高风险防范能力。

3) 系统重要性金融机构领导干部经济责任审计

我国经济责任审计的发展历经了五个重要节点,如图4-2所示。

2019年7月7日,中共中央办公厅、国务院办公厅出台了最新的《党政主要领

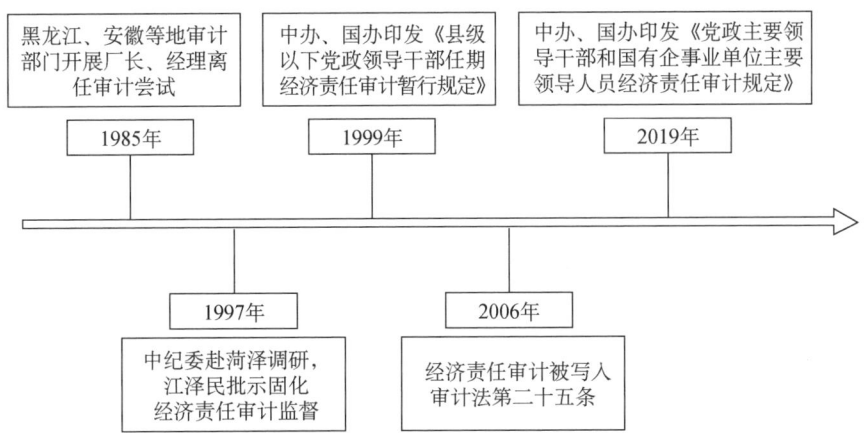

图 4-2 经济责任审计发展重要节点

导干部和国有企事业单位主要领导人员经济责任审计规定》。通过总结新经济责任审计规定的主要变化之处(详见附录4),结合系统重要性金融机构运行机制,本卷认为,国家审计可在执行原来经济责任审计规定的前提下,关注以下三点:①突出绩效审计。对领导干部履行职责情况进行审计是经济责任审计在监督系统重要性金融机构运行的创新之处。基于此,国家审计应统筹安排领导干部履职审计对象,确定履职审计评价指标体系,结合各金融机构干部人事考核要求,积极开展审计工作,重点对领导干部履职情况开展评价,实现领导干部经济责任动态审计,将履职审计结果与考核结合起来,将履职审计结果作为各金融机构领导干部考核任免的主要依据,督促金融机构领导干部在任职期间严格履行岗位职责,认真落实国家重大方针政策,维护国家财经法纪,突出绩效审计防范和预警的作用。②强化离任审计。当系统重要性金融机构重要领导干部离任时,应对该干部任职期间履职的情况进行审计,确认其承担的责任。审计人员在执行审计过程时可主要从系统重要性金融机构重要领导干部履职期间的行政经济活动是否合规、经济效益和效果入手,评价其履行工作职责是否有效、管理制度是否健全、重大决策是否民主、执行政策是否到位,以及领导干部个人是否廉洁从政。在整个审计期间要明确领导干部重大事项决策、重大项目管理、重大资金使用、重大人事决定和廉洁自律情况的审计,充分评价履职过程中存在的决策失误、管理失控和行为失范等问题。③突出审计成果运用。经济责任审计结果的运用直接关系着审计工作的质量与效益。各方可通过扩展审计成果的使用渠道、使用途径,保证审计结果增值。在实践工作中,国家审计应综合运用统计计量、数学模型等方法手段,量化分析领导干部经济责任审计结果,通过将定性评价与定量评价结合起来,形成高质量的领导干部经济责任审计模式。

4)系统重要性金融机构公允价值审计

在2008年全球金融危机后,我国监管部门确立了宏观审慎监管和微观审慎监管相结合的新的金融监管模式。《"十四五"规划纲要》也强调要完善宏观审慎管理体系,保持宏观杠杆率以稳为主、稳中有降。公允价值顺周期性的特点导致微观审慎监管并不能有效控制系统性风险,加之金融机构是应用公允价值的主体,尤其在银行业中,不论是资产还是负债,公允价值计量对第二层次和第三层次输入值的应用都越来越多,且不同年份之间的变动幅度较大,所以公允价值顺周期性会提高系统重要性金融机构的系统性风险(蔡利等,2015),公允价值这一计量属性对系统重要性金融机构的会计信息有着重要影响。

对公允价值的影响因素进行分析可以发现,公允价值本身易受宏观经济波动的影响,当宏观经济波动厉害时,公允价值计量的不确定性就会加剧。例如,在市场低迷的情况下,即使是可观察到的价格也可能不是公允价值的适当计量标准,而且虽然我国注册会计师审计准则提供了一个适用于所有公允价值计量审计的框架,但并未对以公允价值计量的特定资产、负债或权益提供具体的审计指导。对于第二层次和第三层次公允价值输入值的审计,也没有给出具体的方法。基于此,本卷提出一个关于基于系统重要性金融机构公允价值审计的控制机制。

(1)以国家审计为主导,国家审计与社会审计相协同。以国家审计为主导、国家审计与社会审计相协同的管理机制借助国家审计在系统重要性金融机构的权力监督、政策落实、制度设计规范等方面的作用,促进系统重要性金融机构更好地健全内部控制、风险管理以及治理机制。健全系统重要性金融机构治理机制对其控制公允价值选择权的潜在风险并抑制管理层的机会主义倾向有着积极的作用。与此同时,社会审计凭借其独立性和专业胜任能力可将第三层次的公允价值估计偏差降至最低。

(2)构建国家审计与系统重要性金融机构监管协作框架。国家审计与系统重要性金融机构监管协作框架强调充分发挥国家审计独特的优势,利用国家审计的功能来完善系统重要性金融机构体系建设,实现对系统性风险的良好监控。主要途径包括:第一,推进连续审计的运用,实现实时监控。连续审计可以更加及时、有效地监控系统性风险。公允价值是以市场为基础的定价,会随着宏观经济或资本市场波动而波动。连续审计是一种基于例外或异常事项的审计,可以对经济活动中出现的例外或异常事项进行连续监控,有助于审计人员随时掌握可能出现的异常情况。因此,连续审计更能高效地捕捉到公允价值的异常波动,是公允价值审计中审计方法的一种创新。第二,建立公允价值数据库。公允价值数据库可以提供充分的市场信息和参考依据,为公允价值审计提供基础性资料。这不仅有助于被审计单位在更为充分掌握信息的情况下运用公允价值计量属性,也使公允价值审计有据可依,拓宽了获取审计证据的渠道。第三,落实审计成果运用。国家审计通过公允价值计量数据对系统性风险的预测,提请系统重要性金融机构关注高风险领域,以更好地实现对系统性风险的监控。

2. 实现方式

1) 实现路径

我国部分系统重要性金融机构存在治理机制不完善的情况,它们过分强调以业绩和利润为导向,存在信息不对称、投资规模过度膨胀、绩效考核不适当等问题,这种不当的治理机制,造成机构片面扩张业务和过度追求规模,导致金融脱离实体经济无序发展;部分金融机构以利润最大化为导向,风险管理流于形式;一些金融机构通过放宽信用等级要求、增加资产久期等形式从事高风险投资活动,使机构暴露在风险之下。

随着金融环境不断变化,在多项风险因子冲击下,金融风险随之产生,蔓延至系统重要性金融机构并在机构内扩散。国家审计通过执行政策落实跟踪审计,确保各项金融政策的可操作性、资金使用的效益性、政策执行的经济性和效率性;通过开展资产负债损益审计,深入了解金融机构资产质量以及经营管理等情况;通过执行领导干部经济责任审计,持续监督领导干部对权力的运用,监督其在公共资金和国有资产的管理、分配和使用中遵守廉洁从业规定等情况;通过强化公允价值审计,获取系统重要性金融机构可靠的财务数据,评价其经营状况和业绩,监控其生存能力并实时反映其治理结构、风险管理等方面存在的缺陷。国家审计通过上述四方面审计,有效改善系统重要性金融机构内部控制、风险管理以及治理效果等,帮助系统重要性金融机构更好地防范金融风险。若控制有效,则能成功化解风险;若控制无效,将导致金融风险不断累积,并迅速蔓延到其他领域。各方在应对和处置金融风险过程中也会产生其他次生风险。为防止次生风险发生,国家审计在防范与化解风险时要准确判断风险传播途径,最大限度地缩小风险范围与规模,及时切断风险传导链条,实现风险隔离。

2) 审计方式

面对日益复杂的全球经济治理模式,本卷认为国家审计要跳出以往通过强化微观审计来服务宏观控制的固有框架,尝试实施宏观审计,突破传统的周期性审计的方法。在维护金融安全的前提下,国家审计若要更好地监控系统重要性金融机构风险,及时阻断次生风险并实现风险隔离,应采用一种更及时、更有效的审计方法——连续审计。连续审计可降低审计成本,提高审计过程的效率和工作质量。连续审计可每日、每月或每季度实施审计,定期自动开展审计测试,缩短审计周期,从而提供更加及时的风险评估。连续审计可保证审计不局限于样本数据,在更大程度上实现审计全覆盖而无须增加额外的审计资源。

(1) 连续审计适用于国家审计维护系统重要性金融机构安全的基本依据分析。连续审计是为满足社会审计和内部审计的需要而产生的。本卷认为连续审计也能成为国家审计监控系统性风险、维护系统重要性金融机构安全的有效方法。从审计内涵的角度来看,连续审计利用信息技术自动执行风险评估,突破了传统审计只能进行周期性复核的局限,它通过实时执行控制测试和风险评估,实现持续性复核,从而发现控制缺陷和凸显风险的数据指标。从系统性风险特征的角度来看,系统性风险是一个连续变量,会经历累积、爆发以及扩散并持续变化阶段。产生系统性风险的原因很多,既包括系统重要性金融机构的脆弱性这一内因,也包含外部经济环境冲击。同时,系统性风险的上升往往伴随着外在经济指标的急剧恶化,因此,本卷提出维护系统重要性金融机构安全需要具有持续性特点、能在交易发生时或交易发生之后的短期内产生审计结果、基于例外或异常事项审计的审计方法,而连续审计恰好能满足上述要求。连续审计连续、频繁地实施相关审计活动,实时收集信息证据,进行监控和分析,发布审计报告,并针对内部控制、经营活动以及政策执行过程中出现的例外或异常事项进行连续监控。从国家审计信息化建设的角度来看,实施连续审计的前提是信息化建设,连续审计以在线的信息系统为载体。通过全自动化的审计系统,会计信息以电子形式记录、储存,审计人员可以实时从系统中提取相关事件的信息或结果。"金审工程"为国家审计开展连续审计提供了信息化基础。"金审工程"是中国国家审计信息化建设项目(Government Audit Information System,简称GAIS)。2002年2月,国家计委批准审计署开工建设审计信息化系统一期工程,当前金审一期工程、二期工程均已竣工验收,金审三期工程正在如火如荼地开展中,审计署与国家发展改革委在2018年联合印发《关于加快推进"金审工程"三期项目建设的通知》,要求完善顶层设计。2021年,《"十四五"国家审计工作发展规划》再次强调持续推动金审三期工程项目建设应用和持续优化,完成国产化技术改造和部署。"金审工程"通过搭建一个"实时监控"和"动态监测"的审计信息化管理平台,为国家审计科学地组织、管理项目提供了技术基础。"金审工程"所建立的报表数据库、社保业务数据库,为宏观分析和问题核查提供了数据基础,同时也为连续审计提供了有力的技术保障和支撑。

(2) 连续审计在维护系统重要性金融机构安全中的具体运用。本卷将立足于维护系统重要性金融机构安全的审计目标,阐述将连续审计运用于国家审计工作中的具体措施。

① 完善相关制度,形成全面推进连续审计的良好氛围。2001年,美国注册会计师协会下属的审计准则委员会在其颁布的第94号审计准则中介绍了开展连续审计时如何利用技术了解企业的内部控制、控制风险和实施相应的审计程序。国际内部审计师协会在2005年颁布的《全球技术审计指南3》中重点讲解了连续审计和企业风险管理框架之间的关系。国际信息系统审计协会发现,信息及相关技术的控制对连续审计的开展有重要的规范作用,但至今仍没有专门的标准和指南可以指导连续审计的开展。基于此,本卷认为,我国应在审计法、审计法实施条例等的基础上,制定连续审计技术标准,包括连续审计的技术途径、实现模型、数据交换语言和协议、技术安全措施等信息技术方面的标准。同时,也应制定规范执业人员的职业标准、连续审计的审计准则,为连续审计工作的开展提供依据。

② 建立连续审计信息平台、推进连续审计的发展。这需要政府主导和社会各界的广泛支持和配合。开展连续审计需要一定的基础条件,如各参与方的网络服务器相互连接、可靠的系统,以及高度自动化的程序等。因此,国家应综合各方力量构建系统重要性金融机构信息系统,为推进连续审计搭建信息平台,如图4-3所示。系统重要性金融机构信息平台主要涉及5个主体,分别为审计机关、系统重要

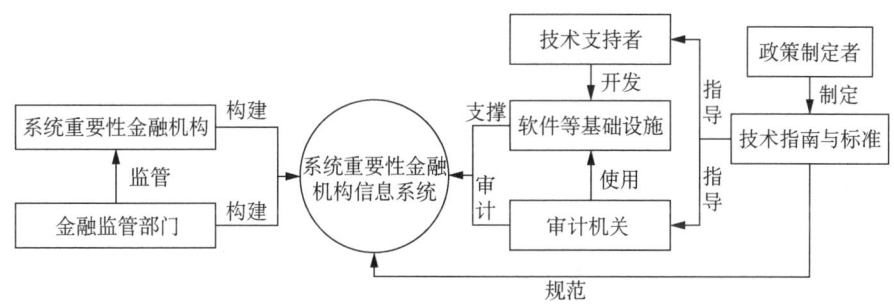

图4-3 系统重要性金融机构信息平台

性金融机构、金融监管部门、技术支持者和政策制定者。其中,审计机关为连续审计实施者,依托技术指南和标准指导审计工作开展;系统重要性金融机构则主要负责构建信息系统;金融监管部门一方面负责构建金融信息系统,另一方面负责监管系统重要性金融机构运行有效性。近年来,我国先后出台《促进大数据发展行动纲要》《新一代人工智能发展规划》等政策文件,陆续发布云计算、声纹识别等新技术金融应用规范,为金融技术开发创造了良好政策环境,技术支持者在此环境下可开发更高水平的软件,为信息系统的搭建提供技术支撑。作为政策制定者,审计署、工信部等相关部门应联合制定连续审计技术指南与标准,广纳各行各业专家的意见,并对其进行完善。

③ 创新大数据审计模式。2019 年,中国人民银行发布《金融科技(FinTech)发展规划(2019—2021 年)》。该项规划明确指出,经过多年积累,我国各金融机构利用人工智能、大数据、云计算、区块链、物联网等科技手段创新金融产品、改变经营方式、优化业务流程,金融数据价值更加凸显,金融产品服务向智能化、精细化、多元化、场景化方向大步迈进。各机构要科学规划运用大数据,加强大数据战略规划和统筹部署,充分释放大数据作为基础性战略资源的核心价值。规划提出,到 2021 年,我国要建立健全金融科技发展机制,进一步增强金融科技应用能力,实现金融机构发展与科技深度融合、协调发展,明显增强人民群众对数字化、网络化、智能化金融产品和服务的满意度,使我国金融科技发展居于国际领先水平。

2021 年 12 月 31 日,中国人民银行印发了《金融科技发展规划(2022—2035 年)》,对金融科技的发展作出进一步明确规划。基于此,审计人员作为实施连续审计的主体,应依托不断发展的信息技术,加强分辨海量信息的能力;树立大数据分析的观念,探索尝试运用大数据审计模式,打破仅针对系统重要性金融机构开展连续审计的界限,开展跨部门、跨行业的数据分析和审计项目,保证金融风险不会迅速蔓延到其他领域或在应对和处置金融风险过程中产生其他风险,从而保证在最大限度上缩小风险范围与规模,及时切断风险传导链条,实现风险隔离。

4.2 金融监管审计

4.2.1 金融监管与系统性风险

1. 微观审慎监管体系与系统性风险

金融监管阶段可划分为金融危机爆发前与金融危机爆发后。在 2008 年之前,各界均普遍认同微观审慎监管方法,认为此种监管方法能够保证金融机构安全运行,只要保障单一金融机构健康稳定,则整体金融环境就不会出现系统性风险。金融危机爆发后,各界质疑声音频起,并同时认识到了微观审慎监管体系存在很多局限性,主要包括两个方面。

(1) 微观审慎监管体系缺乏对系统性风险的监管。从长期来看,金融行业始终面临系统性风险,伴随着行业规模的不断扩大,市场中蕴含的系统性风险不断累积。在金融一体化背景下,金融机构之间黏度较强,"相互联系"和"相互依存"的金融机构会掩藏彼此的很多风险,此外,创新金融业务的发展增加了风险之间的相关性,也增加了风险的复杂性,系统性风险随之增强。

微观审慎监管关注个体金融机构的安全与稳定,监管当局更注重控制单个金融机构风险。微观审慎监管在一定程度上为个体金融机构提供了稳健经营的保障,但从长远来看,它缺乏对整体金融体系的全面判断,无法确认系统性风险积聚的程度,无法阻断风险在实体经济与虚拟经济之间的传导。

(2) 微观审慎监管体系对顺周期性无能为力。顺周期性是人们在对金融体系稳定性描述的基础上,融合控制论的正反馈机制①得出的概念,金融稳定的顺周期性包括资本监管顺周期性②、信用风险顺周期性③、风险计量顺周期性④以及公允价值计算顺周期性⑤等。金融机构在资本约束下的信贷行为、宏观政策对违约概率的影响以及公允价值判断等因素都会引起金融体系的顺周期性,这些情况人们无法从金融机构披露的信息中获取,各界从宏观层面上只能看到国家经济基本面良好态势,整体处于稳步发展的状态,却无法发现需要控制和解决的问题,于是系统性风险在这段经济周期中不断积聚,最终释放、蔓延到

---

① 正反馈机制主要是指在一个反馈的系统中,系统的输出结果重新作为输入参数,从而进一步强化系统的输出,使系统偏离强度逐渐增大,而这也就使其无法稳态发展。

② 资本监管顺周期性是指在经济繁荣时期,金融市场资金活跃,资金成本较低,各个金融机构可大力开展业务,进一步促进经济增长;在经济紧缩时期,整体经济萎靡,金融市场资金不充足,开展业务成本较高,金融机构资金来源缩减,信贷规模缩小,使经济"雪上加霜"。

③ 信用风险顺周期性是指在经济繁荣时期,企业经营状况好,拥有大量的现金流量,发生违约的概率低;在经济紧缩时期,企业盈利下降,现金流回流缓慢,资金紧张,违约率高,因此,金融机构会出现把控资金的现象。

④ 风险计量顺周期性是指在经济繁荣时期,金融机构会低估风险扩张业务;在经济衰退时期,金融机构运用各种模型会高估风险,为避免更大程度的损失,一般会选择缩减业务来规避风险。

⑤ 公允价值计算顺周期性是指在经济繁荣时期,银行会多计利润少计贷款损失准备,以便提高银行的自有资本,进而增加银行的信贷行为和投资行为,加快经济发展;在经济处于低迷时期,银行会多计贷款损失准备少计利润,从而降低银行的资本成本,减少银行的信贷和投资行为,使本不繁荣的经济变得更加萧条。

其他部门。

2. 宏观审慎监管体系对系统性风险的影响

监管部门运用微观审慎管理思路虽然能够对防范金融风险产生一定的治理效果,但是无法从根本上治理系统性风险,因为系统性风险是在众多宏观因素共同作用下形成的风险,它并非单一金融机构所引发的,不是单一风险的简单累加,所以2008年全球金融危机后,各国逐渐提出建立宏观审慎管理体系。

我国在宏观审慎政策方面的探索实践起步较早。2003年,中国人民银行在房地产金融领域首次引入最低首付比例政策,并根据形势变化,多次逆周期调整最低首付比例要求。2010年,中国人民银行引入差别存款准备金动态调整机制,并于2016年将其升级为宏观审慎评估体系,将信贷投放与金融机构资本水平及经济增长相联系,有效促进了货币信贷平稳适度增长[①]。2017年,第五次全国金融工作会议提出,要以防范系统性金融风险为底线,加强宏观审慎管理制度建设。党的十九大报告提出,"健全货币政策和宏观审慎政策双支柱调控框架"。2019年,党中央、国务院确定的机构改革方案,进一步明确了中国人民银行宏观审慎管理的职能,明确由中国人民银行牵头建立宏观审慎管理框架,统筹监管系统重要性金融机构、金融控股公司和重要金融基础设施,并批准设立了宏观审慎管理局[②]。中国人民银行发布的《中国金融稳定报告(2020)》(详见附录2)指出,我国已不断强化宏观审慎管理体制和政策框架,成立中国人民银行宏观审慎管理局,加强金融监管协调,持续完善风险监测识别体系,不断健全货币政策和宏观审慎政策双支柱调控框架,妥善采取并不断校准多项宏观审慎政策措施。2021年,《"十四五"规划纲要》明确提出完善宏观审慎管理体系,保持宏观杠杆率以稳为主、稳中有降。加强系统重要性金融机构和金融控股公司监管,强化不良资产认定和处置,防范化解影子银行风险,有序处置高风险金融机构,严厉打击非法金融活动,健全互联网金融监管长效机制。

宏观审慎监管体系也存在一些局限性,主要包括三个方面。

(1)监管主体治理系统性风险的方法单一。我国金融监管体制主要采取"一行两会"[③]体制。中国人民银行在这一体制中负责的主要是货币政策的制定及实

---

①② 《中国宏观审慎政策框架建设与管理实践——中国人民银行副行长、国家外汇管理局局长潘功胜在2020金融街论坛上的讲话》,来源:safe. gov. cn/safe/2020/1021/17383. html。

③ 金融监管部门现在主要指"一行两会",在银监会与保监会合并为银保监会之前主要指"一行三会"。

施,并且承担防范系统性金融风险的职能。银保监会和证监会主要负责监督银行业、保险业和证券业,实行机构型监管模式,便于促进我国金融业发展。导致系统性风险的原因有很多,但是监管机构治理风险的方式却比较单一,很多金融机构采取"一刀切"的方式治理风险,如中国人民银行为化解风险一般会选择直接处理不良资产,但这无法从根源上解决风险问题。就金融风险成因看,有宏观经济因素和微观管理因素,因此,监管机构针对不同类型的风险,制定不同的应对策略才能治理风险。

(2) 对系统性风险识别不足。具体确定和实施宏观审慎监管政策的基础是精准识别系统性风险。当前,我国在识别和测量系统性风险方面存在的问题比较突出。已有研究发现,我国对金融机构和金融产品统计监测的覆盖面明显不完善,似乎没有对新型金融机构和金融工具进行实时监测,而且我国金融行业仍处于监管不足的状态中,影子银行和互联网金融等金融业态的发展,使跨行业和跨市场的经营行为没有被有效地纳入统一监管的过程中,导致出现监管套利。因此,宏观审慎监管无法有效反映整体社会资金融通情况,在系统重要性程度确定和监管体系建设方面具有片面性的问题。

(3) 没有树立基于整个金融体系进行监管的理念。在我国金融业以分业经营为主、混业经营较少的背景下,监管部门最关注的始终是自身所负责行业的风险问题,从而使宏观审慎监管逐渐偏离宏观视角,主要关注单个行业内金融机构的稳健运营情况,因此,我国金融监管缺少对宏观经济因素的关注,没能树立将金融业作为整体的宏观审慎管理的理念。微观审慎监管和宏观审慎监管由于目标的不同而具有比较突出的矛盾。在经济发展的过程中,系统性风险指标具有警示作用,宏观审慎监管在应用相关指标的基础上应避免系统性风险扩大。微观审慎的金融监管指标容易带来顺周期问题,造成短期经济波动明显。

4.2.2 金融监管审计的现实状况

1. 传统的金融监管体系亟须国家审计协同监督

根据银保监会公布的数据,我国 2020 年共处置不良资产 3.02 万亿元,不良贷款率为 1.92%,较年初下降了 0.06 个百分点,在新冠疫情的冲击之下,银行业总体维持着较为良好的运行态势。截至 2019 年年末,保险业总资产为 20.56 万亿元,同比增长 12.18%,增速较上年上升 2.73 个百分点,保险业发展势头强劲。我国金融市场的逐步开放、某些西方国家大幅增加流动性的货币政策、跨境经营带来的不确定性、化解地方政府隐性债务的困难和金融科技风险带来新的冲击等都为我国应对系统性金融风险带来挑战。在我国金融监管框架下,"一行两会"和地方金融监管局通过严监管的政策导向加强金融监管,在银行保险机构许可证管理、行政处罚和打击金融违法活动方面,尤其是在金融行业进入与退出监管方面发挥重要的作用。但现有金融监管体系在维护金融稳定与金融安全,防范系统性金融风险方面还存在不足。例如,在银行保险机构许可证管理方面,由于受行业利益和认知不足等因素的影响,不同地方监管的宽松程度和标准难以统一,金融政策制定与金融监管执行存在时间错配,风险的揭示与处置容易出现滞后。

从维护国家金融安全角度出发,传统的金融监管体系亟须国家审计加入。国家审计通过常态化"经济体检",可以建立不同部门、不同行业的预警体系。国家审计可以对重大经济政策落实以及金融监管部门预算执行情况进行审计,也可以利用审计分析阻碍国家经济发展的各种体制机制问题。

以金融监管部门预算执行审计为例。审计署在《2003年至2007年审计工作发展规划》中指出:"推行审计结果公告制度,充分发挥社会舆论监督作用……力争做到所有审计和专项审计调查项目的结果,除涉及国家秘密、商业秘密及其他不宜对外披露的内容外,全部对社会公告。"自2003年第1号"审计署关于防治非典型肺炎专项资金和社会捐赠款物审计结果的公告"至2021年第3号"中央部门单位2020年度预算执行等情况审计结果",审计署发布的关于金融监管部门预算执行和其他财政收支情况审计的审计结果公告共有11份。自2006年开始,我国审计署将金融监管部门的审计情况进行定期公告。

审计署关于金融监管机构的审计结果公告列示了其关注的主要问题,部分问题如表4-7所示。具体可以概况为四个方面:①扩大开支范围和提高开支标准,主要指在公用经费中列支人员经费。例如,机关在职工福利费、工会经费、交通费等科目中列支职工补贴,或是在邮电费、物业管理费、医疗费等支出中列支职工奖金;部分单位违反规定随意提高开支标准。②会计核算违规问题,主要指串用会计科目、少计收入、多计支出、存在账外固定资产、利用虚假发票套取资金等问题。③财务收支核算不实,主要是指虚列收入支出的情况。④挪用资金用作他途。例如,2014年,中国人民银行太原中心支行等13家分支机构将地方政府拨付的经费补助或奖励资金放在往来科目核算,少计收入5 630.41万元,直接用于发放奖金补贴或支付办公经费等。

表 4-7　　　　　　　金融监管部门审计关注的主要问题　　　　　　单位:万元

被审单位	年度①	扩大开支范围和提高开支标准	会计核算违规问题	财务收支核算不实	挪用资金用作他途
中国人民银行	2005	12 600.00	114 000.00	—	
	2006	2 128.45	14 400.00	—	8 598.42
	2007	3 606.92	1 458.79	6 489.71	—
	2008	8 223.70	61 700.00	14 400.00	—
	2009	17 914.45	32 134.64	9 269.78	—
	2010	—	28 069.42	967.56	4 049.37
	2011	20 912.24	9 079.15	361.29	3 967.08
	2012	20 109.38	2 237.02	973.97	5 833.41
	2013	11 005.02	129 214.25	544.61	1 340.71
	2014	69 017.22	32 767.63	7 311.39	5 630.41
	2015	3 563.45	50 183.52	1 317.68	—
银监会	2006	763.56	—	1 843.60	—
	2007	126.64	125.00	—	—
	2008	345.64	4 962.17	—	—
	2009	309.44	—	556.00	—
	2010	—	131.07	146.16	—
	2011	43.86	1 970.31	37.94	—
	2012	429.69	437.66	—	56.42
	2013	242.76	2 443.73	—	—
	2014	33.62	1 730.57	—	—
	2015	11 007.31	11.87	—	1 387.82
证监会	2006	1 805.01	107.13	—	—
	2007	2 046.33	500.00	—	412.70
	2008	402.54	498.00	—	—
	2009	180.97	—	16.57	—
	2010	—	2 610.24	—	—

---

① 这里的年度是指被审计的资产负债表年度。

(续表)

被审单位	年度	扩大开支范围和提高开支标准	会计核算违规问题	财务收支核算不实	挪用资金用作他途
证监会	2011	49.69	80.68	—	350.12
	2012	211.23	4 417.97	—	—
	2013	36.81	129.60	—	—
	2014	35.37	14.17	—	—
	2015	119.60	23.22	5.99	338.36
保监会	2005	776.03	103.88	170.63	—
	2006	335.41	—	—	—
	2007	3 294.85	428.93	13.04	—
	2008	1 030.50	518.00	—	153.62
	2009	267.44	58.10	188.50	—
	2010	105.74	149.83	14.60	—
	2011	143.42	397.18	150.65	—
	2012	443.72	30.94	—	29.26
	2013	—	260.47	—	484.24
	2014	134.21	1 018.51	—	137.89
	2015	751.26	236.46	—	5 473.59

在现阶段,国家审计在对金融监管部门的审计中,关注的重点仍然停留在财务管理和预算编报是否规范,以及内部控制制度是否健全的层面,尚未对金融监管的经济性、效率性和效果性进行审计。虽然自2006年起国家审计对金融监管部门的预算执行和其他财政财务收支进行定期审计,并对发现的问题进行公告,但从每年的审计结果公告可以发现,问题依然存在,且金额数目有增无减。例如,金融监管部门普遍存在的问题是扩大开支范围和提高开支标准、不按规定用途使用或是肆意挥霍预算资金,这些都会造成资源的浪费,对监管政策的制定、执行可能带来严重的影响,也不利于保证金融监管的效率和效果。

2. 系统重要性金融机构审计与金融监管审计发挥联动协同作用

近年来,地方政府隐性债务占比过高现象和"金融空转"①等问题的出现,都与

---

① 金融空转是正常、超量发行的货币、信贷无法有效进入实体经济,基本上流入金融系统,在金融体系内循环,导致资产价格增长。

系统重要性金融机构运作相关,而且疫情冲击引发的外需萎缩严重影响机构收入,国家审计在此背景下介入,对系统重要性金融机构进行"体检",可以对机构的资产与风险定价、重要业务的分布和利用金融资源无序套利等行为进行预先评估,对于防范系统性金融风险具有重要的现实意义。

2008年全球性金融危机过后,国家审计以维护金融安全为目标,对金融监管部门实施审计,揭露金融运行过程中的重大违法违规问题,不断加大对金融运行过程中重大风险点和系统性风险的揭示力度,通过审计监督,对金融领域的体制机制性问题进行深入的研究并提出相关的政策建议。具体包括:①对宏观经济、金融政策落实情况实施跟踪审计。从2009年开始,国家审计将重点商业银行的新增贷款情况纳入跟踪审计的审计范围,对金融机构在贯彻执行国家货币政策及信贷政策过程中存在的问题及执行政策过程中存在的风险进行评估,重点关注了国家在区域发展、支农、节能减排、支持中小企业发展等宏观调控措施中存在的问题,促进了国家宏观调控政策的执行。②对金融监管部门领导人员进行经济责任审计。2008年以来,审计署陆续对中国人民银行、银保监会、证监会等金融监管部门主要负责人经济责任履行情况开展了审计,对金融资源配置以及金融监督管理的权力进行了制约和监督,提高了金融监管的有效性。③将惩治腐败、打击犯罪作为一项重要内容。以重大违法犯罪案件的相关线索作为起点,抽丝剥茧,发现了一系列贷款诈骗、非法集资等不同类型的案件线索,打击了一系列非法钱庄,遏制了侵占挪用、利益输送和商业贿赂等违法行为,有力地打击对金融领域的违法犯罪活动,维护了财经法纪,保障了金融资产安全。④对金融资产运营状况进行绩效审计,关注信贷资产质量情况和对外投资情况。例如,如果金融机构对外提供担保,开具银行承兑汇票、即期或远期信用证等,明确有无造成损失或存在较大潜在风险的情况;加大对金融衍生品、理财产品和电子银行产品等创新业务开展情况的监督,寻求防范金融风险和促进金融创新的平衡点。

在宏观审慎管理体系下,我国不断推动金融监管审计与系统重要性金融机构协调发展,强化系统性风险监测评估,持续完善风险监测识别体系,不断健全货币政策和宏观审慎政策双支柱调控框架,妥善采取并不断校准多项宏观审慎政策措施。加强系统重要性金融机构审计与金融监管审计发挥联动协同作用,有利于推进国有金融机构完善法人治理和党中央决策部署落地见效。同时,系统重要性金融机构对于控制财政部门的财务风险也将起到积极作用。

4.2.3 金融监管审计思路的构建

金融监管审计是金融监督体系的重要组成部分,国家审计通过对金融监管部门进行审计,实现对金融监管部门的再监督。与金融监管部门同时具有监督和管理职能不同,金融监管审计对金融行业只有监督职责,没有管理职责,更具独立性。与金融监管以分业监管为主不同,金融监管审计的对象涵盖金融领域各个行业,更具系统性。因此,金融监管审计可对金融风险实现跨行业、穿透式监督与防控,从系统宏观视角防范系统性风险。

《"十四五"国家审计工作发展规划》强调要开展金融监管部门职能履行情况审计。围绕金融监管部门职能履行,重点关注利率市场化改革和货币政策执行效果,多层次资本市场体系建设,宏观及微观审慎监管的框架、措施和规则的制定和执行,金融基础设施建设完善等情况,促进健全金融监管制度,提升金融监管效能,推动建设现代中央银行制度和完善现代金融监管体系。

由于国家审计具有"一行两会"所不具有的金融监管优势,国家审计必须对金融监管部门进行再监督,金融监管审计思路如图4-4所示。

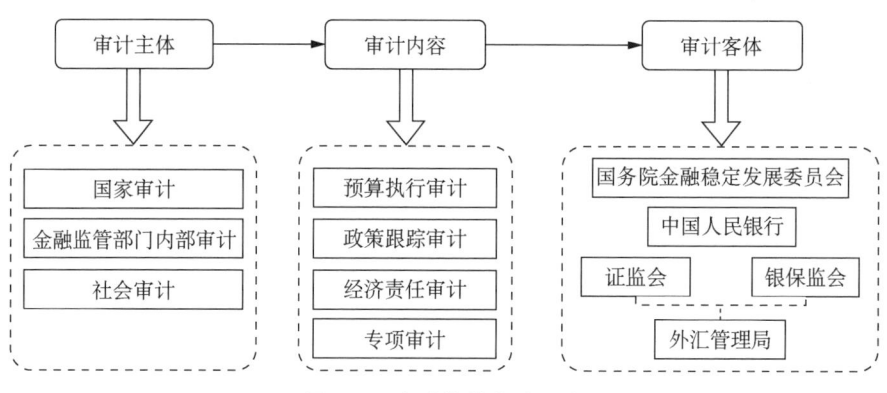

图 4-4 金融监管审计思路

1. 审计主体

关于金融监管审计主体有三种观点(郑石桥,2019):①单一主体观,即国家审计是金融审计的唯一主体;②双主体观,即由国家审计与金融监管部门的内部审计共同组成审计主体;③多元主体观,即由国家审计、金融监管部门的内部审计与社会审计三方共同组成审计主体。考虑到金融监管覆盖面广,因此,本卷主要采用多元主体观。

立足于金融监管情况,审计主体除了需具备独立性、专业性和及时性等基本审计特征,还需立足我国金融的发展和变革,在不断探索和实践中,形成自身特点。自 2014 年起,国家审计以政策落实情况跟踪审计为依托,初步实现了对金融监管部门的派驻式审计。2018 年 3 月,为了进一步完善审计管理体制,优化审计资源配置,充实一线审计力量,构建集中统一、覆盖全面、权威高效的审计监督体系,审计署设立了 3 个金融审计局,分别派驻中国人民银行、银保监会和证监会,实现了对金融监管部门成建制、常态化、派驻式审计。审计署通过实施"派驻+专项"审计,为金融监管审计对监管政策和重大事项进行全面系统性评价提供有力的组织保障。审计人员对审计领域的专注和专业性为全面系统评价监管政策和重大事项提供了人力和技术保障。因此,本卷认为金融监管审计主体需具备"派驻+专项"特点。

2. 审计内容

金融监管审计按审计内容主要分为四种,分别是预算执行审计、政策跟踪审计、经济责任审计和专项审计。

(1) 预算执行审计。金融监管部门的预算执行审计是对金融监管部门预算执行情况、决算草案和其他财政收支,中央银行的财务收支,以及有关经济活动进行审计监督。预算执行审计每年组织一次。预算执行审计是整个财政收支审计的一部分,金融监管领域的预算执行审计,由审计署金融司、财政司组织,金融审计局、特派办实施。

(2) 政策跟踪审计。金融监管部门的政策跟踪审计是对金融监管部门贯彻落实国家重大政策措施和宏观调控部署情况,尤其是贯彻执行机制和制度的适用性、可操作性以及执行过程的有效性等进行监督检查。政策跟踪审计已采用常态化派驻式审计和经常性审计,主要由审计署金融审计司组织、金融派出局实施。国家审计通过督促金融监管部门推进和落实供给侧结构性改革,在政策跟踪审计中,将"稳增长""促进经济高质量发展""三去一降一补"等任务落实作为审计重点,既揭示和纠正金融监管部门落实任务不到位的情况,也深入分析体制机制因素,推动完善制度。例如,在去产能和去杠杆方面,国家审计揭示和反映银行在压缩"僵尸企业"贷款过程中面临制度障碍,督促金融监管部门完善相关制度。

(3) 经济责任审计。经济责任审计是对金融监管部门单位负责人权力使用、责任落实情况进行审计监督。经济责任审计在单位负责人一个任期内一般执行一次,主要由审计署金融审计司、经济责任审计司组织,金融派出局、特派办实施。通过重点查处金融监管部门工作人员利用内幕信息非法牟利行为,打击公职人员职务犯罪;揭露金融监管部门人员收受贿赂情况。例如,国家审计曾在审计中揭示证券监管部门人员为部分企业暂停上市、发行证券等行为提供便利并接受相关利益方好处的行为,打击了金融监管部门工作人员的违法犯罪。

(4)专项审计。专项审计是对金融监管部门财经法律、法规、规章和政策的执行情况,有关金融活动情况,金融监管部门有关资金的筹集、分配和使用情况进行监督。专项审计一般没有固定的频率,通过嵌入经济责任审计和政策跟踪审计中实时开展,主要关注特定事项。防范金融风险是金融工作的永恒主题,促进金融监管部门防范金融风险也是开展专项审计的重点内容。例如,针对房地产市场的波动易于引发金融风险等情况,国家审计揭示监管部门对"房住不炒"的配套金融监管政策执行不到位、部分资金通过信托渠道流向房地产开发领域等问题;针对虚拟货币乱象频发、风险持续积累的情况,国家审计推动多个监管部门联合开展全面有序的风险处置工作;针对商业银行同业业务功能异化、同业资金"空转"等问题,审计机关推动中国人民银行和银保监会加强对商业银行同业业务的监管。

3. 审计客体

金融监管部门从政府获得资源及金融监管的法律授权,承担了具有特殊内容的金融监管责任,为了促使金融监管部门更好地履行其金融监管责任,各级政府需通过审计机关对金融监管部门的金融监管责任履行情况进行鉴证、评价和监督,金融监管部门成为审计机关的审计客体(郑石桥,2019)。一般来说,金融监管体制有双线多头监管体制、一线多头监管体制和单一监管体制(郑石桥,2019)。我国实施的分业监管体制是以国务院金融稳定发展委员会统筹抓总,一行、两会、一局[①]和地方分工负责的金融监管框架。金融监管事权主要属于中央,地方政府负有属地金融风险处置责任。"一行两会"对其下级单位实行垂直管理。我国的金融监管体制总体属于集中金融监管体制。一行、两会、一局均为金融监管审计的审计对象,涵盖了银行业、保险业、信托业、证券业和外汇业等所有金融持牌业务的主管部门。上述金融监管部门都属于政府设立的金融监管部门。

4.3 金融安全审计的其他关键问题研究

4.3.1 互联网金融安全审计

1. 互联网金融安全与系统性风险

互联网金融是除了资本市场直接融资和基于商业银行等金融机构的间接融资以外的以现代信息科技为依托的第三种融资模式,是金融与互联网的新型融合。

[①] 指中国人民银行、证监会、银保监会和外汇局。

总的来说,互联网金融的本质是资金融通,但是互联网金融依托于互联网技术,不仅具有传统金融风险,还具有互联网风险。

互联网金融风险是指互联网金融遭受损失的一种潜在可能性,是指技术缺陷、信用和制度体系不完善、业务操作不规范等导致的金融消费者权益受损、互联网金融行业不稳定等风险。互联网金融风险有别于传统金融中的安全风险,它会直接导致整个网络的瘫痪。互联网金融风险与互联网金融安全具有明显的相关性,风险越大,安全性越低。互联网金融风险急剧积累可能会造成互联网的金融安全问题。互联网金融风险是点状、局部的,如果形成系统性风险,就会打破整个金融体系的均衡、稳定状态,给整个社会经济发展带来巨大的负面影响,威胁金融安全。

(1) 互联网金融风险的类型。互联网金融提供的是创新型金融产品,既面临流动性风险、信用风险、市场风险、利率风险和汇率风险等传统金融业风险,又同时面临着特殊风险,包括交易风险、技术风险、监管风险、政策法律风险和认知风险等,如表 4-8 所示。

表 4-8 互联网金融面临的特殊风险类型

风险类别	风险表现	风险来源
交易风险	交易操作风险、交易系统风险和交易特性风险	交易操作风险源于从业人员对互联网金融业务的操作规范与流程的不熟悉;交易系统风险存在于每一个互联网金融产品或服务中;交易特性风险则产生于经济主体的决策
技术风险	互联网技术本身的技术风险	计算机软件与互联网的相关核心技术
监管风险	相关针对性监控措施与金融创新不匹配	分业监管模式与混业监管模式的不匹配
政策法律风险	政策风险和法律风险	政策风险主要来自国家有关互联网金融的政策调整带来的不确定性;法律风险主要来自互联网金融法律的缺失
认知风险	消费者的风险识别能力和风险承受能力相对欠缺	互联网金融相关的消费者权益保护措施不完善

(2) 互联网金融风险的特征。一是扩散快。互联网具有远程处理的功能,能为金融服务提供强大的技术支撑,随着科技的不断发展,网络技术所能达到的速度更快,这也加快了互联网金融风险的扩散速度。二是监管难度大。互联网金融的

特点是交易的虚拟化,这一特点使金融业务的时间和地理限制被打破,在为交易带来便利的同时,也使交易对象模糊化、交易过程非透明化以及金融风险多元化。三是交叉传染性强。互联网金融中物理隔离的有效性相对减弱。此外,互联网金融也放大了金融风险本身的一些特点,即金融风险的涉众性、突发性、隐蔽性等特点更加突出。

2. 互联网金融安全审计的思路构建

在明确监管主体、维护金融安全与保障互联网金融持续健康发展的基础上,本卷构建以国家审计为主导、以互联网金融机构的内部审计与社会审计为主要力量的互联网金融安全审计监管框架,如图4-5所示。

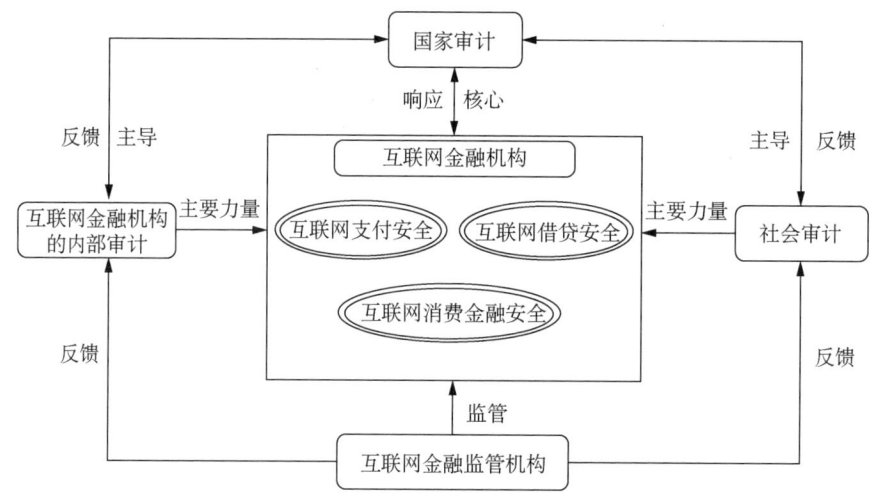

图4-5 互联网金融安全审计监管框架

(1)互联网金融安全的审计机构。国家审计凭借其独立性、强制性、政策性等特点在互联网金融安全审计中居于主导地位,社会审计和互联网金融机构的内部审计是互联网金融安全审计的主要力量。注册会计师行业中储备了大量熟悉会计、审计、金融与互联网知识的复合型人才,国家审计借助这些人才的力量,可以识别潜在风险与错报。与此同时,社会审计可以弥补国家审计的盲区,因为社会审计更关注财务报告的合法性、公允性、真实性。相对于其他类型的审计,互联网金融机构的内部审计深知机构经营状况,可以及时获取详细信息,形成持续性防护体系。

在整个审计过程中,国家审计及时回复互联网金融监管机构反馈的问题,并主导互联网金融机构的内部审计与社会审计,实时调整审计资源的分配。国家审计独立于金融系统,不仅可以对互联网金融作出客观公正评价,还可对互联网金融监管机构进行再监督。

(2) 互联网金融监管机构。互联网金融监管机构是互联网金融安全审计的保障,其组成人员可以包括国家审计人员、互联网金融企业代表、会计师事务所相关专家、内部审计专家。这个监管机构类似于自律组织,可以将各方信息综合,以出台规范从而更好地监督互联网金融的发展。

(3) 互联网金融安全审计的关注点。

① 互联网支付安全。金融离不开经济活动,经济活动离不开支付。互联网支付面临的风险主要有五种。第一,信用风险。第三方支付方式的产生较好地解决了网络交易的信用问题,但也产生了新的信用风险。第三方支付机构在交易过程中将资金先行托管,可以掌握大量沉淀资金,而这些资金如果得不到合理的保管,被挪用或者丢失,会对第三方支付机构造成信用风险。第二,流动性风险。买方资金在第三方支付机构有一个短暂的留存期,如果第三方支付机构管理不当或者将这些资金用于其他投资,则可能面临无法及时收回而带来的流动性风险。第三,技术风险。硬件风险和软件风险都属于技术风险,这类风险会对数据安全形成威胁。第四,操作风险。移动支付的安全性在很大程度上取决于客户的行为习惯,而互联网金融风险管理系统、账户授权使用系统、客户交流信息系统等的设计缺陷都可能引起操作风险。第五,支付方式的风险。二维码支付、U盾支付、微信支付等都隐藏着风险隐患,如信息泄露风险等。

② 互联网借贷安全。互联网借贷主要是P2P网络借贷。P2P网络借贷的风险主要体现在四个方面。第一,非法集资风险。P2P网贷公司的制度建设较为薄弱,对资金的募集和使用的管理相较一般金融机构来说较为宽松,资金安全和资金风险控制都缺乏相应的制度规范,这可能导致P2P网贷公司以及公司的业务人员能够轻易挪用平台用户的资金。第二,道德风险。P2P网贷平台存在的道德风险主要体现在违规设立资金池、挪用平台沉淀资金。欺诈性、自融性平台常存在这种类型的风险。第三,法律风险。平台的不合规行为可能导致法律风险,比如,平台的资金存管不合规,平台违规设立资金池,P2P网贷公司利用平台融到的资金进行放贷并发放超高利率的贷款,P2P网贷公司违规为他人提供担保,通过违法违规手段收回到期债权等。第四,流动性风险。导致P2P网贷平台产生流动性风险的原因主要有平台自行担保、拆标及自融等。

③ 互联网消费金融安全。互联网消费金融安全的风险主要体现在四个方面。

第一,准入风险。互联网消费金额的准入门槛比较低,市场混乱,各类互联网金融产品的定价差异较大,操作没有固定的规范,金融产品创新失败的风险较大。第二,信用风险。互联网消费金融所涉及的贷款以无抵押、无担保的信用类贷款居多,互联网金融平台基于互联网的信贷审核时间短、范围小,不能对消费者的信用记录进行全面充分的考察,并且在贷款后很难进行进一步的追踪。第三,信息安全风险。互联网储存的信息及相关数据有被黑客盗取、篡改以及删除的风险。第四,欺诈风险。互联网金融平台掌握的客户信息较少,可能导致消费者对互联网金融平台的欺诈行为。例如,消费者利用平台提供的金融业务进行诈骗、套现等违法违规行为;互联网金融平台也可能利用互联网金融平台信息难以查证的特点对消费者进行诈骗,或者进行虚假宣传以吸收资金。

关于互联网金融安全审计的研究尚处于初期,未来关于互联网金融安全审计的研究可以从以下三个方面进行拓展。

第一,国家审计维护互联网金融安全的作用机理。探讨国家审计维护互联网金融安全的理论基础;讨论国家审计维护互联网金融安全的法理依据;界定国家审计维护互联网金融安全的功能定位。第二,国家审计维护互联网金融安全的作用路径。互联网金融风险与传统金融风险的交叉传染;互联网金融安全与系统性金融风险的关联;国家审计维护互联网金融安全的作用路径;国家审计维护互联网金融安全的效果考察。第三,国家审计维护互联网金融安全的实现方式。学者们可以从审计目标创新、审计功能创新、审计方法创新、审计报告创新等角度研究国家审计维护互联网金融安全的实现方式。

4.3.2 影子银行审计

1. 影子银行安全对系统性风险的影响

(1)影子银行风险的类型。影子银行透明度低、信息不对称,容易形成信用风险。影子银行存在资产负债期限错配的情况,容易形成流动性风险。影子银行高杠杆经营容易形成经营风险。影子银行缺乏监管机制,容易形成操作风险。影子银行的风险如表4-9所示。

表4-9　　　　　　　　　　影子银行的风险

风险类别	风险表现	风险来源
流动性风险	影子银行的大多数资金是从货币市场获取的,期限非常短	资产负债期限错配,利用长期资产偿还短期负债
操作风险	规避监管	内部流程不清晰,制度不完善

(续表)

风险类别	风险表现	风险来源
经营风险	杠杆率高	高杠杆化操作,风险暴露后的损失承担机制不够完善
信用风险	信息不对称	监督机制不完善,影子银行识别和防范信用风险的能力较低

(2) 影子银行风险的特征。影子银行风险有三方面特征。一是极易引起系统性金融风险。近年来,由于金融宏观调控以及资本金监管的影响,银行传统信贷渠道与规模受到控制。与此同时,受利率的影响,传统金融体系与影子金融体系之间形成了双轨资金价格,这使资金以变相融资的形式向包括民间金融在内的影子银行体系流动的冲动更加强烈,当正规金融体系出现资金缺口,而影子银行的资金不能很快回流时,则会出现较为严重的流动性风险。影子银行的业务游离于正规金融体系之外,没有统一完善的治理结构与内部控制机制,经营不透明、内控缺失,脆弱性明显。同时,影子银行会发布不规范衍生品,运用高杠杆率、举债经营方式进行不透明的私下交易,这些会使整个影子银行体系处于监管的盲区,最终对货币政策的传导及金融系统的稳定产生干扰甚至危害。二是缺少风险防范机制。影子银行的业务大多是正规金融机构因为监管原因不能从事的业务,其经营的通常是非标准化产品,产品和业务的法律关系模糊,存在大量的"抽屉协议"或"阴阳合同",风险防范能力较弱,一旦发生风险,由于法律关系不明确,责任不清晰,容易导致市场经营的混乱。影子银行不在银行监管体系之内,其所受的监管与限制较少,同时其受到的保护也更少,没有合理完善的风险防范与应对机制,风险损失承担能力十分有限。从我国对影子银行的监管情况来看,影子银行业务范围较广,极易出现监管漏洞、监管交叉等现象。三是易引发银行体系的交叉传染风险。影子银行与商业银行体系存在着紧密的业务联系,形成相辅相成的关系,一旦影子银行发生商业危机,瞬间就会引发金融动荡。在经济增长下行压力不断加剧的背景下,影子银行体系的隐蔽性、复杂性不断增加,如果不能合理规避影子银行的风险,这些风险将会迅速蔓延到传统商业银行系统。

2. 影子银行的审计思路构建

本卷关于影子银行的审计思路如图 4-6 所示。

(1) 影子银行审计主体。国家审计处于三方审计主体的主导地位。国家审计的独立性、强制性、政策性等特点决定了其在影子银行审计中居于主导地位。内部审计人员熟知业务运行流程,通过执行内部审计可以及时获取详细信息,形成持续

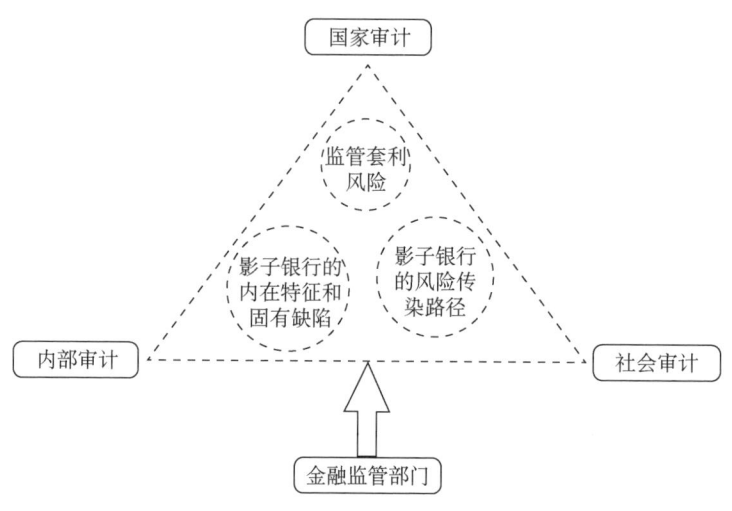

图 4-6 影子银行审计思路

性防护体系。社会审计借助大量专家力量,可最大限度识别潜在风险与重大错报。在整个审计过程中,金融监管部门全程参与,依据发现的问题及时调整或出台相关政策制度。

(2) 影子银行审计客体。①监管套利风险。监管套利是指影子银行利用其与银行面对不同的监管机制,通过监管的差异实施套利行为,获取超额收益。影子银行缺乏监管约束,不需要为其高风险业务支出高额监管成本,它将节省出的资金再次投入金融市场,使自己的资产不断增长。传统银行通过与影子银行之间的交易也可以将风险资产移出监管范围,这种类似的监管套利行为会使银行的流动性风险以及信用风险提高且不利于监管,威胁金融安全。②影子银行的内在特征和固有缺陷。影子银行体系固有的高杠杆率、期限错配等特征威胁金融安全。影子银行体系与商业银行体系紧密联系在一起,影子银行体系的风险必然会转移到传统商业银行体系里,影响传统商业银行体系的稳定。③影子银行的风险传染路径。影子银行的风险传染有三个渠道:第一,信息渠道。假如某个影子银行清偿能力下降,业务违约,虽然这一业务本来不足以冲击整个市场,但在高科技条件下违约信息在市场上快速扩散,加上影子银行业务本身的不透明性与高风险性,极有可能引起债权人的恐慌并使其产生对正规金融机构的不信任,导致市场风险水平快速上升。第二,信用渠道。影子银行与正规金融体系之间通过复杂信用关系相互连接,如借贷、证券化、担保以及其他非标准化产品等。普遍存在的相互担保关系加剧了信用渠道的风险传染能力。第三,支付清算渠道。影响银行支付清算通常以方便、快捷为特征,但是其往往缺少监管与规范,从而可能隐含着巨大的风险,这些风险使虚假交易、洗钱等带来的风险得以通过不规范的支付清算渠道在金融机构之间传递,使整个金融环境趋于恶化。

目前关于影子银行审计的研究内容还比较少,未来关于影子银行审计的研究可以从以下三个方面进行拓展。

第一,国家审计监管影子银行、降低影子银行风险的作用路径。讨论国家审计在影子银行监管中发挥作用的基本理论与影响途径,以及理论上应产生的功能效用。

第二,国家审计监管影子银行、降低影子银行风险的效果考察。基于审计执行情况,考察国家审计在监管影子银行方面发挥作用的实际效果,研究监管效果随着时间变化发生的变化以及在各地区之间存在的差异。

第三,国家审计监管影子银行、降低影子银行风险的功能拓展。根据国家审计在监管影子银行方面实现的功能,研究进一步改善和拓展其功能的可能性,从审计方式、审计内容等方面提出更具针对性的建议。

5 财政安全审计

5.1 政府债务审计

5.1.1 政府债务现状

1) 地方政府债务的分类

（1）按照融资的合法合规性标准分类。如果以地方政府债务的合法合规性为标准，可以将地方政府债务分为显性债务和隐性债务。显性债务是指由法律、合约等形式明确记载和规定的必须由政府偿还的债务，政府对此承担直接的法律支付义务。显性债务的数据高度透明，结构相对清晰。2015 年之前，我国的地方政府显性债务主要有国债转贷资金和中央代发债券这两种形式。2015 年之后，地方政府债务主要由地方政府自发自还的债券构成。隐性债务则是指未经法律确认，政府出于道义责任、公众期望以及政治压力而承担一定责任所形成的债务。隐性债务游离于预算之外，具有不公开、不透明和债务数据难以获取的特点。结合我国的实际情况，2015 年预算法实施后，在同级人大批准的限额范围内发行地方政府债券举借债务成为地方政府唯一合法的融资方式，地方政府一般债务（专项债务）纳入一般公共（政府性基金）预算管理信息系统，债务管理纳入全国统一管理信息系统，由财政部预算司进行统计披露。因此，在严格意义上，地方政府变相举借的债务都属于隐性债务。地方政府债务分类如图 5-1 所示。

（2）按照 Hana(1998) 的"矩阵分析法"标准分类。世界银行专家 Hana(1998)从财政学的角度，基于"法律"和"发生可能性"两个维度对地方政府债务进行了划分。从法律角度来说，政府债务可划分为直接债务和或有债务。直接债务是指政府需要直接偿还的债务，这种债务的主体是政府，且在任何条件下，政府都必须偿还。或有债务是政府承担的义务或需要履行的责任，该债务仅在某些特定条件下发生，主要包含地方政府负有担保责任的债务和地方政府负有救助责任的债务。此种债务的发生取决于客观条件的变化以及特定条件发生的可能性。从发

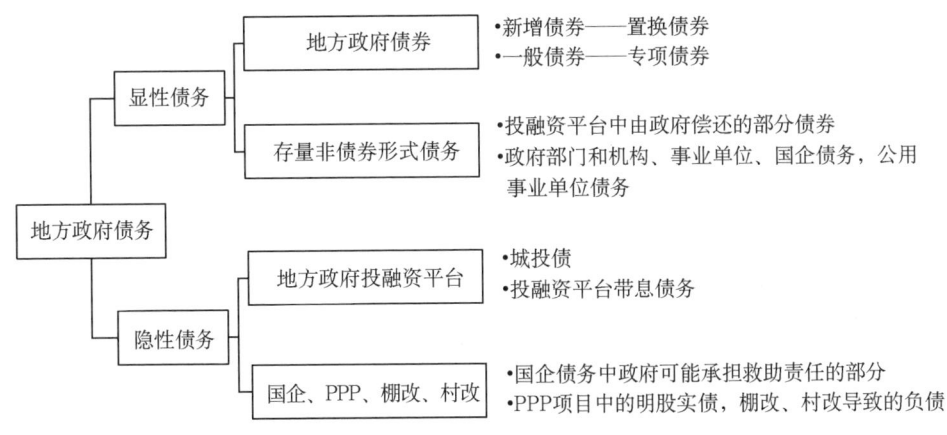

图 5-1 地方政府债务分类

生可能性角度来说,根据"政府债务是否已经得到法律或合同的确认和认同"这一评价标准,又可将政府债务划分为显性债务和隐性债务两大类。Hana(1998)提出的"矩阵分析法",即将地方政府债务分为显性直接、隐性直接、显性或有和隐性或有债务四种类型。

我国地方政府性债务的具体构成如表 5-1 所示。

表 5-1　我国地方政府债务分类

地方政府债务类型	直接债务（无条件承担的债务,源于现时义务）	或有债务（在特定条件下承担的债务,源于未来义务）
显性债务（法律明确规定的或政府以各种形式承诺的债务）	政府直接贷款; 中央政府代理发行的地方政府债券; 国债转贷资金; 农业综合开发借款; 地方政府粮食企业和供销企业政策性挂账; 应支未支的法定支出; 法定(公务员)工资、养老金	政府贷款担保; 对公共或私人部门实体所发行债务的担保; 粮食企业亏损挂账; 政府部门为引资而担保的其他债务; 政策性担保公司不良资产
隐性债务（政府职能中隐含的应由政府承担的债务）	养老保险资金缺口; 失业保险资金缺口; 农村社会保障缺口; 公共投资项目未来的资本性和经常性支出	下级政府财政危机导致的救助义务; 对金融机构支付危机的救助; 国有企业未弥补亏损; 政府各部门为融资而组织成立的融资机构不良资产; 拖欠企业在职职工、下岗职工和农民工的工资; 对自然灾害等突发公共事件的救助义务

2) 地方政府债务风险类别

按照风险的表现形式,可将地方政府债务风险分为四类,即规模风险、结构风险、效率风险和外在风险,如表5-2所示。

表 5-2　　　　　　　　　　　地方政府债务风险类别

地方政府债务风险	含 义
规模风险	地方政府债务的总量过大,超过地方政府财政的承受能力,从而可能导致的地方政府无法偿还到期债务的风险
结构风险	地方政府债务中各类债务的结构及其构成比例风险
效率风险	债务资金的使用和管理效率不高可能导致的债务资金使用效率低下的风险
外在风险	地方政府无法清偿到期债务所引发的其他风险

3) 地方政府债务现状

我国地方政府债务最早出现在1979年,当年有8个地区的政府举借了债务。此后,各地陆续开始举债。1994年分税制改革后,财权上移,事权下放。由于地方政府财政性资金有限,为了发展地方经济,地方政府开始以各种方式融资举债。2008年,受全球经济危机的影响,中央为刺激经济提出"4万亿计划",其中由地方政府负担的为2.8万亿元,这一计划在刺激经济的同时,导致了地方政府债务的急剧增加。图5-2是我国2012年到2019年8月份的地方政府债务余额,我国地方政府债务余额呈现逐年增加的趋势。2018年地方政府债务中一般债务与专项债务的比例在各个省份有所不同,有些省份专项债务所占的比重依然很高,如图5-3所示。

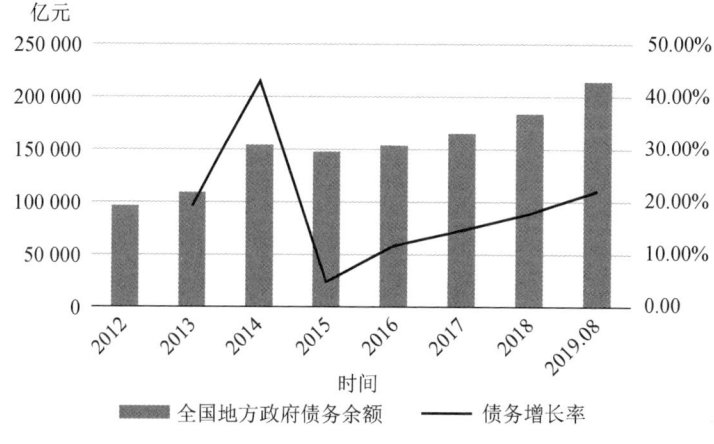

图 5-2　我国地方政府债务余额

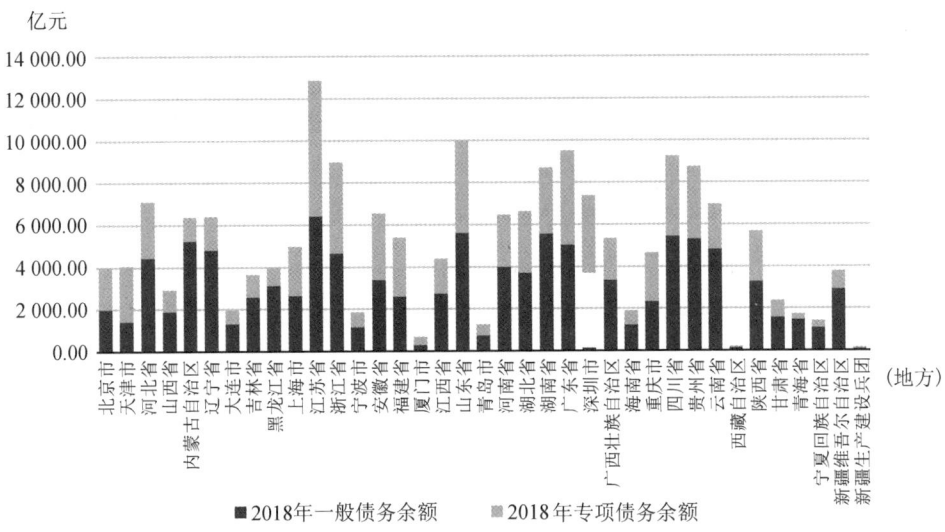

图 5-3　我国 2018 年各个地方政府债务余额

2015 年,我国正式启动地方债置换工作,允许地方政府使用适当利率的新债来偿还已有的旧债,将债务延后。同时,将非债券形式的债务转换成了债券形式的债务。2018 年 8 月,地方政府债务 3 年置换期结束。2015—2019 年我国地方政府债券发行情况如表 5-3 所示。

表 5-3　　　　　2015—2019 年我国地方政府债券发行情况　　　　单位:亿元

分类	2015 年	2016 年	2017 年	2018 年	2019 年
发行限额	160 074.30	171 874.30	188 174.30	209 974.30	240 774.30
其中:一般债券	99 272.40	107 189.22	115 489.22	123 789.22	133 089.22
专项债券	60 801.90	64 685.08	72 685.08	86 185.08	107 685.08
发行总额	—	153 164.01	165 099.80	184 618.67	213 800.00
其中:一般债券	—	97 867.78	103 631.79	110 484.51	119 235.00
专项债券	—	55 296.23	61 468.01	74 134.16	94 565.00

注:2019 年的统计截止时间为 2019 年 10 月。

表 5-4 是 1999—2018 年我国城投债的发行情况统计。从不同债券品种发行数量和规模的变化来看,其变化主要集中在企业债券、公司债券、中期票据、短期融资券等方面。在 2008 年全球金融危机背景下,我国经济受到剧烈冲击,经济增速

表 5-4　1999—2018 年我国城投债发行情况

债券品种\年份	1999	2000	2002	2003	2004	2005	2006	2007	2008	2009	2010	2011	2012	2013	2014	2015	2016	2017	2018
企业债券（只）	4	5	3	4	3	16	18	34	25	123	125	146	415	321	548	268	472	367	262
公司债券（只）									2	6		8	8	6	11	51	155	112	156
中期票据（只）									1	26	45	87	183	181	319	357	407	473	712
短期融资券（只）						12	19	35	37	40	68	74	113	153	312	290	204	163	182
超短期融资券（只）														3	82	264	368	430	773
私募债（只）													9	29	83	181	553	277	286
交易商协会 ABN（只）													14	12	14	4			

① 2001 年我国未发行城投债。

5 财政安全审计

项目																			
定向工具（只）											9	95	207	505	467	460	520	499
集合企业债（只）														5	1	3		
可交换债（只）														1				
项目收益票据（只）														3	6	10		
其他（只）														38			5	
债券公司债（只）																2		
发行数量合计（只）	4	5	3	4	3	28	37	69	65	195	238	324	837	914	1 921	1 889	2 634	2 347	2 870
发行额合计（亿元）	21	24	45	83	24	386	446	784	992	3 223.3	3 126.5	3 996.4	9 672.3	10 406.3	19 222.91	18 405.86	25 717.95	20 054.98	24 779.07

注：数据来源于 WIND 数据库。

放缓。2009年3月,中国人民银行联合银监会发布《关于进一步加强信贷结构调整促进国民经济平稳较快发展的指导意见》,提出支持有条件的地方政府组建投融资平台,发行企业债、中期票据等融资工具。"4万亿计划"刺激了地方债务需求,地方债务大规模扩张,2009年城投债的发行额达到3 223.3亿元。2010年和2011年的城投债发行规模与2009年的规模相当。

2012年以来,发展改革委对企业债发行的审核逐步放松。2012年年末的中央经济工作会议指出,我国的现代化建设离不开城镇化,城镇化是扩大内需的关键,也是当时我国经济增长的潜力所在,这进一步促进了城投债的发行。2012年我国发行城投债9 672.3亿元,比2011年的两倍还多。此后,城投债呈现井喷式发展态势,2014年城投债发行额高达19 222.91亿元。2014年出台的《国务院关于加强地方政府性债务管理的意见》(国发〔2014〕43号)明确了政府和企业各自的责任:政府和企业的债务应当做到谁借谁还,风险各自承担,政府不能通过企业借债,企业也不能将债务推给政府,由此,地方政府债务的界限变得清晰明了。该文件的意图在于剥离地方融资平台公司为政府融资的职能。2015年年末,地方政府融资再度受到监管部门的重视,12月,经国务院批准印发的225号文《关于对地方政府债务实行限额管理的实施意见》(财预〔2015〕225号)规定给予城投债3年置换过渡期。2016年10月,国务院办公厅印发的《国务院办公厅关于印发地方政府性债务风险应急处置预案的通知》(国办函〔2016〕88号)对政府债务进行甄别分类。2016年11月财政部公布的《地方政府性债务风险分类处置指南》更加细化了地方政府性债务处置规则。2017年,城投债的发行规模首次出现负增长。

从品种分类来看,以2017年和2018年为例,2018年银行间市场债券品种(中期票据、短期融资券、超短期融资券和定向工具)发行数量占比为75%,如图5-4a所示,这也说明银行间市场仍然是城投债主要发行市场,占比较2017的67%迅速增加,如图5-4b所示。具体到各个品种,2018年发行了262只企业债券,发行规模2 162.28亿元;发行了156只公司债券,发行规模1 898.90亿元;发行了712只中期票据,发行规模6 997.65亿元;发行了182只短期融资券,发行规模1 546亿元;发行了773只超短期融资券,发行规模6 494.50亿元;发行了定向工具499只,发行规模3 288.07亿元。

2018年,城投债发行人分布于30个省级行政区域,如表5-5所示。从发行规模看,江苏发行城投债5 108.52亿元,占总规模的比例约为20.62%,持续领跑全国。排名第二的浙江发行规模为2 034.9亿元,约占总规模的8.21%。排名第三

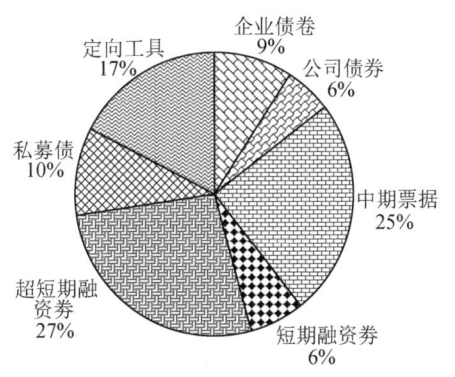

图 5-4a 2018年城投债品种比例图

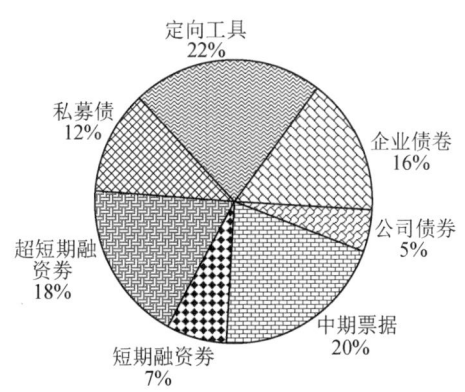

图 5-4b 2017年城投债品种比例图

数据来源：WIND 数据库。

的北京发行规模为 1 798.9 亿元，约占总规模的 7.26%。从发行数量来看，江苏发行城投债 774 只，浙江发行城投债 226 只，北京发行城投债 119 只。从整体来看，东部、中部地区仍然是城投债发行的重点地区。

表 5-5　　2018 年和 2017 年我国城投债发行规模及区域分布比较

地方	2018年发行数量(只)	2017年发行数量(只)	同比变化(只)	2018年发行额(亿元)	2017年发行额(亿元)	同比变化(亿元)
江苏	774	609	165	5 108.52	4 454.34	654.18
浙江	226	161	65	2 034.9	1 372.46	662.44
北京	119	55	64	1 798.9	834.55	964.35
天津	116	62	54	1 414.4	694	720.4
四川	139	129	10	1 181.7	1 145.28	36.42
广东	96	72	24	1 122.2	922.2	200
山东	123	87	36	1 116.1	740	376.1
湖北	122	104	18	1 062.2	930	132.2
江西	104	39	65	1 010.7	422.1	588.6
湖南	110	183	－73	977.75	1 407.15	－429.4
云南	82	70	12	913.9	656.75	257.15
安徽	101	108	－7	822.77	930.3	－107.53
陕西	74	52	22	809.88	604	205.88

(续表)

地方	2018年发行数量(只)	2017年发行数量(只)	同比变化(只)	2018年发行额(亿元)	2017年发行额(亿元)	同比变化(亿元)
福建	124	90	34	805	664.5	140.5
河南	86	88	−2	745	790.4	−45.4
重庆	98	107	−9	744.8	747.25	−2.45
广西	85	66	19	588	487.5	100.5
上海	50	17	33	474	133	341
吉林	35	25	10	397.1	245.5	151.6
山西	36	17	19	325.81	202	123.81
贵州	33	50	−17	311.84	460.98	−149.14
新疆	39	50	−11	254.8	373.2	−118.4
河北	31	29	−2	206.9	230	−23.1
甘肃	22	14	8	195	116.6	78.4
黑龙江	12	18	−6	104.9	132.1	−27.2
内蒙古	10	18	−8	92	152.82	−60.82
辽宁	10	17	−7	61.5	118.2	−56.7
宁夏	9	3	6	47.5	25	22.5
西藏	2	1	1	30	10	20
青海	2	5	−3	15	38.8	−23.8
合计数	2 870	2 346	524	24 773.07	20 040.98	4 732.09

数据来源:WIND数据库。

对比2018年和2017年各地区发债情况可知,湖南、安徽、河南、重庆、贵州、新疆、河北、黑龙江、内蒙古、辽宁、青海等11个地方呈负增长。其余19个地方的发债规模均有不同幅度的增长。其中,北京同比增幅最大,达到964.35亿元。增幅超过100亿元的地方达到15个。

5.1.2 政府债务审计的实践

我国地方政府债务水平较高,存在较大的政府债务风险,因此,政府债务风险是国家审计的关键部分。《审计署"十二五"审计工作发展规划》将政府债务情况作为地方政府财政收支审计的重要内容,要求"对地方政府债务实行动态化、常态化的审计监督,揭示问题,防范风险",要求"财政审计要以维护国家财政安全、促进深化财政体制改革、推动完善公共财政和政府预算体系、增强财政政策有效性、促进依法民主科学理财和提高预算执行效果"为目标,以深化预算执行审计为主线,坚持"评价总体、揭露问题、规范管理、推动改革、提高绩效、维护安全"的审计思路,增强财政审计宏观性、整体性、建设性和时效性。《"十四五"国家审计工作发展规划》要求审计机关依法全面履行审计监督职责,将政府债务审计作为财政审计的重要组成部分,明确提出审计机关要"围绕党中央、国务院关于防范化解地方政府债务风险的部署",重点关注"地方政府债务风险防控、隐性债务化解和地方政府债券资金使用绩效等情况",推动健全政府债务管理制度,遏制地方政府隐性债务增量、稳妥化解存量,提高政府债券资金使用绩效。

(1) 政府债务专项审计。审计署分别于 2011 年 3 月至 5 月、2012 年 11 月至 2013 年 2 月、2013 年 8 月至 9 月进行了 3 次政府债务专项审计。据统计,截至 2010 年年底,全国地方政府性债务余额为 107 174.91 亿元①。截至 2012 年年底,36 个地方政府本级政府性债务余额为 38 475.81 亿元,其中地方政府负有偿还责任的债务为 18 437.10 亿元、地方政府负有担保责任的债务为 9 079.02 亿元、其他相关债务为 10 959.69 亿元,比 2010 年增加 4 409.81 亿元,增长 12.94%②。截至 2013 年 6 月底,全国各级政府负有偿还责任的债务为 206 988.65 亿元,负有担保责任的债务为 29 256.49 亿元,可能承担一定救助责任的债务为 66 504.56 亿元③。

从债务规模上来看,我国的政府性债务规模较大,但整体风险处于可控状态。一是从国际常用的负债率、政府外债占 GDP 的比率、债务率和预期债务率等风险控制指标来看,截至 2012 年年底,全国政府负有偿还责任的债务余额与当年 GDP (518 942 亿元)的比率为 36.74%,对于政府负有担保责任的债务和可能承担一定救助责任的债务,审计结果显示,两类或有债务(负有担保责任债务和可能承担一定救助责任债务)由财政资金实际偿还比率最高分别为 19.13% 和 14.64%,按上述比率进行折算后,2012 年年底全国政府性债务的总负债率为 39.43%,低于国际通常使用的 60% 的负债率控制标准参考值;全国政府外债占 GDP 的比率为 0.91%,远低于国际通用的 20% 的控制标准参考值;全国政府负有偿还责任的债务率为 105.66%,将两类或有债务(负有担保责任债务和可能承担一定救助责任

---

① 2011 年第 35 号审计结果公告"全国地方政府性债务审计结果"。
② 2013 年第 24 号审计结果公告"36 个地方政府本级政府性债务审计结果"。
③ 2013 年第 32 号审计结果公告"全国政府性债务审计结果"。

债务)分别按照 19.13% 和 14.64% 的比率折算后的总债务率为 113.41%①,处于国际货币基金组织确定的控制标准参考值范围内;从逾期债务率来看,上述三类债务中地方政府负有偿还责任的债务、负有担保责任的债务、承担一定救助责任债务的逾期债务率均处于较低水平。二是从我国经济发展水平看,我国政府性债务形成时间长,也将在较长的一段时间内逐渐偿还。此外,我国经济增长速度较快,是债务偿还的根本保障。三是从政府性债务与政府资产的对应关系上看,我国政府性债务主要用于市政建设、土地收储、交通运输、保障性住房、教科文卫、农林水利、生态建设等基础性、公益性项目,形成了大量与债务相对应的优质资产。此外,自第一次政府债务专项审计之后,地方政府加强债务管理,取得了一定的成效。例如,完善了政府性债务的管理制度;强化了债务风险防范措施并对存量债务进行了清理;采取措施清理和规范了地方政府融资平台,使地方政府融资平台公司的偿债能力有所增强。

经过审计署组织的 3 次专项审计以及相应的审计整改之后,我国政府性债务管理还存在以下问题:①地方政府负有偿还责任的债务增长较快;②部分地方和行业债务负担较重,部分地方政府负有偿还责任的债务率高于 100%,全国政府还贷高速公路和取消收费的政府还贷二级公路的债务余额都处于较高水平;③地方政府性债务对土地出让收入的依赖程度较高;④部分地方政府违规融资、违规使用政府性债务资金,如违规通过 BT(Building Transfer,建设—经营—转让)向非金融机构和个人借款等方式举借政府性债务,地方政府及相关机关事业单位违规提供担保,违规对融资平台公司注资,违规将债务资金投入资本市场、房地产市场和用于修建楼堂馆所等。审计机关针对存在的主要问题,提出了审计建议,督促相关部门对相关问题整改。

(2)年度审计工作中的政府债务审计。国家审计工作报告是审计机关每年审计工作成果的汇总展现。从以往审计发现的主要问题来看,地方政府主要存在债务规模庞大、对各级融资平台清理不到位、国债发行管理不严、变相举债、借新还旧、违规担保、债务资金闲置等问题。从对审计查出问题的整改情况看,相关部门针对审计发现的各类问题,通过纠正、清理、追责、制定政策、完善制度等方式积极进行了有效整改。

表 5-6 展示的是根据审计署历年的审计工作报告整理的地方政府债务审计情况。

---

① 2013 年第 32 号审计结果公告"全国政府性债务审计结果"。

表 5-6　　　　　　　审计工作报告列示的地方政府债务审计情况

年度	审计发现的主要问题	问题整改情况
2008	结余41.27亿元预算偿债基金尚未冲销;国际金融组织贷款还贷准备金管理不规范;收回的国债转贷资金本息未及时缴入国库	按照国务院要求逐项制定整改措施,对以前年度结余的资金进行清理,按规定安排使用;针对管理不规范的资金,制定规范管理办法
2009	地方政府性债务总体规模较大;各级融资平台公司债务余额大;部分地方政府偿债压力较大,存在债务风险	有关部门和地方制定整改措施,研究完善政府性债务管理办法
2010	国债发行管理不够严格;变相举债、违规担保;偿债能力弱,存在风险隐患;融资平台数量多,管理不规范	相关部门逐项制定整改措施,研究完善地方政府债务管理制度
2011	财政部委托进出口银行管理的外国政府贷款利息收入未纳入预算管理	财政部、发展改革委和有关部门逐项研究,加以整改,对部分国外无偿援助资金专用账户管理不规范问题,财政部已按规定归口管理
2012	通过信托、建设、移交和违规集资等方式变相融资现象突出;部分地区债务增长较快,过度依赖土地收入和借新还旧;融资平台清理不到位	有关地方立即研究完善债务管理制度,已归还违规资金4.74亿元
2013	政府性债务管理制度不健全;债务借新还旧数额较大;地方债务举措和使用不规范;大量贷款投向国家限制的地方政府融资平台	对审计指出的问题,相关部门和地方政府立即整改;相关监管部门和金融机构制定完善制度及工作流程211项,整改违规金额200.89亿元,处理844人次
2014	国债发行与库款管理衔接不够;主权外债项目审批管理不够严格;个别地方政府性债务偿债压力较大	制订国债发行计划,优化国债发行节奏;建立国际贷赠款项目申报登记、集体决策审批和档案管理等制度,完善项目审批流程;下达置换债券额度,将债务纳入预算管理
2015	部分地方未有效使用发债融资;违规或变相举债	合理安排发债计划;开展专项核查、整改,督促严格落实地方债限额管理要求;加快推进融资平台公司市场化转型和规范化运营;健全风险防范预案
2016	部分地方政府债务增长较快,违规举债;部分地区未成立政府性债务管理领导小组	落实地方政府属地管理责任,强化政府债务管理制度;加强地方政府债务风险警示;进一步摸排债务风险,整改违法违规融资担保问题

(续表)

年度	审计发现的主要问题	问题整改情况
2017	违规举债、违规担保;债务资金闲置;债务管理要求落实不到位;尚未筹建债务大数据监测平台;未要求全面摸排融资担保行为或未整改到位	通过财政资金偿还或运作纠正资金违规行为;多地区加快项目建设;完善后续融资方式,保障重点项目建设资金;推进统计摸排工作
2018	未按要求制定债务风险应急预案,上报的债务数据存在漏报、多报等情况;未针对隐性债务制定化解措施或制定的债务化解方案缺乏可行性;债务资金因筹集进度与项目进度不衔接等原因闲置	完善相关预案和措施
2019	在地方政府债务管理方面,存在专项债券资金闲置、违规举债或担保	对审计指出的问题,已完成整改40.97亿元
2020	专项债券重发行轻管理、未严格按用途使用;专项债券投入项目盈利能力不足,偿债能力堪忧	加强地方债务实时监测,精准识别变相举借债务行为并严肃问责,有效遏制地方政府隐性债务

2014年,国务院印发《国务院关于加强地方政府性债务管理的意见》(国发〔2014〕43号),强调加强对地方政府债务①的监管,采取加快建立规范的地方政府举债融资机制、实行规模控制和预算管理、严格限定地方政府举债程序和资金用途、建立考核问责机制等措施。2016年,国务院办公厅印发《地方政府性债务风险应急处置预案》,对审计机关在防范政府债务风险方面提出要求,指出审计部门应负责对政府债务风险事件开展审计并明确责任。

5.1.3 政府债务审计的关注点

(1) 政府债务构成的复杂性。我国地方政府债务种类繁多,随着金融市场的飞速发展,政府及公共部门举债可借助的融资工具也日益多元化。在借债的过程中,政府通过发文、批示、担保等直接或间接的方式,为债务提供支持,这些为债务提供的支持形成了地方政府潜在的偿债责任。另外,从我国地方政府债务的发展趋势来看,地方政府债务均呈现出显性债务向隐性债务转变的势头,提高了审计面临的风险和难度。

---

① 财政部预算司有关负责人解释说,这是两个不同的概念,涉及的债务范畴并不相同。地方政府性债务的范畴,除包括政府举借的债务外,还包括事业单位、融资平台公司等举借的政府性质的债务。按照规范管理的要求,今后地方政府只能由政府及其部门通过发行政府债券的方式举借,只会保留"政府债务",不再有通过企事业单位举借的政府性债务。"考虑到《意见》既要规定今后的规范管理,也要兼顾存量债务的过渡处置,因而在不同的政策点采用了不同的表述。"这位负责人说。

(2) 审计过程中的风险点。国家审计应该严格按照国家法律法规的相关规定执行审计程序,但是,实际工作中依然存在一些审计人员不按照规定程序执行的问题。例如,某审计局在审计过程中,未向被审计单位的开户银行核对账户,无法发现资金的挪用情况,从而导致审计结论不恰当,增加了审计机关和审计人员遭受诉讼的风险。

国家审计对在地方政府债务审计中发现的超出自身职责权限的违法违规行为,应移送相关部门进行处理处罚。审计机关应该严格按照处理处罚交接的程序进行,给出审计意见,相关的审计结论应该合理、恰当和规范,否则会带来不必要的法律风险。

(3) 政府债务信息披露的充分性。地方政府对债务的信息披露相对不足,预决算报告中关于政府债务信息的披露比较简单,仅仅是列示总额,并没有就债务的来源、结构,债务偿还的资金来源,投资项目产生的经济效益等信息做具体的说明和进一步的深刻分析。一些地方政府在披露的报告中用词含糊,如"部分地区和行业的债务负担较重",没有对具体的部门和行业进行说明,缺乏进一步的分析,披露的信息比较笼统,不便于媒体、公众等发挥监督职能,也不利于公众了解政府债务的投资情况。因此,国家审计应该关注政府债务信息披露的充分性。此外,国家审计对于发现的违规融资、违规使用债务资金等违法违规行为,并没有进一步分析其产生的根源,以及政府债务管理制度和风险评估过程是否存在政策漏洞。

5.1.4 政府债务审计策略

(1) 完善国家审计相关制度。制度是任何社会经济活动良好运行的基本前提,国家审计功能的有效发挥自然也离不开相关制度的建立和完善。与地方政府债务治理最为密切相关的审计制度主要包括国家审计基本制度和国家审计公告制度。

① 完善国家审计基本制度,提高国家审计质量。2018年3月,中央审计委员会组建,这一举措旨在加强党对审计工作的领导,构建集中统一、全面覆盖、权威高效的审计监督体系,更好发挥审计监督作用。中央审计委员会的组建,标志着新的审计管理体制形成。在党的组织体系上,审计工作服从中央的领导,向中央审计委员会报告工作;在行政管理体系上,审计工作服从国务院总理的领导,向国务院总理报告工作。这在最大限度上保障了国家审计的独立性,提高了其权威性。在新的审计管理体制下,各界应积极探讨如何完善国家审计基本制度。例如,进一步完善政府综合财务报告审计制度,厘清审计的范围、职责、流程、方法等。当前,政府综合财务报告的编制尚在探索阶段,这对于政府债务的衡量带来了更大的挑战,势必影响政府债务审计的效果。基础制度的完善直接关系国家审计质量。

②完善国家审计公告制度,提高信息透明度。国家审计公告制度是指政府相关部门通过各种形式,将审计相关信息向社会公众予以公示的一种基本制度。宪法明确规定,人民作为公共财产的所有者,对公共财产的经营管理情况具有知情权和监督权。现阶段,国家审计公告在披露的及时性、完整性和规范性上仍旧存在一定问题。大力推进国家审计公告制度,可以扩大国家审计信息传递的范围,满足更多审计信息使用者的需求,从而提高国家审计成果的运用水平。同时,国家审计公告制度的完善也可以推动舆论的监督和社会的监督,也有利于推动各方对地方政府债务的治理。完善审计公告制度,可以从披露形式、披露内容以及反馈机制三方面入手。首先,规范审计公告的披露形式。审计公告分为事前公告、事中公告和事后公告三种具体形式。审计机关在实施审计前,应将拟实施的债务审计项目予以公示,让社会公众了解本年度的审计计划。而在审计的过程中,可以将工作进展情况进行实时公示,保证审计过程的公开透明,也让社会公众及时了解地方政府债务审计工作的进展。在完成审计工作后,审计机关可以将审计结果以报告形式予以公示,同时将移交司法、纪检和监察机关的案件予以公开,让社会公众了解更多的审计工作成果。其次,丰富审计公告的披露内容。多数审计公告仅披露审计主要内容、审计发现的主要问题和问题整改情况等情况。本卷建议在审计公告里详细披露对地方政府债务实施审计的具体过程,包括审计范围的确定、审计证据的获取、审计结果的报告以及对审计整改情况的后续跟踪报告等,进一步丰富审计公告的披露内容。最后,建立国家审计公告反馈机制。在国家审计公告公示后,公众可能对公告的具体内容存在质疑或疑惑,这可能会影响公告的公信力和威慑力。因此,我国应当建立相应的公告反馈机制,使信息使用者可以将发现的疑惑和问题反馈给公告编制和发布方,以便公告编制和发布方及时作出解释、调整和更改,以便社会公众和其他信息使用者更好地理解和运用公告所披露的审计信息。同时,完整的反馈机制也有利于帮助公告编制和发布方发现现有公告的缺陷以便其在后续的工作中予以改进,进而逐步丰富和完善审计公告信息披露的内容和形式,从而保障审计公告实施效果。

(2)整合多种审计方式,对地方政府性债务进行多方面审计监督。以地方政府性债务审计为出发点,将经济责任审计、绩效审计、预算执行审计、金融审计等审计方式整合到地方政府债务审计中,形成审计监督合力。

第一,加强经济责任审计,规范地方政府领导人行为。2014年,国务院发布的《国务院关于加强地方政府性债务管理的意见》(国发〔2014〕43号)明确要求将政府性债务作为一个硬性指标纳入政绩考核,要求各级政府对本地区的地方政府性债务负责。国家审计在对主要领导人进行经济责任审计时,除了要考虑一般经济责任审计包含的内容,还应关注主要领导人员任期内地方债务的规模变化、资金使用和偿还情况、债务资金的借债决策和投资决策是否符合规定以及债务资金的投资效益等地方政府性债务管理相关问题。通过经济责任审计,国家审计可以增强领导干部防范地方政府性债务风险的意识,防止地方政府领导为了政绩而盲目借债。

第二,强化绩效审计,规范债务资金使用。国家审计可以将绩效审计与地方政府性债务审计相结合,及时对债务资金的投资效益进行评估。结合投资项目的绩效,评估相关债务风险的大小。在进行绩效审计时,可采用两种审计方法:一是利用增量分析法从总体上评价债务的投资效益和风险;二是利用项目跟踪审计,对项目的建设和运营情况进行绩效审计。通过绩效审计,国家审计可以加强对政府性债务资金使用效率的影响,能够作出更准确的审计判断。

第三,加强预算执行审计与地方政府性债务审计的配合,监督地方政府的借债行为。地方政府性债务是地方政府预算的组成部分,地方政府只能在一定限额内举借债务。加强预算执行审计与地方政府性债务审计的配合,可以加强对地方政府行为的控制,强化审计的监督效果。在对地方政府性债务进行预算执行审计时,国家审计应当关注举债的规模,还要关注举债的成本及债务资金投资项目的风险等因素,结合债务预算,在事前进行审计监督,降低债务的风险。

第四,加强金融审计与地方政府性债务审计的配合,降低金融机构贷款风险。金融审计应当关注政府对债务的偿还能力以及还款情况,促进地方政府对债务风险的管理。国家审计应当关注政府向金融机构贷款的各个环节,对申请程序的合规性以及收到贷款后的后续管理进行审计,监督债务资金是否及时到位,防范金融机构的风险。

(3)建立审计常态监督机制。国家审计应根据地方政府性债务风险的表现形式,建立地方政府债务常态化审计监督机制,对地方政府债务进行审计,关注与防范相关风险。国家应不断完善政府信用评级制度,对地方政府债务水平进行动态的实时监控。

国家审计应当构建科学、规范的债务审计信息系统,加强各地审计机关间以及审计机关与其他相关部门间的资源共享与信息交流,实现债务信息的整合,对政府性债务实现常态化监控。对于政府债务审计过程中遇到的困难,国家审计可以邀请相关专家开展课题研究,这有助于促进债务审计理论和实践的发展。

引入大数据联网审计方式,获取更加真实、全面的地方政府债务相关数据,国家审计可以利用审计获取的相关数据对地方政府的偿债能力及地方政府的债务风险进行客观的分析和评价,为地方政府性债务提供风险预警,并提出相应的预警措施,动态地控制和监督地方政府性债务风险。

5.2 预算执行审计

5.2.1 预算执行审计的内涵

1. 预算执行审计的主体

预算执行审计的主体就是开展预算执行审计工作的人员或机构。根据审计法的规定,地方本级政府的预算执行情况由法律授权的审计机关依法进行审计。本级预算执行审计的主体是本级审计机关。

2. 预算执行审计的客体

从审计的对象来看,预算执行审计的客体涉及本级财政部门及其内设机构、本级税务部门及其直属分支机构、本级政府直接管理的一级预算单位、本级金库及下一级财政等有关部门和企事业单位。部门预算执行审计的对象包括各级党的机关、人大机关、行政机关、政协机关、审判机关、检察机关、民主党派、人民团体和事业单位等。

3. 预算执行审计的目标

我国预算执行审计的总体目标是对政府部门预算执行、决算以及其他财政收支情况、是否存在重大错误的情况以合理的保证程度出具审计意见。

郝振平(2009)指出,预算执行审计的目标至少分为四个层次:系统目标、总体目标、一般目标、具体目标,如图 5-5 所示。

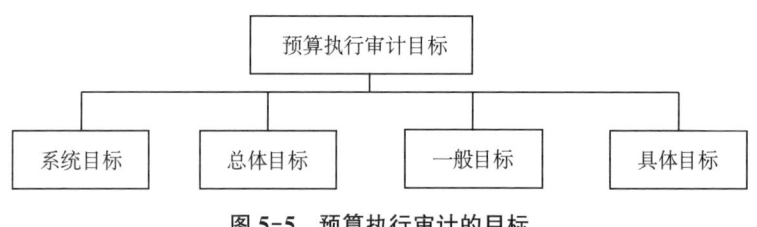

图 5-5 预算执行审计的目标

系统目标是审计发挥保障经济社会健康运行的免疫系统功能要实现的目标。国家审计作为国家监督机关,是国家治理的重要组成部分。国家审计在预算执行审计的过程中监督被审计单位的经济活动,及时发现预算执行过程中的违法违规行为,对查处的问题进行公告并提出审计建议,督促相关被审计单位对相关问题及时进行整改。

总体目标是对各级政府部门预算执行、决算以及其他财政收支情况、是否存在重大错误的情况以合理的保证程度给出审计结论。

一般目标可概括为合法合规性、真实性、完整性、效益性、权利和义务五个方面。

（1）合法合规性。合法合规性强调预算编制和执行的实际情况是否遵循预算法和国家相关的法律法规的要求，以及党政领导干部履行预算职责义务是否符合中央八项规定精神等相关行为准则。

（2）真实性。真实性强调预算编制和执行的实际情况是否真实，是否符合相关会计制度的规定，以及是否如实反映党政领导干部履行预算相关的经济责任。

（3）完整性。完整性强调预算编制和执行的实际情况是否完整和全部记入了会计信息系统。

（4）效益性。效益性强调预算编制和执行的实际情况是否科学、高效，达到相应的效益要求。

（5）权利和义务。权利和义务强调审查预算账户余额和报表项目列报的资产是否为被审计部门或单位所有、列报的负债是否为某部门或单位所欠。

具体审计目标需要实务工作者根据具体审计事项确定，表5-7是相关示例。

表 5-7　　　　　与一般审计目标对应的具体审计目标示例

一般审计目标	具体审计目标
合法合规性	查明预算编制是否真实、执行是否严格 查明预算编制是否细化到规定的项目 查明有无自行调整预算项目内容的情况 查明有无向非财政预算单位拨款的情况 查明有无超预算或无预算安排支出的情况
真实性	查明有无采取虚报冒领等手段套取财政资金的情况 查明有无截留挤占挪用财政资金的情况 查明预算支出各项目的真实情况
完整性	查明有无将预算资金私存私放或公款私存 查明有无账外设账 查明有无违规收费 查明是否执行"收支两条线"政策
效益性	查明有无出借财政资金的情况 查明有无出借国有资产的情况 查明有无存在财政资金的闲置情况

（续表）

一般审计目标	具体审计目标
权利和义务	查明预算账户余额和报表项目列报的资产的所有权状况 查明预算账户余额和报表项目列报的负债的归属情况 查明国有产权转让中的手续是否齐全 查明已造成的国有资产损失或将面临的损失

资料来源：根据郝振平（2009）的研究整理列具。

4. 预算执行审计的内容

（1）预算编制方面。在国家预算体系中，预算编制是预算管理和执行的基础，对预算执行的真实性和合法性以及预算资金管理和使用的经济性、效益性和效果性会产生重要影响，也是预算执行审计的基础。我国现行部门预算编制流程如图5-6所示，采取的是"二上二下"的预算编报体系。

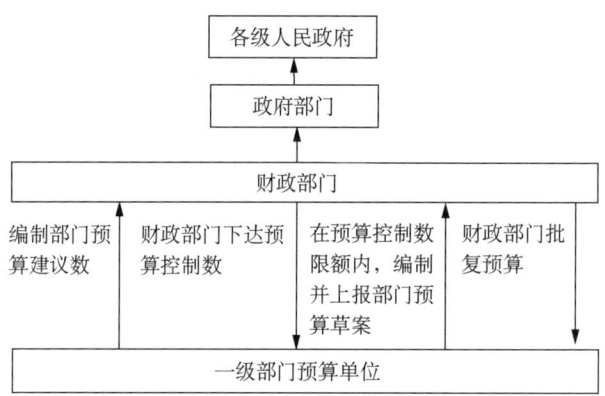

图5-6 部门预算编制流程

在预算编制方面，国家审计主要关注预算编制的真实性、科学性、完整性以及合法合规性，从根本上规范预算执行和预算资金管理使用的合法有效。预算编制完成后，在预算审批的过程中，国家审计重点关注预算审批的过程是否符合法律法规的规定，上级的批复和后续执行是否符合相关要求。对预算编制过程的审计还包括对预算批复情况的审计，如预算批复是否在规定的时间内完成，被审计单位向下属单位批复的预算与财政部门批复本部门预算的科目和金额是否一致，是否存在预算调整项目，是否存在增加预算金额、任意改变资金用途等问题。

（2）资金管理方面。国家审计的审查内容包括国有资产的预算与采购执行、验收与登记、使用与维护、转让与处置、计价与核算、保值增值等多个方面,其主要目标是保证资金管理的合法性、真实性和可靠性。同时,国家审计会对国有资产管理部门相关人员的职责履行情况以及"三公费用"的使用情况进行审查,主要关注其使用是否符合中央的相关规定、是否真实合规。此外,国家审计的审计内容还包括非税收入缴纳的合规合法性,非税收入的会计记录是否及时、完整、准确,政府采购项目预算编制的合理性、合规性,采购程序的科学性、合规性等。

(3) 重大项目预算实施及绩效方面。国家审计对重大项目进行预算审计时,重点关注的是预算实施以及绩效。国家审计的审计内容包括五个方面。第一,被审计单位的预算管理机制是否健全,如内部预算控制机制、管理机制以及问责机制的规范性。国家审计会结合被审计单位的资金收支情况审计被审计单位相关机制的运行状况并评价资金收支的合规性,检查是否存在资金浪费或违规占用资金等情况。第二,审计重大项目预算的实施效果,将预算支出数据与实际的资金支出数据进行对比、预期的项目效果与实际效果对比,评价项目资金的使用情况和项目效果是否达到标准。第三,审计重大项目的资金使用效益,对财政资金的筹集、分配和使用过程进行审查,评价财政资金的使用效益。第四,对项目的结余资金进行审计,包括结余资金的报批手续是否齐全、结余资金上缴是否及时、是否存在资金挂账等异常状况。第五,审计重大项目资金的收支情况,重点关注资金是否存在滞留或被占用等异常情况。

(4) 财政专项转移支付资金方面。国家审计着重审计财政专项转移支付本身的设立依据和方向是否符合国家相关制度的规定,对财政专项转移支付中资金分配的方法和标准进行评价,评价其是否具有规范性、科学性和合理性。同时,国家审计关注财政专项转移支付相关的监管和绩效考核机制是否完善、健全,财政专项转移支付相关预算指标的下达是否按时按量,财政专项资金的用途是否具有市场合理性且能实现效益最大化的目标等。

表5-8展示了1995—2020年我国预算执行审计内容的变化。

表5-8　　　　　　　　1995—2020年我国预算执行审计内容的变化

被审计年份	报告年份	主要审计对象或主要内容	特点	体现的变化
1995	1996	①财政部门;②国家税务局系统;③海关系统;④中央国库;⑤中央其他部门	以部门为被审计单位	增加对海关征税工作和中央其他部门预算执行与结果的审计

(续表)

被审计年份	报告年份	主要审计对象或主要内容	特点	体现的变化
1996—2000	1997—2001	①财政部门；②国家税务局系统；③海关系统；④中央国库；⑤国家计委和其他部委；⑥其他财政收支；⑦金融机构资产负债损益；⑧国有企业资产负债损益	以部门和特殊资金(预算外资金、基金、专项资金、土地出让金、国债专项资金)为被审计单位	1997年增加两项：①单列针对国家计委的审计报告；②增加其他财政收支的审计。1999年增加两项：①金融机构资产负债损益；②国有企业资产负债损益
2001—2009	2002—2010	①中央预算管理；②中央专项转移支付管理；③中央税收征管；④国务院各部门预算执行管理(金融系统)；⑤长期建设国债管理；⑥专项资金管理；⑦党政领导干部和国企领导任期经济责任审计；⑧地方政府性债务管理审计；⑨环保专项审计	以预算管理、资金管理为被审计单位	2001年增加两项：①中央专项转移支付管理审计；②党政领导干部和国企领导经济责任审计。2002年增加县乡财政管理审计。2003年增加中央基本建设预算管理审计，开始针对国家计委的预算管理问题展开审核。2005年增加开发区财政税收政策审计，针对税收优惠问题。2008年增加两项：①财政体制审计；②环保专项审计。2009年增加地方政府性债务管理审计
2010—2013	2011—2014	①中央财政管理审计(公共财政预算审计、国有资本经营预算审计、政府性基金预算审计、国库管理审计、财政管理绩效审计等)；②中央政府决算草案审计；③中央部门预算审计；④中央财政转移支付审计；⑤地方财政管理审计；⑥地方政府性债务审计；⑦重大投资项目审计	按照全口径预算管理要求审计	2010年增加"三本预算"审计和中央政府决算草案审计；2012年增加财政管理绩效审计

(续表)

被审计年份	报告年份	主要审计对象或主要内容	特点	体现的变化
2014—2019	2015—2020	① 中央财政管理及决算草案; ② 中央部门预算执行; ③ 重大专项资金和民生工程审计情况; ④ "三大攻坚战"; ⑤ 重大政策措施落实跟踪; ⑥ 金融和企业; ⑦ 审计移送的重大违纪违法问题线索情况; ⑧ 审计意见	按照全口径预算管理要求审计,其中 2018 年首次对中央一级预算管理单位实现审计全覆盖	2016 年增加了扶贫资金的审计; 2017 年增加了"三大攻坚战"的审计
2020	2021	① 中央财政管理情况; ② 中央部门预算执行情况; ③ 重点专项资金和重大投资项目情况; ④ 重大政策措施落实跟踪情况; ⑤ 国有资产情况; ⑥ 重大违纪违法问题线索情况	按照全口径预算管理要求审计	结合中央部门预算执行审计、经济责任审计、自然资源资产离任(任中)审计、政策跟踪审计等项目,审计了企业、金融、行政事业和自然资源等 4 类国有资产管理使用情况[①]

资料来源:根据审计署发布的 1995 年至 2020 年各年度中央预算执行和其他财政收支的审计工作报告、财政部发布的 1995 年至 2020 年各年度中央决算的报告整理列具。

5. 预算执行审计应关注的风险点

(1) 预算编制情况。部门预算编制改革后,审计关注的重点仍然是预算执行和决算环节,审计的监督仍然停留在事中和事后监督的层面。国家审计在审计关口前移方面做得不够到位,即对预算编制环节进行监督。本卷统计了 2014—2020 年度的中央预算执行审计和其他财政收支的审计工作报告中关于"中央部门预算执行审计概况及发现的主要问题"(详见附录5)。这些审计工作报告显示,预算编制不科学、不合理、不准确、不完整等问题较为普遍,预算编制存在"屡审屡犯"的问题。

在预算执行情况总体较好的情况下,预算编制问题的反复出现,反映出部门预

---

① 此处国有资产的分类为审计署公告原文内容。

算管理体制机制不完善、制度执行不到位的问题,具体存在的问题如下:第一,预算编报和审核批复缺乏刚性约束,一些部门的预算意识不强,编制预算仍采用"基数+增长"的模式,导致预算编制不够完整、准确甚至脱离实际,这也会引发资金结余沉淀、项目末期的突击花钱等问题;财政部门对于各部门预算编制的审核把关不严,预算执行评估结果与下一年度预算安排挂钩机制运行不畅。第二,预算管理制度缺失,由于预算管理体制改革不断深化,一些相关领域的旧制度已经废止,而新制度尚未建立,预算管理存在制度空白的领域,财务和预算的规范化水平不高。第三,部门的财务管理能力滞后,在全面预算绩效管理、三年支出规划、预决算公开、政府会计制度等改革措施出台的背景下,一些部门的财务管理制度建设落后,财务人员的能力不足,政策的实施状况不佳。第四,追责问责机制执行不到位,预算执行链条长、环节多、涉及面广;对违法违规行为的追责力度不够,实际工作中多以单位内部的通报批评为主,追责措施的警示教育效果并不明显,导致很多问题"屡审屡犯"。

(2) 资金使用与管理的绩效。根据我国2014—2020年度中央部门预算执行审计情况的统计分析可以看出,国家审计将违法违规问题作为预算执行审计的首要目标,发现的问题多为预算执行、资产管理等不够规范的问题。从审计发现的问题来看,预算执行审计对资金使用与管理的效率性和效果性关注较少。随着我国财政管理改革的不断深化,公共财政框架体系逐步建立,预算管理的工作日趋规范化,仅将合规性作为预算执行审计目标予以重点关注,不能满足政府及相关部门的考核目标,审计应当更多地关注资源配置的效率性和效果性,从而促进预算执行效率的提高。

2018年9月,中共中央、国务院发布《关于全面实施预算绩效管理的意见》,明确要求"加快建成全方位、全过程、全覆盖的预算绩效管理体系",明确提出要加强绩效管理监督问责。该文件要求审计机关依法对预算绩效管理情况开展审计监督,将发现的违法违规问题及时移送纪检监察机关。

审计署发布的《关于2018年度中央预算执行和其他财政收支的审计工作报告》指出,中央部门全面预算绩效管理机制尚不完善,绩效管理存在的问题包括绩效目标设定不够科学、绩效评价不够规范、绩效信息公开比例较低。

审计署发布的《关于2020年度中央预算执行和其他财政收支的审计工作报告》显示,审计发现的主要问题包含全面预算绩效管理方面的问题,表明审计署在预算执行审计中对预算管理的绩效进行了审查,从公布的审计情况来看,预算的绩效管理存在较大的问题。报告在审计发现的主要问题部分指出,在全面预算绩效管理方面,17 个部门和 245 家所属单位的 587 个项目绩效目标不完整、未细化或脱离实际,7 个部门和 57 家所属单位的 153 个项目未按规定开展绩效评价或自评结果不真实、不准确,全面预算绩效管理存在问题的部门占总数的 55.81%,存在问题的单位占总数的 68.79%[①]。

(3)"三公经费"审计。2011 年,中央各部委将"三公经费"的情况予以公开,这体现了我国积极建设"透明政府"的决心。2012 年,"中央八项规定"出台,国家审计加大了对"四费"的审计力度,在审计过程中发现了较多问题并予以披露,查出的违规金额也较大。本卷总结了 2014—2020 年中央预算执行审计中发现的"三公经费"及会议费问题的类型和涉及金额(详见附录 6)。

在历年的中央预算执行审计中,关于"三公经费"的问题较多,涉及范围较广。中央各部门及所属单位的"三公经费"等管理不严格的问题较为普遍,主要表现为"三公经费"无预算、超预算使用以及使用不符合规定标准。

预算执行审计应当注重"三公经费"审计,且不能只停留在发现问题、揭露问题的阶段。审计人员应当关注产生违规消费的原因,进行深入分析,从问题产生的原因出发,从各个环节规范预算执行,更好地发挥审计的监督作用。

(4)问题的整改情况。问题的整改情况体现了审计实际发挥的作用。本卷通过对 2014—2020 年中央预算执行审计情况的统计发现,被审计单位对类似问题"屡审屡犯",审计查出的问题得不到彻底整改。存在的问题表现在三个方面:一是被审计单位对审计整改的重视程度不够,审计整改往往避重就轻、避实就虚,有的单位整改停留在表面,不注重源头治理;二是审计人员对审计整改的重要性认识不足,对于整改情况的关注度不够,导致预算执行审计整改不到位,削弱了预算执行审计的有效性;三是追责问责机制不完善,问题整改、跟踪检查的长效机制还有待完善。

6. 预算执行审计与政府综合财务报告审计

政府决算报告以收付实现制为基础,主要反映政府年度预算执行的结果,对于准确反映预算收支情况、加强预算管理和监督发挥了重要作用。随着经济社会的发展,单一的决算报告制度无法科学、全面、准确地反映政府的资产负债和成本费用,不利于强化政府资产管理、降低行政成本和防范财政风险。2014 年 12 月,为促进财政长期发展和推进国家治理现代化,国务院发布《关于批转财政部权责发生

---

① 相关数据来源于审计署发布的"关于 2020 年度中央预算执行和其他财政收支的审计工作报告"。

制政府综合财务报告制度改革方案的通知》(国发〔2014〕63号),同意在我国建立以权责发生制为基础的政府综合财务报告制度。政府综合财务报告是以权责发生制为基础,全面、系统地反映政府整体财务状况、运行情况和财政中长期可持续性等信息的财务报告,内容包括财务报表、政府财政经济分析和政府财政财务管理情况①。

与预算执行审计不同,政府综合财务报告审计主要关注政府财务状况和运行情况的真实性、合法性、效益性,着力揭示存在的问题和面临的风险,以提高政府综合财务报告的可信性和透明度为目标,力求为政府财政与经济决策提供有用的信息,推进国家治理体系和治理能力的现代化。2020年9月,审计署制定并发布了《政府财务报告审计办法(试行)》,明确了审计机关按照法定的职责、权限和程序对政府综合财务报告进行审计监督,依据政府会计准则、政府综合财务报告编制办法等对政府综合财务报告作出审计评价。对于政府综合财务报告审计的组织形式,《政府财务报告审计办法(试行)》规定政府综合财务报告审计应当纳入审计署年度审计项目计划管理,既可以单独实施,也可以由审计机关结合预算执行情况审计、决算草案审计等项目统筹安排实施。

5.2.2 预算执行审计风险的应对策略

1. 以大数据审计为抓手,实现高质量的审计全覆盖

为持续强化预算审计的执行力度,实现预算执行审计的目标,国家审计要全面落实科技强审,加强审计技术方法创新,充分运用现代信息技术开展审计,提高审计质量和效率。在审计工作中,大数据技术可以从以下两个方面服务于预算执行审计。

第一,运用大数据技术,促使预算执行审计关口前移,实现事前、事中、事后全过程审计监督。国家审计可以建立信息化系统,按季度采集财政预算执行及管理情况的相关数据,构建预算执行动态分析机制,充分利用信息化的优势,对采集的数据进行分析,并及时将分析结果反馈至有关部门,督促其执行预算。

第二,运用大数据技术,创新审计技术方法。审计机关应当加快审计信息化建设,建立健全基于大数据技术的审计规范,确立有关审计流程、数据采集、数据存储以及后续的数据分析等相关的审计规范,为实现部门间的信息互通奠定基础。针对预算执行审计的审计重点及难点,充分利用信息化的优势。例如,针对社会关注度颇高且存在问题较多的"三公经费",国家审计可以建立数据分析模型,运用以往

---

① 该定义源于《政府综合财务报告编制操作指南(试行)》。

审计中获取的相关信息,对"三公经费"的预算及使用金额进行预测与分析,以便及时发现问题,监督整改。

2. 加大预算编制的审核力度

从源头对预算进行审计监督,是审计从事中、事后监督积极向事前监督转变的良好表现。预算执行存在的主要问题,大多是预算编制环节造成的。因此,国家审计应当加大预算编制的审核力度,在预算编制的各个环节,采取不同的措施加大审核力度。在预算编制审核环节,国家审计应当加强与审核机关——各级人大的沟通和交流。在预算初审环节,国家审计可以向人大提出建议:安排更多具备专业知识的人员加入预算初审委员会,提高初审工作的专业性。国家审计应及时将前一年度的预算执行审计过程中发现的问题报送全国人大财经委,提高其对预算编制的了解程度,使其及时掌握有关预算实际执行情况的信息,为其审核下一年度的预算提供参考资料和决策依据。

3. 强化预算执行绩效审计

强化预算执行绩效审计,要求国家审计对政府及其所属部门的财政资金的使用绩效进行审查。细化预算支出的结构能够帮助国家审计对预算资金的使用效率作出客观的评价。国家审计应当分项目对预算资金的投资和使用情况进行审查,并对财政绩效较低的资金的使用进行更进一步的追踪和调查,提高其使用效率。

预算执行的绩效受单位全面预算绩效管理力度的影响,国家审计应当充分利用被审计单位内部绩效评估的结果,帮助被审计单位建立健全全面的预算绩效管理机制,从根本上提升被审计单位对预算绩效的重视程度。

预算执行绩效审计的重要任务是构建预算执行绩效审计的评价指标体系。构建的评价指标体系应当兼具统一性、科学性和可操作性,既切合实际,能够科学地反映预算执行情况,又便于审计人员掌握和运用。

4. 全程跟踪,提升整改质量

国家审计应当跟踪预算执行的全过程,对预算管理的各个环节进行审计监督,实现对预算执行情况的动态监督,实现实时分析和核查。国家审计可以建立审计监测系统,利用以往审计获取的数据、审计经验等建立相应的审计模型,促进预算执行和预算执行审计的有机结合。

国家审计要将审计结果运用落到实处,积极探索审计整改的监督方式,合理安排后续审计工作,及时披露审计整改情况,这有助于被审计单位在社会公众的监督下,提升审计整改效率,同时也会增强国家审计的权威性。国家审计可以通过建立相关的审计整改情况数据库,安排专员对整改情况进行检查,督促审计结果的落实。审计整改情况数据库的建立,有助于国家审计对内通报相关情况,引起有关部门的重视,数据库的相关数据也可以作为国家审计对外公告的依据,增强审计结果及整改情况的透明度。

5. 完善审计结果公告制度

审计结果公告制度是规范审计机关向社会公开其审计工作的制度,健全的审计公告制度既可以规范审计行为,加强社会公众对审计工作的监督,又能够强化审计的效果,促进审计整改,监督预防违法违规行为。我国的中央部门预算执行审计已经形成了按年进行工作报告和审计结果公告的审计公告制度,国家审计可以通过两个方面完善预算执行审计公告制度。

(1) 规范审计公告的内容。审计公告的内容分为基本情况、审计发现的主要问题、审计建议和被审计单位整改情况等方面。审计发现的主要问题是最主要和最核心的部分,也是形成审计建议的基础。国家审计在披露问题的过程中,应当有统一的标准,使不同年度的审计结果具有可比性,数据的可比性也能反映被审计单位以往年度审计整改和制度管理的完善情况。

(2) 健全和完善审计整改公告。问责机制不完善是导致被审计单位对审计查出的问题"屡审屡犯"的重要原因,审计结果公告制度可以督促被审计单位依法整改,问责主体依法问责,有利于提高国家审计的工作效率。相较于审计结果公告,社会公众更关注的是审计整改情况,国家审计应当进一步健全和完善审计整改公告,提高审计整改的透明度,强化公众参与和舆论监督,督促被审计单位将问题整改落实到位,从而提高审计的有效性。

5.3 PPP项目审计

5.3.1 PPP项目的特点

PPP(Public-Private Partnership)始于1997年的英国,PPP在我国民间被译为公私伙伴关系、公私合作伙伴模式、公共与私人合作关系、民间开放公共服务、公共民营合作制等,官方译文为政府与社会资本合作模式。关于PPP还没有一个公认的定义,表5-9为国际上一些机构给出的典型定义。

表 5-9　　　　　　　　　　　相关机构对 PPP 的定义

机构名称	PPP 的定义
联合国发展计划署	PPP 是指政府、营利性企业和非营利性组织基于某个项目而形成的相互合作的形式。通过这种合作形式,合作各方可以实现互利共赢、共担风险
联合国培训研究院	PPP 的目的是解决当地或区域内的某些复杂问题,PPP 包含两层含义,即为满足公共产品需要建立的各部门之间的合作关系和在伙伴关系基础上进行的大型公共项目的实施
欧盟委员会	PPP 实质上是公共和私人部门之间的一种合作关系,其目的是提供一般由公共部门提供的公共项目或服务
美国 PPP 国家委员会	PPP 是一种结合了外包和私有化特点的公共产品提供方式,它充分利用私人资源的优势对公共基础设施进行设计、建设、投资、经营和维护,提供相关服务,更好地满足公共需求
加拿大 PPP 国家委员会	PPP 是建立在公共部门和私人部门各自经验基础之上的一种合作经营关系,它通过合理的资源分配、风险分担和利益共享,能够较好地满足公共需求

根据我国财政部发布的财金 2014〔76〕号文以及国家发展改革委发布的发改投资 2014〔2724〕号文,PPP 的定义都围绕着 PPP 的三个特征,即伙伴关系、风险共担、利益共享,以及为提供公共产品及服务而合作的共同目标而展开。从上述分析可看出,国际机构对 PPP 的定义尚未形成一致的表述,但这些定义都体现了 PPP 共性的特征:第一,公共部门和私营部门的合作是 PPP 项目的前提;第二,强调在合作过程中实现公共部门和私营部门的互利共赢,即实现利益共享;第三,共担风险;第四,合作目标是提供公共产品或服务。因此,我们将 PPP 定义为:PPP 是一种为了实现更高效更高质量地提供相关产品和服务的目的,政府和社会资本之间形成的利益共享、风险共担的合作方式或单一、长期的合同安排方式。PPP 项目的目标与特点如表 5-10 所示。

表 5-10　　　　　　　　　　　PPP 项目的目标与特点

	目标层级	机构		PPP 项目整体
		政府方	社会资本方	
目标	基础目标	解决项目融资问题	获取收益	风险共担
	高层目标	深化财政体制改革	发展新业务	高质高效地供给公共产品
	我国 PPP 项目的特殊目标	融资的公平效率:在我国,推广 PPP 模式所面临的主要问题就是地方政府债务管理和融资管理问题,所以只有在实现融资的公平效率目标的情况下,我国的 PPP 项目才能在真正意义上落地		

(续表)

特点	PPP基本特点	伙伴关系：PPP项目涉及政府公共部门和私营部门，两个部门都有各自的目标，但在具体的项目实施过程中，形成伙伴关系的核心在于找到共同的目标，以最少的资源投入换取最多的公共产品或服务；长期存在并良好发展的伙伴关系需依赖合作双方的利益共享和风险分担
		利益共享：PPP项目是公益性项目，政府部门不允许私营部门在项目实施过程中获取超额利润，因此，利益共享指的是政府部门及私营部门共同分享PPP项目的社会成果；同时PPP项目应当为私营部门提供稳定且可观的合理投资回报
		风险分担：在PPP模式中，对风险的考虑应是对双方风险的考虑，风险分担模式应是最优应对、最佳分担，不同于双方各自追求风险的最小化，实现整体风险的最小化才能够更好地应对准公共产品领域的风险
	我国PPP特有特点	发展环境：管理经验不足、信用环境差。针对我国一些著名的PPP项目失败案例的研究发现，我国PPP模式中合作双方违约的情况时有发生，存在较大的违约风险，其中一个重要原因是我国PPP发展时间短、相关管理经验匮乏
		社会资本：复杂但整体实力不强。在我国PPP项目的实践过程中，国有企业也被纳入了社会资本范畴，其实力雄厚，相比之下，民营企业的存续时间短、数量多，但实力较弱
		发展约束：从粗放式管理发展到逐步规范。随着PPP模式的发展，我国政府认识到了规范管理的重要性，相关部门对PPP项目的监管加强，从初期的粗放式管理转变为加强约束
		战略高度：与改革的共生关系。PPP模式在国内早已超过项目管理的范畴，已经成为政府治理改革的重要内容甚至成为经济发展的新引擎

5.3.2 PPP项目的财政风险

根据财政风险的定义，PPP项目财政风险[①]指的是：在PPP项目执行过程中，PPP项目无法稳定运行而对地方财政的运行造成困难和损失的可能性，这种风险是由财政系统内部及外部多种不确定因素造成的。本卷依据财政风险矩阵，结合PPP项目的特点制作了PPP项目财政风险矩阵，如表5-11所示。

---

① 由于PPP模式在我国起步较晚，目前没有成体系的理论研究，相关法律法规也未达到十分完善的水平。

表 5-11　　　　　　　　　　PPP 项目财政风险矩阵

	直接负债(在任何条件下存在的债务)	或有负债(在特定事件发生情况下的债务)
显性的(由法律和合约确认的政府负债)	1. 纳入预算的 PPP 项目财政支出责任(如政府付费、可行性缺口补助) 2. PPP 项目专项债券	1. 政府对项目公司、社会资本方的债务担保 2. 政府对项目贷款的保护性担保 3. 政府对贸易和汇率的承诺担保 4. 政府对社会资本方的担保
隐性的(反映公众和利益主体压力的政府道义责任)	1. 项目公司员工的公共养老金 2. PPP 项目的未来日常维护成本	1. 地方政府或 PPP 项目公司非担保债务(义务)的违约 2. PPP 项目公司的债务的清偿 3. 其他紧急财政援助(如在社会资本方外逃的情况下) 4. 改善环境、灾害救济

与传统的公共融资模式不同,PPP 模式的财政风险具有如下特性。

(1)隐蔽性。隐蔽性可以从两个方面来考量,其一是 PPP 模式的融资性可以帮助地方政府避免当期直接的财政支出,地方政府可以通过变通来规避中央规定的财政限制;其二是地方政府在披露 PPP 模式相关负债时缺乏主动性。从表 5-11 可知,PPP 模式的财政风险的主要来源是或有负债,这部分或有负债的特点是可预期且期限较长,从短期来看,由于负债的期限较长,地方政府不会在当期考虑债务的偿还问题,但如果或有负债问题长期得不到重视,便可能导致风险逐步扩大,风险累积到一定程度之后就可能会集中爆发。从这个角度来说,PPP 模式的财政风险具有极强的隐蔽性。

(2)传递性。在 PPP 模式中,利益相关方关系错综复杂,项目承担企业、地方政府、商业银行是共同分享收益、共同承担风险的利益共同体。在实际操作中,如果特定的事项发生导致政府需要承担其因担保形成的或有债务,原本由企业承担的风险可能转移到地方政府,地方政府的负债增加,财政风险增加。一旦政府违约,风险可能会转嫁至银行,如果不能得到恰当的处置,风险可能会波及整个金融系统,甚至导致更为严重的经济危机。

(3)不确定性。具体表现为:第一,政府担保导致的或有负债是否会以及何时会转化成实际债务具有不确定性;第二,政府担保导致负债的偿还时间以及金额具有不确定性;第三,地方政府担保具有不完全可控性。

5.3.3 PPP模式发展现状

2014年10月李克强总理在国务院第66次常务会议上明确提出积极鼓励推广政府与社会资本合作的PPP模式。2014年11月,国务院发布《国务院关于创新重点领域投融资机制鼓励社会投资的指导意见》,明确提出在公共服务、资源环境、生态建设、基础设施等领域,积极推广PPP模式,规范选择项目合作伙伴,引入社会资本,增强公共产品供给能力。PPP模式引起了各级政府及社会各界的高度关注。

近年来,我国已经在市政工程(包括城镇供水、供热、供气、供暖等)、交通运输(包括公路、铁路、地铁等)、生态建设和环境保护、城镇综合开发、教育、水利建设等公共服务领域,广泛实施了PPP模式。截至2021年7月,全国PPP入库项目超过1万个,总投资额超15万亿元①。

伴随着PPP模式的快速推广,政府开始逐渐关注PPP模式可能产生的风险,出台了一系列法规加强对PPP项目的监管。2015年3月,国务院办公厅发布《关于创新投资管理方式建立协同监管机制的若干意见》,强调:"审计部门要加强对政府投资项目、国有企业投资项目以及以政府和社会资本合作等方式建设的其他公共工程项目的审计监督,持续组织对贯彻落实国家重大政策措施,特别是重大项目落地、重点资金保障等情况进行跟踪审计。"2016年5月,审计署制定并发布了《"十三五"国家审计工作发展规划》,明确指出:"加强公共投资审计……加强对其他政府投资、政府与社会资本合作等方式建设的公共产品和公共服务项目审计,突出立项决策、项目审批、征地拆迁、环境保护、工程招投标、物资采购、资金管理使用和工程质量管理等重点环节。"同年9月,财政部发布《政府和社会资本合作项目财政管理暂行办法》,规定:"各级财政部门应当会同相关部门,统筹安排财政资金、国有资产等各类公共资产和资源与社会资本开展平等互惠的PPP项目合作,切实履行项目识别论证、政府采购、预算收支与绩效管理、资产负债管理、信息披露与监督检查等职责,保证项目全生命周期规范实施、高效运营。"

5.3.4 PPP项目审计现状

PPP模式在我国飞速发展,但PPP项目审计的发展却稍显滞后,主要表现在三个方面。

第一,对PPP项目进行审计是否属于审计机关的法定职责仍存在争议,没有

---

① 数据来源于财政部政府和社会资本合作中心全国PPP综合信息平台项目管理库,https://www.cpppc.org:8082/inforpublic/homepage.html#/projectPublic。

明确的法律条文表明PPP项目应由国家审计进行审计。审计法及审计法实施条例规定三种情况的政府投资建设项目属于国家审计监督范围：全部使用财政资金的；未全部使用财政资金，但财政资金占项目总投资的比例超过50%；财政资金占项目总投资的比例在50%以下，但政府拥有项目建设、运营实际控制权的。在PPP模式下，政府的投资比例和管理范围不断缩小，从项目建设的资金占比和投资主体的控制权来说，PPP项目不属于国家审计监督范围。虽然部分地方政府出台的PPP管理文件明确表示PPP项目融资需要审计机关介入[①]，大部分省份出台的相关政策文件中并没有明确的规定。因此，PPP项目的国家审计缺少法定授权。

第二，国家审计监督不足或审计监督未覆盖建设项目全过程。审计署以及地方审计机关的审计年鉴都未单独列示PPP项目审计工作，表明审计机关对PPP项目存在监督不足的情况。此外，国家审计对于政府投资建设项目的审计分为两种：一种是对重要建设项目的审计，会对项目建设的全过程进行跟踪审计；另一种是对一些小型建设项目的审计，一般执行的是竣工决算审计。对于传统模式的建设项目，国家审计仍未实现全过程覆盖。区别于传统模式的建设项目，PPP模式项目建设分为五个阶段：项目识别、项目准备、项目采购、项目执行和项目移交。现阶段国家审计对除项目执行之外的其余阶段缺乏相应的审计监督。

第三，我国对PPP项目的审计尚未出台专门的指导性文件。各级审计机关对PPP项目建设进行审计，仍然是比照传统的政府投资建设项目进行的，即按照审计署公布的《政府投资项目审计规定》（下称《规定》）来执行。《规定》中的重点审计内容以及审计防范的风险如表5-12所示。

表5-12　　　　　　PPP项目审计重点及审计防范的风险

重点审计内容	审计防范的风险
1. 履行基本建设程序情况	组织管理风险
2. 投资控制和资金管理使用情况	建造风险、运营风险
3. 项目建设管理情况	建造风险、运营风险
4. 有关政策措施执行和规划实施情况	政策变更风险
5. 工程质量情况	质量风险

---

① 《江苏省PPP融资支持基金实施办法（试行）》（苏财规〔2015〕19号）。

(续表)

重点审计内容	审计防范的风险
6. 设备、物资和材料采购情况	建造风险
7. 土地利用和征地拆迁情况	政策变更风险、组织管理风险
8. 环境保护情况	运营风险
9. 工程造价情况	建造风险
10. 投资绩效情况	运营风险、特许经营权风险

《规定》还指出，除重点审计上述内容，还应注重项目决策程序是否合规、有无因决策失误和重复建设造成重大损失浪费等问题；注重揭示和查处工程建设领域中的重大违法违规问题和经济犯罪线索，促进反腐倡廉建设；注重揭示投资管理体制、机制和制度方面的问题。从表5-12可以看出，《规定》涉及的审计侧重于财政资金管理、工程造价等方面的审计，对于规范财政资金使用、政策落实以及遏制腐败等有积极的作用，但较少涉及对投资是否合理、经济效益、社会效益与环境效益的评价。一方面，国家审计对这些效益的评价仍未建立确定的量化指标，导致衡量相关效益的实际操作较为困难；另一方面，国家审计对PPP项目的审计仍然坚持传统的围绕工程造价、竣工决算等方面进行审计的思路。

从项目阶段来看，审计仅覆盖项目的执行阶段，对PPP项目的其余阶段没有覆盖到。而PPP项目的风险覆盖全过程，并不局限于项目建设中的建设、运营风险，项目前期的决策风险、融资风险，项目后期的特许经营期的风险以及贯穿全过程的PPP合同违约风险都是PPP模式建设的重要风险来源。

从《规定》的内容来看，缺乏关于PPP项目的针对性条款。在绩效考核指标的制定、合同风险分配、项目事前合规性等重要方面都缺乏关于PPP项目的针对性规定。从上述分析来看，传统的政府投资项目审计并不能应对PPP项目的所有风险，实现对PPP项目的审计监督，因此，国家审计需要更新审计模式以应对PPP项目的特有风险。

5.3.5 PPP项目审计构想

PPP项目属于长期项目，周期长、金额大，具有重大的财政影响力。由于政府隐性负债等问题，PPP项目容易产生财政风险，无疑会威胁到财政安全，使政府长期面临高额的财政成本与巨大的财政压力，给财政管理增加难度，对经济稳定产生冲击。

1) PPP项目审计模式及组织方式

（1）构建PPP项目全生命周期跟踪审计模式。PPP项目跟踪审计是一个贯穿PPP项目全过程的审计。审计活动涉及四个主体要素，包括PPP项目中的审计委托人、审计主体、审计对象、审计信息使用者。跟踪审计运行机制涉及四者之间的相互关系以及各种制度安排，如图5-7所示。在进行具体审计时，国家审计要从审计委托人委托业务出发，将评价机制、报告机制、问责反馈机制、委托机制四者有机结合起来，充分发挥PPP项目全生命周期审计监督与评价的功能。

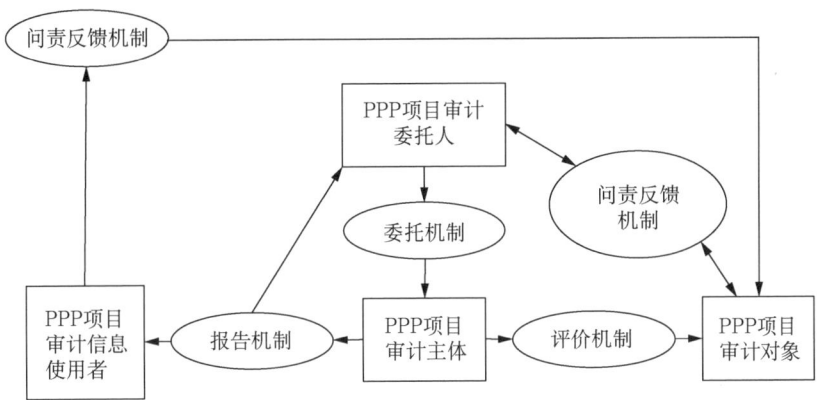

图5-7　PPP项目跟踪审计运行机制

PPP项目五个阶段的工作内容如下：在项目识别阶段，需要对政府或者社会资本发起的PPP项目进行物有所值评价和财政承受能力论证；在项目准备阶段，组建项目管理架构，并编写项目实施方案以及对实施方案的方案论证；在项目采购阶段，作出对社会资本的选择并签订合同；在项目执行阶段，实施PPP项目的具体工作，包括项目的建设及运营；在项目移交阶段，在合作期满后，对项目设施进行评估之后进行资产交割，在移交完成之后对项目进行绩效评价。

本卷尝试结合PPP项目的特点以及项目全生命周期内各阶段风险的特点，构建包含PPP政策贯彻落实情况、项目立项可行性、实施过程合法合规性、投资绩效四个维度的PPP项目跟踪审计模式。这一审计模式结合了政策落实跟踪审计、政府投资审计以及绩效审计的方法，对PPP项目建设的全过程进行监督与评价。

根据PPP项目各阶段的特点及风险，PPP项目跟踪审计与传统模式建设项目跟踪审计的对比如表5-13所示。

表 5-13　　PPP 项目跟踪审计与传统模式建设项目跟踪审计对比

序号	PPP项目阶段	PPP项目审计事项	传统建设项目阶段	传统审计事项	对比分析
1	识别阶段	① 项目必要性审计：评价项目的合理性，项目筛选的真实性、经济性和完整性；② 物有所值评价审计：价值评价的完整性和经济性；③ 财政承受能力论证审计：论证报告的完整性和经济性	决策阶段	① 决策程序审计；② 可行性研究报告审计	PPP模式强调：① PPP模式是否合适；② 物有所值评价是否准确；③ 财政承受能力论证是否准确
2	准备阶段	① 实施方案审计：方案内容合理性，方案审核的合规性，监督体系的完整性；② 组织架构审计：项目公司组建程序的合法性、合规性、完整性	勘察设计阶段	① 勘察设计招标审计；② 设计方案审计	PPP项目审计重视SPV（特殊目的实体）公司组织架构审计
3	采购阶段	① 招投标审计：审批文件的完整性、合规性、合法性，采购程序的合法性、公平性，项目合作合同签订的合规性；② 主体资格审计：预审程序的合规性、社会资本的合规性	工程交易	① 项目组织机构设置；② 项目管理模式适应性审计；③ 招投标审计；④ 施工合同审计	① 传统模式和PPP模式的招投标审计并无太大差异；② PPP项目审计更加关注主体资格的合规性
4	执行阶段	① 工程建设审计：项目公司设立的合法性、合规性，融资管理的合规性、合法性，条款履行的效率性，项目设计的效益性、效果性，项目建设的效益性、效果性、效率性、公平性；② 运营绩效审计：项目运营的效益性、效果性，政府监管的效果性；③ 政府补助资金管理审计：资金管理的效率性、效果性	施工及竣工阶段	① 施工工程审计：工程进度、工程资金、工程质量、内部控制审计；② 竣工决算审计	PPP项目审计和传统模式的项目审计没有明显差别

(续表)

序号	PPP项目阶段	PPP项目审计事项	传统建设项目阶段	传统审计事项	对比分析
5	移交阶段	① 社会效益审计:移交补偿的合规性、效益性,资产评估的效果性,经济效益性与环保效果性; ② 可持续性审计:绩效评价的公平性	—	—	移交阶段是PPP项目审计的重要阶段,需要对PPP项目的绩效进行评价

（2）形成协同审计的审计组织方式。PPP项目建设周期长、环节多、参与主体多元等特点决定了审计监督对象的多元化。此外,针对PPP项目,国家监管的法律法规也较为复杂,因此,PPP项目审计对审计人员的专业知识要求较高。国家审计要对PPP项目的全过程进行审计监督,这对审计资源以及审计权限提出了较大的挑战。

习近平总书记在中央审计委员会第一次会议上明确指出,要充分发挥内部审计和社会审计的力量,通过合作开展特定的审计项目,增强不同审计主体的审计监督合力,提升审计监督效能。国家审计在对PPP项目进行审计时,可以充分运用社会资本方的内部审计,充分获取项目建设过程的内部信息;由于PPP项目有社会资本方参与,社会资本方接受社会审计监督可以为国家审计提供更多专业的信息。在某些具体领域,如环境绩效评价、项目工程建设等环节,国家审计还可以聘请外部专家,在参考外部专家意见的基础上进行审计监督,提出审计意见。

由于PPP项目的复杂性和风险的多样性,国家审计除了与其他审计部门协作,还可以与项目的行业主管部门、国家财政部门、司法部门开展协作,充分利用社会公众、社会审计以及独立的第三方评估机构的力量,形成强大的审计监督合力,提高审计效率,防范PPP项目滋生的财政风险。

2) PPP项目审计重点

根据PPP项目的风险、各阶段的特点及审计事项,PPP项目审计应重点关注以下问题。

（1）在项目识别阶段,重点审查PPP项目的必要性与合规性。2015年5月,国务院办公厅转发财政部、发展改革委、人民银行《关于在公共服务领域推广政府和社会资本合作模式指导意见的通知》(国办发〔2015〕42号),通知规定"在能源、交通运输、水利、环境保护、农业、林业、科技、保障性安居工程、医疗、卫生、养老、教育、文化等公共服务领域,广泛采用政府和社会资本合作模式",该通知明确指出,对可采用PPP模式的建设项目,国家审计应当充分考虑项目的性质,对项目采取PPP模式的合规性进行评价。《关于规范政府和社会资本合作(PPP)综合信息平台项目库管理的通知》(财办金〔2017〕92号)明确了不适宜采用PPP模式建设的项目。国家审计应当对PPP项目的合规性进行评价。

项目的物有所值评价是评价PPP模式与传统模式优劣的重要手段。国家审计应当充分关注物有所值评价对PPP模式是否真实客观,采用PPP模式是否能够充分发挥优势,如增加供给、优化风险分配、提高运营效率、促进创新和公平竞争等。

(2)在项目准备阶段,关注实施方案、防控风险。PPP项目实施方案涉及风险分配和支付机制等多方面内容。项目风险的分配是PPP项目的核心内容,对项目风险的充分识别与合理分配是PPP项目成功的关键。国家审计在对项目实施方案进行审计时,应当对PPP项目的风险分配机制进行审查,充分关注PPP项目风险的识别是否充分、分配是否合理,杜绝由政府单方承担全部风险的情形。项目的支付机制主要涉及项目收入的来源方式,主要包括使用者付费、可行性缺口补助和政府付费等。国家审计应当评价回报机制的适当性和合理性。

国务院办公厅转发的财政部、发展改革委、人民银行《关于在公共服务领域推广政府和社会资本合作模式指导意见的通知》(国办发〔2015〕42号)明确要求构建保障政府和社会资本合作模式持续健康发展的制度体系,其中一条是"建立事前设定绩效目标、事中进行绩效跟踪、事后进行绩效评价的全生命周期绩效管理机制,将政府付费、使用者付费与绩效评价挂钩,并将绩效评价结果作为调价的重要依据,确保实现公共利益最大化"。国家审计在审计中应对项目方案的绩效评价机制设计的合理性进行评价,评价绩效评价方案是否契合项目所在行业特点、项目性质、项目预期目标、项目支付机制等。此外,国家审计应关注项目绩效考核不合格的情况,关注项目是否已经建立相应的惩罚措施,以保障项目方案绩效目标的实现。

(3)在项目采购阶段,实施主体资格审计。PPP项目具有公益性的特征,因此,政府必须对社会资本合作伙伴提出严格的要求。在PPP模式下,政府方一般会预设对社会资本方的资格条件的要求,并且通过预审来确定社会资本方是否具有承担PPP项目的资格。一方面,国家审计应当确定政府设置的资格条件是否满足项目的基本需求;对已经成为合作伙伴的社会资本方进行资格审查,评价其资格是否满足法律法规的要求。另一方面,预审程序是法定的程序,国家审计应对这一程序的合规性进行审查,内容应当涵盖资格预审的各个方面:资格预审公告发布的媒体的合规性、资格预审公告时间设置是否合理、资格预审期间的质疑答疑时效性是否满足要求、资格预审结果的通知及备案程序是否满足要求。

(4) 在项目执行阶段,监督资金管理与绩效评价。在 PPP 项目中,社会资本方或项目公司负责项目的融资,包括融资方案设计、机构接洽、合同签订和融资交割工作。国家审计应当履行资金管理监督的职责,防止企业债务向政府的不当转移。国家审计应当重点关注 PPP 项目资本金使用的合规性,是否出现专项借款被挪用、侵占等违法情况;PPP 项目融资有无政府直接融资或承诺担保、变相担保情形,防范社会资本方将债务风险不当地转移到政府,增大政府的财政风险。

一般情况下,项目实施机构应当根据合同约定,监督社会资本方或项目公司履行合同义务,包括对绩效指标进行监测、编制定期报告并报送财政部门。审计机关在对项目的绩效评价进行监督时,应当审查政府对 PPP 项目绩效指标的监测制度,评价监测记录是否流于形式等;审查政府对监测发现的问题是否及时进行整改;通过项目建设过程中获取的审计信息,对项目实施机构报送政府部门的绩效监测数据的真实性、合理性进行评价。

(5) 在项目移交阶段,审查项目公司退出机制并进行社会效益审计。在 PPP 项目合作期满后,项目合作各方按约定履行退出程序。完善的退出机制是社会资本方参与 PPP 项目的重要保障。移交清算和股权转让是社会资本方退出 PPP 项目的主要途径。社会资本方采用移交清算作为退出机制时,国家审计应当对项目公司进行清算审计,确保清算程序的合规性。当社会资本方采用股权转让方式退出 PPP 项目时,国家审计应当对项目公司的资产情况进行全面的调查,必要时应当委托律师、会计师等专业人员对项目公司进行全面的尽职调查。若项目公司的股权受让方的产权性质为非国有时,国家审计应当关注国有资产流失问题,若受让方为国有产权时,则需要审查产权转让的合规性。同时,项目公司可能存在或有债务,国家审计应当充分识别这部分债务,防范可能出现的债务风险。

PPP 模式作为一种管理模式,旨在通过政府与社会资本的合作,让社会资本参与提供公共产品和服务的过程,在实现政府职能的同时为社会资本带来利益。PPP 模式的主要目标是在保证公共利益最大化的前提下,及时、有效地提供符合要求的公共产品和服务,提升资金的使用效益,提高公共服务水平。项目移交阶段是 PPP 项目的最后一个阶段,在此阶段,国家审计应当对 PPP 项目进行综合分析,进行综合的审计并提出综合性的审计意见。国家审计应当对 PPP 项目的社会效益进行全面的评价:第一,应当对政府评价 PPP 项目社会效益的工作进行监督,督促 PPP 项目监管部门对 PPP 项目的社会效益进行重点关注;第二,评价 PPP 项目的产出是否满足了社会公众的需求,是否符合环境改善、生态保持、节能效果要求;第三,对公众的满意度进行调查,审计 PPP 项目提供的公共产品与服务的数量与质量的改善情况。

5.3.6 PPP 项目审计方法

审计方法是指审计人员为取得充分适当的证据而采取的一切技术手段。PPP 项目审计可采用的审计方法及其适用范围如表 5-14 所示。

表 5-14　　　　　　　　PPP 项目主要审计方法

审计方法	方法简介	适用范围
目标评价法	将 PPP 项目实施过程中的各项指标,与合同或者可行性研究、初步实施方案中的标准进行对比	适用于所有项目,主要用于评价 PPP 项目经济效益
历史动态比较法	通过对 PPP 项目某一特定数据、某一期间内的波动情况进行对比分析,找出潜在风险点,通过敏感性测试等方法,分析其波动原因	收益类数据动态比较适用于可行性补助或者使用者付费类项目;成本类数据动态比较适用于所有项目
公众评议法	采用问卷调查等定性方法向公众调查该 PPP 项目实施情况以及满意程度	用于不可量化的指标的审计,用于针对特殊群体的 PPP 项目效果更好
专家意见法	邀请 PPP 项目相关专业方面的专家出具意见,参考专家意见对专业性较强的领域进行审计	适用于专业性较强、政府方与社会资本方项目经验较匮乏的项目
实地勘察	突击或暗访 PPP 项目建设运营现场,仔细观察现场建设情况,观察现场是否留有可疑痕迹	适用于固定资产投资比重较大的项目

6 产业安全审计

6.1 审计与产业政策调整

6.1.1 产业政策调整与系统性风险

1. 产业政策

何谓产业政策？产业政策一种国家推动经济可持续发展的重要工具，是指国家根据市场的情况，以产业为政策干预和激励的直接对象，影响、调控微观企业行为，完善市场机制，并从中观层面推动产业结构升级，促进产业布局优化，进而促进宏观经济资源有效配置和实现帕累托最优状态。产业政策是政府干预产业发展的重要手段。产业政策作为政府纠正市场失灵的重要政策工具，在优化资源配置、纠正市场失灵、激励先行者方面发挥重要作用（王勇和汤学敏，2021）。

根据适用范围，产业政策可划分为通用性产业政策和选择性产业政策两大类（Warwick，2013）。通用性产业政策适用范围较广。例如，环境规制政策通过减排政策、环境绩效考核等倒逼污染密集型产业优化资源配置（刘和旺等，2019）、提高创新能力（余泳泽等，2020；Ramanathan等，2018），实现产业升级。选择性产业政策针对特定产业，通过准入制度（余长林等，2021）、政府补贴（周燕和潘遥，2019）、税收优惠（柳光强，2016）、低息贷款等方式，优化产业资源配置、加大研发投入，提高产业竞争力。除了国家层面的产业政策，地方政府产业政策也会促进相关产业发展，如通过打造科技城、设立高新区和经开区等（李力行和申广军，2015），带动产业集聚，推动产业升级。

产业政策会对企业投融资行为、经营行为以及各类管理活动等多方面产生重要的影响，是国家对市场的稀缺资源进行合理配置的手段，能够在经济的增长和经济结构的升级方面发挥政府管控和扶持作用。从广义上看，产业政策呈现出多样化的形态，不仅有单一的对某种产业的扶持或限制政策，而且包括国家从产业全局出发，着眼于产业结构升级、产业组织调整与产业布局协调，以促进国家产业高质量、高效率、可持续发展为目的而制定的政策。基于此,产业政策实施效果依赖于政策制定的精准性以及执行的有效性,如果产业政策制定违反比较优势原则(林毅夫,2017)、执行不完全(林秀梅和关帅,2020)等,将导致产业政策失效(Feldstein,2009),反而不利于产业发展。

产业政策在提高产业抵御外部风险的能力、确保企业稳定生存与发展中起着至关重要的作用。根据古典经济学理论,产业不安全的本质是一种新型的市场失灵,这也是产业政策兴起与存续的理论依据。市场失灵是指市场自身无法有效地分配商品和劳务的情况。一方面,产业安全具有外部性,它是一种纯公共品。不完全信息加剧了产业风险,仅仅依靠市场机制不可能实现产业资源的最优配置。在市场失灵的情况下,看不见的手失灵,需要由看得见的手来矫正,即政府通过调节市场机制,弥补市场缺陷,纠正市场失灵。另一方面,宏观调控对策也是应对市场失灵的有效手段。运用产业政策、发挥政府经济职能弥补市场机制的缺陷,成为各国政府预防、降低或消除市场失灵的必然选择。

2. 产业政策调整

产业政策的实施以调整产业结构、产业组织与布局为目的,通过对资源在各产业之间的分配、在产业内部各企业间的分配、在企业内部各项目间的分配,以及在空间上的配置进行调整,促进形成与国家经济发展阶段相匹配的产业模式。

产业政策最侧重的部分是产业结构调整,政府通过对某些产业出台融资、税收等方面的鼓励政策或限制政策来影响产业整体的发展,调整资源在各产业之间的分配。一些观点认为产业政策的本质就是对特定的幼稚产业或衰退产业进行的援助与支持(宋磊,2002)。我国的《产业结构调整指导目录(2019年本)》共涉及行业48个、条目1 477条①,分为鼓励类、限制类和淘汰类三大类,覆盖领域十分广泛,对各产业的发展具有重要的引导作用。

同时,产业政策通过对市场的竞争情况进行干预,调整产业内市场结构。市场中是否存在垄断情况备受相关部门关注,也更容易引起关注,但在市场竞争方面,产业政策也应该注意提防过度竞争的问题。2020年1月,我国国家市场监督管理总局网站公布了《〈中华人民共和国反垄断法〉修订草案(公开征求意见稿)》,其专门指明,互联网领域经营者具有市场支配地位应当考虑网络效应、规模经济、锁定效应、掌握和处理相关数据的能力等因素。这是我国首次在立法层面将互联网行业纳入考量。在开放的国际竞争经济环境中,国家产业政策应能够发挥应对外部

---

① 详见中华人民共和国国家发展和改革委员会令第29号。

经济因素、保护本国民族产业在国内健康发展、促进本国民族产业在国外进行拓展的功能。

为促进产业质量提高,加快产业升级与更新换代,国家会出台引导性政策为企业提供明确的政策方向,调整资源在企业内部各项目间的分配。例如,我国国务院2012年颁布的《质量发展纲要(2011—2020年)》,国家知识产权局、公安部2021年制定的《关于加强协作配合强化知识产权保护的意见》,更加重视产业政策在促进企业质量提升、保护知识产权等方面发挥的作用;国务院2018年出台的《关于推动创新创业高质量发展打造"双创"升级版的意见》,从政策上推动各企业注重产品的研发创新,在研发投入上加大力度,提升产品的创新性与质量。

在产业布局上,产业政策对国家资源在空间上的分配进行调整。当然,不同的经济发展阶段适合不同的产业布局政策。在改革开放初期,我国均衡的产业布局战略思想与经济发展的需求相矛盾。之后我国开始实行更加注重市场效率的具有梯度的非均衡产业布局战略。然而,随着经济发展,东中西部区域差距过大的问题开始显现,因此,我国在产业政策方面又提出了一系列促进区域协调发展,解决各地区发展不平衡问题的战略方针。我国区域协调发展战略的实施,进一步完善了内陆地区的基础设施,有效提升了内陆地区的科技基础与特色产业的发展能力,缓解了产业布局上东部沿海与内陆地区发展不平衡的矛盾(胡安俊,2020)。《中华人民共和国国民经济和社会发展第十四个五年规划和2035年远景目标纲要》明确提出"培育先进制造业集群,推动集成电路、航空航天……医药及医疗设备等产业创新发展。改造提升传统产业,推动石化、钢铁……等原材料产业布局优化和结构调整……做大做强先进制造业……积极承接新兴产业布局和转移。推动长江中游城市群协同发展,加快武汉、长株潭都市圈建设,打造全国重要增长极……支持淮河、汉江生态经济带动上下游合作联动发展"。

产业政策除了直接对产业与企业状况进行调整,还能够通过信号传递机制对市场预期产生影响。产业政策代表政府释放的一种经济信号,产业政策对不同产业的支持程度代表国家产业发展战略导向(冯飞鹏,2018),不仅企业在这种信号传递下可能出现进入或退出市场的行为,而且投资者也会对有政策利好的产业给予一定的反应,即产业政策能够在一定程度上影响资本市场对不同产业和企业的预期。

3. 产业政策调整与系统性风险之间的关系

(1)产业政策调整能够应对和缓和系统性风险。产业发展中存在一定的风险。狭义的产业风险是指国家特定产业受到来自国外产业的冲击并遭受损失的可能性;广义的产业风险是指国家特定产业的生存发展由于环境变化、自然灾害、决策失误以及国外产业冲击受到阻碍,遭受损失的可能性(李孟刚,2006)。产业风险很大一部分是来自国外经济因素的冲击,若外资对本国产业形成市场控制、股权控制或技术控制,本国产业将受到威胁,也就是说,如果本国产业过度依赖国际市场,一旦外资集中撤离或国际市场价格剧烈波动,国内经济市场容易产生系统性风险。1997年东南亚各国的金融危机、2001年阿根廷金融危机,都在一定程度上与外资集中撤离、抽逃有关(闫永博,2016)。产业政策通过保护本土产业,调整本土产业结构,增强本土产业竞争力与控制力,可以有效避免系统性风险的发生。同时,产业政策将国内产业的产业结构、组织与布局调整到科学合理的状态,能够保护企业与产业健康成长。

(2)产业政策调整可能引起系统性风险。产业政策可以对产业的各方面情况进行一定的调节,但调节是否合理、力度是否合适都需要进行仔细深入的探讨和研究。一旦产业政策发生一定的偏误,长期执行很可能会对产业产生巨大的影响,导致政策性系统风险的产生,因此,产业政策是否符合产业发展要求至关重要。从微观上看,产业政策有引导企业发展与投资的作用,但一些资金密集型企业在受到产业政策的鼓励之后不同程度地陷入了风险失控、资金链断裂的困境(毕晓方等,2015),产业政策可能会造成企业盲目投资、过度投资、投资效率降低等后果。同时,过度投资会进一步增加企业的融资需求。张新民等(2017)研究发现,地方政府出台的产业政策不能缓解公司的融资约束,反而会降低企业资本配置的效率。企业财务风险、破产风险的增加无疑会增加系统性风险产生的可能性。从中观上看,产业政策产生的羊群效应可能会导致诸如产能过剩、发展产业与当地资源禀赋不匹配等情况的发生,导致不合理的产业结构和布局,容易引发系统性风险。产能过剩会导致产品价格下降、利润下降、库存上升,从而使企业面临严重的亏损,进一步导致银行信贷和地方债务等问题集中爆发,诱发系统性经济危机(张少东等,2020)。

6.1.2 "去产能"政策及其与产业政策的关系

1. "去产能"政策

1992年,党的十四大提出了社会主义市场经济体制的概念,决定在我国建立社会主义市场经济体制,我国市场逐步由卖方市场转向买方市场。但随着社会主义市场经济体制的建立和逐步完善,我国的生产能力逐步超过有效需求,我国经济开始出现产能过剩的现象。进入21世纪以来,产能过剩逐渐严重。2008年,全球性经济危机爆发,我国实体经济受到巨大冲击,钢铁、煤炭等传统行业更是遭受重创。为了拉动经济增长,弥补经济危机带来的破坏,中央政府推出了四万亿计划、宽松的货币政策等一系列刺激需求的政策,这些政策在一定程度上导致了传统行业的过度投资,使产能过剩问题更加严重。据统计,我国制造行业产能利用率都在79%以下,其中有7个行业产能利用率在70%以下,属于严重过剩的状态。供给侧结构性改革将去产能作为五大任务之一,旨在淘汰落后产能,促进产业优化重组,实现资源优化配置。根据国家发展改革委颁布的关于去产能工作研究部署①,2021年,我国在巩固提升钢铁行业去产能成果的基础上,统筹考虑做好"六稳"工作、落实"六保"任务、碳达峰碳中和长远目标节点要求以及钢铁行业平稳运行等因素,在保持钢铁行业供给侧结构性改革政策连续性和稳定性的同时,坚持市场化、法治化原则,区分情况,分类指导,重点压减环保绩效水平差、耗能高、工艺装备水平相对落后企业的粗钢产量,避免"一刀切",有效确保"去产能"政策的实施。

2. "去产能"政策与产业政策的关系

(1) 产业政策是导致产能过剩的一大因素。2009年年初,受国际金融危机的冲击,我国采取了一系列应对措施,其中包括在钢铁、汽车、纺织等十大行业进行调整,实施振兴规划。从实施效果上看,该举措在保增长、扩内需方面发挥了显著的作用,但由于过度依赖行政手段,政策的弊端也较为明显,政府引导下的市场需求急剧增加,导致行业的产能过剩问题严重。

(2) "去产能"政策实施效果是产业政策实施效果的重要体现。2015年提出的供给侧结构性改革将去产能作为宏观调控的第一任务,主要目的在于淘汰落后产能,促进产业优化重组,实现资源优化配置。因此,"去产能"政策亦是特定经济形势下国家产业政策实施的必然要求和重要体现,"去产能"政策实施效果是产业政策实施效果的重要体现。

6.1.3 国家审计促进"去产能"政策贯彻落实的现状分析

1. 国家审计促进"去产能"政策贯彻落实的现状分析——基于国家审计工作报告

国家审计工作报告是审计署每年审计工作成果的汇总展现。表6-1列示了2008—2018年国家审计工作报告中有关"去产能"政策的相关情况,主要包含三块内容:一是审计的主要内容;二是审计发现的主要问题;三是审计查出问题的整改情况。

---

① 《国家发展改革委 工业和信息化部就2021年钢铁去产能"回头看"、粗钢产量压减等工作进行研究部署》,中国政府网(www.gov.cn)。

表 6-1　　　　国家审计工作报告中有关"去产能"政策的相关情况

年度	审计的主要内容	审计发现的主要问题	审计查出问题的整改情况
2008	重大投资项目审计情况	17个省份新增35%未批准发电装机容量	相关地方查处和纠正重复建设、扩大过剩生产能力等问题
2010	资源环境审计情况	"两高一剩"行业扩张;183户企业存在应淘汰未淘汰落后产能等问题	相关地方收回资金8.15亿元,出台59项制度,处理138名责任人员
2011	企业审计情况	宝钢、武钢和鞍钢集团违规新建和未按规定淘汰产能	相关企业建立健全制度233项,处理了87人
2012	国有企业审计情况	投资管理不规范,违规投资	相关企业健全规章制度684项,处理71名责任人员
2015	金融机构审计情况	违规放贷,且部分投向国家淘汰落后和过剩产能名单上的企业	有关金融机构已整改(涉及金额207.53亿元),修订完善制度103项,追责问责219人
2016	国家重大政策措施落实跟踪审计情况	个别地方和企业未严格落实淘汰化解产能,3户央企未淘汰落后产能,3省未按要求关闭或违规批复67处煤矿,涉及产能1 259万吨;违规办理备案手续,涉及炼铁产能133万吨	淘汰、停止租用落后产能,制定淘汰落后产能计划分批清理;清理违规新增产能的25家煤矿,关闭封井42家煤矿
2017	"三大攻坚战"相关审计情况;重大政策措施落实跟踪审计情况	淘汰落后产能不到位,吉林1处30万吨/年煤矿未按规定退出,云南违规新增水泥产能450万吨;违规向"两高一剩"行业提供融资	吉林关闭30万吨/年煤矿;云南停产315万吨产能,置换135万吨产能;收回违规贷款1 488.66亿元
2018	金融和企业审计情况	1户央企未按要求关停煤炭产能60万吨;1户央企违规新增火电装机容量532万千瓦	煤矿实际停产;将3个火电项目移出缓建名单

从表6-1可以看出,有关"去产能"的具体审计内容主要包括重大投资项目审计情况、资源环境审计情况、企业审计情况、国有企业审计情况、金融机构审计情况、国家重大政策措施落实跟踪审计情况和"三大攻坚战"相关审计情况等。可见,有关"去产能"的国家审计并非局限于某一方面,而是分散渗透在各方面的审计之中。从审计发现的主要问题来看,存在违规新增产能、未及时清理落后产能、违规扩张"两高一剩"行业产能等问题。从审计查出问题的整改情况来看,相关部门针对国家审计发现的各类问题,通过纠正、清理、追责、制定政策、完善制度等方式积极进行整改。

2. 国家审计促进"去产能"政策贯彻落实的现状分析——基于审计结果公告

表 6-2 列示了部分央企审计结果公告中有关"去产能"政策的相关审计情况，主要包含两部分：一是审计对象；二是审计发现的主要问题。从表 6-2 中审计发现的主要问题来看，央企"去产能"政策实施过程中存在较多问题，部分央企存在超核准规模建设、违规生产、超核定能力生产、未按期淘汰过剩产能、产能利用率低等问题。审计发现问题后，通过下达决定书的形式责令相关企业进行整改，并将相关问题责任人移送相关部门进行惩处。

表 6-2 部分央企审计结果公告中有关"去产能"政策的审计情况

公告年度	审计对象	审计发现的主要问题
2008	中航集团、南航集团、东航集团、华电集团、神华集团、华润集团	未经核准或超过核准规模建设电源项目；违规将贷款用于未经核准的电源项目建设；违规生产煤炭 3 211.9 万吨；超核定能力生产煤炭 6 279.19 万吨；超核准投资 115 675.22 万元
2009	三峡集团、大唐集团、中建总公司、中铝公司、中国海油等 17 家央企	未经批准投资项目；未经批准建设项目；违规建设电网项目 70 项；违规补贴未核准建设的电厂
2010	中国电科、中石油集团、中石化集团、中国电信、中国电子、一汽集团、中国二重等 16 家央企	未按期淘汰高耗能装置 76 台；项目存在产能利用率较低、产品合格率不高等问题；违规新增和扩大产能；未按规定淘汰产能
2011	华能集团、国电集团、五矿集团、中移动集团、中航集团、中储粮总公司、中国商飞、中版集团、国投公司、核电技术公司	违规建设和收购项目；多个项目未核准先建设，超核定生产能力生产；未按计划关停机组 57.4 万千瓦；未获核准建设 21 个项目；未经核准新增稀土冶炼分离产能 1.31 万吨，超指令生产 3 391.37 吨，超产 76.21%；未按要求淘汰落后机电设备 117 台；未批先建煤矿项目
2012	中国烟草、中核建设集团、航天科技集团、航天科工集团、中船集团、兵装集团、中石油集团、大唐集团、中海集团、华润集团、中冶集团	未经审批投资项目、调整建设规模、超概算投资等；超计划投资 2.85 亿元，未经审批开工建设投资 24.85 亿元；违规向高耗能企业供电，超核准产能 105.24 万吨；未按规定开工建设，涉及装机容量 10.11 万千瓦，发电量 7.55 亿千瓦时
2013	中核集团、兵器集团、国网公司、南方电网、华电集团、国电集团、中电投集团、三峡集团、神华集团、中国二重集团、中远集团、中航集团、中粮集团、中储粮集团	违规建设 2 个工程项目，自行开工建设项目涉及金额 1.67 亿元；6 台燃煤火电机组未按规定改造，20 家煤矿企业违规开采 1 137.8 万吨，违规建设水电站等 4 个电源项目；超核定产能生产煤炭 4 507 万吨，违规生产 3 015.67 万吨；4 个煤矿超核定产能生产煤炭 2 174.55 万吨；多家煤矿违规开采

(续表)

公告年度	审计对象	审计发现的主要问题
2014	中航工业、中国电科等10家央企	违规建设煤层气开发项目
2015	中船集团、中船重工、中石油集团、华能集团、东风公司、哈电集团、鞍钢集团、宝钢集团、中化集团、五矿集团等20家央企	未按要求化解52.6万载重吨过剩产能,3家企业未按要求淘汰169台高耗能落后机电设备;低效无效资产清理进展缓慢;投资6.03亿元对明令淘汰项目进行改造,新增热轧产能120万吨/年;违反项目审批规定新增产能
2016	中国华电、神华集团、中国电信、中国移动、国机集团、东方电气、武钢、中国远洋海运、中储粮集团、国投、中国商飞等35家央企	未按要求完成低效无效资产处置、化解过剩产能、淘汰落后产能等任务;违规生产煤炭,无证开采煤矿,超核定能力开采原煤;未按规定降低综合能耗目标;超规模建设水泥生产线;收购已纳入地方淘汰落后产能范围的厂

6.1.4 国家审计促进"去产能"政策贯彻落实的数据分析

1. 样本选择和数据来源

本节选取2008年作为样本的起始年,所使用的国家审计数据来自《中国审计年鉴》①选取2008—2016年31个省、自治区和直辖市的面板数据作为基础研究样本。其中,在国家审计与"去产能"效果的研究中,由于工业与信息化部公布2008年淘汰落后产能企业名单时是以生产线(台)为计量单位统计落后产能的,而后续年份(自2009年起)则是以落后产能数量为计量单位的,两者在落后产能数据统计口径上不一致。为保证研究数据的连续性,本节选择2009年为该部分研究的起始年。此外,由于工业与信息化部对落后产能企业名单的公布只延续到2015年,本节选择2015年为该部分研究的截至年。综合而言,在国家审计与各省份"去产能"的研究中,本节选取的研究区间为2009—2015年。相关数据主要来自工业与信息化部官方网站、国家统计局、《中国房地产年鉴》《中国财政年鉴》《中国审计年鉴》《中国统计年鉴》以及WIND和CNRDS数据库。

2. 关键变量定义

本节借鉴黄溶冰和王跃堂(2010)、李江涛等(2011)以及陈丽红等(2016)等的研究,分别从国家审计力量、国家审计执行力度和国家审计信息披露力度三方面来衡量国家审计的功能。本节选取各省审计机关人员数量作为审计力量大小的衡量指标;选取被审领导干部人数和审计查出的主要问题涉及的金额作为国家审计

---

① 《中国审计年鉴》的出版相对滞后,2018年出版的《中国审计年鉴》中的数据实为2016年度国家审计数据。

执行力度的衡量指标;选取审计报告和专项审计调查报告篇数作为审计信息披露力度大小的衡量指标。本节将各省份各年度所有过剩行业、过剩企业的过剩产能数量加总得到各省份、各年度过剩产能总量,作为"去产能"实施效果的衡量指标。

3. 模型构建

本节参考已有研究构建模型(1)对研究假设进行实证检验。在模型中对经济周期(GDP_g)(董敏杰等,2015;赵卿,2017;韩国高和迟绍祥,2018)、外贸依存度($Open$)(赵静,2014;郝其荣,2017)、政府干预(Gov)(韩国高和胡文明,2017;韩国高和迟绍祥,2018;何欢浪和张曼,2018)、工业占比(Ind)(韩国高和胡文明,2017)、人均可支配收入(Dpi)(赵静,2014)、劳动力数量(Lab)(赵静,2014)、国家审计范围($Ascope$)(刘雷等,2014)等其他可能对产能利用情况产生影响的变量进行控制。此外,还控制了年度和省份变量。在实证检验中,由于被解释变量是否去产能(Cud)为虚拟变量,故回归时采用LOGIT回归模型。所有的回归分析采用Robust(稳健回归)调整标准误差。相关变量的定义如表6-3所示。

$$Cud = \alpha_0 + \alpha_1 Audit + \alpha_2 GDP\_g + \alpha_3 Open + \alpha_4 Gov + \alpha_5 Ind + \alpha_6 Dpi$$
$$+ \alpha_7 Lab + \alpha_9 Ascope + Year + Prov + \varepsilon \tag{1}$$

表6-3 变 量 定 义

变量类型	具体变量名称	变量符号	计算方式
去产能	是否去产能	Cud	T期过剩产能小于$T-1$期过剩产能时取值为1,否则为0
国家审计($Audit$)	国家审计力量	$Apower$	地方审计机关人员数量的自然对数
	国家审计执行力度——人员	$Aperson$	被审计领导干部人员数量的自然对数
	国家审计执行力度——资金	$Amoney$	审计查出的主要问题涉及的金额的自然对数
	国家审计信息披露力度	$Areport$	审计报告和专项审计调查报告篇数的自然对数
国企规模	国有企业规模	Soe	国有企业资产总计/各省份国有企业资产总计之和
控制变量	经济周期	GDP_g	GDP增速
	外贸依存度	$Open$	进出口总额/GDP
	政府干预程度	Gov	地方财政一般预算收入/GDP

(续表)

变量类型	具体变量名称	变量符号	计算方式
控制变量	工业占比	Ind	工业增加值/GDP
	人均可支配收入	Dpi	城镇居民人均可支配收入
	劳动力数量	Lab	城镇单位就业人员/城镇人口
	国家审计范围	$Ascope$	被审计单位个数的自然对数

4. 数据分析

表6-4报告的是国家审计变量($Audit$)的4个细分变量的描述性统计结果，国家审计力量指标($Apower$)均值为222.47，这说明地方审计机关人员平均数量为222人，最少的为81人，最多的达到595人，各地方审计机关在审计人员数量上的差距较大。国家审计执行力度——人员指标($Aperson$)均值为1 163.9，这说明被审计领导干部人数平均数量为1 164人。可以看出，经济责任审计执行力度较大，最小值和最大值分别为10和5 177，也即被审计领导干部人数最少的省份为10人，而人数最多的省份为5 177人，差异非常大。国家审计执行力度——资金指标($Amoney$)均值为1 733.3，这说明地方审计机关审计查出的主要问题金额平均为1 733.3亿元，最小值和最大值分别为13.343和12 794，各省份审计查出的主要问题涉及的金额之间的差距也非常大。国家审计信息披露力度指标($Areport$)均值为5 043.1，表明地方审计机关出具的审计报告和专项审计调查报告平均数量为5 043篇，最小值和最大值分别为90和15 703，表明出具报告篇数最少的地方审计机关仅出具90篇报告，最多的出具15 703篇报告，差距非常大。

表6-4　　　　国家审计变量4个细分变量的描述性统计

变量	样本	均值	标准差	最小值	中位数	最大值
$Apower$	279	222.47	91.81	81.000	204.00	595
$Aperson$	279	1 163.90	853.32	10.000	1 085.00	5 177
$Amoney$	279	1 733.30	1 958.80	13.343	1 009.50	12 794
$Areport$	279	5 043.10	3 448.30	90.000	442.00	15 703

图6-1是2009—2015年国家审计变量4个细分变量和过剩产能数量的年度变化趋势图。可以看出，国家审计变量的4个细分变量——国家审计力量、国家审

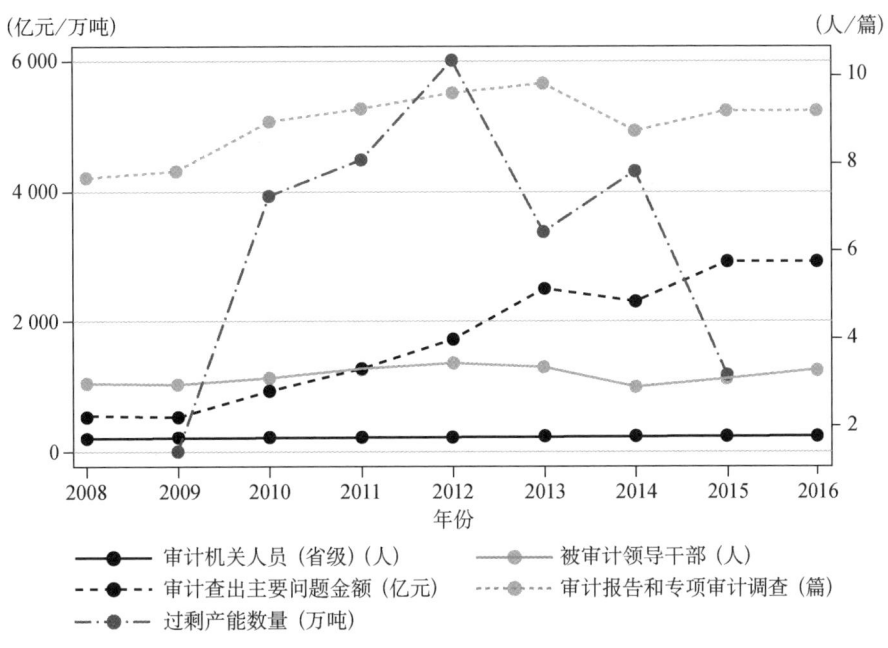

图 6-1　2009—2015 年国家审计与过剩产能变化趋势

计执行力度(人员、资金)和国家审计信息披露力度在 2009 年至 2015 年变化趋势基本一致,均呈现出逐年上升的趋势,具体来看,从 2009 年起逐年上升,在 2013 年达到最高峰,随后开始下降,下降的趋势持续了 1 年,在 2015 年年初开始回升。过剩产能总量在 2009—2012 年逐年上升,在 2012 年达到最高峰,随后基本呈现出下降的趋势。而从国家审计指标和过剩产能数量指标的相对趋势可以看出,在 2012 年之后,两者基本呈现出相反的变动趋势,这说明国家审计功能的发挥有利于降低地方政府的过剩产能数量。

表 6-5 报告了国家审计与各省份"去产能"的回归结果,被解释变量为是否去产能(Cud)。列(1)至列(4)分别是以国家审计力量($Apower$)、国家审计执行力度($Aperson$、$Amoney$)和国家审计信息披露力度($Areport$)为解释变量的回归结果。从列(1)、列(2)和列(4)的结果可以看出,国家审计力量($Apower$)、国家审计执行力度——人员($Aperson$)的系数均在 10% 水平上显著为正,国家审计信息披露力度($Areport$)的系数在 5% 水平上显著为正,而列(3)中的国家审计执行力度——资金($Amoney$)的系数虽不显著,但系数仍为正。这表明,国家审计投入力量越大、国家审计执行力度越大、国家审计信息披露力度越大,各省份"去产能"概率越高,即国家审计功能的发挥有利于各省份"去产能"。由于工业与信息化部公布淘汰落

表 6-5 国家审计与各省份"去产能"

解释变量	被解释变量:是否去产能(Cud)			
	(1)	(2)	(3)	(4)
$Apower$	3.520* (1.65)			
$Aperson$		2.455* (1.69)		
$Amoney$			0.675 (0.90)	
$Areport$				3.898** (2.17)
GDP_g	1.300 (0.08)	5.215 (0.29)	5.633 (0.33)	4.750 (0.25)
$Open$	384.562 (0.98)	340.547 (0.90)	354.372 (0.87)	347.116 (0.94)
Gov	57.612 (1.48)	47.697 (1.48)	40.620 (1.07)	45.945 (1.44)
Ind	−37.480* (−1.65)	−34.064** (−2.01)	−32.191 (−1.50)	−32.082* (−1.88)
Dpi	3.565 (0.92)	3.073 (0.75)	3.473 (0.88)	3.974 (0.95)
Lab	25.915 (1.40)	22.448 (0.94)	22.346 (1.22)	21.831 (0.88)
$Ascope$	0.820 (0.67)	−1.293 (−0.78)	0.140 (0.11)	−2.825 (−1.43)
$\_cons$	−78.916 (−0.00)	−51.100 (−0.00)	−54.918 (−0.00)	−56.426 (−0.00)
年度	YES	YES	YES	YES
省份	YES	YES	YES	YES
N	164	164	164	164
Pseudo R^2	0.458	0.459	0.449	0.461

后产能名单均以过剩产能数量的变动为参考,而并没有重点关注产能过剩企业的资金运行情况,对国家审计而言,在对各省份产能过剩企业"去产能"实施情况进行审计时,可能也会更多地关注产能总量的变动。因此,当以国家审计执行力度——资金为国家审计变量时,回归结果并不显著。

6.1.5 产业政策审计的策略

从产业政策的实践来看,我国产业政策存在目标难以确定与产业政策碎片化的问题(黄汉权等,2017)。产业政策没有明确的功能定位,因此,政策目标难以确定,政策随意性较大,容易出现政策随宏观环境变化而变化的情况。例如,2003年,国务院办公厅转发发展改革委等部门《关于制止钢铁行业盲目投资的若干意见》,强调抑制对钢铁产业的盲目投资。在2008年金融危机后,国务院发布《钢铁产业调整和振兴规划》,钢铁产业又成为十大振兴产业之一。但现今钢铁产业又成为"去产能"的重点产业。同时,由于产业政策数量过多,覆盖范围过于广泛,政策呈现出碎片化的倾向,效果也不太明显,并且力度过大的产业政策还存在对市场干预过度的风险。

产业政策直接关系到各产业的生存发展状况,关系到我国产业结构、产业组织、产业布局安全,关系到其控制系统性风险的能力和诱导系统性风险产生的概率,因此,国家审计有必要作用于政府、市场行为,将与产业发展相关的产业政策、制度规定等作为重点审计对象。

基于国家治理的视角,国家审计是国家治理体系和治理能力现代化的重要工具,经济治理是国家治理现代化的重要组成部分,国家审计理应服务于产业发展,在产业政策制定与执行效果方面发挥作用。国家审计开展制度合理性审计,评估产业政策制度的科学性、合理性等,通过揭示和完善制度缺陷(蔡春和蔡利,2012),确保产业发展体制机制、政策更加符合实际发展需要。国家审计开展政策执行效果审计,对产业政策实施情况与实施效果进行审查与跟踪,评估其是否存在诱导系统性风险产生的可能性,并及时反馈,以便政策制定者根据产业政策效果对政策进行及时调整:完善产业政策功能定位,确定产业政策长期目标,促进产业政策制定过程的规范化、科学化。国家审计的反馈有利于市场自我调节机制与政府调节机制之间的平衡,防止市场失灵而产业政策未到位的情况发生,以及市场正常发挥调节作用而产业政策过度干预的情况发生;国家审计还关注产业政策执行力度,防止各级部门为了响应政策或取得更多政策补贴而从上而下层层增加政策力度,放大政策效果,导致适得其反。国家审计通过产业政策执行审计与对主要负责人的经济责任审计,完善覆盖从产业政策制定到产业政策执行的全过程的产业政策督察与治理机制,能够提高产业政策质量与效果,防止产业政策不合理而导致的产业结构问题和产业内市场结构不合理、产业布局不合理等风险的发生,降低产业政策直接诱导系统性风险出现的可能性,进一步保障产业政策安全、产业安全以及国民经济安全。从审计实务工作来看,近年来,审计署按季发布重大政策执行情况跟踪审计报告,其中包括重大经济(产业)政策执行情况跟踪审计报告,跟踪审计报告揭示产业政策实施过程中存在的问题,并督促政府部门整改落实。因此,国家审计在保障经济(产业)政策落地实施、提升产业发展效率中发挥着重要作用。

6.2 审计与产业转型升级

6.2.1 产业转型升级与产业风险

1. 产业结构

经济学家 Fisher 首次提出三次产业的概念,将国民经济部门划分为三次产业:产品直接取自自然界的部门,为第一产业;将初级产品进行再加工的部门称为第二产业;为生产和消费提供各种服务的部门称为第三产业。三次产业是世界通用的产业结构分类。我国国家标准化管理委员会 2017 年发布《国民经济行业分类(GB/T 4754—2017)》,并于 2019 年批准实施《国民经济行业分类》国家标准第 1 号修改单①,将三次产业具体细分为农林牧渔业、水利业、工业、建筑业等部门。狭义的产业结构指三次产业结构中第一、第二、第三产业在国民经济中所占的比例以及各产业部门内部的比例关系。

广义的产业结构还指根据除三次产业分类法之外的其他不同的产业分类方法所延伸出的不同产业类型在国民经济中所占据的比例以及它们之间的联系。其他产业类型的分类方法包括:按照生产要素集约分为资本密集型、劳动密集型、技术密集型、知识密集型产业;按照产业在国民经济中所占地位分为支柱产业、基础产业、主导产业等;按照产业所处发展阶段分为幼稚产业、新兴产业、传统产业、夕阳产业等;按照产业在国家区域空间上的分布与集中分为西部产业、中部产业、东部产业等。产业结构关注资源在各产业类型中的分布与使用。

2. 产业转型升级

1) 产业结构升级

产业转型升级包括产业结构的不断升级。20 世纪 40 年代,英国经济学家 Clark 提出配第-克拉克定律,指出随着国家经济的发展,产业结构重心会从第一产业向第二产业与第三产业逐渐转移(Arthur,1942),这是产业结构升级的基本含义与表现方式,升级的模式有平稳渐进模式和倾斜突进模式(方向东,1994)。黄亮雄等(2015)认为,产业结构升级的本质有两个内涵——产业结构比例关系的改变和生产率的提高。从概念上来讲,产业结构升级就是产业结构高级化的过程,是产业结构中第一产业(劳动密集型产业)比例逐渐降低,第二、第三产业(资本、技术和

---

① 《国家统计局关于执行国民经济行业分类第 1 号修改单的通知》(国统字〔2019〕66 号)。

知识密集型)比例逐渐上升,处于各发展阶段的产业的比例与产业在空间布局安排上逐渐趋于稳定均衡合理的过程,表现为产业质量和生产率的提高。

我国的产业结构在很大程度上会受到产业政策的影响,改革开放以来,随着我国经济发展水平不断提高以及产业政策的调整,产业结构呈现出不断高级化的趋势。从改革开放至"十四五"规划时期,我国在每一发展阶段都会将产业结构优化升级作为产业重点发展方向。20世纪80年代到90年代,我国把重点放在积极发展第三产业方面,进入21世纪后我国逐渐开始侧重发展高科技产业、战略性新兴产业、文化产业等,致力于持续优化产业结构,提高国家产业核心竞争力。李克强总理谈及"协调推动经济稳定增长和结构优化"时表示[①],要推动产业结构迈向中高端,坚持"中国制造2025",加快从制造大国转向制造强国。新兴产业和新兴业态是世界各国的竞争高地,我国需通过实施高端装备、信息网络、集成电路、新能源、数字化等方面的重大项目,坚持把新兴产业培育成主导产业。

2) 产业转型优化

除了产业结构升级,产业转型升级还包括另外一部分重要内容,即产业自身为适应经济与社会发展进行的升级与优化。产业的转型优化指淘汰落后过时的生产方式,提高生产效率,广泛应用数字化技术、智能技术与先进适用技术等新兴技术,适应数字经济、绿色经济发展潮流,改造提升传统产业,推进企业重组和淘汰落后产能,为传统产业转型升级注入生机和活力。

现阶段,我国产业转型优化的重点之一就是产业绿色化。随着我国各界坚持生态优先、绿色发展等环保意识的逐渐增强,各界正努力协同推进经济高质量发展和生态环境高水平保护。2020年9月,习近平总书记在第七十五届联合国大会一般性辩论上发表重要讲话,指出要加快形成绿色发展方式和生活方式,建设生态文明和美丽地球。我国将采取更加有力的政策和措施,力争于2030年实现碳达峰,2060年实现碳中和。进入"十四五"时期,我国经济社会发展正式进入了以降碳为战略方向、以改善生态环境质量为核心、以减污降碳协同推进为抓手的关键时期[②],在该时期,我国需要:①推动产业结构优化升级。加快推进农业绿色发展;制定高耗能行业和领域碳达峰实施方案;加快推进工业领域低碳工艺革新和数字化转型;开展碳达峰试点园区建设等。②遏制高耗能高排放项目盲目发展。新建、扩建高耗能高排放项目需严格落实产能等量或减量置换,出台产能控制政策;合理控

---

① 李克强:推动产业结构迈向中高端,中国政府网(www.gov.cn),2015-03-05。
② 《中共中央 国务院关于完整准确全面贯彻新发展理念做好碳达峰碳中和工作的意见》。

制煤制油气产能规模;提升高耗能高排放项目能耗准入标准等。③大力发展绿色低碳产业。建设绿色制造体系;加快发展新一代信息技术、新能源、新材料、绿色环保等战略性新兴产业;推动互联网、大数据、人工智能等新兴技术与绿色低碳产业深度融合等。以期加快形成节约资源和保护环境的产业结构、生产方式、生活方式、空间格局,坚定不移走生态优先、绿色低碳的高质量发展道路。

另外,产业数字化也是近年来产业转型优化的重点。我国数字经济蓬勃发展,在推动生产力发展和生产关系变革的同时,对我国产业转型升级也提出了新要求,数字化不再是为企业锦上添花的一个简单工具,已经成了企业核心战略。2021年12月,国务院印发《"十四五"数字经济发展规划的通知》[①](以下简称"数字规划")。数字规划提出我国正在加速融合数字技术于各行业,包括全面推进农业数字化、加速工业数字化,持续提升工业企业生产设备数字化水平。在"十四五"时期,我国将大力推进产业数字化转型,具体措施包括:①加快企业数字化转型升级。引导企业强化数字化思维,提升人员数字化管理水平;加快全价值链业务协同,提升产业链上下游协同效率等。②全面深化重点产业数字化转型。立足不同产业特点和差异化需求,推动传统产业全方位、全链条数字化转型,提高全要素生产率;纵深推进工业数字化转型;推动产业互联网融通应用,培育供应链金融、服务型制造等融通发展模式,以数字技术促进产业融合发展等。③推动产业园区和产业集群数字化转型。引导产业园区加快数字化基础设施建设,利用数字化技术提升园区管理和服务能力;积极探索平台企业与产业园区联合运营模式;推动共享制造平台在产业集群落地和规模化发展;构建虚实结合的产业数字化新生态等。④培育转型支撑服务生态。建设数字化转型促进中心,衔接集聚各类资源条件,提供数字化转型公共服务,打造区域产业数字化创新综合体,带动传统产业数字化转型。

3. 产业转型升级与产业风险之间的关系

产业转型升级能够提高产业的核心竞争力,提升产业多样性,提高产业抵御风险的能力,进而促进产业安全。产业风险可以分为产业结构单一、不合理引发的产业结构风险,以及产业转型优化不到位、不恰当引发的产业转型风险。

1) 产业结构风险

在不同的经济发展阶段,产业结构应具备不同的合理形态,当产业结构与经济环境不匹配、出现严重偏误时,产业风险便会产生,产业风险往往通过产业中各企

---

① 《国务院关于印发"十四五"数字经济发展规划的通知》(国发〔2021〕29号)。

业共性问题的暴露得以释放,会危害整个产业的发展安全,进而容易诱发系统性风险,对国民经济造成损害。产业结构风险可以分为产业结构单一风险、产业结构不合理所引发的风险。

(1) 产业结构单一会严重削弱一国产业抵御风险的能力。李军林等(2016)指出,产业结构单一是企业追求现期利润而导致的产业过度集中的结果,会使经济体面临巨大的整体不确定性,陷入系统性风险中。根据以往研究,我国的房地产行业(范言慧等,2013)、劳动密集型行业(郑佳琪,2013)具备产业过度集中造成的"荷兰病"。"荷兰病"一词最初被用来形容一国由于过度依赖单一产品或服务的出口而出现的经济先繁荣后急剧萎缩的现象。"荷兰病"的现象一般出现在中小发展中国家,我国幅员辽阔,因此,我国应更加关注的是各个地方是否存在因过度依赖某产业导致的产业结构单一、风险抵御能力下降的情况。

(2) 产业结构不合理既包括三次产业及更细的部门产业结构比例不合理,也包括产业空间结构不合理。在三次产业结构上,产业结构变化趋势是第一产业比重逐步下降,第二、第三产业比重逐步上升。我国第三产业的 GDP 占比从 2015 年开始超过 50%(王云平等,2018),产业稳步优化升级。在更细的部门产业中,我国第三产业的优化升级较为超前,出现了网约车、在线教育等各种依托新技术的新行业,但第一产业与第二产业的优化升级相对没有突破,容易出现产业风险。

在空间分布上,我国存在产业空间结构不平衡、区域产业结构趋同的风险。改革开放以来,我国坚持注重市场效率的产业布局战略,将产业发展的重心放在东部地区,中西部地区无法依靠自身的禀赋资源实现与之相匹配的产业与经济发展。区域经济发展不平衡会对国家经济发展产生危害,对少数区域的产业扶持政策在一定程度上使未受到政策扶持的区域发展缓慢,不能充分利用区域比较优势,浪费区域禀赋资源。区域经济发展长期不平衡的状态会影响国家经济安全、社会稳定。

我国幅员辽阔,各区域之间的自然条件与社会条件差异巨大,从西部至东部,呈现出自然资源越来越匮乏、技术与劳动力资源越来越丰富的特点。根据空间资源分布的不同,各区域之间应存在合理的产业分工,这种分工需符合区域的特征与资源优势。当具备不同禀赋资源的区域之间出现产业结构趋同现象时(朱晓明和许山白,2007),区域分工不合理的风险便会产生。区域分工不合理、区域产业结构趋同会导致各地区不能充分发挥自身比较优势,无法形成各具特色的互补互助的产业布局,难以提高区域产业分工带来的布局性经济效益。按照市场正常发展规律,各地区产业能够依据自身资源禀赋优势顺其自然地打造与当地相匹配的产业,当各地区摒弃自身资源禀赋带来的比较优势,而趋向于形成相同的产业结构时,说明各地区在产业布局政策制定与实施上出现了问题,这不利于区域经济健康协调可持续发展,不利于国家整体产业安全,容易滋生产业风险。

2) 产业转型风险

无论是传统产业还是新兴产业,都需要不断适应社会环境的变化,利用5G、工业互联网等技术进行转型优化,稳健地实施绿色低碳的转型,以实现经济高质量发展,保障产业安全。当产业与时代脱节、转型优化不到位时,容易被更适合时代的新兴产业所替代。同时,产业在转型优化时,也可能面临转型方式不恰当引发的风险。

相对于数字化,产业绿色化带来的经济收益往往是间接的,因此,一些产业进行绿色发展的动力不强,容易出现转型优化不到位的情况,滋生环境污染风险,国家需要通过一定的制约和监督以推动其绿色化转型。

产业数字化的风险更多体现为转型过程中的风险。企业对数字化的依赖越来越强,面临的安全挑战也不断增长。在传统的产业组织进行数字化转型后,企业原有的边界逐渐模糊化,每个环节中的安全隐患都需要引起注意。数字化的过程伴随新的安全问题,不单是信息安全细分领域的数据安全,数字化依赖于平台,平台的可靠性和稳定性状态也使企业数据面临各种各样的不确定性,从而产生数字化风险。

总体而言,产业转型升级就是随着经济环境的变化,国家根据经济政策不断调整产业结构,优化产业设置,使各类型的产业比例达到适当的水平,并同时增强产业自身的控制力、竞争力,促使其适应社会经济环境的变化,提高抵御风险的能力。因此,正确恰当的产业转型升级能够有效防止系统性风险发生。

6.2.2 国家审计促进产业转型升级的实践

1. 国家审计促进产业结构升级的实践

从我国经济治理思路和发展战略来看,我国的经济治理思路从需求侧转向供给侧。国家审计作为国家治理的重要组成部分,自然需要根据国家的经济管理思路主动改进和调整。在供给侧结构性改革的背景下,我国经济发展进入新常态,国家发展诉求转变为稳增长、调结构和促改革,这一特征必然导致国家审计的思路和战略重点发生变化,具体表现为以下两点:

（1）国家审计的思路应从需求侧逐步转向供给侧。关于需求侧审计和供给侧审计，具体的概念目前还没有形成。国家审计可以将供给侧和需求侧管理的相关政策是否得到落实与执行、资金的使用是否合法合规且具有效率性和效果性，以及相关的领导干部的经济责任履行情况是否符合规定作为标准，并以此为基础初步界定需求侧审计和供给侧审计。需求侧审计的重点与宏观经济的需求相关，主要为宏观调控政策的落实情况以及执行情况，包括项目投资是否落实、项目资金有无保障、经济下行时期的金融风险和债务风险防范等。供给侧审计侧重于宏观经济的供给侧，关注"三降一去一补"，对促进创业创新、产业转型升级、精准扶贫以及环保节能等供给相关领域的政策落实情况、实施效果、资金运用以及相关部门领导的经济责任履行情况等进行审计。

（2）在供给侧结构性改革背景下，国家审计的内容应当更加偏向于促改革和调结构。近年来，我国经济发展进入新常态，国家审计重点关注稳增长、防风险、保民生和反腐败等内容，服务于改革和发展大局，在党和政府的中心工作中发挥了突出作用，但国家审计在促改革和调结构方面所发挥的作用还较小。国民经济运行中的稳增长、促改革、调结构、惠民生、防风险这五个方面是有机统一的：稳增长是前提，也是全面实现小康社会、缩小贫富差距以及跨越中等收入陷阱的核心；调结构是稳增长的关键，促进产业结构向中高端产业的调整能够维持经济的中高速增长；促改革是调结构和稳增长的基本保证；防风险是稳增长的底线；惠民生则与稳增长相互促进。这五个方面是有机统一的，但经济所处的发展阶段不同，国家对这五个方面的侧重也有所不同。近年来，国内经济处于下行的压力之下，稳增长、防风险和惠民生是政府工作的重点，也应当成为国家审计关注的重点。而伴随着我国经济增长动力切换的迫切需要和供给侧结构性改革的提出，促改革和调结构成为政府经济工作和国家审计的重点。我国只有全面推进改革，才能够有效地调整产业结构，促进经济稳步增长，实现稳增长的目标，从根本上降低经济运行的风险并保障民生。因此，供给侧结构性改革的提出必然要求国家审计的内容更多地服务于国民经济中的促改革和调结构工作。

"一带一路"是党和国家统筹国际国内两个大局，谋划我国全方位对外开放提出的重大倡议，得到了国际社会的广泛重视。通过"一带一路"建设，央企与世界一流企业进行高端对接，在更广阔的空间进行产业结构调整和资源优化配置，促进产业链向高端环节转型升级。为进一步防范和化解境外投资风险，促进央企更好地推进"一带一路"建设，国家审计应结合领导干部经济责任审计、专项资金审计、项目投资审计等业务,在以下四个方面加大审计监督力度,切实发挥国家审计在国家治理中的基石和重要保障作用:一要加大对各机构落实国家"一带一路"配套政策情况的审计,扫清央企走出去的政策障碍;二要加大对央企境外投资经营及风险管控情况的审计,促进央企在走出去过程中更好地发挥骨干中坚作用;三要加大对国家"一带一路"建设保障政策效果的审计,促进政策保障支持服务体系有效运行;四要加大对国有企业改革情况的审计,促进其完善适应"一带一路"建设的市场化机制,夯实走出去的制度基础。

2. 国家审计促进产业转型优化的实践

1) 国家审计促进产业数字化转型的实践

数字经济已然成为经济发展的重要增长极,在实现产业数字化转型,做到数字产业化、产业数字化的过程中,国家审计从诸多方面发挥其审计功能,助推数字经济不断做大做强做优。

第一,开展重大政策跟踪审计。数字化产业具有高投入、长周期、深壁垒的产业特性,需要国家投入大量财政资金才能成长发展起来。因此,国家审计需要做好全链条、全流程、全方位的重大政策跟踪审计,创新审计方式,做到实时监督与时段监督相结合、独立审计与联合检查相结合、传统审计与现代化技术相结合,实现事后监督的关口前移,及时发现苗头性、倾向性问题,向被审计单位提出行之有效的审计建议和措施,确保投资建设资金用在刀刃上,助力数字经济政策落实到位,让数字经济下的产业实现高速发展。

第二,加强专项资金审计。国家审计应以产业数字化转型专项资金审计、人才开发专项资金审计调查等为主线,聚焦数字经济发展的资金缺口和人才缺口,联合多部门,重点关注产业转型升级、技术改造、智能制造和大数据开发利用奖补等方面的政策目标落实、扶持资金管理使用、人才引进奖补落实等情况,助力财政资金精准促进产业数字化升级与数字化人才培养。

第三,助推研究型审计。国家审计应以审促研,以研增效,研审结合,加快构建数字化产业蓝图。围绕传统产业数字化转型升级中网络安全、数据孤岛等重点难点问题开展研究型审计,重视点与面、财务与业务、审计知识与数字行业知识、国内信息与国外信息的结合,以审计理论与审计实践相结合的方式推动数字经济发展。

2) 国家审计促进产业绿色转型的实践

《"十四五"国家审计工作发展规划》明确提出要开展资源环境审计,以加快推动绿色低碳发展,改善生态环境质量,提高资源利用效率,助力美丽中国建设为目标,全面深化领导干部自然资源资产离任审计,加强对生态文明建设领域资金、项目和相关政策落实情况的审计。国家审计主要应从以下几个方面出发,助力产业绿色转型升级。

第一,加强重大政策措施落实情况跟踪审计。国家审计应围绕产业绿色转型、城市环保更新、环境质量提升,开展重大政策措施落实情况跟踪审计,将重大政策措施落实情况作为预算执行审计、经济责任审计等审计项目的重要内容,从项目建设部门、资金管理部门入手,将现场审计与非现场审计相结合,着力揭示重大政策措施落实中存在的问题和不足,提出合理建议,及时向主管部门报告,督促相关部门加强整改落实,促进政落地生效。

第二,开展自然资源资产离任审计。围绕中央关于加强领导干部自然资源资产离任审计的决策部署,重点关注辖区内自然资源资产管理、产业园区空间规划、产业污染防治等重大任务落实情况,加快建立健全审计评价标准和指标体系,促进领导干部落实生态文明建设责任制,保证企业在布局绿色发展战略时拥有足够资源,共促产业绿色转型升级。

第三,推进资源环境专项资金审计。国家审计应围绕节能减排、污染防治、生态保护修复、资源开发利用等财政专项资金投入、分配、管理和使用情况,重点关注产业生态环境保护修复重大工程、环境基础设施、资源循环利用等重点项目的实施效果,保障资金安全,促进政策目标实现。

第四,提升绿色投资审计监督力度。国家审计应聚焦产业绿色转型提速提质提效,推动做好常态化"经济体检"工作,以加强绿色项目管理,提高投资效益为目标,进一步明确绿色投资审计工作目标和定位。同时,国家审计可以通过审计专报、专题汇报等形式,为政府部门对绿色建设项目的决策提供专业、有效的审计依据,为产业绿色转型升级保驾护航。

6.2.3 国家审计促进产业转型升级的思路构建

产业转型升级与产业政策具有高度关联性,因此,国家审计要发挥自身功能,促进产业转型升级,关注产业结构调整与升级优化的相关政策是否符合当前经济社会环境,跟踪政策执行过程与政策执行效果,考察相关产业政策是否能够真正有效带动产业结构升级与产业转型优化。本卷通过界定产业转型升级、产业结构升级、产业转型优化等相关概念,从产业安全相关定义与相关理论体系入手,借鉴国外已有的产业转型升级审计方面的经验,对实践情况加以梳理与总结,结合我国国情与产业结构现状,从理论上探讨国家审计促进产业转型升级的依据以及作用路径、方式方法等，提出适合我国的产业转型升级的审计对策。

在我国的制度环境下，如何将审计嵌入产业转型升级机制是一个亟待解决的关键问题。一方面，对产业政策进行审计，有助于促进我国加快形成科学合理的产业结构与布局；另一方面，产业风险评估体系对国家产业状况进行持续关注与分析，评价产业转型升级情况，发现其中隐藏的风险，以便国家及时提前做好准备与应对。结合社会、环境、经济等要素，根据我国产业结构现状，国家审计促进产业结构升级应重点关注以下几个问题。

1. 关注区域产业布局风险

我国产业从沿海到内地呈现出不同梯度的非均衡布局。良好的产业布局并不意味着各区域齐头并进、全面均衡发展的布局形势，也不是单指具有区域差异化的非均衡布局，而是在非均衡布局状态中，依据各区域不同的资源、环境与禀赋形成的比较优势进行产业布局，实现各区域的最优产业配置。李孟刚（2016）提出，产业布局安全是产业的空间分布能够实现降低交易费用，促进知识、制度和技术的创新改革和扩散，实现产业和产品的更新换代，刺激生产成本下降、产品差异化，在区域营销、信息费用等方面形成竞争优势，带动产业结构优化、产业竞争力提升，并且有利于抵御外部经济侵袭的状态。不同于一般的强调经济效益的产业布局安全观，曹颖（2005）提出产业布局不应忽视环境效益和社会效益，产业布局的优化应当从经济、社会与环境协调发展的角度开展。

产业布局安全涉及的范围广、要素多，国家审计利用自身平台可以充分收集各地区资源禀赋信息，分析区域产业结构是否符合其自然、社会和经济条件；在宏观整体上，产业布局分工是否具有科学合理性，是否具有理想的效益和效率；关注产业布局方面存在的区域发展不平衡、区域分工不合理、区域产业结构趋同等风险，通过产业政策的调整以及对地方政府责任履行情况的监督，及时消除风险隐患；追踪产业布局相关政策的合理性与实施效果，促进政策正确实施并及时调整不合理的政策；关注产业布局对社会是否存在潜在的风险，如区域就业状况、人口迁移状况、社会情绪稳定状况；关注产业布局在环境保护方面是否存在威胁。国家审计要逐步完善产业布局安全审计机制。

基于我国国情与产业布局现状，国家审计应重点关注区域经济发展不平衡带来的风险，及时应对并化解；实施政策执行效果审计，对促进区域经济协调发展的产业政策的落实情况开展审计并进行反馈，加速产业布局优化的进程。我国产业结构趋同的根本原因在于地方政府官员的经济业绩竞争制和风险规避倾向(张晔和刘志彪,2005),国家审计应对地方政府实施经济责任审计,集中纠察政府扶持与区域资源禀赋不匹配产业发展的行为,维护区域产业安全。

2. 促进产业绿色低碳化发展

在习近平总书记亲自擘画、亲自推动下,我国已全面确立了"2030年前碳达峰、2060年前碳中和"的目标。2020年3月,中央财经委员会第九次会议提出"十四五"是碳达峰的关键期、窗口期,我国要实施重点行业领域减污降碳行动,工业领域要推进绿色制造,建筑领域要提升节能标准,交通领域要加快形成绿色低碳运输方式;《"十四五"规划纲要》也明确提出要推动能源清洁低碳安全高效利用,深入推进工业、建筑、交通等领域低碳转型等。国家审计要全面助力我国如期实现"碳达峰、碳中和"目标。基于此,国家审计可以通过以下几个方面促进产业绿色低碳化:①监督环境保护。开展碳审计,对资源浪费、环境污染、生态破坏等行为和现象进行必要的审计监督,尤其关注高能耗、高污染项目。②关注生态空间。挤占森林、破坏环境以及违章乱建等现象时有发生,国家审计应当从资金管控、空间管控等多维角度出发保护生态空间的边界。③强调民生福祉。国家审计应妥善处理好碳减排和百姓生活、民生福祉之间的关系,将监督碳减排与空气污染治理工作协同,增强人民群众对实现"碳达峰、碳中和"目标的满足感。④赋能生态文明。加强生态文明建设、绿色发展的国际交流合作,坚持深化应对气候变化领域的国际交流合作。国家审计应进一步加强资源环境特别是气候领域的交流合作,努力将具有中国特色的领导干部自然资源资产离任审计推广到国外。

3. 审计产业数字化风险

数字安全不仅涉及产业组织和个人的经济利益,也涉及国家安危,在数字化转型的大趋势下,如何有效控制风险是现代企业及产业面临的主要问题,注重产业数字化过程中的安全隐患,构建有中国特色的数字化风险管理审计策略迫在眉睫。

针对日新月异的产业数字化进程,我国应迅速建立政府、社会、企业三位一体的数字安全审计体系。各类企业组织应正视数字化可能带来的潜在风险,通过内部审计与社会审计定期对数字化风险进行审计和评价,在此基础上,国家审计应当遵循相关法律法规,充分运用政策跟踪审计、专项资金审计等手段,发挥审计功能,对关系国计民生的财政、金融、社会保障、地方政府、国有企业等的数字安全实施审计。在数字化时代,审计人员只有突破惯性思维,提升安全认知,才能真正推动数字经济时代的审计创新发展,构建真正意义上的数字安全新生态。

4. 重视高科技产业发展的同时重视科技安全

高科技产业在我国已经受到广泛关注,政府通过各种优惠政策对高科技产业进行扶持,国家审计需要对优惠政策落实情况、企业科技发展情况以及项目资金的用途方式等及时进行审计。同时,科技产业的发展与科技安全密切相关,不可分割,国家要保证科技的不断发展,首先要保障科学技术的安全,而科学技术的不断发展,又能为保障科技安全提供新的方法和手段。根据习近平总书记提出的总体国家安全观,科技安全属于国家安全的重要组成部分,因此,国家审计不仅需要关注高科技产业的发展动态,还需要对高科技产业的科技安全给予足够的关注。

通过梳理科学技术研究成果和进度等,全面了解、掌握国家科技的发展水平状况,了解科学技术研究投入水平、产出水平和效益水平。通过国家和企业在科技研究方面的投入规模了解国家对科技的重视程度和实际投入力度;通过专利申请数量了解国家科技成果产出效率;通过科技成果实际带来的效益衡量国家科技成果的质量和效果。关注产业对核心技术的自主掌控能力和对外依存程度,包括一个产业是否能够自主生产核心软硬件设施、是否能够自主应用核心网络技术等。如果产业对外依赖程度过高,容易出现信息泄露等科技风险,而且一旦供应方切断供给渠道,产业很容易由于核心技术的缺失而陷入瘫痪,因此,这一点在科技安全审计中尤为重要。在政策制度上,了解政策对科技安全的关注和保护力度,提出完善相关法律法规和优惠政策的建议,从宏观环境上引导企业对科技安全的重视并实行科技风险防范措施。关注企业领导人和企业员工是否有防范科技风险的意识,企业是否配有完整有效的科技安全保护系统,是否有应对科技风险的预警系统和相应措施。

5. 关注新型高风险领域

对产业升级过程中出现的新型高风险领域,如帮助中小企业融资的风险投资领域、为生产提高效率和便捷度的互联网领域等,国家审计需要重点关注。新型高风险领域发展时间短,人们对相关产业的认知不全面,相关法律法规也不完善,因此,这些领域在为国家带来可观效益的同时,也隐藏着巨大的风险。有时关键的新型高风险领域可以影响一个甚至几个产业。新型高风险领域审计可以对产业的关键领域进行风险评估,查找风险隐患。

国家审计可了解新型高风险领域的发展现状,对风险领域出现的起因、过程、现状、风险类型及后果等进行梳理。对比国内外情况,考察新型高风险领域发展阶段、相关法律制度的健全度、不同产业对领域的认知度、领域对外依赖程度,以及产业对新型高风险领域的依赖程度等,考察新型高风险领域的风险防范体系,包括:政府和相关部门对该领域潜在风险的认知与防范措施,该领域中存在的风险对产业和产业链带来的影响,产业和产业链的抗风险能力,风险对产业的影响能否最终得到控制。在产业升级的过程中,产业风险是不可避免的,对政府和产业来说,重要的是做好应对风险的准备,保障和促进产业发展和升级的顺利进行。

6. 支持鼓励创新创业活动

创新创业是加快产业升级的强大动力,我国于2014年提出"大众创业、万众创新",并在之后不断实践这一理念。2018年,国务院发文强调创新创业的重要性,指出创新创业对于产业升级的重要意义。创新创业政策极大地促进了高新技术产业和新兴产业的出现与发展,对于产业升级具有战略性意义。国家审计要继续支持和鼓励创新创业活动,特别是关注和支持创新型的中小企业,为创新型中小企业创造良好的成长环境;同时引导创新型创业,为产业升级注入新动力。

在创新创业审计方面,国家审计需要考察创新创业的历年增长趋势和现状、创新创业为产业升级带来的实际效益、相关优惠政策的落实情况、接受优惠政策企业的成长效果、企业的创新是否为实质性创新等问题。创新创业属于新型高风险领域,国家审计对于其存在的风险需要进行及时审计和有效应对。

6.3 审计与产业组织安全

6.3.1 产业组织安全审计的内涵

1. 产业组织安全的界定

产业组织是指产业内各企业之间市场关系的总和,产生于社会化生产条件下,主要包括市场结构、市场行为以及市场绩效等(陈明森,2005),产业组织理论主要探讨市场、厂商、产业的存在方式与表现。产业组织安全是指国家或地区的产业处于安全状态,在这种状态下,产业的增长持续稳定、产业内的企业处于有效竞争之中(李孟刚,2016)。产业组织安全强调产业内部组织的正确性和有效性,强调防止因企业规模不断扩大而导致市场垄断,关注市场是否保持有效竞争,这种有效竞争建立在一定的企业数量和企业规模之上。在经济全球化背景下,产业组织安全还意味着产业组织能够有效抵御外部经济因素冲击,具备维持国内产业稳定发展的能力。产业组织风险则指产业内市场结构失衡、产业组织在国际环境中抵御风险的能力过低等风险。

2. 产业组织安全与产业政策

产业组织安全与产业政策具有内在的联系。一方面,产业政策通过补贴、限制等方式调整产业发展方向,适度干预市场,将产业组织维持在安全状态,防止产业内的过度竞争损害产业利益,从而出现市场失灵等情况。科学合理的产业政策能够促进产业组织在规模效应与有效竞争之间实现最安全的双重效率状态,但产业政策过度干预市场也可能导致市场自我调节能力失效,出现大量僵尸企业、产业低效发展等现象。同时,针对外资的产业组织安全相关政策能够有效保护国内产业的健康发展,抵御外部经济因素带来的不稳定性风险。美国综合贸易与竞争法的"超级301条款"授权美国政府单方面对有损本国产业安全的行为加以限制,且美国政府可以采取广泛的报复措施(杨乐和李维,1992)。另一方面,产业组织安全状态为产业政策的制定与调整提供了依据。当产业内出现企业数量过多、市场集中度过低的情况时,过度竞争使市场竞争变为无效竞争,全行业进入低效率、低利润模式,政府需要制定产业政策进行市场干预,促进市场集中度上升;当产业内出现企业垄断、行业壁垒过高的情况时,政府需要制定反垄断产业政策,促进有效竞争。

我国未能实现产业组织形态的最优化,其中一部分原因是产业政策对市场的过度干预。我国产业政策覆盖面广,干预市场竞争的产业政策众多,市场的优胜劣汰机制无法有效发挥作用。龚关(2013)采用半参数估计方法,结合垄断竞争模型得出结论:若我国资本和劳动均为有效的配置,1998年我国的制造业全要素生产率将提高57.1%,2007年将提高30.1%。黄少卿和陈彦(2017)发现2000—2015年上市公司中僵尸企业数量占比为12.1%~26.0%。导致僵尸企业出现的部分原因是产业政策补贴的"滋润效应"。我国部分产业具有严格的行政性垄断政策,严重影响产业效率的提升与发展(刘明康和陈永伟,2016)。同时,垄断企业获得额外利润是建立在将损失强加给消费者与其他企业的基础之上的,这不利于社会公平,容易引发社会矛盾,存在潜在的社会风险。

3. 产业组织安全审计

产业组织安全审计是对产业组织市场结构的合理性、资源配置的有效性、国际环境下的可竞争性进行的考察,即国家审计按照一定的审计机制对国家或地区产业组织安全进行监督与评估、对产业组织风险进行及时防范与处理的过程。国家审计通过产业组织安全审计,掌握国家产业组织发展动态,对产业内特别是影响国民经济的重点产业内是否存在过度竞争、无效竞争,是否存在垄断现象进行审查,如存在过度竞争、无效竞争或垄断的情况,则要进行干预,通过对产业内垄断企业的专项审计、对市场效率低下地区的政府领导的经济责任审计、对过度竞争产业的政策审计等方式,促进市场效率的提升,加强产业组织风险管理,从而促进国家产业持续良好发展。

  由于产业组织安全与产业政策之间的逻辑关联,对产业组织安全的审计包括对促进、影响产业组织安全的产业政策的审计和对干预市场、防止市场过度竞争的产业政策的审计。国家审计在审查产业政策是否得到贯彻落实的同时,要审查产业政策是否存在过度干预市场的可能性;定期对市场垄断协议、市场支配地位滥用以及行政性垄断相关的法律法规与执行机制、产业政策进行集中审查与调整,防止垄断对国家产业以及国民经济产生危害;对鼓励进入市场的补贴与鼓励退出市场的补贴是否落实到位,是否真实有效进行审计。无效的鼓励进入与退出补贴政策是对公共资源的浪费,补贴政策无效说明产业政策还需进一步调整。

  我国一些产业存在过度竞争的情况,如旅游业、广告业等,主要由市场集中度低、企业异质性低、产品差异化程度低、市场机制不够完善等问题引致。也有一些存在垄断情况产业,如通信业、烟草业等,主要是行政性垄断政策导致的。国家审计通过发挥监督审查的功能,促进相关规章制度的调整,打击不良垄断行为、消除市场无效竞争,促进产业内市场高效运转,减少体制性进入与退出壁垒,加速市场的优胜劣汰机制,尽量将政府与市场之间的关系维持在能使产业组织效率达到最高的状态。

  2021年,国家针对互联网平台经济掀起一场反垄断风暴。2020年12月,国家市场监督管理总局依据反垄断法,对阿里巴巴集团控股有限公司在中国境内网络零售平台服务市场滥用市场支配地位的行为立案调查。2021年4月10日,国家市场监督管理总局作出行政处罚决定,责令阿里巴巴集团停止滥用市场支配地位行为,并对其处以182.28亿元罚款。这一数额刷新了中国反垄断行政处罚纪录。同时,按照行政处罚法坚持处罚与教育相结合的原则,向阿里巴巴集团发出《行政指导书》,要求其围绕严格落实平台企业主体责任、加强内控合规管理、维护公平竞争、保护平台内商家和消费者合法权益等方面进行全面整改,并连续3年向国家市场监督管理总局提交自查合规报告。4月13日,国家市场监督管理总局会同中央网信办、国家税务总局召集34家中国互联网公司召开行政指导会,充分发挥阿里巴巴案的警示作用,要求各平台限期一个月全面自检自查、逐项彻底整改。4月

26日,国家市场监督管理总局再次对互联网巨头出手,依法对美团实施"二选一"等涉嫌垄断的行为立案调查。国家通过直接立案调查对产业市场进行强制干预的方式与实践为产业组织安全审计的构建提供了经验与依据。

6.3.2 产业组织安全审计关注的风险

1. 市场集中度

市场集中度又称行业集中度,一般指一个产业内前几家大的企业所占的市场份额,能够反映产业内的市场结构,体现产业内市场的竞争程度与垄断程度。国家审计关注产业组织风险,首先要关注市场集中度,通过市场集中度把握产业内是否存在垄断或过度竞争导致低效率状态的风险。同时,市场集中度也能够反映少数企业对市场的控制力,市场集中度越高,少数企业对市场的控制力就越强。以跨国企业为例,对于经济结构完整、部门齐全的国家,跨国企业进入市场会降低相关行业的市场集中度,尤其是对一些技术水平相当、产品类型相似的轻纺工业、加工工业等产业,因此,对国家来说,一定的市场集中度能够抵御国家产业被跨国企业占领市场的风险。

2. 行业规模的经济性

当一个产业的几家企业逐渐进行规模扩张,在产业中占据主导地位,形成较为稳定的格局,意味着产业壁垒的形成。行业规模的扩大能够带来一定的经济效益,因为规模效应能够促进效率提升,但要警惕规模过大导致市场壁垒过高的风险,这种壁垒会阻止产业内其他企业的发展和进步,甚至导致其他企业因市场被挤占而最终被淘汰,这样的话,产业会失去活力,从而使大企业能够随意抬高价格,进而使产业低效发展。

3. 政府的行政性壁垒

国家一般会对外国资本的进入设置政策性的壁垒,如审批政策、产业禁入政策、金融外汇管制政策及技术政策等,设置适度的行政性壁垒对国内产业的发展是有利的。在国内产业刚起步、不具备一定的国际竞争力时,国家对其应当采取保护政策,设置行政性壁垒能够保护国内产业继续发展下去,在国内产业逐渐发展成熟、形成品牌之后,再将行政性壁垒降低到合适的程度,在不同国家的不同时期,这种政策壁垒的高度是不同的。在这一点上,国家审计要关注行政机关是否存在滥用权力设置行政性壁垒,限制企业竞争,扰乱产业内正常市场秩序的行为。相关行政机关设置行政性壁垒需要依据国家的法律和政策,若出现法律政策并不允许的政府滥用行政权力干预市场竞争导致的行政性壁垒或垄断,如地区行政性市场垄断、行政强制交易、行政部门干涉企业经营行为等,应追究相关负责人的责任。

4. 跨国公司的策略性行为

国家审计应关注策略性行为特别是跨国公司策略性行为对产业发展的危害。策略性行为主要有:横向限制行为、纵向限制行为、优势企业滥用市场势力行为等。横向限制行为和纵向限制行为是产业内企业之间的一种联合限制竞争行为,即企业之间通过协商合谋就市场价格或市场划分达成默契,产生规模经济效益。在横向限制情况下,从表面上看,市场结构分散且未形成结构性垄断,但横向限制对市场竞争产生的危害比垄断更严重。纵向限制行为又称垂直限制竞争行为,是指两个或两个以上在同一产业中处于不同环节或层次而有交易关系的企业,如制造商与销售商、批发商与零售商,通过合同或其他形式实施的限制竞争行为。优势企业滥用市场势力行为主要是掠夺性定价行为,企业会通过掠夺性定价行为排挤竞争者,扰乱产业内市场正常的定价机制。

6.3.3 产业组织安全审计的重点研究问题

国家对产业组织安全的维护是动态变化的,与国家所处的阶段与产业当前的发展状况有密切关系。当国家产业发展足够成熟强大时,可以进一步开放,促进市场竞争机制发挥作用;当国家产业发展处于幼稚阶段时,国家应给予产业相应的政策对其予以保护与扶持。因此,产业组织安全审计是一个连续不断的过程,国家审计应根据情况的变化作出相应的改变与反馈。构建产业组织安全审计机制可从以下几个重点研究问题出发。

1. 国家审计维护产业组织安全的作用机理

立足产业组织安全理论,界定产业组织安全审计的内涵;寻找国家审计维护产业组织安全的理论基础、法理依据等;探讨国家审计维护产业组织安全的功能边界;讨论国家审计维护产业组织安全的作用路径。

2. 国家审计维护产业组织安全的实践考察

系统总结世界各国审计机关在维护产业组织安全中的作用,为我国实施产业组织安全审计提供经验借鉴。

3. 国家审计维护产业组织安全的实现方式

国家审计应基于其功能,从制度环境、功能完善等方面维护产业组织安全。关于构建完善的产业组织安全审计机制,本卷认为,国家审计应通过产业组织安全评价体系对国家重要产业的组织安全状态、市场结构进行监测,发现其中存在的风险;从法律法规与相关政策出发,纠察扰乱市场秩序的垄断、联合限制、滥用市场权力等行为;对产业组织安全相关政策进行跟踪审计,及时反馈政策执行效果,纠正过度调整现象;重点关注外商投资与对外直接投资企业限制政策的合理性和效果性。国家审计应在促进产业内企业自由竞争与产业实现规模效应两个方面发挥作用。

7 国家审计与重大风险防控

7.1 国家审计与突发公共事件应对

7.1.1 国家审计在突发公共事件中发挥作用的路径

1. 基于审计结果公告分析的国家审计作用路径

1) 国家审计在自然灾害应对中的作用

从"2005 年第 1 号(总第 09 号):云南省大姚地震救灾资金审计结果"至"'8·8'九寨沟地震灾后恢复重建 2020 年度第二阶段跟踪审计结果"公告,全国审计机关共发布 95 份与自然灾害相关的审计结果公告,其大多分布在 2008—2012 年,随后逐年降低。结合自然灾害事件可知,相关审计结果公告的时间分布与灾难发生时间和灾后重建时间大致相符合(图 7-1)。

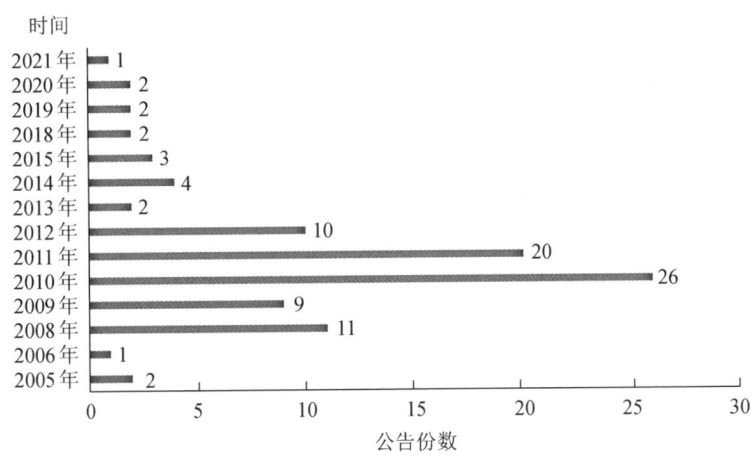

图 7-1 不同年份的审计结果公告数

从响应时间来看(表 7-1),在灾情发生后资金物资审计会迅速介入。2008 年 5 月四川发生 8.0 级汶川地震,2008 年 6 月 12 日(用时 30 天)审计署发布第一份救灾资金物资审计公告。资金物资审计大致持续6个月后,国家审计便将工作转向恢复重建审计,而恢复重建审计时间跨度较长,历时6年,其间各级审计机关不断披露阶段审计结果,最后由陕西省于2014年5月公布了关于"5·12"地震灾后恢复重建项目2013年竣工决算审计结果。其他几次地震的审计时间和相关公告情况详见表7-1。

表7-1　　　　　　　　自然灾害发生时间与审计响应时间

地震	震级	发生时间	资金物资审计阶段		恢复重建审计阶段		公告总数
			时间	公告数	时间	公告数	
汶川地震	8.0级	2008.05.12	2008.06.12—2008.12.31	11	2008.12.31—2014.05.22	55	66
玉树地震	7.1级	2010.04.14	2010.05.31—2010.11.19	5	2010.11.19—2014.02.20	3	8
芦山地震	7.0级	2013.04.20	2013.06.08—2014.07	1	2013.06.08—2018.09.18	2	3
九寨沟地震	7.0级	2017.08.08	—	0	2018.09.30—2021.01.25	6	6

截至2021年1月,全国共有31份资金物资审计结果公告(占比33%),62份恢复重建审计结果公告(占比65%),2份竣工决算审计结果公告(占比2%)。由图7-2可知,审计结果公告主要集中于恢复重建审计方面,这也是因为恢复重建的周期较长。

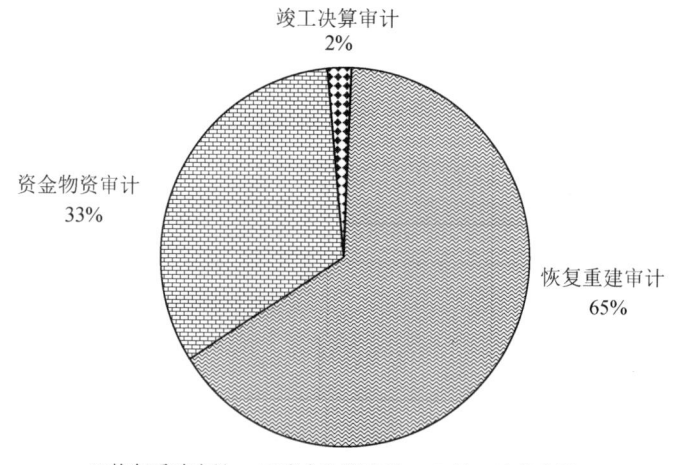

图7-2　自然灾害审计结果公告种类分布情况

本卷利用 python 与 jieba 分词技术,对审计结果公告内容进行词频分析。在分析前,为了简化,我们删去了"的、和、了、年、月"等字词。表 7-2 列示了频数排在前 20 的词语,可以看出,4 次地震的审计工作主要侧重于对资金及灾后恢复重建情况的审查与追踪。词频分析结果表明,审计结果公告中出现"政策"的频数分别为 22、4、4、16,"责任"的频数分别为 24、3、6、11,结合对应的报告总数来看,"政策"与"责任"在报告中的占比有明显上升,说明在自然灾害审计中,强调政策和经济责任审计的趋势非常明显。

表 7-2 自然灾害词频统计表

汶川地震		玉树地震		芦山地震		九寨沟地震	
审计	1 574	审计	132	审计	71	项目	231
项目	1 475	重建	121	项目	66	重建	178
重建	925	资金	106	重建	56	灾后	139
援建	888	项目	89	资金	52	九寨沟	102
资金	874	玉树	85	捐赠	26	恢复	100
恢复	709	灾后	82	情况	26	审计	91
灾后	638	问题	72	恢复	25	资金	91
建设	627	青海省	71	建设	22	问题	62
对口	503	恢复	64	结果	21	投资	45
投资	494	建设	57	灾后	21	情况	43
问题	445	情况	56	问题	21	风险	38
情况	434	单位	54	四川	19	地震	36
管理	409	捐赠	52	管理	18	工作	34
跟踪	404	物资	42	贷款	15	管理	34
工作	355	地震	41	财务报表	15	到位	33
工程	323	管理	40	进行	14	建设	31
地震	318	部门	38	截至	14	完工	31
支援	316	抗震救灾	37	雅安市	14	发现	29
完成	310	要求	33	山地	14	工程	29
使用	269	工作	32	震灾	14	跟踪	28

从审计结果公告来看，救灾资金物资审计中发现的各级单位存在的问题主要有以下几类：①挪用、挤占救灾资金，救灾资金拨付、使用不及时。四川省财政厅未将财政部安排的地震引发次生地质灾害调查评价经费2 000万元及时拨付到位，造成省地矿局等项目实施单位不得不自行垫支经费开展工作①。②救灾物资积压、实需不符。甘肃省接受的"锁阳固精丸"等非抗震抢险救治急需的保健品，至今闲置未用；四川省北川县商务局、彭州市商务局和陕西省宝鸡市民政局接受的17 350顶不同类型帐篷，因空间小不适用而积压②。③以权谋私、弄虚作假。河南省安阳县工商业联合会主要负责人擅自将27.11万元捐赠资金用于购买救灾物资。

从审计结果公告来看，恢复重建审计中发现的各级单位存在的问题主要有以下几类：①工程建设管理问题，主要指前期工作不到位、存在违规转分包、未批先建等问题。四川省广元市元坝区堤防工程浆砌石砂浆强度较低、石质较差，工程所使用的部分水泥无检验单③。②建设资金管理使用不够严格、财务核算不规范等。甘肃省文县未按规定报省政府批准，自行将应补助企业的8 083万元中央重建基金改为工业发展基金和农业特色产业发展基金，以无息借款的方式借给企业使用④。③恢复重建进展缓慢。青海省原定2011年1月底前完成重建项目前期手续审批工作，但截至2011年9月底，玉树州、县两级负责建设的1 272个项目中，已审批及初步设计的可行性研究报告仅有796个，占62.57%⑤；已审批施工图中完成设计的仅有501个，占39.38%。④存在违法违纪现象。3个省22个重灾县中，四川省广汉市财政局等4个单位违规将8 292.42万元城乡居民住房补助资金安排用于廉租住房建设项目、主街道楼群楼面装饰装修等规划外项目建设⑥等。

针对审计发现的问题，国家审计提出了相应的审计建议⑦：①公开信息，保证透明度。建立救灾款物全国信息公开网，对有关部门管理的救灾款物的筹集、拨付、分配、使用去向和结存状况、捐赠人⑧或单位的捐赠信息、救灾物资需求等信息

---

① "审计署关于汶川地震抗震救灾资金物资审计情况公告（第4号）"，2008年12月31日。
② "汶川地震灾后恢复重建跟踪审计结果（第2号）"，2010年1月27日。
③ "汶川地震灾后恢复重建跟踪审计结果（第1号）"，2009年9月14日。
④ "汶川地震灾后恢复重建跟踪审计结果（第4号）"，2011年6月17日。
⑤ 2012年第4号审计结果公告"玉树地震灾后恢复重建2011年跟踪审计结果"。
⑥ "汶川地震灾后恢复重建跟踪审计结果（第2号）"，2010年1月27日。
⑦ 此部分内容的基础为审计结果公告中的审计建议和审计整改结果公告。
⑧ 捐赠人不愿公开的除外。

进行公布。在主流媒体上公布经民政部门批准的具有接受社会捐赠合法资质的团体、组织名单。同时尽快厘清已捐赠到账的定向和非定向捐赠资金的金额、定向捐赠资金的用途及其拨付地区的分布状况。②建立机制,保证健全性。完善救灾款物分配使用的统筹协调机制,强化灾后恢复重建项目投资控制和资金管理,强化项目建设监管机制,保障灾后恢复重建资金安全、有效使用。③完善政策,保证有效性。进一步细化受灾群众救助和安置政策,及时掌握灾区对救灾款物的实际需求。切实完善项目与资金管理制度,严格把控资金使用,防止出现资金滞留、损失浪费以及拨付过度集中现象。④注重监管,及时纠错。对重建规划实施情况开展专项调研。启动规划的中期评估、修订工作,调整和完善重建规划,进一步增强规划的科学性、可行性,并明确规划的强制性。⑤强调尽责,保证真实性。督促责任主体切实依法依规履职尽责,狠抓项目精细化管理,严肃查处各类违纪违法和严重履职不到位问题,主动接受社会监督,确保灾后恢复重建全过程公开、公正、透明。

2) 国家审计在公共卫生事件应对中的作用

(1) 2003年非典疫情。我国仅有2份关于非典疫情的审计结果公告。一份是审计署在2003年12月份公布的2003年第1号审计结果公告——"审计署关于防治非典型肺炎专项资金和社会捐赠款物审计结果的公告";一份是北京市在2003年9月公布的"北京市审计局公布全市防治非典社会捐赠款物管理使用情况"。

(2) 2019年新冠疫情。截至2021年6月,未有单独针对新冠疫情的审计结果公告,但在2020年度中央预算执行和其他财政收支的审计工作报告以及各省、自治区和直辖市关于2019年度省级预算执行和其他财政收支审计情况公告中有关于新冠疫情的专项审计信息。其中18个省、自治区和直辖市已披露部分新冠疫情审计信息。从时间线(截至2021年6月)出发可知(图7-3),在疫情发展的不同阶段,各级审计机关积极响应,努力实现国家审计对新冠疫情各环节的全覆盖。

本节对审计工作报告进行文本分析,提取频数前40的词语,列示如表7-3。可以看出,对疫情的审计主要侧重于捐赠的资金与物资,注重拨付与分配的及时性、规范性,注重各级工作单位、社会组织以及企业之间的协调性。

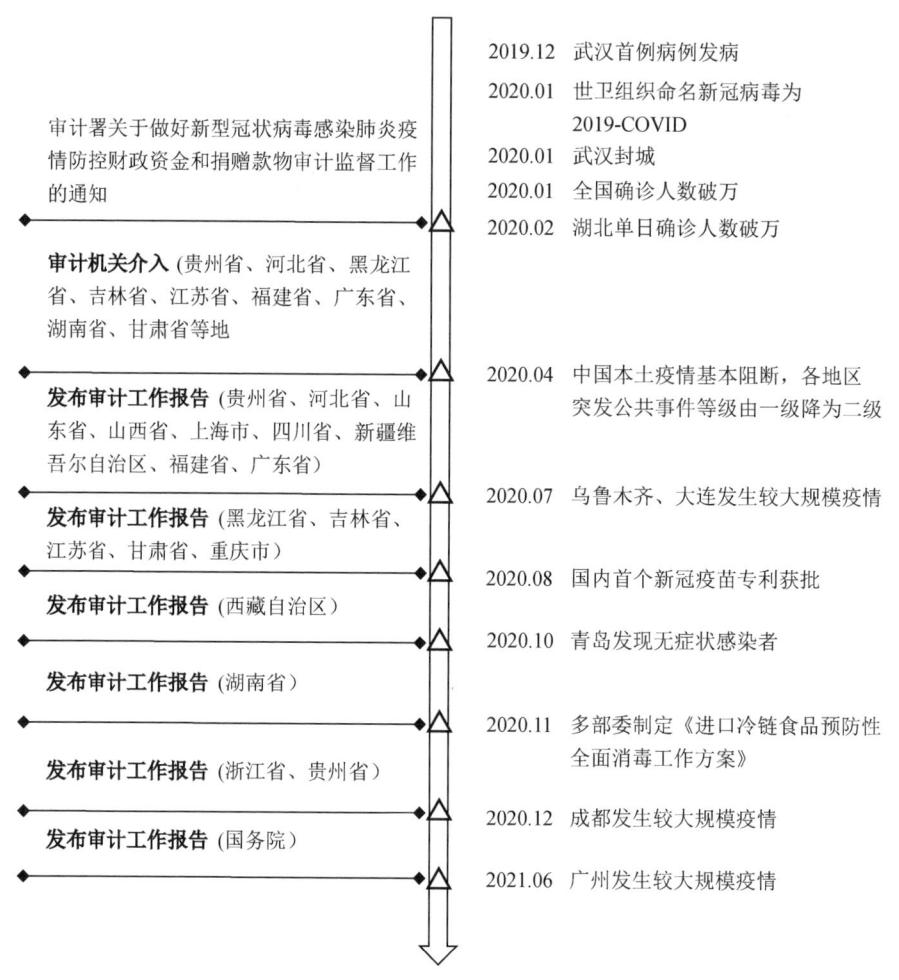

图 7-3 新冠疫情时间线与审计介入时间点对比

表 7-3　　　　　　　　公共卫生事件词频统计表

词频		词频	
1~20		20~40	
词语	频数	词语	频数
疫情	103	专项资金	19
防控	91	单位	19
审计	91	各级	19
捐赠	88	社会	19

(续表)

词频 1~20		词频 20~40	
词语	频数	词语	频数
资金	84	企业	18
物资	57	拨付	17
使用	51	财政	17
及时	49	部署	16
款物	42	部门	16
管理	37	相关	16
分配	34	保障	16
工作	31	整改	16
专项	28	贷款	15
问题	27	促进	14
全省	26	发放	14
情况	24	方面	14
组织	23	慈善	13
规范	22	公开	12
肺炎	21	督促	12
新冠	19	存在	12

从非典疫情审计结果公告和新冠疫情审计工作报告、审计情况公告可知,疫情防控中各级单位主要存在下列问题:①专项资金管理和物资采购不规范、捐赠物资分配和使用不及时。例如,某市红十字会未按规定开设银行专户专账管理捐赠资金。②违规操作,套取采购款及工作经费。例如,某市疫情物资保障组违规向市场出售3万只社会捐赠口罩,1家企业以虚假财务报表申请获得贷款100万元,5家企业闲置或挪用专项贷款[1]。③防疫物资存在发放领用手续不全、出入库管理不规范、账实不一致情况。④捐赠信息不公开或公开不及时、不准确。⑤捐赠款物管理机制不健全、政策执行不到位,如一些地方采购部分医疗物资未及时签订合同。

---

[1] 《西藏自治区人民政府关于2019年度本级预算执行和其他财政收支的审计工作报告》。

针对审计过程中发现的各种问题,国家审计主要从以下四个方面去应对公共卫生事件:①公开信息,保证透明度。完善信息公开内容,及时公开捐赠信息。②建立机制,保证健全性。及时制定、完善相关物资管理制度和资金使用办法,建立健全物资采购、捐赠款物分配等制度。③完善政策,保证有效性。重点保障企业贴息贷款政策,推动政府出台复工复产支持政策。④注重监管,保证纠错性。督促相关部门优化疫情防控重点保障企业名单管理制度,完善捐赠手续和价格评估体系。

2. 基于审计业务类型分析的国家审计作用路径

1) 实施政策执行效果审计,评估突发公共事件危机治理机制的有效性

依据前文所统计的审计结果公告和审计工作报告、审计情况公告,本节梳理了突发公共事件中政策执行效果审计的实践情况,如表7-4所示。在地震专项审计中,对于政策执行相关机制的审计与政策执行过程的审计在政策执行效果审计内容中占比 56.92%,这体现出我国审计机关在进行地震专项审计时更加侧重关注政策的实际落实情况,包括相关规章制度的建立与机制的完善,以及政策实际执行过程与设计目标是否有偏差等。对于政策执行相关公共资金与公共资源的审计,既审查资金和物资的配置情况,提出存在资金闲置未分配、分配不规范等问题,也考察资金和物资的管理情况,促进各地严格规范管理救灾资金,在政策执行效果审计内容中占比 29.23%。对于政策执行效果的审计,在政策执行效果审计内容中占比 10.77%,主要关注是否存在浪费资金、物资,过度投资,降低政策效益的情况,旨在促进政策经济性、效益性的提升,但并未对政策进行全面规范的绩效审计。对政策制定后的评估则更为缺乏,占比只有 3.08%。

在新冠疫情期间,政策执行效果审计的重点在于对公共资金、物资的分配与管理进行审计,保证在疫情攻坚战中各地对相关资金、物资及时规范科学地进行拨付、分配与管理,在疫情政策执行效果审计内容中共占比 67.92%。关于政策执行机制与执行过程的审计在疫情政策执行效果审计内容中占比 30.19%,主要关注如何建立健全疫情政策、落实相关制度,并审查相关部门按照规定落实执行疫情相关政策的情况,发现问题后予以纠正。关于政策执行结果审计,只有四川省揭示了部分单位存在的资金、物资使用绩效不高的问题,尚未见到有关政策制定后评估相关的审计内容。

表 7-4　　突发公共事件中政策执行效果审计情况

审计类型	内容	政策执行效果审计					
		政策机制与执行过程审计		政策执行相关公共资金和公共资源审计		政策执行结果审计	政策制定后评估
		机制(制度)审计	执行过程审计	公共资金与公共资源配置审计	公共资金与公共资源管理审计		
地震专项审计	主要内容	促进相关规章制度的建立、完善与细化	针对各项救灾政策贯彻执行中存在的问题提出建议	揭示一些地方和部门在救灾捐赠款物分配方面存在的不规范的问题	揭示一些地方和部门对财政安排的救灾款物管理不够规范的问题	提出提高救灾款物的使用效益、防止损失浪费的审计建议;提出控制好投资规模,充分发挥各项重建资金的使用效益的建议	揭示政策问题,促进各单位完善相关政策规定
	内容条数	20	17	7	12	7	2
	占比	30.77%	26.15%	10.77%	18.46%	10.77%	3.08%
新冠疫情专项审计	主要内容	建立健全疫情防控相关规章制度	揭示未按规定执行、落实相关政策的问题	促进加快分配资金、物资,揭示分配不及时、不规范的问题	揭示疫情防控资金和捐赠款物管理不够规范的问题	揭示部分单位在疫情防控前期存在的资金物资使用绩效不高的问题	—
	内容条数	10	6	22	14	1	0
	占比	18.87%	11.32%	41.51%	26.42%	1.89%	0

本卷通过对突发公共事件中政策执行效果审计的梳理,发现在突发公共事件应对过程中国家审计主要侧重于促进政策的具体落实而未能发挥好政策执行审计对政策的改善功能。本卷认为主要有两方面原因:一方面,突发公共事件的特殊性质决定了紧急救助审计是国家审计第一优先级的工作,国家审计更加关注政府是否在第一时间促进政策的具体落实;另一方面,虽然国家审计促进国家政策落实的做法已经得到普遍认可,但在推行政策执行效果审计的过程中,还存在着目标不够明确、监督不够及时有效,对政策执行效果的评价仍缺乏较为统一的标准等问题。

国家审计采用"全过程跟踪审计"模式,对突发公共事件的政策执行全过程进行审计。国家审计可基于自然灾害事件所处的不同阶段,分别建立救灾与恢复重建阶段审计目标。依据各项政策文件,对政策执行机制与执行过程、与政策执行紧密相关的公共资金和公共资源、政策执行结果与政策制定后评估进行审计,以确保制度的可操作性、合理性与科学性。最后,国家审计可通过年度省级预算执行和其他财政收支审计情况公告以及季度国家重大政策措施落实情况跟踪审计结果公布审计结果。

2) 实施救助资金跟踪审计,保障财产物资和资金的合规性和有效性

救助资金跟踪审计是我国国家审计在突发公共事件的应对过程中最主要的审计业务类型。依据前文所统计的审计结果公告和审计工作报告、审计情况公告,本节梳理了突发公共事件中救助资金跟踪审计情况,如表 7-5 所示。在地震专项审计中,资金筹集审计揭示了资金筹集未完成、重复采购救灾物资、采购物资没有严格按政府采购程序办理等问题,促进相关单位进一步严格资金筹措与物资采购程序要求。资金拨付审计发现的大多数问题为资金拨付不及时,导致后续灾区难以及时用到物资、资金结存过多等情况;少部分问题为资金拨付不规范。审计加快了资金的及时拨付,规范了资金拨付要求。物资分配审计揭示物资分配不及时、积压、分配过程中物资丢失短少等问题;同时,还存在因一些单位捐赠物资处理流程不规范而影响物资的准确统计和科学合理分配的现象。因此,审计通过完善相关制度,促进物资的加快分配。对资金与物资的使用、管理和存放审计揭示一些单位使用、管理、存放救灾款物不规范的问题,如少部分地区存在使用上级单位拨付的捐赠资金向本系统职工发放补助的现象,管理物资过程中存在物资未纳入统计、部分接受捐赠物资未入账核算的情况,存放资金、物资时出现未按规定实行专户存放资金、物资存放时间过长的情况等,审计督促相关部门进行整改,进一步促进资金与物资的科学规范使用、管理与存放。对救助资金的效益审计关注到一些捐赠物资与灾区实际需求脱节、捐赠物资存在质量问题、资金使用效益不高的问题。

国家审计采用"全过程跟踪审计"模式,审计工作贯穿于救助资金的筹集、拨付、存放和物资的分配、使用和管理等环节。基于突发公共事件所处的不同阶段,分别建立救灾、恢复重建以及恢复重建完成后常规审计的审计目标。审计监督覆盖所有重点地区、重点单位和资金、物资运行的各个主要环节,国家审计依据国家政策文件,对救助资金的基本情况、救助资金管理制度、救助资金的接收和使用是否合规以及救灾物资的采购是否合规进行审计,以保证救助资金使用的合规性和

表 7-5　　　　　　　　突发公共事件中救助资金跟踪审计情况

审计类型	内容	救助资金跟踪审计						救助资金效益审计
		应急救助物资落实情况审计						
		资金筹集审计	资金拨付审计	物资分配审计	使用审计	管理审计	存放审计	
地震专项审计	主要内容	揭示资金筹集未完成、物资采购不规范等问题	指出资金拨付不及时、大量结存、拨付不规范的情况	揭示物资分配不及时、积压、分配过程中物资丢失短少等问题	揭示安排使用救灾款物不规范的问题	揭示救灾款物管理不够规范、不够严格的问题	揭示资金、物资违规存放的问题	揭示物资不适用、质量低等问题,提高救灾款物的使用效益
	内容条数	7	9	6	15	29	4	8
	占比	8.97%	11.54%	7.69%	19.23%	37.18%	5.13%	10.26%
新冠疫情专项审计	主要内容	揭示物资采购不规范、采购款被骗取的问题	揭示资金拨付不及时的问题、加快资金拨付	揭示物资发放不及时、物资积压的问题、促进加快发放捐赠物资	揭示资金、物资使用不规范的问题	揭示疫情防控资金和捐赠款物的管理不规范的问题	防疫物资发放、领用手续不全	资金、物资使用绩效不高
	内容条数	6	13	13	7	14	1	1
	占比	10.91%	23.64%	23.64%	12.73%	25.45%	1.82%	1.82%

效益性。最后,通过不定期披露审计发现的违法违规问题以及定期公布阶段审计公告来反映审计过程中发现的问题。

3) 实施经济责任审计,强化权力制约和政府问责

经济责任审计是实现公共经济权力监控最直接和最重要的方式和手段,以领导干部任职期间公共资金和公共资源的管理、分配和使用为基础,领导干部权力运行和责任落实情况为重点,考虑领导干部监督需要、履职特点和审计资源等因素,依法确定审计内容。其内容主要包括被审计领导干部所在单位财政和财务收支的真实、合法和效益情况,固定资产的管理和使用情况,重要投资项目的建设和管理情况,内部控制制度的建立和执行情况以及被审计领导干部对下属单位财政财务收支以及有关经济活动的管理和监督情况等。

经济责任审计将突发公共事件的应对过程中相关领导干部的责任履行情况作为审计的内容:一方面以危机应对效果为导向,考察其在公共事件发生后贯彻执行政策、决策部署,促进灾后民生保障和改善的情况,应对效果不好时,及时查找问题并纠偏,提高危机治理效益;另一方面以相关法律法规为参考,考察其在危机应对过程中是否存在违规违纪、以权谋私的行为,对于发现的违纪行为应严肃惩处,迅速处理,尽量挽回损失。

依据前文统计的审计结果公告和审计工作报告、审计情况公告,本节梳理了突发公共事件审计中经济责任审计实践情况,如表7-6所示。地震专项审计中对于危机治理效益的审计判断均为正面,表明相关领导干部促进了灾区公共基础设施、就医环境条件、教育水平、投资环境的有效改善,快速提升了灾区自我发展能力,加快了经济发展速度等。在违规违纪行为审计中审查以权谋私、优亲厚友等情况,发现挤占挪用救灾资金、工程中偷工减料、违规转包工程、监管不到位等违规违纪的行为,对相关责任人员进行了严肃惩处,追究相关责任。可以看出,在地震经济责任审计中国家审计对两方面的关注程度比较均衡,但危机治理效益审计内容均为正面,未能发挥审计的纠偏作用。而在新冠疫情专项审计中,只在一处体现出经济责任审计的内容,即西藏出现市疫情物资保障组违规向市场出售3万只社会捐赠口罩的行为,在疫情的应对过程中,国家审计有义务深化、强化经济责任审计,发挥相关功能。

表7-6 突发公共事件中经济责任审计

审计	内容	经济责任审计	
		危机治理效益审计	违规违纪行为审计
地震专项审计	主要内容	灾区基础设施,生产、生活、学习、医疗条件,投资环境等得到改善	对以权谋私、优亲厚友、其他违法违纪违规的情况严肃纠察处置
	相关内容条数	19	16
	相关内容占比	54.29%	45.71%
新冠疫情专项审计	主要内容	—	市疫情物资保障组违规向市场出售3万只社会捐赠口罩
	相关内容条数		1
	相关内容占比		100%

经济责任审计需要根据被审计对象在突发公共事件应对过程中的具体履职情

况作出审计判断,一般在突发公共事件发生之后展开,并贯穿危机应对中的紧急响应阶段与恢复阶段。依据国家政策,国家审计审查被审计对象在公共事件发生后的响应阶段与恢复阶段中是否贯彻执行政策,考虑其行为决策是否正确合法合理、是否具有经济效益与社会效益,审查被审计对象在危机应对过程中是否存在以权谋私、优亲厚友、其他违规违纪行为等情况,以考察相关部门与人员在危机应对过程中的责任履行情况。最后,国家审计通过出具经济责任审计报告反映问题。

3. 国家审计在突发公共事件中发挥作用的特点

1) 突发公共事件中国家审计开展的流程

图 7-4 展示了突发公共事件中国家审计开展的流程。

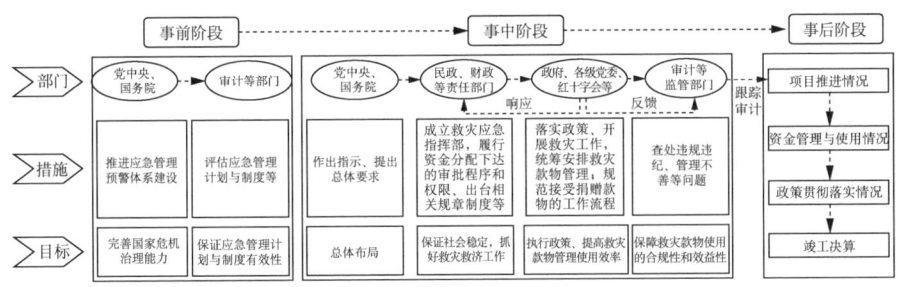

图 7-4 突发公共事件中国家审计开展的流程

在事前阶段,国家审计通过推进应急管理预警体系建设,评估应急管理计划与制度,保证计划和制度的有效性。

在事中阶段,党中央和国务院及时作出指示、提出总体要求。民政、财政部等责任部门通过成立救灾应急指挥部以及出台相关规章制度和管理办法等促进社会稳定,同时抓好救灾救济工作。随后各级党委、政府等在开展救灾工作的同时积极落实各项政策,并进一步统筹安排救灾款物管理,科学制定资金分配方案,以此落实政策并提高救灾款物管理使用效益。红十字会等主要机构需进一步规范接受捐赠款物的工作流程,做好严格管理救灾款物,建立健全内控制约机制,确保救灾款物筹集及时、管理安全和使用有效。审计等监管部门需要与民政、财政部等责任部门协同起来对红十字会等机构进行监督,保障救灾救助资金使用的合规性和效益性,防止资金滥用。

在事后阶段,国家审计将全面转入灾后恢复重建跟踪审计,此阶段审计工作以资金为主线,从项目入手,及时跟进,及时查处,及时整改。通过跟踪审计,及时揭示灾后恢复重建项目前期审批、资金使用和工程管理等方面的问题,以点带面,积极反映重建规划实施等方面情况,及时防止和纠正一些项目建设中的违纪违规问题。

在审计过程中,各项目组提前介入,全过程跟踪,立足服务,着眼预防,帮助规范,坚持边审计、边整改、边提高,督促各相关单位及有关部门及时整改。

2) 国家审计在突发公共事件中发挥作用的特点

(1) 审计监控目标的层次性。在突发公共事件中,国家审计的监控目标具有层次性。在突发公共事件的事前、事中和事后阶段,国家审计的审计目标均有所不同。国家审计的本质目标在于保障和促进公共受托经济责任的全面有效履行,它通过实现审计的现实目标来达到。审计的现实目标可进一步分解为总体目标和各项具体目标。在突发公共事件中,国家审计的总体目标在于保障和促进受托人履行与突发公共事件相关的行为责任与报告责任,实现应对突发公共事件的高效率和高效果。具体目标是总体目标的具体化。在事前阶段,审计目标在于评估各项应急管理计划、制度的有效性,评估其潜在风险;在事中阶段,审计目标在于保障救灾救助资金使用的合规性和效益性,防止资金滥用;在事后阶段,审计目标在于保障恢复重建资金使用的合规性和效益性,促进应急管理制度的完善和责任政府建设。

(2) 审计功能的全方位。"利马宣言"在第一章第一节审计目的中开宗明义地指出:"审计本身不是目的,而是控制系统不可分割的组成部分。这种控制系统的目的是要及早地揭露背离公认标准、违反原则和法令制度及违背资源管理的效率、效果和经济原则的现象,以便在各种情况下尽可能及早采取改正措施,使当事人承担责任、赔偿经济损失或采取措施防止重犯,至少也要使今后更难发生。"因此,从本质上而言,国家审计的功能是一种控制。在突发公共事件中,国家审计既对挪用、挤占救灾资金问题进行处理,也对相关责任人以权谋私、弄虚作假行为进行问责追责,还对完善应急管理机制提出审计建议。因此,在"审计控制观"下,国家审计功能还呈现出监测功能、纠偏功能、修复功能。

(3) 审计监控策略的全程性。突发公共事件的应对涉及的周期较长,国家审计一般采取全过程的跟踪审计。这种全过程跟踪审计,不仅体现在突发公共事件的应急阶段,还体现在公共事件突发后的恢复重建阶段;不仅体现在于项目的部分重点时段介入,还体现在对项目从立项到竣工的全过程进行监控。在突发公共事件中,国家审计从注重结果向注重过程转变,充分凸显了审计监控策略的全程性。国家审计通过事前分析评估、事中监督控制、事后检查评价,积极探索"以风险为导向、以控制为主线、以治理为核心、以发展为目标"的审计新模式,有效应对突发公共事件。

（4）审计监控方式的动态性。突发公共事件具有突发性,人们无法预先掌握事件发生的时间、地点和呈现形式,也无法准确评估其可能产生的后果。这势必要求审计监控方式具有动态性。一方面,审计时点往往不固定,且因为突发公共事件的危害性,审计时间相对较短；另一方面,在审计方式的选择上,以制度合理性审计、政策执行效果审计、跟踪审计为主。在突发公共事件中,国家审计不仅要揭示审计过程中发现的各种违法违规问题、体制障碍、制度缺陷等,还要在完成审计后,通过提出审计建议等促进政府提高应对突发公共事件的危机管理能力。

7.1.2 国家审计在突发公共事件中发挥作用的实现方式

1. 丰富突发公共事件审计理论研究体系,构建审计行动框架

1）明确审计依据,提高审计效果

审计依据是审计人员衡量、评价审计事项是与非的标准。由于突发公共事件的突发性、不可预测性、灾难性等特征,选择恰当的审计依据往往具有一定的难度。突发公共事件的审计属于全过程跟踪审计,涉及资金物资、项目重建、政策落实与责任履行,根据突发公共事件所处阶段和事件类型,应从资金、政策与合规（郑石桥,2020）三个方面明确审计依据。第一,在资金审计方面,应将散落在不同角落的规范文件整合起来,建立关于突发公共事件资金审计的综合性规范文件；第二,在政策审计方面,判断政策是否体现或者符合应对突发公共事件相关法律法规的明确要求以及理论是否与实际相联系；第三,在合规审计方面,凡是不符合相关法律法规的行为均可判定为违规行为,所以相关的法律法规是审计的依据。

2）界定审计主体,确保责任落实

界定审计主体即明确由谁审计的问题。关于突发公共事件的审计主体,现有研究主要分为单一主体观和多主体观两种（王巍和郑石桥,2020）。单一主体观认为,审计机关是突发公共事件的唯一审计主体；多主体观认为,审计机关、社会审计和内部审计都应该参与突发公共事件审计。在突发公共事件中,会涉及多条委托代理线,因此,审计主体可细分为：①立法机关设立的审计组织；②上级政府的审计机关；③社会审计组织；④本级政府审计机关；⑤相关单位的内部审计机构。

3）制定审计准则,提供执业准绳

蒙哥马利的《审计学》将审计准则定义为实施审计工作的准绳。基于突发公共事件的不可预测性和破坏性,本卷认为国家应从区分应急与非应急状态角度出发

制定审计准则体系。在应急状态下,国家审计不再分类实施审计,最好将资金、政策与合规综合起来:实施资金审计,关注财务行为是否合规、财务信息是否真实等;实施政策审计,把握财务制度是否健全有效;实施合规审计,关注业务行为是否合规、业务信息是否真实等。对于非应急状态,国家应当结合《国家审计准则》,分别从总则、通用准则以及审计依据出发制定非应急状态下的审计准则。

2. 强化国家审计功能,完善突发公共事件危机治理机制

1) 构建审计风险监测与预警报告体系,强化突发公共事件预警机制

(1) 突发公共事件预警机制。突发公共事件预警机制主要包括信息管理子系统、风险评价子系统、预测预警子系统、预警决策子系统以及预警对策子系统(张维平,2006),如图7-5所示。

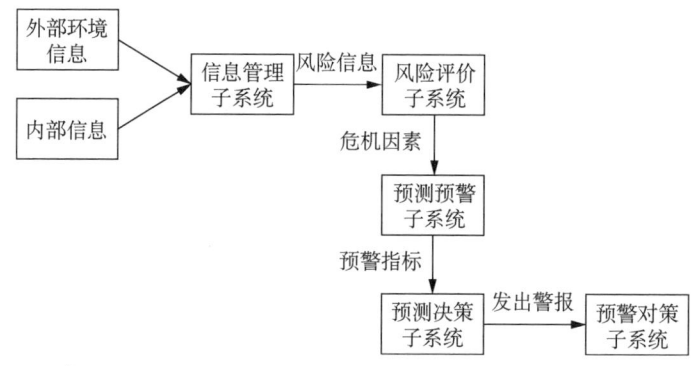

图7-5　突发公共事件的预警机制

(2) 构建审计风险监测与预警报告体系。国家审计建立审计风险监测与预警报告系统,对突发公共事件范畴内的重大风险进行监测与预警,有助于对突发公共事件进行事前预防与有效应对。审计风险监测与预警报告体系应由审计信息收集系统、审计信息评估系统、审计信息处理系统与审计信息报告系统构成。

2) 创新以系统性风险监控为核心的审计方式方法,强化突发公共事件的风险防控机制

(1) 突发公共事件的风险防控机制。风险防控机制包括风险研判机制、决策风险评估机制、风险防控协同机制以及风险防控责任机制。风险研判是风险防控过程的逻辑起点,是进行风险防范和控制的重要基石。风险研判机制主要包括五个环节:风险信息收集、风险来源识别、风险性质评判、风险原因分析、风险趋势预测。决策风险评估机制在风险防控机制中处于枢纽地位。决策风险评估包含两层含义:一是对暴露的风险进行评估;二是评估决策方案对风险链的影响。风险防控

协同机制是一种不同主体之间相互协调、共同完成任务的机制。风险防控责任机制贯穿于风险防控机制的全过程,是一套完整的体系,是基于风险防控责任而形成的制度规范和激励约束的总和,在一定程度上决定了风险防控机制抵御风险能力的大小。

(2) 创新以系统性风险监控为核心的审计方式方法。突发公共事件的基本特征与系统性风险具有高度一致性。因此,对突发公共事件的风险防控,应以系统性风险的监控作为核心。系统性风险监控强调全过程的风险监控,为了监控系统性风险,国家审计应实施关口前移性审计与跟踪审计。关口前移性审计强调在突发公共事件发生之前,审计提前介入风险领域,强化事前的监控;跟踪审计强调将事前、事中和事后的监控进行全面有效的结合,将审计监督贯穿于突发公共事件应对的全过程。突发公共事件跟踪审计既可以以救助资金为主线,进行救助资金跟踪审计,也可以以经济责任为主线,对相关责任主体的经济责任履行情况进行跟踪审计。

3) 完善问题救助计划审计,强化突发公共事件紧急救助机制

(1) 突发公共事件紧急救助机制。突发公共事件紧急救助机制既要及时采取有效措施减少突发公共事件的不利影响,也要在事前做好危机预防工作,是一种覆盖从事前防范到事后恢复重建全过程的管理。制定紧急救助预案是进行突发公共事件紧急救助的前提,有助于相关部门及时开展救助行动;紧急救助的核心内容是迅速采取应急响应措施,第一时间采取救援行动,防止突发公共事件影响的扩大;突发公共事件发生后的恢复重建,是确保受灾地区尽快恢复常态、受灾民众恢复正常生活的必要步骤。

(2) 完善问题救助计划审计。国家审计通过完善突发公共事件应对过程中相关法律政策执行效果审计、救助物资储备与资金调配审计、灾后恢复情况的跟踪审计,以及对信息公开制度及其落实情况的审计,完善问题救助计划审计,在法律法规、物资部署、灾后恢复、信息公开四个方面加强突发公共事件的紧急救助机制,增强公共危机治理水平。

4) 深化公共权力运行审计,强化突发公共事件问责机制

(1) 突发公共事件问责机制。行政问责是规范政府部门及其工作人员行为的重要途径。在应对突发公共事件的过程中,政府部门及其工作人员是否能够认真履行其职责,是应急管理成功与否的重要决定因素。完善的问责机制能够对政府部门及其工作人员形成有效的监督,促使其认真履行职责,维护公民的公共利益,

降低突发公共事件的不利影响。

（2）深化公共权力运行审计。在应对突发公共事件的过程中，由于公共权力存在特殊性，国家审计应当充分识别权力运行的风险领域，抓住财政财务收支这一重点审计主题，对突发公共事件应对过程中的"收"和"支"进行检查，充分发挥对经济权力的制约和监督作用；对突发公共事件应对过程中的经济活动开展绩效审计，全面衡量政府相关部门在应对突发公共事件的过程中所发生的经济行为的经济性、效率性和效果性；积极安排部署经济责任审计，对权力主体的经济责任履行情况进行评价，监督和促进相关责任人在应对突发公共事件的过程中积极作为、合法合规地行使公共权力。

3. 优化制度环境，保障国家审计在突发公共事件中的作用

1）促进突发公共事件应对的制度创新

制度是政府、社会组织和公民个体行为的依据，它规范社会主体的活动边界、形式和程序。法律制度是政府治理的基础，在公共危机状态下，在整个国家生活与社会秩序受到巨大冲击，需要运用国家紧急权力来控制和消除危机时，它调整非常状态下的不同国家权力之间、国家权力与公民权利之间、公民权利之间的关系，保障全社会能够恢复正常的社会生活秩序和法律秩序，维护和平衡社会公共利益与公民合法权益。

（1）指导性应急法律的系统性。在应急管理法律制度体系中，国家层面的应急法律是根本，其余应急法规、预案和制度等都源自于此。应急法律的系统性体现覆盖全面、程序健全、权责明确。

（2）执行层面应急法规的协调性。应急法规与应急法律之间的协调性构成了政府应急法律制度协调能力的重要组成部分，包括应急法规与应急法律的协调性、应急法规间的协调性、应急法规的发展性。

（3）应用层面应急预案体系的操作性。应急预案是针对可能发生的突发事件，为保证迅速、有序、有效地开展应急与救援行动，降低突发公共事件损失而预先制订的有关计划或方案。应急预案体系的操作性体现在：客观评估，情形细化；责任明确，主体落实；步骤规范，衔接有序；详略得当，浅显易懂等。

2）提高政府协调能力

政府协调能力分为政府制度协调能力、政府人员协调能力、政府信息协调能力、政府物资协调能力和政府资金协调能力五个部分（金太军和徐婷婷，2013）。

（1）完善相关法律法规。完善相关法律法规包含两个层次。第一个层次是完

善突发公共事件相关法律法规。《中华人民共和国突发事件应对法》是我国应对突发公共事件的重要法律依据，具有概括性和纲要性的特点。第二个层次是完善突发公共事件审计的相关法律法规。完善的法律法规和健全的审计制度是保障国家审计在突发公共事件中发挥作用的基础。

（2）加强应急管理机构间的协调。国家应强化应急管理机构的枢纽作用，完善相关机构间的协调机制。应急管理部应当在突发公共事件应对中充分发挥其协调作用，在突发公共事件的预防与应急准备、监测与预警、应急处置与救援、事后恢复与重建等各个阶段进行全过程的综合管理，以实现对突发公共事件的有效应对。此外，审计部门加强同其他相关部门的协同，如加强与民政、财政、税务等相关部门的沟通与协作，掌握更多突发公共事件的精准救助信息，有利于审计评价和审计监督。

（3）完善信息共建共享机制。突发公共事件的应对往往涉及不同部门，完备的信息共享机制是不同部门之间协调合作的关键。建立突发公共事件应对信息共建共享机制的首要任务是制定突发公共事件信息标准，建立各部门统一的、标准化的数据库系统，促进各部门对相关信息的充分利用。国家审计通过信息共享平台获取更多的相关信息，有助于审计决策。

3）实现网络时代的信息协调

突发公共事件的应对需要信息激活、催化。突发公共事件借助各种技术手段转化为应急信息。基于此，政府可以从以下两个方面来协调应急信息。

（1）健全信息披露机制。政府应逐步完善公共危机信息披露机制，健全公共危机信息发布和预警机制。各级政府及审计机关应当重视通过网络媒体对突发公共事件信息进行全面、准确和及时发布，关注社会公众对相关信息的反馈，及时回应公众的疑虑，避免公众误解，从而有效地遏制网络谣言的形成与传播。

（2）完善网络舆情监测预警系统。政府可以建立有效的网络舆情监测预警系统，提高突发公共事件的治理效果。政府应重视网络平台所包含的各种信息，对突发公共事件相关的网络舆论和网络信息进行实时关注和监测，了解民声民意，为国家审计确定审计重点提供依据和线索。

7.2 国家审计与资本市场安全

7.2.1 国家审计与资本市场安全概述

1. 资本市场的发展与特点

1）资本市场发展历程

资本市场是反映国家经济状况的晴雨表，经过 30 多年的探索与发展，我国已经初步建立起了由场内市场和场外市场组成的多层次股权融资市场,其中场内市场包含主板、科创板和创业板,场外市场包括全国中小企业股份转让系统、区域性股权交易市场、券商柜台交易市场。

1990年12月19日,上海证券交易所正式成立,标志着我国资本市场的创立。1991年7月3日,深圳证券交易所正式开业。沪深两个证券交易所构成了我国资本市场最重要的主板市场。2004年6月,深圳证券交易所设立中小板,为中小企业提供融资平台。中小板在资本市场扮演了17年的重要角色后,于2021年4月与深交所主板合并,退出历史舞台。2009年10月,深圳证券交易所设立创业板,为暂时无法在主板市场上市的处于成长期的创业企业提供融资途径。2006年,中关村科技园区非上市股份公司进入证券公司代办股份转让系统进行股份报价转让,代办股份转让系统称为新三板。2013年12月,新三板作为全国中小企业股份转让系统向全国接收企业挂牌申请。2008年9月,我国第一家区域性股权交易所天津股权交易所成立,各省份地方股权托管交易中心随后相继设立,为所在行政区域内的中小微型企业提供融资服务,由省级人民政府监管。2019年6月13日,上海证券交易所科创板正式开板并试点注册制,为信息技术、互联网等方面的科技创新型企业提供融资机会,实现资本市场和科技创新更加深度的融合。

2) 资本市场发展现状

中小板与主板合并之后,我国资本市场形成包括主板、科创板、创业板、新三板与区域性股权交易市场的多层次资本市场结构,如图7-6所示。我国资本市场依然以主板为最重要部分,场内市场中科创板与创业板齐头并进,场外市场中新三板与四板互相呼应。截至2021年6月30日,各板块上市(挂牌)企业数量

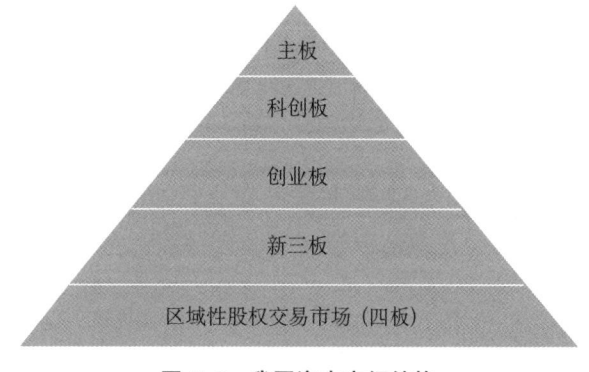

图 7-6 我国资本市场结构

如图7-7所示,其中科创板由于设立时间不久,企业数量还较少;而新三板挂牌企业数量远超主板,足以看出新三板已在我国资本市场占据重要地位。

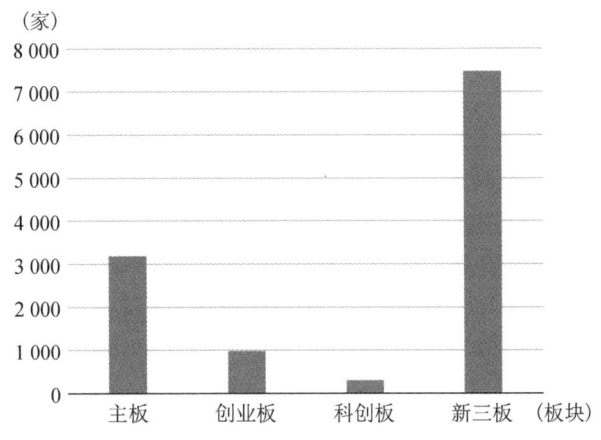

图 7-7 各板块上市(挂牌)企业数量

2. 资本市场安全的内涵与外延

1) 资本市场安全的内涵

要明晰地界定资本市场安全,就必须厘清风险、危机和安全三者之间的关系。图7-8是风险、危机和安全三者的关系图。从图7-8可以看出,风险转化为危机需要经过一个风险衍变过程,而安全是一种状态。风险在累积进而发生质变的过程中,有一个安全临界状态,从风险到这个风险临界状态之间的区间都是安全状态,而安全临界状态到危机之间的区间是不安全状态。有风险是任何市场的常态,即任何市场状态下都存在着风险,只要风险可控,就不会引致不安全

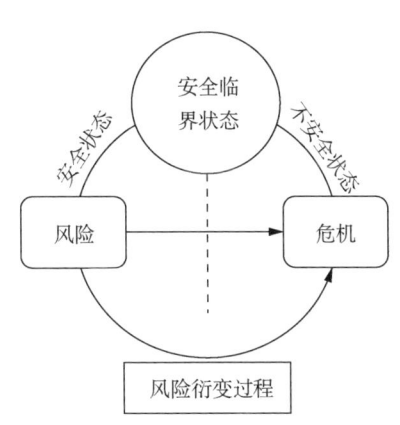

图 7-8 风险、危机和安全三者关系图

问题。当风险累积超过安全临界状态就会引起市场运行的不安全,风险累积衍变进而发生质变的终端是危机,危机也是不安全状态的一种极端表现形式。

危机是风险累积突破量的界限而发生质变的结果,风险的存在是资本市场常态,而资本市场风险经过累积衍变突破安全的临界状态时,资本市场就处于不安全状态,当然不安全因素极端衍变的结果就是资本市场危机。维护安全的实质就是

使影响系统安全运行的风险累积衍变结果不突破安全临界状态线。2008年全球金融危机之后,各界在界定系统性风险的内涵时更加强调其对实体经济带来的影响。市场危机的爆发表现为全部或大部分的金融指标的恶化,如资本价格急剧和超周期的恶化。系统性风险的发生与危机的爆发具有逻辑上的承接性和后果上的一致性,所以系统性风险能够直接导致资本市场机制运行的失效和资本市场安全问题。因而,要维护资本市场安全就要防范资本市场系统性风险。

蔡利(2013)在对金融安全、金融危机和金融风险等几个概念进行辨析的基础上认为,金融安全是经济安全概念的延伸,是经济安全的核心内容。金融安全是在经济全球化进程中,面对内外各种因素的侵袭和威胁,一国经济仍能够把金融风险控制在不引发金融危机的状态之下,保持金融系统之金融功能正常发挥和金融秩序得以维持的态势和能力(汤凌霄,2009),而资本市场安全是金融安全的一个"子集",是不同形式下金融安全的一种反映。金融安全强调的是一种状态,在这种状态之下,金融风险处于金融危机的临界点之下,金融体系能够抵御外部风险冲击而稳定、正常运行与发展(刘锡良等,2004;戴小平,2000;张幼文,1999;梁勇,1999;Crockett,1996;Padoa-Schioppa,2003;王擎,2011;蔡利,2013)。资本市场安全是个复杂的概念,与经济、金融安全存在着交叉与重叠,借鉴经济、金融安全的相关概念,本卷认为资本市场安全本质上仍然是一种风险观下的状态概念,是指资本市场具备消化、吸收风险的能力,从而不发生系统性风险、正常有效运行的状态。

2) 资本市场安全的外延

要明确资本市场安全的外延就必须理顺资本市场的结构。从市场结构来看,资本市场包含企业、投资者和监管方三个主体。从资本市场风险生成的角度来看,资本市场风险包含企业层面和市场层面两个方面。图7-9是资本市场的结构简图,从图中可以知道,资本市场风险的源头在于市场主体企业一方,企业的运营状况可能导致出现微观个体风险,即图中的企业层面出现风险。微观个体风险经过衍变而成为市场风险,即市场层面的微观个体风险和市场系统性风险,整个资本市场积聚的风险也是在市场层面暴露的,而市场是投资者利益得以实现的地方,所以市场层面的风险影响的主体为投资者。央行、证监会、市场中介组织都是代表监管一方出现在资本市场中的,监管方的作用就是确保市场运行的秩序和规则得以遵守。会计师事务所等市场中介组织对市场参与主体发布的信息进行专业的审查,通过信息过滤来保证资本市场信息的质量;同时,又为投资者获取、利用信息提供专业服务,发挥着信息传输的功能(汤凌霄,2009)。监管方为了确保资本市场稳健和安全运行不仅能够对企业进行监督和管理,也通过较为宏观的市场层面措施来维护投资者的利益。从图7-9来看,企业层面一端既代表了资本市场的重要参与主体,又代表资本市场风险的发端和产生源头;市场层面代

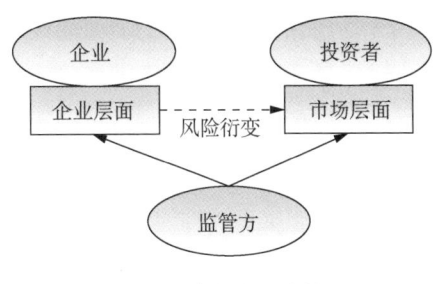

图 7-9 资本市场结构

表了市场另一参与主体投资者的风险状况和资本市场风险的端点,即风险暴露的场所。所以图 7-9 综合了资本市场的构成主体和资本市场风险生成衍变过程,较好地阐释了资本市场安全内涵之下的资本市场安全外延。

只要存在市场交易行为,就存在着市场风险。市场风险是金融风险的一种,指市场行为偏离预期结果的可能性,即市场行为造成损失或盈利的不确定性,其实质是不确定性与概率问题。现有研究表明单个风险能够经过累积衍变而成为具有系统性影响的风险因素,所以多数的研究又认为危机是系统性风险的发生(Lo,2008;IMF,BIS 和 FSB,2009;Goodhart 和 Segoviano,2009;张晓朴,2010)。金融风险积累和爆发会对金融安全产生危害,所以对金融风险的防范就是对金融安全的维护(汤凌霄,2009)。由于资本市场安全是金融安全的一个方面,维护资本市场安全与维护金融安全具有内在的逻辑一致性,维护资本市场安全的本质就是对市场微观主体稳健运营的维护、防范微观个体风险向市场风险衍变并最终转化为资本市场危机。

雷家骕(2006)认为要维护经济安全就需要搞清楚经济安全态势从"安全"状态到"不安全"状态的转化机制和影响因素,同样要维护资本市场安全也需要弄清楚威胁资本市场安全运行的风险转化机制,这是维护资本市场安全的基础。危机产生的深层次原因在于微观个体出了问题,不管是系统重要性的个体,还是非系统重要性的个体(Branston 等,2012)。从资本市场安全的内涵和对资本市场安全的维护角度来看,对微观个体层面的风险进行防范是维护安全的行为且具有重要的意义,它也有助于对市场层面的系统性风险进行防控;从系统性风险防控的空间维度来讲,对整个资本市场体系有着重要影响的主体的平稳安全运行对于维护资本市场安全运行也有着特殊的重要性。从资本市场本身运行所涉及的参与主体和所处制度环境来考虑,本卷认为资本市场安全的外延至少应包括微观个体层面的风险和市场层面的风险能够得到有效的防范和控制,以系统性风险的生成机理来说,微

观个体层面的风险和市场层面的风险的有效控制最后会促使资本市场在安全区间内运行。所以要维护资本市场安全就需要着力于资本市场风险积累和衍变的微观基础,特别是对具有系统重要性的市场主体的安全运行的维护,同时还要能够直接作用于市场系统性风险的防控。

3. 大数据背景下资本市场信息安全

随着我国信息化的不断发展,"大数据""云计算"等新概念、新技术的不断发展,国家对信息安全的重视程度日益增加。2012 年 7 月,国务院发布了《关于大力推进信息化发展和切实保障信息安全的若干意见》,这是国家信息化建设和信息安全工作的纲领性文件,对我国信息化建设和信息安全工作具有重大的指导意义。金融是现代经济的核心,资本市场是现代金融的核心,资本市场的信息安全不仅涉及成千上万投资者的切身利益,而且还关系经济社会的稳定,是国家发展战略的重要基石。

在大数据时代,资本市场的发展享受着信息化的红利,但同时一些信息安全的风险因素也威胁着资本市场的安全。一是新技术发展带来了新的安全漏洞,据国家信息安全漏洞库统计,2018 年全年共发现 24 160 个信息安全漏洞可被黑客攻击利用[1],黑客可以利用这些漏洞破坏和控制重要的信息系统。二是针对金融系统的网络攻击的威胁不断增加,如 2018 年墨西哥有 3 家金融机构的信息系统遭到黑客攻击[2]、2019 年开曼国家银行发生数据泄露[3]。三是互联网舆论信息的传播影响资本市场的安全性,信息传播的便捷性和快捷性加剧了资本市场的敏感性和波动性,特别是恶意散布虚假舆论信息会影响上市公司的市值,威胁资本市场安全。

党的十九届四中全会审议通过的《中共中央关于坚持和完善中国特色社会主义制度、推进国家治理体系和治理能力现代化若干重大问题的决定》,在"优化政府职责体系"部分明确提出要"建立健全运用互联网、大数据、人工智能等技术手段进行行政管理的制度规则",由此可见,围绕数据生产要素,构建科学的数据治理规则体系,是国家治理体系和治理能力现代化的重要组成部分。国家审计通过审计获取数据,并对数据进行分析,得出审计结论,这一过程需要耗费资源。国家审计依托大数据,可以对海量数据进行查询、挖掘、分析,找到问题,进而完成审计数据的

---

[1] http://www.cnnvd.org.cn/web/wz/tzdym.tag?sign=sjlf.
[2] https://tech.qq.com/a/20180501/013688.htm.
[3] https://www.sohu.com/a/355864804_257305.

收集、处理、整合、分析等各项审计任务,发现数据的发展趋势、存在的异常情况和错误情况,利用信息促进国家治理体系和治理能力的现代化。基于大数据时代对数据治理的需求,部分行业的监管机构已明确要求被监管单位开展数据治理审计。例如,银保监会在2018年5月发布《银行业金融机构数据治理指引》(下称《指引》),《指引》是为引导银行业金融机构加强数据治理,提高数据质量,充分发挥数据价值,提升经营管理水平,全面向高质量发展转变而制定的法规,《指引》规定银行业金融机构应执行数据治理审计工作并向银保监会及时报送审计报告。

4. 国家审计维护资本安全的作用路径

资本市场安全是金融安全的核心,维护资本市场安全与维护金融安全具有内在的逻辑一致性,所以维护资本市场安全的本质就是对市场微观主体稳健运营的维护、防范微观个体风险向市场风险衍变并最终转化为资本市场危机。

从系统性风险发生的形式来看,资本市场的系统重要性机构为风险发生的源头,其风险通过在企业以及行业机构之间扩散,演变为市场系统性风险,因此,维护资本市场安全包含两个方面的内容:一是维护资本市场重要性主体的安全稳定运行;二是防止风险的累积、扩散、传导与爆发。

对于第一点,国家审计在监督与维持国有企业稳健运营上具有天然的责任,通过对资本市场重要主体的监管,揭露国企在财务核算管理、薪酬福利、投资项目管理与决策和内部管理等方面存在的问题,防止企业由于自身原因产生危机,从资本市场危机发生的源头上做好管理。

对于第二点,国家审计将审计结果通过审计公告的形式向社会公众披露,同时还对证监会、证券交易所以及会计师事务所等中介机构进行监督管理,可以保障资本市场信息透明,防止企业的错误信息或信息瞒报行为导致风险积累并最终爆发引起剧烈市场反应且市场无法消化的情况。因此,国家审计在维护资本市场安全上能够发挥作用。

国家审计通过促进资本市场信息环境质量的改善,促进资本市场法律制度完善,促进上市企业按照法律法规平稳运营、提高信息披露水平的方式,在资本市场安全维护上起着重要的作用(乔瑞红和陈楠,2014)。我国证监会作为国务院直属事业单位,统一监督管理全国证券期货市场,维护市场秩序,保障市场的正常运行。此外,会计师事务所的审计具有一定的发现风险、纠察违法违规问题的功能。相比之下,国家审计站位更高,监管范围更广,与被监管的资本市场关联程度更低,可以保持更高的独立性,从微观上监督资本市场各主体的行为与状况,从宏观上分析资本市场发展趋势,协同证监会以及社会审计机构组成对资本市场的监管体系,维护资本市场安全,但国家审计在其中的主导地位是无可替代的。

从2010年起,审计署每年对重要国有企业资产负债损益状况进行审计并公布审计结果,主要从财务管理和会计核算、经营管理、落实中央八项规定精神及廉洁从业规定、对以前年度审计查出问题的整改情况、贯彻落实国家重大政策措施、企业重大决策和内部管理等方面进行审计。

在对会计师事务所的监管上,国家审计也履行了一定的职责。首先,国家审计依法对社会审计负有一定的监管义务。根据审计法第三十三条规定,社会审计机构审计的单位依法属于被审计单位的,审计机关按照国务院的规定,有权对该社会审计机构出具的相关审计报告进行核查。其次,根据以往文献,国家审计在对社会审计的实际监管中也能发挥具体效用。李青原和马彬彬(2017)的研究表明,国家审计具备权威性和专业性,其介入社会审计能够提高社会审计投入,有利于构建一个自律与管制相结合的审计系统,促进我国国有资产的良好运行。朱晓文和王兵(2016)从会计师事务所注册会计师执业行为影响的角度审视国家审计的作用,提供了国家审计对注册会计师审计质量与审计收费影响的经验证据,证实了国家审计对社会审计质量存在积极影响作用。杨开元等(2022)通过构建双重差分模型进行实证检验,研究结果表明,自2015年起省级以下地方审计机关的人财物管理改革显著降低了省级以下地方国有企业的审计风险,说明国家审计制度的完善对社会审计质量的提高有显著作用。

证监会对我国资本市场拥有比较全面系统的监管机制,中注协每年也会开展全国会计师事务所执业质量检查工作,因此,相对而言,我国国家审计对资本市场的监管涉及不深、实践不多,主要还是集中在对国有企业的财务合法合规性等问题的监督上。在未来,国家审计应进一步将自身的风险防控职能嵌入资本市场体系中,从宏观环境、市场、行业、个体层面全面监督市场风险,关注资本市场各个层面,促进资本市场安全有序运行。

7.2.2 国家审计与资本市场监管

资本市场充斥的虚假信息、内幕交易、垄断和股价操纵等现象会使资本市场运行机制失灵,从而威胁资本市场的正常运转,因此,有效的监管是维护资本市场有效性和安全运行的重要手段。国家审计作为具有较高地位的监督者,能够保持自身的独立性与权威性,实现对资本市场的有效监管。国家审计通过对公共资源使用状况(如财政收支、公共资金使用的合规和合法性)和绩效的监督和控制,可以实现监控资本市场运行风险、维护资本市场安全稳定的目标。

1. 对资本市场监管者进行监督,提高监管效率

证券法(2019)第八条明确规定:"国家审计机关依法对证券交易场所、证券公司、证券登记结算机构、证券监督管理机构进行审计监督。"证监会是对资本市场实施监管的执行机构,按照法律、法规和国务院授权,对资本市场进行监督和管理,维护资本市场秩序,保障其合法运行。证监会是国务院直属正部级单位,审计署对其年度预算执行情况进行审计,对证监会的预算资金使用情况进行监督,可以抑制监管机构内部的违法违规行为。此外,在中央部门年度预算执行审计中,审计机关通过审查证监会执行重大政策、履行监管以及风险防控职责方面进行审计监督,提出整改意见并对整改情况进行跟踪审查,促使证监会充分发挥其职责,提高监管效率。

2. 发挥审计监督作用,形成监管合力

国家审计作为国家监督体系的重要组成部分,在资本市场监管中发挥着重要的作用。国家审计依法对公共资金的使用情况、领导干部的经济责任履行情况、重大政策措施落实情况等进行审计,在审计的过程中可以获取关于审计对象各方面的重要信息。国家审计的各项审计可以发现重大违纪违法问题的线索,并移交相关的监管机构。就审计署公布的审计公告来说,国家审计对资本市场监管主要审计两方面的问题:一是揭露资本市场中信息披露、证券交易等违法违规行为,如虚增利润、内幕交易等[1];二是查处资本市场参与者、监管机构等领导干部的违纪违规行为,如利用职务之便获取信息、违规进行证券交易[2]。审计署提供关于违纪违法问题的线索,可以促使相关机构对违纪违法问题进行深入的调查,并及时对调查发现的问题进行处理,保障资本市场的信息与环境安全。

7.2.3 国家审计与资本市场系统重要性机构

"系统重要性金融机构是指规模较大、结构和业务复杂度较高、与其他金融机构关联性较强,在金融体系中提供难以替代的关键服务,一旦发生重大风险事件而无法持续经营,将对金融体系和实体经济产生重大不利影响、可能引发系统性风险的金融机构。"[3]类似地,资本市场系统重要性机构也可以根据机构规模、关联度、

---

[1] 审计署2019年第5号公告"审计署移送违纪违法问题线索查处情况"。
[2] 审计署2017年第30号公告"审计署移送违纪违法问题线索的查处情况"。
[3] 《关于完善系统重要性金融机构监管的指导意见》(银发〔2018〕301号)。

可替代性、复杂性等来具体确定。在我国资本市场上,系统重要性机构以国企、央企为主。

1. 国有企业(金融机构)和国有控股企业(金融机构)

习近平总书记强调,国有企业是国民经济发展的中坚力量,是中国特色社会主义的支柱①。审计法第22条规定,审计机关对国有企业、国有金融机构和国有资本占控股地位或主导地位的企业、金融机构的资产、负债、损益以及其他财务收支情况,进行审计监督。审计法实施条例第十九条规定,审计机关对国有资本占企业、金融机构(股本)总额的比例超过50%的或未超过50%但国有资本投资主体拥有实际控制权的企业进行审计监督。据深交所统计,截至2020年12月31日,深市共有国有控股上市公司523家,占深市上市公司总数的22%,约占A股国有控股公司的44%;总市值9.4万亿元,占深市总市值的27%②;A股国有控股公司共1191家,占上市公司总数的28.5%,涵盖电子信息、交通运输、国防科工、机械制造等行业领域。

在国有企业中,央企在关系国家安全和国民经济命脉的主要行业和关键领域占据支配地位,是国民经济的重要支柱③。国务院国资委主任相关人员在2018年两会期间表示,央企控股境内上市公司290户,市值达到了11.1万亿元,占境内A股市场总市值的20.66%④。根据Wind数据库,截至2020年12月31日,第一大股东为央企的境内上市公司共有398家,占国有上市公司总数的33.4%,占上市公司总数的9.5%。央企在资本市场上影响深远,关系着国民经济的命脉,属于资本市场的系统重要性机构,当其发生风险时,容易在资本市场上引起连锁反应,造成资本市场安全危机。因此,国家审计作为国家治理的重要组成部分,为了维护金融安全与资本市场安全,对国有企业特别是央企行使审慎监督权力是必要的,这也是审计法和审计法实施条例等法律法规赋予国家审计的法定职责。

在国家审计对国企行使监督权方面,相关研究表明国家审计的监督有效维护了企业安全,在企业运营与风险规避方面发挥了实质性的作用。陈宋生等(2013)基于审计署对央企控股上市公司审计的案例发现,经过国家审计后,企业的

---

① http://news.cnr.cn/native/gd/20150717/t20150717_519243684.shtml。
② https://baijiahao.baidu.com/s?id=1690440020438594031&wfr=spider&for=pc。
③ 习近平总书记在中央全面深化改革领导小组第四次会议上的讲话。
④ 十三届全国人大一次会议新闻中心,http://news.youth.cn/gn/201803/t20180310_11491208.htm。

盈余管理程度比审计前更低;接受国家审计的企业比未接受审计的企业盈余管理程度更低。陈宋生等(2014)进一步基于审计署 2007 年至 2012 年公布的国有控股上市公司审计结果公告样本开展研究,发现审计结果公告公布后企业的盈余反应系数增大、会计稳健性增强、应计与真实盈余管理受到抑制。李小波和吴溪(2013)基于审计署 2010 年至 2012 年公告的 38 个央企的审计结果发现,市场对央企控股的上市公司股价的反应显著为负,国家审计公告中披露的违规行为越严重,市场反应越负面。蔡利和马可哪呐(2014)以 2008 年至 2012 年央企控股上市公司为研究对象,指出国家审计能促进央企控股上市公司经营业绩的提升,这种作用滞后表现在审计结果公告后的连续两个会计期间。褚剑与方军雄(2016)研究发现国家审计能够抑制央企控股上市公司高管的超额在职消费行为。池国华等(2019)基于 2010 年至 2015 年央企控股上市公司的研究表明,政府审计可以有效提高央企控股上市公司内部控制质量。郭檬楠和郭金花(2020)选取 2007 年至 2017 年中国沪深 A 股上市公司为研究样本,研究发现,国家审计监督有利于降低国企过度负债,并与社会审计在降低企业过度负债上发挥了协同效应。郭檬楠等(2021)以 2007 年至 2017 年 A 股国有上市公司为研究样本,研究了社会审计与国家审计影响国企资产保值增值的替代效应。

从已有文献的研究可以看出,国家审计在维护国有企业这一资本市场系统重要性主体上发挥了重要作用。一方面,国家审计通过自身的监督作用提高国有企业的经营效率和会计稳健性等、增强信息透明度、抑制企业盈余管理程度,从而控制企业风险以及企业风险传导到资本市场的概率;另一方面,国家审计与社会审计、内部审计在监督国有企业稳健运营上发挥了协同作用,共同维护资本市场安全,但协同机制还需要进一步讨论与完善。

2. 其他重要性机构

1) 非国有重要性企业

《上海资本市场系统性风险监控指标研究》(上海证券交易所—南京大学联合课题组,2015)提出两种识别资本市场系统重要性机构的方法——基于市场有效性理论的系统重要性机构识别与基于行业产出的系统重要性机构识别。两种方法分别可以通过判断一个企业是否具有价格(股价)领先效应和是否为行业龙头企业来识别出资本市场系统重要性机构。

基于市场有效性理论,具有价格领先作用的企业应当被视为系统重要性机构。因为当具有系统重要性的企业出现风险上升的情况,其股价会下跌,其风险由于自身的系统重要性会传导到其他企业,进一步导致其他企业风险上升、股价下跌,形成价格领先效应。由此,通过判断股价是否具有价格领先效应,可以识别出资本市场的系统重要性机构。行业龙头在一个行业中往往占据重要地位,当行业龙头企业出现危机时,往往预示着整个行业危机的到来。因此,行业龙头企业也可以作为资本市场系统重要性机构。

同时,像房地产这样的高风险行业整体均可以看作资本市场的重要性机构,我国房地产行业涉及经济、金融、财政、土地等多方面领域,房地产泡沫的本质是金融风险、财政问题及土地问题的叠加。2008年金融危机后,房地产行业风险不断累积,价格暴涨使其形成高价格、高库存、高杠杆、高度金融化和具备高度关联性等风险特征(郑联盛等,2018)。另外,房地产的产业关联度非常高,除了引发资本市场危机,还可能对整体金融安全以及宏观经济造成重大冲击。

对于具有价格领先效应或具有行业龙头地位的国有企业,国家审计依据法律制度对其行使监督权力,维护其平稳运营;对于具有系统重要性的非国有企业,国家审计也应该通过对社会审计、内部审计的监督发挥相关功能,防止企业风险的累积;对于高风险行业,国家审计可以设立专项监督机构,防止其动荡引起资本市场的不稳定。

2) 社会审计机构

社会审计机构每年对上市企业进行财务报表的审计,构成社会审计对资本市场上市企业的连续全面监督,因此,社会审计机构是资本市场的重要监督机构,大规模会计师事务所特别是十大会计师事务所是资本市场重要性机构。但社会审计机构自身与上市企业之间存在业务关系,很可能为保留客户与利润协助企业弄虚作假,出具无保留意见的审计报告,因此,需要独立性更强的国家审计对其进行进一步监管。

社会审计机构是审计业务约定书的乙方,社会审计机构应该对甲方发挥监督作用,但这种制度安排加上会计规则的弹性化,使社会审计机构难以真正发挥对上市企业的监督作用,我国应修订相关法律法规,增强国家审计对企业的监督能力,建立以国家审计为主导的审计监督制度体系(周华和刘俊海,2019)。宋衍蘅和肖星(2012)用上市公司实际控制人的控制权与现金流权之差衡量会计师事务所面临的监管风险,研究发现会计师事务所面临的监管环境改善后,规模大的会计师事务所才对所有客户提供高质量的审计服务;而监管环境未改善时,规模大的会计师事务所只对监管风险高的客户提供高质量的审计服务。国家审计通过监督证监会或自身发挥功能监督社会审计机构从而加强对上市企业的间接监督,是促使社会审计机构提供高质量审计、维持资本市场健康运行的有效机制。

3) 其他中介机构

随着资本市场的发展以及相关制度的完善,证券机构、基金公司、资产评估机构等各种中介机构在资本市场上越来越活跃,发挥的作用也越来越重要,引发系统性风险的概率也相对增加。

从关联度的角度来看,当证券机构或基金公司持有相同股票时,它们之间则具有关联,所持相同股票越多,它们之间的关联度越高,很容易导致单个风险在资本市场上的传导与演化。因此,国家对证券机构与基金公司应完善相关监督制度,特别是对规模大、与其他机构关联度高的机构。从财务舞弊的角度来看,这些中介机构存在与上市企业合谋弄虚作假,向投资者传递虚假信息的可能,如资产评估机构故意选择有利于企业的评估参数等从而对资产价值进行高估,中介机构为企业粉饰报表、散布虚假信息等,这些行为都隐藏着风险,国家审计要监督证监会在这方面严格纠察,防止信息不透明导致市场风险积累。

2019年开板的科创板实施注册制。2020年,创业板开始实施注册制,最新的证券法(2019)也取消了施行多年的发行审核委员会制度,以信息披露为核心的注册制改革是不可逆转的趋势。注册制实施之后,会计师事务所、律师事务所等机构作为资本市场的中介机构,责任和权力进一步加大,其作用显得更为重要。国家审计在新股发行注册制这样的背景之下,加强对中介机构的监管非常有必要。

7.2.4 国家审计维护资本市场安全的实施路径

在维护资本市场安全方面,国家审计应完善相关路径,最大化地发挥对资本市场重要性机构、资本市场监督机构的监督与再监督职能,促进资本市场信息披露机制完善,保障其透明有效,充分利用自身平台,收集资本市场宏观与微观信息,构建风险预警与防范机制,将资本市场的风险积累程度维持在安全状态之下,促进资本市场健康发展。

1. 协同社会审计,加大对资本市场重要性主体的监管力度

维护资本市场安全的重点在于维护资本市场重要性主体的安全,重要性主体是可能引起系统性风险的源头,其平稳运营能够规避资本市场危机。

国家审计重视对国有企业的监管,但随着国家审计范围的不断扩大,延伸出如领导干部自然资源资产离任审计、突发公共事件专题审计等更多的审计范畴,而国

家审计本身具有资源上的限制,导致国家审计不能每年对上市国企进行全面审计。与此同时,社会审计资源越来越庞大,并在各领域具有专业特长。将国家审计与社会审计的资源相整合,由国家审计依法监督和指导社会审计,国家审计侧重监督,社会审计侧重鉴证(郭檬楠等,2021),两者协同监督资本市场重要性主体的运行,能够做到对资源的充分利用,扩大国家审计每年的监管范围与监管力度,维护资本市场重要性主体整体的安全。

国家审计与社会审计的协同还体现在对微观主体的风险监测上,由于国家审计和社会审计的审计着力点、审计范围和审计方式存在一定程度的差异,因而两者可以发挥协同效应,更好地发挥在资本市场风险侦测、采集风险信息和确定资本市场风险衍变动态方面的作用,两者可以相互补充,对资本市场风险信息进行深入分析。在具体的审计实施过程中,审计机关执业人员和社会审计机构执业人员应加强交流和沟通;同时,为了便于国家审计和社会审计在收集风险信息方面的对接和对信息的利用,国家可以制定风险统计标准和风险采集的统一口径,消除市场风险识别和收集过程中的体制性障碍,为构建风险导向的资本市场预警防控机制提供充足的数据。

2. 完善对资本市场监管机构的再监督,优化资本市场监管效率

资本市场监管包括两个层次:一个层次是国家审计对整个资本市场参与者的监管;另一个层次是国家审计对监管机构的监管(张金梅和马广奇,2003),在重视前者的情况下,也不能忽视后者。

对资本市场的监管是多方面、多层次的,资本市场监管主体根据行业特征和监管特性细化本监管领域的具体执行措施,包括社会审计机构对企业的监督、证券交易所对证券交易一线的监督、证券业协会监督检查会员的行为、注册会计师协会对社会审计执业质量的监督、证监会对资本市场和证券交易所的监督。

国家审计实施再监督:一方面,国家审计能够督促监督机制发挥功能,发现监督机制中存在的问题,进一步完善资本市场监督机制,提高监督水平与监督效率;另一方面,审计机关可以结合各领域的实际情况,加强与监管机构的沟通,增强对监管执行方面的指导。从制度设计角度来说,为了协调资本市场各方监管主体在共同服务维护资本市场平稳安全运行中的作用,国家有必要建立维护市场安全的部际联席会议制度,并把这种制度嵌入维护金融安全的中国人民银行牵头的部际联席会议制度中,充分利用这种机制维护资本市场安全的作用。部际联席会议会对资本市场风险监测中心反馈的资本市场运行过程中的风险衍变和累积问题进行

商讨,并据此在制度设计层面调整经济、金融相关政策,督促资本市场相关监管机构配合落实政策,以化解资本市场运行中的能引致市场动荡和失效的安全隐患,从而维护资本市场安全。

社会审计虽然能够发挥一定程度的监督作用,但其与资本市场的利益关系是复杂的,难以保证自身的独立性,因此,对社会审计的再监督尤其重要,再监督能够提升社会审计质量,以实现国家审计保障资本市场健康发展的目的。

3. 增加信息透明度,维持资本市场有效运行

资本市场的主体是上市企业与投资者,想要资本市场有效运行、股票价格反映企业价值,就需要解决企业与投资者之间信息不对称的问题。投资者根据所获得的信息形成对企业的基本认知,并体现在股价上,当企业信息透明度不高时,股价难以真实反映企业运营情况,市场也无法对真实信息进行合理的消化。在这种情况下,企业存在的负面信息没有提前逐步释放给市场,真实信息一旦集中释放,便会导致股价的异常波动(Jin 和 Mayers,2006),如果情况严重,还可能导致股价崩盘风险,如果企业为资本市场重要性主体,还可能进一步引起资本市场系统性风险与危机。

国家审计监督证监会等监管主体完善相关机制,促进企业进行信息披露。国家审计监督审查各企业与机构,做好审计公告的发布等信息披露工作,促进资本市场透明有效运行。国家审计监督资本市场是否按照正常秩序与法律法规运行,是否存在披露违法违规现象:考察证券和基金公司互相持股比例以及互相持有对方发行的债券比例是否过高,各项指标是否符合监管规定,不符合的应给予警告与通报,督促其及时整改;考察资信评级、资产评估等机构是否存在故意造假行为并及时通报;考察会计师事务所是否忽略必要审计程序等,一经发现,及时给予通报惩处。

我国资本市场发展至今,仍然存在如内幕交易、操纵市场等多种影响市场秩序、侵害投资者利益的行为,这些行为对资本市场的安全也产生了一定威胁。国家审计要重点审查企业是否存在内幕交易、关联交易、操纵市场、包装上市、挪用资金、虚假信息披露等危害资本市场正常运行的情况,对这些不正常行为进行严厉打击、及时披露。完善的信息披露机制在向投资者传递信息时,也进一步促进了媒体监督作用的发挥。

在打击资本市场违法行为、改善资本市场信息环境方面,我国法律制度不断完善,在注册制逐步实施的背景下,自 2021 年 3 月 1 日起施行的证券法大幅提高了

证券违法行为的法律责任,《中华人民共和国刑法修正案(十一)》①也相应大幅提高了对"欺诈发行股票、债券罪,违规披露、不披露重要信息罪,提供虚假证明文件罪,操纵证券、期货市场罪"四类证券期货违法犯罪的惩戒力度。根据国务院发布的《关于依法从严打击证券违法活动的意见》②,证监会持续从严打击证券违法违规行为,坚持零容忍要求,依法严厉查处证券违法犯罪案件,加大对大案要案的查处力度,加强诚信约束惩戒,强化震慑效应。

4. 设置风险导向的资本市场预警防控机制

在资本市场的风险防控上,国家审计可以设置风险导向的资本市场预警机制,审查市场环境、市场微观与宏观运行状况,提前找出风险因素进行防范,通过信息收集、信息分析与预警、风险控制的机制对资本市场的安全状态进行监测,并将相关信息反馈到资本市场各监管主体,以期为资本市场风险监管决策提供有用信息。

国家审计可以从宏观环境上考察经济景气指数、国内生产总值、通货膨胀与通货紧缩、居民消费物价指数等指标对资本市场产生的影响,判断资本市场是否受到宏观环境的冲击而产生市场风险,特别是当宏观环境出现较大变化时,应重点审查资本市场是否存在出现系统性风险的可能性,及时作出应对与防范措施。国家审计可以从市场层面关注市场整体波动、投资者情绪等指标,考察资本市场整体运行情况与存在的风险。国家审计可以从行业层面识别影响国民经济与资本市场的重点行业发展状况;国家审计可以从重要性机构主体层面,根据偿债能力、盈利能力、营运能力和成长能力等财务指标考察重点企业存在的财务风险,根据成交量和股价变动等数据考察重点企业可能存在的股价崩盘风险,及时向存在风险的企业和行业发出信号,提醒其提前预防整改,防止个别企业风险在资本市场引起的连锁反应;国家审计可以从中介机构的层面考虑中介机构是否存在失信行为、侵害投资者利益的违法行为,维持资本市场正常秩序。对于风险的控制主要通过对相关政策的调整与对微观主体的追责处罚实施。国家审计还可以通过向证监会和社会审计机构发出预警信号,让其增强风险意识。在资本市场监管中,西方国家在市场实践中以法律形式明确了资本市场监管机构与审计机构的关系。例如,2008 年金融危机爆发后,美国公众公司会计监督委员会 PCAOB(2011)发布报告提醒市场上的

---

① 2020 年 12 月 26 日,中华人民共和国第十三届全国人民代表大会常务委员会第二十四次会议通过《中华人民共和国刑法修正案(十一)》,自 2021 年 3 月 1 日起施行。

② 2021 年 7 月 6 日,中共中央办公厅、国务院办公厅印发《关于依法从严打击证券违法活动的意见》。

执业审计师关注市场波动情况下公允价值应用的可靠性问题。我国虽然也有类似的规定,但是并没有明确具体的沟通渠道和机制,这阻碍了外部审计在了解资本市场重大风险隐患后及时进行信息的传递,所以应该建立对市场重要性主体重大风险的预警提示渠道。国家审计或社会审计在执行资本市场审计业务时,对资本市场系统重要性主体隐含的重大风险隐患可直接向部际联席会议的监管成员单位进行反馈,从而确保直管机构及时获取资本市场重要风险信息进而采取风险应对措施对系统重要性主体的风险隐患加以化解和应对,维护资本市场安全运行。

7.3 国家审计与"一带一路"合作

7.3.1 "一带一路"倡议下国家审计的功能

1. 促进"一带一路"相关政策措施的贯彻落实

为贯彻落实"一带一路"倡议,国家发展改革委、外交部、商务部联合发布了《推动共建丝绸之路经济带和21世纪海上丝绸之路的愿景与行动》(简称《愿景与行动》),作为国家实施"一带一路"倡议的顶层设计方案。在《愿景与行动》的指导下,31个省、自治区、直辖市均出台了"一带一路"建设的总体规划、实施方案或行动计划等,明确了自身在"一带一路"中的定位、发展目标和重点任务。

本卷梳理了审计署2016年8月至2021年3月发布的审计结果公告,即2016年第28号公告"2016年第二季度国家重大政策措施贯彻落实情况跟踪审计结果"至2021年第2号公告"2020年第四季度国家重大政策措施落实情况跟踪审计结果"。审计署持续开展国家重大政策措施贯彻落实情况跟踪审计,并按季度发布审计结果公告中与"一带一路"相关的内容。其中,有两份审计结果公告关注"一带一路"相关政策实施的贯彻落实,如表7-7所示。

表7-7 审计署国家重大政策措施贯彻落实情况跟踪审计结果公告("一带一路"相关)

序号	公告	公告时间	相关内容
1	2017年第31号公告:2017年第二季度国家重大政策措施贯彻落实情况跟踪审计结果	2017.8.17	有关部门和地区推进"一带一路"建设相关政策措施贯彻落实的具体举措
2	2018年第48号公告:2018年第二季度国家重大政策措施落实情况跟踪审计结果	2018.9.25	有关部门和地区加快推动"一带一路"倡议落实的经验及具体举措

国家审计对"一带一路"重大政策措施落实情况进行跟踪审计,对相关政策的

执行情况进行持续监督、适时评价与及时反馈,为政策措施的完善和实施提供参考。其作用在于三个方面。第一,国家审计促进相关政策的落实。国家审计通过加大审计力度,监督各地区、各部门落实"一带一路"政策的具体部署、执行进度等情况,确保政策落实到位。第二,国家审计促进相关政策的不断完善。国家审计对各地区、各部门制定的推进"一带一路"建设的行动计划或实施方案进行审查,通过调查各地区、各部门在"一带一路"建设过程中存在的问题,积极提出改进建议;对政策落实过程中可取的好做法与好经验进行公告,为改进政策提供参考,推动政策不断完善。第三,促进相关政策效果的提升。随着"一带一路"建设的不断深入,与"一带一路"建设相关的财税、金融、产业、民生等政策能否发挥效果,达到既定目标,是实现"一带一路"建设的关键。

2. 防范系统性风险

1)"一带一路"倡议的潜在风险

"一带一路"倡议的合作重点是"五通","五通"具有不同的定位,"五通"的实现面临着不同的风险,如表 7-8 所示。

表 7-8   "一带一路"倡议的合作重点及其定位与风险表现

合作重点	定位	风险表现
政策沟通	重要保障	政策与战略不匹配、政策落实不到位、政策实施和资金使用绩效不佳等
设施联通	重要领域	政治风险、法律风险、市场风险等外部风险;立项风险、项目建设过程风险、项目效果风险等内部风险
贸易畅通	重点内容	投资贸易壁垒、市场信息不足、投资决策失误、投资过程管理不当、投资效果不佳等风险
资金融通	重要支撑	跨境贷款、跨境结算等外币风险,跨境风险和信用风险
民心相通	重要根基	风俗、习惯、宗教信仰等差异,民生资金、公共资源运用不合法、低效等风险

"一带一路"倡议的实施可能给国家经济安全造成威胁,如不及时对相关风险进行应对,一些风险很可能发展成为系统性风险。一是合作国家的宏观经济风险。"一带一路"沿线的合作国家以发展中国家为主,经济发展缺乏良好的环境,面临着经济发展不稳定、社会发展不稳定等风险。二是合作国家的金融风险。在合作国家宏观经济波动的大环境下,一些合作国家也面临较高的金融风险,如一些国家经济结构单一,易受外部环境的影响,国家的财政赤字较大,金融体系的发展不健全,面临较高的金融风险。三是合作过程中的贸易及投资风险。"一带一路"倡议涉及

大量的国际贸易和境外投资,不确定因素多,面临的风险水平也高。

2) 国家审计防范系统性风险

国家审计作为党和国家监督体系的重要组成部分,在"一带一路"倡议中发挥着防范系统性风险的功能。从"一带一路"倡议的合作重点"五通"来看,国家审计可以通过不同类型的审计监督防范"一带一路"倡议带来的潜在风险。

政策沟通方面存在的风险。一方面,国家审计通过检查相关政策的执行情况及其效果,审计与落实政策相关的资金筹集、分配、管理和使用及其效果,可以提高相关政策的科学性、协调性和可行性,保障相关资金的合规性和效益性;另一方面,"一带一路"倡议是涉及多个国家和地区的合作倡议,不同国家和地区的审计机关进行协同,可以监督政策沟通和落实情况,发现和防范政策沟通方面的风险。

设施联通方面存在的风险。设施联通涉及大量基础设施建设项目,国家审计基于对项目外部风险的了解,对项目管理的全过程进行监督,把控建设项目的外部风险,将建设项目所面临的外部风险控制在可接受的范围内。对项目相关方利用公共资金、公共资源进行投资的责任履行情况进行监督与评价,并发表审计意见,可以降低项目建设及运行过程中的风险。

贸易畅通方面存在的风险。国家审计可以计利用审计获取的相关信息,降低国际贸易的信息风险,减少贸易畅通中的信息不对称,促进贸易投资便利化。

资金融通方面存在的风险。国家审计开展金融审计以维护金融安全、降低金融风险,对金融风险进行识别、评估、预警和应对。国家审计通过对国有金融机构的财务收支以及资产、负债、损益的真实性、合法性和效益性进行审计监督,关注服务于"一带一路"的金融机构风险、区域风险和系统风险,构建金融风险预警系统,促进我国建立安全高效稳健的金融运行机制。

民心相通方面存在的风险。国家审计通过民生审计维护"一带一路"沿线各国人民的根本利益,促进沿线国家政府公共服务水平的提高,预警和防范社会公共风险。

3. 提高公共投资效率

"一带一路"倡议涉及大量跨境的基础设施建设,国家审计通过实施公共投资审计,对"一带一路"建设项目的资金使用情况进行审计监督,督促相关单位加强资金和项目管理,提高投资效率,为"一带一路"倡议提供建设性意见。

对于"一带一路"沿线的基础设施项目,国家审计实施全过程跟踪审计以提高投资效率。在项目前期阶段,国家审计重点审计公共投资的决策过程,确保决策过程的合规性。例如,对项目的招投标过程进行审计,保证招投标的真实性和合法性。在项目建设期间,对项目建设的资金使用和管理情况进行审查,保障资金使用的效益性。在项目竣工阶段,对项目进行竣工决算审计,确保项目建设质量达标,资金使用合规。

国家审计机关作为政府机关,可以与"一带一路"沿线国家开展协同审计。很多"一带一路"沿线的基础设施建设项目是跨国的工程项目,审计主体范围较广,我国审计署可以联合沿线各国(地区)的政府审计机关、内部审计机构以及会计师事务所共同开展审计监督,能够保障项目建设的效益性。

7.3.2 国家审计与境外资产安全

1. 境外国有资产的概念及分类

1) 境外国有资产的概念

从理论上看,国有资产的概念有广义和狭义两种,且在学界得到一致认可。广义的国有资产是指在法律上由全民所有即国家所有的全部资产及其权利的总称,包括各种类型的财产和财产权利。狭义的国有资产则仅指从事生产经营活动的国有资产,即可为国家提供未来效益的各种经济资源的总和,一般所说的国有资产是指狭义的国有资产(张晓文和李红娟,2016)。

对于境外国有资产的概念,相关法规的规定较广。《境外国有资产管理暂行办法》所述的境外国有资产是指境内投资主体以国有资产在境外及港、澳、台地区投资形成的应属于国有的各类资产,具体内容见表7-9。

表7-9　　　　　　　境外国有资产

序号	境外国有资产类型
①	境内投资者向境外投资设立独资、合资、合作企业或购买股票(或股权)以及境外机构在境外再投资形成的资本及其权益
②	境内投资者及其境外派出单位在境外投资设立非经营性机构(包括使馆、领事馆、记者站、各种办事处、代表处等)所形成的国有资产
③	在境外以个人名义持有的国有股权及物业产权
④	境外机构中应属国家所有的无形资产
⑤	境外机构依法接受的赠予、赞助和经依法判决、裁决而取得的应属国家所有的资产
⑥	境外其他应属国家所有的资产

2）境外国有资产的分类

境外国有资产可以按经济用途、存在形态和管理体制进行分类。按经济用途可以分为境外企业国有资产、境外行政事业单位国有资产和境外资源性国有资产。境外企业国有资产是指由境内企事业单位或政府部门对企业进行境外投资形成的国有资产及其权益，包括境外企业所拥有的各种动产、不动产以及无形资产。境外行政事业单位国有资产是指由境内行政事业单位拥有的在国境外的非经营性国有资产，包括使馆、领事馆、记者站以及办事机构等国有资产。境外资源性国有资产是指由企业或行政事业单位拥有的在国境外的可以通过开发利用产生一定经济价值的国有资源，这类资产具有垄断性、稀缺性特点，如央企在境外投资的石油天然气资源、矿产资源等。按存在形态可分为境外有形资产和境外无形资产。境外有形资产是指具有价值形态和实物形态的国境以外的国有资产。境外无形资产是指不存在实物形态但能带来长期经济利益的国境以外的国有经济资源，包括境外的商誉、商标权、专有技术、企业文化等。按管理体制可分为境外中央国有资产和境外地方国有资产。境外中央国有资产是指国境以外的最终由境内央企或中央政府部门控制的经济资源总和。境外地方国有资产是指国境以外的最终由境内所属地方企事业单位或地方政府部门控制的经济资源总和。

2. 我国境外国有资产现状

1）境外国有资产规模巨大

国有企业特别是央企，积极响应"一带一路"倡议，主动投身"一带一路"建设。"一带一路"倡议提出后，央企"走出去"的步伐明显加快，包括中国建筑、中国中铁、中国铁建、中冶集团等在内的央企成为中国企业跨国经营的先锋和主力。根据国务院2017年发布的《2017年度国有资产管理情况的综合报告》，截至2017年年底，全国国有企业（不含金融企业）境外总资产达16.7万亿元（人民币，下同），全国金融企业所投境外机构资产规模达18.1万亿元。据国务院国资委统计，截至2020年年底，央企在海外的资产约8万亿元，在全球180多个国家和地区拥有的机构和项目超过8 000个，海外员工总数达125万人。"十三五"期间，央企实现的海外营业收入超过24万亿元，利润总额接近6 000亿元，对外投资收益率达到6.7%。然而，国有企业在境外投资的过程中也会遭遇一些风险，通常包括境内外业务不能协同发展的风险、整合风险以及东道国文化、制度等方面的挑战。例如，中国铁建在沙特阿拉伯承建的轻轨项目亏损达42亿元①、中信泰富的澳大利亚铁矿石项目亏损达147亿港元②、中国平安对富通投资亏损达227.9亿元③,这一系列央企境外投资的亏损严重危及了境外国有资产的安全。

2) 境外资产面临较高风险

我国境外资产与境内投资相比,管理模式存在一定的漏洞、人员配置不够完善、内部控制监管不到位,且资产处于境外,易受到东道国政治、经济、社会、文化环境的影响,从而导致我国境外资产面临较高的风险。图7-10展示了我国境外资产面临的主要风险。

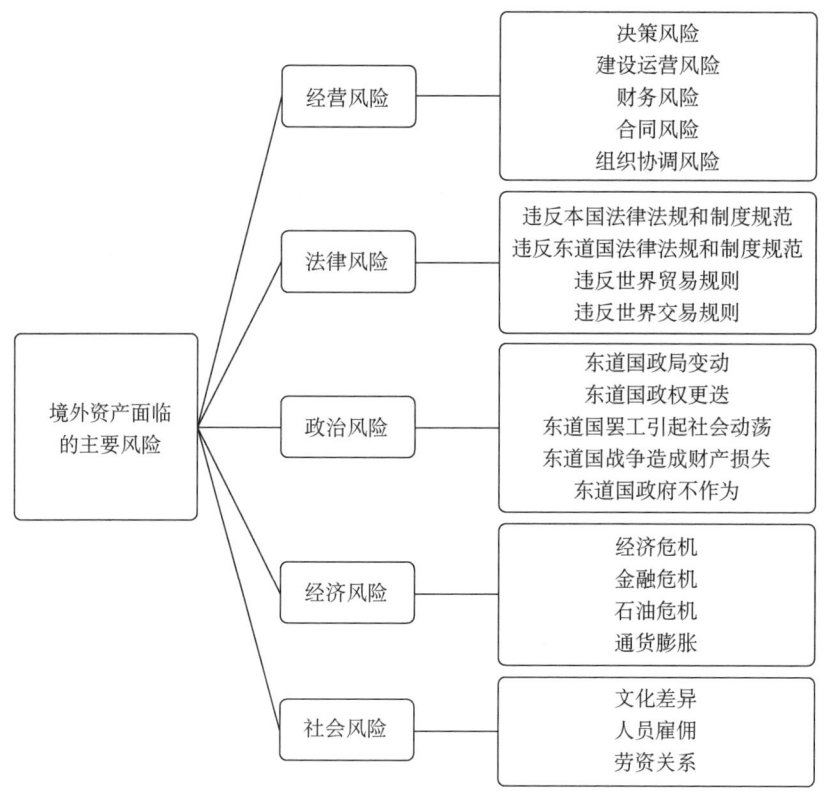

图7-10 境外资产面临的主要风险

与境内投资相比,我国境外投资的管理模式存在漏洞,在人员配置方面不够完

---

① http://www.zgyj.org.cn/indnews/49150020377.html.
② http://news.cctv.com/financial/20081025/101564.shtml.
③ http://finance.ce.cn/stock/gsgdbd/200904/09/t20090409_14441463.shtml?ivk_sa=1023197a.

善,内部控制监督不到位。由于投资面向的是境外,容易受到投资对象所在地政治、经济、社会、文化环境的影响,面临较高的风险。除此之外,境外投资受政策变动的影响,会受到汇率、税收以及资本流动等方面政策的束缚。此外,一些企业的管理者由于决策失误在境外盲目投资,更为严重的是,一些人滥用职权、以权谋私、擅自从事高风险的金融衍生品工具投资,并通过境外企业工程进行关联交易。这些外部环境和内部因素导致我国国有资产面临着较高的风险。

3. 境外国有资产安全的概念及面临的威胁

狭义地讲,国有资产安全就是国有资产完整性及其权益不受蚕食、侵害、破坏等,不受不正当流出或减损等威胁;广义地讲,国有资产安全还包括国有资产运行良好,具有完备的自我积累、自我发展的机制和能力,能够充分发挥其在国民经济运行中的主导作用等含义(史丹和丁学东,1996)。

国有资产流失是国有资产安全的最大威胁。许多因素都会造成国有资产的流失。导致国有资产流失的行为有故意和非故意之分,导致国有资产流失的影响因素也有主观和客观因素。国有资产流失的类型及主要表现形式如表7-10所示。

表7-10　　　　　　　　国有资产流失的类型及主要表现形式

国有资产流失类型	国有资产流失表现形式
缺乏规范、暗箱操作导致的国有资产流失	① 国有企业改制重组中少数人或机构非法侵占国有资产。 ② 国有企业改革过程中少数人或机构私自藏匿资产。 ③ 国有资产收购或投资过程造成的流失
经营不善、决策失误导致的国有资产流失	① 企业所有人和管理人等利益相关方管理工作或重大事项决策失误,造成国有资产流失。 ② 有关主管部门和地方政府的不当行政行为造成国有资产流失。 ③ 地方政府为片面追求经济增长和改革政绩,不顾市场规律及企业的现实状态,强行进行重组改制或中饱私囊、自买自卖而造成的国有资产流失
资产闲置等导致的国有资产隐性流失	① 对实际上已不具备正常运营能力的企业和资产,不轻易进行产权转让。 ② 其他方式。例如,少数人或机构利用国企衍生企业非法占用国有资产、侵吞国有资产及其收益;相关人员泄露内部秘密和核心技术等造成的无形资产流失等
虚估低估、价格失真导致的国有资产流失	① 相关人员低价转让国有资产。 ② 低价评估国有资产。 ③ 漏评、少评国有无形资产

与一般国有资产相比,境外国有资产所面临的环境更为复杂,全球的市场竞争也更为激烈。境外国有资产的监管也受到各种内外部环境的影响,因此,除上述流失风险外,境外国有资产还面临如下的流失风险:一是投资决策较为激进,相关部门或人员在未充分了解成本的情况下,作出投资决策,导致生产成本过高,项目无法正常进行,从而导致境外国有资产面临流失的风险;二是企业之间的恶性竞争,有些境外企业为获得国际订单而降低销售价格,导致订单价格严重低于市场价格,这是对国家利益的损害;三是关联交易、利益寻租,有些国有企业的高管人员利用境外监管力度较弱这一情况,通过利益输送,将国有资产变为私有财产。总的来说,境外国有资产安全既受到国际市场风险等外部因素的影响,也受到国家相关部门和企业内部监管不力因素的影响,面临着更严重的流失风险。

4. 国家审计维护境外资产安全的实践——基于审计结果公告的分析

国有企业特别是央企是我国进行境外投资的"主力军",央企也是国家审计监督的重要对象。自 2010 年发布第一份关于中国航空集团公司财务收支审计结果公告起,截至 2018 年年底①,审计署累计发布了 138 份关于央企(不含金融企业)财务收支的审计结果公告,占发布的公告总数的 46.46%,如表 7-11 所示。

表 7-11　　审计署关于央企财务收支审计结果和涉及央企境外资产问题的审计结果公告数量

公告年度	公告总数	央企财务收支审计结果公告数量	涉及央企境外资产问题的审计结果公告数量
2018	50	35	2
2017	32	20	8
2016	31	10	4
2015	34	14	3
2014	23	11	3
2013	32	10	0
2012	35	15	3
2011	38	17	5
2010	22	6	0

从审计结果公告的角度来看,国家审计逐渐加大了针对央企的审计监督,被审计的央企数量从 2010 年的 6 家波动上升至 2018 年的 35 家,国家审计在对央企进行审计时,同样也对其境外资产进行了审计与评估,提出了其中存在的风险与问题。

---

① 2018 年以后审计署未公布央企的审计情况。

本卷对审计署发布的审计结果公告进行整理,其中,国有企业境外资产存在的问题概况如表 7-12 所示。

表 7-12　　　　央企审计发现的涉及境外资产的问题概况

年度	问题类型	频次	涉及金额
2011	内部管理问题:对境外业务管控不足	2	—
	日常经营决策问题:亏损合同	1	约 1.79 亿美元
	风险控制不足	1	—
	可行性研究不充分	1	1 526.62 万美元
	程序性问题:未严格执行国家境外投资活动报告制度	1	—
2012	可行性研究不充分	2	约 1.573 亿元
	"走出去"战略实施模式单一,效益欠佳	1	—
2014	管理不规范问题	1	5 131.18 万元
	境外投资及财务管理制度不健全	1	1.42 亿元
	境外投资总体效益不佳	1	1.38 亿美元
2015	非主业境外投资未报国资委审核	2	约 9.214 亿元
	海外业务缺乏有效支撑	1	—
	境外销售合同坏账问题	1	8 268.08 万元
2016	境外投资风险估计不足		12.95 亿元
	境外资产未及时清理	1	—
	可行性研究不充分	2	6.21 亿元
	境外经营公司盈利能力弱	1	16.74 亿元
	境外法律风险:境外营业部负责人被判处刑罚	1	—
2017	境外投资额度超发改委批复额度	1	—
	项目论证不充分	3	95.19 亿元
	重大决策不规范	1	18.98 亿元
	境外投资亏损	3	约 10.098 亿元
2018	境外子公司财务管控薄弱	1	—
	境外子公司处于微利或亏损状态	1	—
	境外机构整合不到位,境外代表机构多	1	—

从表 7-12 的统计结果来看,审计发现的我国央企境外资产存在的问题涉及金额较大。危及境外资产安全的事项分为三类:一是境外资产形成前,央企对境外项目的可行性研究不够充分、决策程序不恰当等导致重大投资决策失误;二是境外资产形成后,央企对境外资产的控制不足、风险评估不足,境外资产的盈利能力无法达到预期;三是央企未及时对亏损的境外资产进行清理,造成进一步的亏损。

5. 加强国家审计维护国有资产安全的路径

1) 加强境外资产过程管理

国家审计应将审计监督落实到境外资产管理的全过程。第一,加强对决策和审批环节的审计调查,围绕"走出去"战略和"一带一路"倡议决策部署,调查境外资产的形成是否符合国家规定,项目前期的可行性论证是否充分、决策程序是否合法等问题;第二,聚焦境外资产运营和管理环境,围绕国有企业的境外投资以及境外工程建设项目,重点审查项目运营过程中境内外双方的职责划分是否清晰、项目运营过程中的风险,对风险的控制是否足够;第三,对项目建设情况以及风险隐患予以重点关注,明确境外国有资产面临的风险,揭示境外国有资产管理中存在的普遍性和典型性问题。

2) 拓展境外审计监督的范围和对象

国家审计应当加强对境外国有资产相关的境内主体管理和监督职责履行情况的审计,境内相关主体通过投资等方式形成境外国有资产,并对其负主要责任,一些投资主体忽略海外项目的风险监管,只顾追求自身利益,一味地扩大投资,严重危害国有资产安全,因此,国家审计应加强对境内投资主体风险预警体系建立和风险管控等方面的审计,增强境内主体的风险管理水平,加强对境外国有资产风险的监管。第二,国家审计要加强对相关国有企业上级主管部门的审查和监督。例如,针对国有企业境外投资形成的境外资产,国有企业的上级主管部门对其负有重要的监督和管理责任,因此,通过加大相关国有企业上级主管部门如国资委的监督可以发现当前监管工作中存在的制度缺陷,推动监管部门不断完善其制度,提高监管效率。

3) 推动形成"三方共审"的全面审计监督

国家审计在对境外国有资产进行审计时,要充分发动政府、企业和社会力量,构建"三方共审"的审计体系,实现对境外资产的全面审计监督。第一,要充分利用国家力量,实现对境外国有资产审计的全覆盖,除了进行定期的审计,如对国有企业进行年报审计之外,也应加强对国有企业主要领导人的经济责任审计、对境外项目建设情况进行审计等。第二,加强国家审计与内部审计机构和社会审计机构的合作。国家审计可以加强对国有企业内部审计工作的督导,使其不断完善内部审计制度并为国家审计提供相关信息。随着注册会计师行业的不断发展,我国的会计师事务所"走出去"的步伐也不断加快,对于提升境外国有资产的审计监督水平至关重要。

7.3.3 国家审计与境外投资效率

1. 中国对外直接投资情况

随着我国经济的不断发展,我国成为世界第二大经济体,"走出去"战略和"一带一路"倡议的提出,为我国经济发展提供了良好的发展机遇和平台,我国对外直接投资得到了迅速的发展。2003—2019 年我国对外直接投资流量及存量情况如图 7-11 所示。

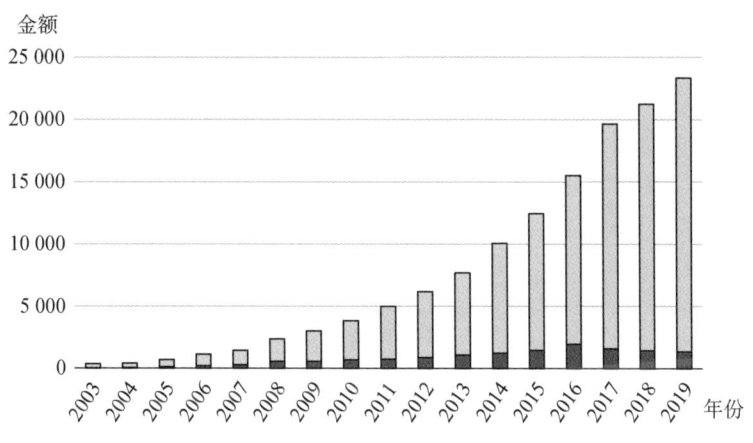

图 7-11 中国对外直接投资流量及存量情况

从对外直接投资流量情况来看,自 2003 年公布对外直接投资的权威数据以来,我国对外直接投资迅速增长,到 2016 年达到峰值之后呈现出下降的趋势。2019 年,我国对外直接投资 1 369.1 亿美元,同比下降 4.3%,流量规模仅低于日本(2 266.5 亿美元),排名继续蝉联世界第二,占全球份额的 10.4%。

从对外直接投资存量情况来看,2019 年年末,我国对外直接投资存量为 21 988.8 亿美元,是 2003 年年末存量的 66.2 倍,占全球外国直接投资存量的份额提升至 6.4%,排名由第二十五位攀升至第三位,仅次于美国(7.7 万亿美元)和荷兰(2.6 万亿美元)。从存量规模上来看,我国对外直接投资存量自 2003 年以来飞速提升,但与美国仍然存在较大的差异,总体规模仅相当于美国的28.5%。

2. 中国对外直接投资者的构成

2019年年末,我国对外直接投资者(下称"境内投资者")达2.75万家,从其在中国工商行政管理部门登记注册类型情况来看,有限责任公司占38.4%,较上年下降5.1%个百分点,但依然在我国对外直接投资中占比最大,为最活跃的群体;私营企业占27.4%,位列第二位;股份有限公司占12.1%;外商投资企业占5.3%;国有企业占5%;其他境内投资者(包括港/澳/台商投资企业、个体经营、股份合作企业、集体企业、联营企业及其他)共计占比11.8%。具体构成情况如图7-12所示①。

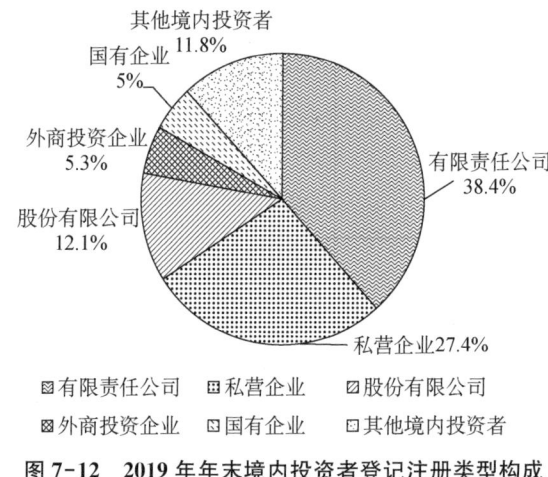

图7-12 2019年年末境内投资者登记注册类型构成

3. 境外投资面临外部风险和内部风险

企业及相关政府部门进行海外投资会面临多种不同的风险,从风险成因来看,主要分为外部风险和内部风险。

外部风险包括政治风险、法律与合规风险、社会文化风险。政治风险即投资所在国政权更迭、当局对别国投资资本的态度转变所带来的投资风险,是海外投资面临的主要风险。法律与合规风险是指企业对投资地的法律法规及监管要求没有充分地了解与执行,给企业带来的经济损失和声誉受损的风险,也包括投资地法律环境发生重大变化导致企业无法快速适应,没有及时采取应对措施从而经营不合规,并因此受到处罚形成的负面影响和损失。社会文化风险是指企业从事跨国经营、并购等经营活动面临的文化习惯及社会风俗不同而给企业投资收益带来的不确定

---

① 商务部等部门联合发布的《2019年度中国对外直接统计公告》。

性。企业如果不充分了解和尊重当地的风俗习惯,会影响企业投资目标的实现。

内部风险包括财务风险和经营管理风险。财务风险涉及境外投资的筹资风险以及流动性风险。筹资风险分为两个方面:一方面,投资企业难以对海外投资的资金需求进行准确的预估,导致资金需求出现缺口从而引发紧急性筹资障碍风险;另一方面,投资企业到期可能无法偿还债务。这两个方面是境外投资财务风险的最直接表现。流动性风险是境外投资面临的较为普遍的风险,境外投资过程会不可避免地受到利率、贸易壁垒、信贷和政策等因素的影响,如果不加以适当控制,就会导致流动资金不足、短期资产无法换取应急资金、无法清偿到期债务、现金流中断等流动性风险。经营管理风险是投资企业业务能力、内部构造、员工调配、内部管理制度等方面的不足给企业境外投资带来的风险,当经营管理风险发生时,企业需要投入大量的时间和金钱来调整经营管理、整合资源,从而导致投资的回报率远小于预期值。

4. 境外投资的风险成因

(1) 投资企业作出投资决策前未对当地市场环境进行充分的了解,导致投资决策失误。无论是政治、经济还是文化,我国与境外的差异较大,由于地方政府、国资委、国有企业等投资主体缺乏对东道国市场环境的全面了解,决策失误、盲目投资会使境外国有资产安全面临威胁。例如,2007年,中国投资有限责任公司在成立的筹备期内就斥资30亿美元,购买美国黑石集团近10%的无投票权股权,黑石集团上市前后利空消息频频传出,上市之后股价一路走低,特别是在美国次贷危机发生之后,黑石集团股价跌至3.55美元时,中投公司亏损83%,造成了27亿美元的国有资产流失,直至2014年,黑石集团的股价才上涨至发行价。中国海外工程有限责任公司投资建设的波兰A2高速公路也遇到了相同的问题,2009年,中国海外工程有限责任公司以较低的价格中标了该项目,这是中国企业首次承担欧盟国家的大型基础设施项目,由于急于进入国外高端市场,缺乏对目标市场的全面了解,导致项目出现了近4亿美元的资金缺口,最后项目也被迫终止[①]。

(2) 国有企业境外投资与管理经验不足,投资资产抗风险能力差。我国国有企业境外投资起步较晚,境外投资与管理的经验均不足,企业的风险防范和应对能力较差,对于境外投资政策与市场环境的变化,无法及时作出反应并采取有效的措施遏制境外投资的亏损。例如,2007年,中国投资有限责任公司出资几十亿美元

---

① https://baike.baidu.com/item/A2%E9%AB%98%E9%80%9F%E5%85%AC%E8%B7%AF/12678414?fr=aladdin.

购买了美国摩根士丹利转股债券,随后美国出台新的《金融监管法案》规定,如果某公司对上市公司的持股比例超过10%会被认定为控股公司,会面临更为严格、复杂的监管,为了降低投资的不确定性,中国投资有限责任公司开始陆续减持,最终导致累计亏损达9亿美元①。又如,在著名的"AEI骗局"(AEI即艾奕能源)中,中机新能源开发有限公司在投资危地马拉Jaguar项目时,由于缺乏国际投资经验,被艾奕能源欺诈3亿美元②。此外,我国央企境外机构的治理结构不够完善,管理经验也较为缺乏,内部控制机制的运行有效性较低,导致控制效率较低,难以对境外国有资产的风险进行有效的评估和规避。

(3) 境外投资管控体系不完善,境外国有资产监管难度大。我国缺乏完善的境外投资管控体系,监管机构对境外资产实施监管的难度较大,境外投资形成的资产面临较高的风险。当前我国针对国有资产境外投资的监管法律体系尚未建立,适用于国有企业境外投资管控的政策法规也较少,适用的法规仅有发改委于2017年12月颁布的《企业境外投资管理办法》。我国对企业的境外投资实行"备案为主,核准为辅"的管理模式,较为传统。境外投资的监督管理权被分割,境外投资由国资委、商务部、外汇管理局、海关总署等多部门共同管理,多部门分头管理的模式,会导致政府与企业间的境外投资信息不对称,降低境外投资的监管效率。此外,虽然我国大力鼓励会计师事务所等中介机构走出去,更好地服务企业的境外投资,但会计师事务所走出去仍处于发展状态,提供的服务质量不高,外部的监管也较为薄弱。对国有企业来说,境外投资监管的薄弱为滥用职权、贪污腐败以及玩忽职守等提供了温床,使境外投资的运营面临更大的风险。中国航油(新加坡)股份有限公司破产就是一个典型的案例,公司内部对于风险的认识不足、外部对于金融衍生品交易的监管不足以及时任总裁陈久霖豪赌原油期货等违规操作导致公司亏损5.5亿美元,公司只能以破产告终③。

5. 国家审计影响海外投资的作用机理

审计全覆盖要求审计机关对公共资金、国有资产、国有资源和领导干部履行经济责任情况实行审计全覆盖,进行全面的审计监督,国家审计的内容不断拓展,包括国有企业重大经济决策是否正确、企业内部经营管理和信息系统有无漏洞、国有企业及相关部门是否执行宏观经济政策、国有资产是否安全、领导干部是否严格遵

---

① http://bbs.news.sohu.com/20100902/n274651607.shtml.
② https://baijiahao.baidu.com/s?id=16886497165546841928&wfr=spider&for=pc.
③ https://www.163.com/money/article/E5KK0D44002580S6.html.

守中央八项规定的精神和廉洁从业规定等。国家审计针对国有资产进行审计监督的目标是保证国有资产安全完整和保值增值。海外投资效率直接关系国有资产的安全,因此,国家审计在履行其职责时,海外投资情况自然而然成为一项重点审计内容,这会影响境内投资主体的境外投资行为,起到治理的效果。国家审计影响境外投资效率的具体作用机理如图7-13所示。

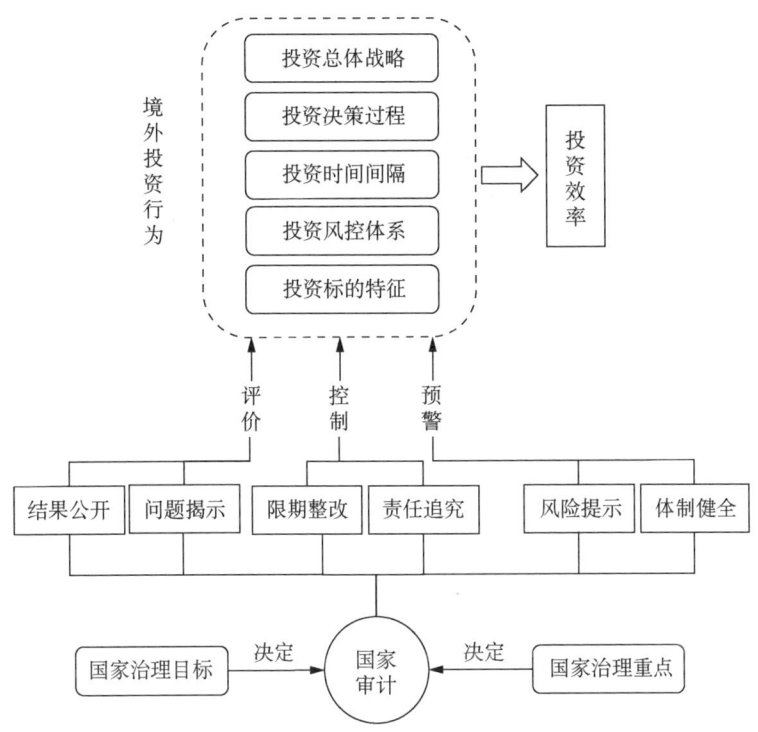

图7-13　国家审计影响境外投资效率的作用机理

国家审计发挥作用可以分为事前、事中和事后三个阶段。在事前阶段,国家审计可以对境外投资项目的可行性分析是否充分进行审查、监督境外投资决策的过程、对境外投资所涉及的风险进行识别和评估,防止企业将资金投入风险过高的领域而导致未来的损失,预防公共权力运行过程中可能出现的风险。在事中阶段,国家审计可以采用跟踪审计的方式对境外投资进行全过程的评价,对被审计单位或投资项目的运营情况进行审计监督,揭示被审计单位出现的违法违规行为,并向社会公众公布审计结果,督促被审计单位对审计查出的问题迅速整改。在事后阶段,国家审计根据审计发现的问题及整改情况,帮助被审计单位制定和完善海外投资相关的内部控制制度和风险评估机制,实现对风险的有效控制。

6. 境外投资审计优化对策

（1）强化境外投资情况专项审计调查，加强风险控制。国家审计通过专项审计调查的方式了解境外投资的基本情况、内部控制情况、国有资产安全完整和保值增值等情况，对发改委、商务部和国资委等相关部门制定的海外投资管理体制进行审查，重点关注相关部门对海外投资的监管情况。国家审计要对境外投资的总体情况做到心中有数，通过审计揭露和反映境内投资者在化解境外投资业务风险过程中遇到的困难和突出问题，揭示境外投资项目存在的风险隐患，提出防范化解风险的审计建议，提高境外投资效率。

（2）创新审计技术方法，扩大审计监督范围。互联网技术特别是大数据技术的发展，为扩大审计监督范围，实现审计全覆盖提供了技术支持。在境外投资审计中引入这一新的技术有助于国家审计目标的实现。具体而言，一是构建大数据审计工作模式。国家审计应依托相关技术建立信息整合系统，实时更新、反馈境外投资的最新情况，保障审计人员能够获得充分且准确的数据，不断拓展审计监督的广度和深度。二是借助大数据平台建立定期报送制度。审计机关可以协同其他相关部门建立境外投资数据库和审计平台，提高信息获取与沟通的质量，从而全面提升审计工作的效率和质量。

（3）整合境外社会审计与内部审计力量，形成审计监督合力。我国国家审计对境外投资业务进行审计的主要方式是现场审计，而这一审计方式受到东道国的政治、法律、文化、宗教等因素的干扰，审计人员在有限的时间内往往难以完成既定的目标，利用外部审计力量进行审计监督成为国家审计的常用手段。就境外投资审计来说，国家审计可以尝试委托投资所在国家或地区的会计师事务所和企业的内部审计人员开展相关审计工作。投资所在国家或地区的会计师事务所对于当地的情况更熟悉，可以更好地完成审计工作；而企业的内部审计机构则更了解企业自身运营情况和财务状况，能够更快地找准审计重点。两者的结合可以提高审计工作的效率。在整合外部审计资源的过程中，国家审计应当加强对外部审计资源的指导和监督。

8 经济安全审计监测与预警机制构建的探讨

8.1 建立经济安全审计监测与预警中心

为保障国家经济安全,国家可在审计机关内建立经济安全审计监测与预警中心,对经济安全范畴内重大风险领域进行监测预警。经济安全是一个相对概念,经济安全与经济不安全相对应,两者相互联系不可分割。因此,经济安全审计监测与预警中心不仅要能够对经济风险进行识别,也需要掌握经济发展动态,建立能够反映经济安全程度的指标体系。经济安全主要包括金融安全、财政安全、产业安全、生态安全、信息安全和国有资产安全六大方面,经济安全审计监测与预警中心对各个领域设计安全预警指标体系,在收集各类数据信息后,运用经济安全预警指标体系以及安全预警模型对经济安全状况进行整合分析,并及时作出反应,实现对经济安全的有效监测及控制。

经济安全涉及的领域多、范围广,威胁国家安全的风险因素也存在于各个领域。审计署作为我国最高审计机关,承担着维护国家经济安全的责任。审计署执行的审计工作可以获取有关经济安全各个领域国家层面的相关数据,是审计监测与预警中心的重要信息来源,审计署应当成为构建经济安全审计监测与预警中心的主要力量。但社会运行中威胁国家经济安全的风险因素还存在于地方层面,如本卷前文所述,金融安全可能涉及地方金融机构的运营管理、风险管控,地方金融监管部门的职责履行情况,区域性金融风险等;财政安全可能涉及地方财政收支质量、地方政府性债务;产业安全可能涉及重点城市的产业安全等问题。地方审计机关也可以掌握经济安全的相关信息,应当是建立经济安全审计监测与预警中心的补充力量。因此,本卷提出,建立经济安全审计监测与预警中心应当采用"省部共建"的模式,审计署应联合各省(自治区、直辖市)的审计机关,充分发挥国家审计的功能,对国家和地方层面的经济安全情况进行监测和预警,保障国家经济的持续、健康发展。

各级审计机关构建和完善经济安全审计监测与预警中心,在维护国家经济安全中将发挥重要的作用。第一,构建和完善经济安全审计监测与预警中心,可以及时识别威胁国家经济安全的风险隐患。在经济全球化时代,影响国家经济安全的因素极其复杂,既有国际关系、国际贸易摩擦等国际因素,也有国内政治环境、市场环境、法律法规、监管要求等国内因素,建立经济安全审计监测和预警中心,可以强化事前监督、促使审计关口前移,对经济运行情况进行实时监控,及时发现和准确识别威胁国家经济安全的风险因素,并将相关信息反馈给经济决策机构,促使其进行正确的经济决策。第二,构建和完善经济安全审计监测与预警中心,有助于国家修正偏离国家经济安全目标的行为。国家审计是国家监督体系的重要组成部分,审计工作可以获取各个领域的经济信息。审计机关牵头构建经济安全审计监测与预警中心,可以更加全面、客观地反映经济运行中出现的异常情况,及时发现各种问题,调整偏离国家经济安全目标的行为,修正经济决策失误带来的不利影响。第三,构建和完善经济安全审计监测与预警中心,可以及时应对损害国家经济安全的突发事件。各种突发事件的出现都会给国家经济安全带来巨大的挑战。如前文所述,对突发事件进行提前应对可以降低突发事件的不利影响。通过构建经济安全审计监测与预警中心,建立突发公共事件应急预案,对社会保障资金和救灾专项资金的使用、灾后恢复重建、政策落实情况以及领导干部经济责任履行情况进行审计,可以及时发现问题、提出建议并解决问题,更好地应对损害国家经济安全的突发事件。第四,通过构建和完善经济安全审计监测与预警中心,可以促进审计机关提出保障国家经济安全的对策建议。审计机关的审计范围涵盖了经济安全的各个领域,构建和完善经济安全审计监测与预警中心,强调对危害国家经济安全的潜在问题进行事前审计监督,审计机关通过更深层次的原因分析,可以提出保障国家经济安全的对策建议。

经济安全审计监测与预警中心应包括审计信息收集系统、经济安全审计信息评估系统、经济安全审计信息处理系统以及审计信息报告系统。

8.1.1 经济安全审计信息收集系统

为维护国家经济安全,国家审计应当对相关部门的相关信息进行收集并进行实时监控。国家审计应当充分整合现有的资源进行经济安全审计,获取充分的审计信息,为经济安全审计监测与预警中心提供数据来源。

国家审计应当在日常的审计工作中对关系国家经济安全的相关部门的审计信

息进行重点监控。对于政府职能部门,如财政部、国家税务总局、国家统计局等,审计机关应当与这类部门之间建立实时的数据传输与采集系统,这类部门的数据有助于审计机关了解和把握宏观经济的发展形势,并对宏观经济发展中存在的风险进行监测,以便及时采取措施化解风险。对于大型央企、国家金融机构,审计机关可以通过审计获取相关数据,了解重点行业以及金融领域的经济安全态势,及时发现风险并提出规避风险的相关建议。对于涉外业务,如国有企业的海外并购业务、国家投资公司的海外投资业务,国家审计应当对全过程进行跟踪审计,获取相关数据,防范威胁经济安全的状况出现。对于各级地方政府,审计机关应当通过审计获取地方政府财政收支等数据,完善对经济安全审计信息的收集。

具体来说,在金融安全方面,审计机关通过金融审计收集微观金融机构的财务数据、风险控制信息与经营管理信息等,了解微观金融机构的运转状况及潜在风险。通过宏观经济政策落实情况审计收集金融监管状况以及国际金融状况信息,分析与评估宏观金融环境。在财政安全方面,通过财务收支审计了解财政收支状况、债务状况、财政分配状况与财政支出绩效等信息。在产业安全方面,借助企业财务报表审计、政策执行效果审计等收集产业市场需求信息、生产要素信息,了解产业结构、产业绩效、产业发展空间等状况。在生态安全方面,通过资源环境审计了解能源供需状况、能源生产技术水平、能源传输和能源供应能力等信息。在信息安全方面,通过信息安全审计关注信息资源的安全状况、信息安全基础设施状况、信息安全技术与产业的发展等。在国有资产安全方面,结合经济责任审计与财务收支审计,通过对国有及国有控股企业的审计监管,了解国有资产的安全完整状况、重大经营决策的有效性和科学性以及人员配置和资金使用的合理性。

8.1.2 经济安全审计信息评估系统

经济安全审计监测与预警中心根据设置的经济安全审计指标体系,利用收集到的各种经济信息对六个方面的经济风险进行评估,主要关注各个经济领域运行的动态,以及运行中存在的风险、风险发生的可能性及影响后果,并根据其对国家经济安全可能产生的危害进行风险分级。

在对审计收集到的信息进行评估之前,审计机关应当为各指标建立明确的参照及判断标准,使相关指标准确地反映经济风险程度,同时使审计预警功能的实现更具有可操作性和规范性。经济安全审计监测与预警中心可以通过建立经济安全审计评价数据库的方式,实现对相关信息的实时评估。

经济安全审计监测与预警中心在进行评估时,首先,借助图表等对获取的审计信息进行描述分类,并依据信息来源等判断信息的可靠性。其次,结合国际公认标准与历史数据等,判断指标数值的稳定性与合理性。再次,根据指标偏离程度和变化幅度,从性质上和数值上确定风险的存在与重要性,充分考虑风险对国家经济可能产生的危害,充分考虑风险的蔓延与扩散以及交叉传染。根据风险的强弱以及产生危害的可能性,借助统计与计量技术将风险评估为低、较低、中、较高、高五个等级,分别对应蓝、绿、黄、橙、红五种预警状态。最后,发出经济安全警报。

8.1.3 经济安全审计信息处理系统

通过经济安全审计信息评估系统得到风险评估结果后,国家审计还应对审计信息进行进一步的处理,包括对识别出的风险进行分析,确定风险级别及应对措施,识别出导致风险产生的原因,即找出风险源。通过对评估结果的深入分析,审计人员可以查找风险产生的根源,从根源上对风险进行处理;根据风险级别的大小及排序,确定相应的响应顺序及响应措施。

一方面,国家审计可以成立专家组,对风险事项进行专项审计调研,综合评估其对国家经济安全的影响,结合经济安全审计预警模型等确定高风险因素以便及时排除,同时关注可能发生的风险扩散以进行防范;另一方面,国家审计应当与相关监管部门密切联系,对已经确定的审计结果根据相关规定及时进行处理,保证风险因素可以及时消除,从而保障国家经济利益不受损害。

8.1.4 经济安全审计信息报告系统

经济安全审计监测与预警中心定期出具国家经济安全审计报告,描述国家经济安全总体形势,将各方面的审计信息、数据走势,以及所面临的经济风险、风险水平等进行总结,详细分析影响经济安全的重点事项,并结合现状提出建议。不仅要从具体产生问题的微观机构或产业等角度提出整改的建议,也要从宏观角度对政府相关部门在规章制度建设、管理系统完善等方面提出建议,增强国家经济免疫力,防范风险的再度发生。

对于宏观层面,审计报告应当充分发挥其预警功能,应当充分反映宏观经济的发展状况。国家审计对于宏观经济安全的监测和预警是长期的,但应当向社会公众定期报告审计的阶段性成果。在审计报告的内容方面,经济安全审计的目的是整改而不是单纯地查出问题、反映情况。国家审计应当从多个视角满足不同报告使用者的需求,使之充分了解并掌握国家经济安全的整体状况。国家审计应当更注重通过审计报告促进政府制度的改善和风险防范,充分发挥国家审计的功能。

对于微观层面，国家审计应当对行业经济安全和具体的微观企业个体进行实时监控，重点报告对重点行业和重点企业的审计调查结果。由于微观层面涉及不同的行业，国家审计可以与行业专家一起对审计获得的数据进行分析，并通过对典型企业的调研得出审计结论，在发布审计报告之前，国家审计应当充分听取各方的意见，出具准确的审计报告。在审计报告的内容方面，应当更多地结合行业特殊性或典型企业的具体情况，结合对审计整改情况以及整改情况是否达到预期效果的跟踪审计评价，向监管机构和社会公众提供国家经济安全相关的微观层面信息。

总的来说，完善的经济安全审计信息报告系统可以使报告使用者动态地观测和掌握国家经济安全状态，及时发现异常，通过找出问题根源，提出具有可行性的改善建议。

GAO 在关注国家经济安全与风险，定期披露相关审计报告方面值得我国审计署借鉴。GAO 自 20 世纪 90 年代开始发布高风险领域清单，并定期更新和报告进展。高风险领域清单有助于各方识别和应对关键领域中的风险因素。1993—2021 年 GAO 高风险领域清单如表 8-1 所示①，主要为容易出现公共资金与资源滥用、经营管理不善的领域和需要改革转型以适应现代化发展的领域，覆盖财务管理、金融监管、物资采购等方面。表 8-1 中的增加年份是指 GAO 将该项内容增加到高风险领域清单中的年份，移除年份指 GAO 将该项内容从高风险领域清单中移除的年份，从时间跨度来看，短至 2 年，长至 26 年，GAO 坚持对这些高风险领域进行定期审查、提出建议，帮助国会制定和完善法律规范，从而达到提高政府工作质量、优化政府工作绩效的效果。

表 8-1   1993—2021 年 GAO 高风险领域清单

高风险领域	增加年份	移除年份	高风险领域	增加年份	移除年份
农业贷款项目	1993	2001	国防部武器系统采购	1993	—
学生经济援助计划	1993	2005	国防部合同管理	1993	—
银行保险基金	1993	1995	能源部对国家核安全管理局和环境管理局提供的合同管理	1993	
清算信托公司	1993	1995			
养老金福利保障保险计划	1993	1995	超级基金计划	1993	2001
医疗保险计划	1993	—	联邦航空局合同管理	1993	—

① GAO 官网未披露 1993 年之前的高风险领域，因此，本表覆盖的时间段为 1993—2021 年。

（续表）

高风险领域	增加年份	移除年份	高风险领域	增加年份	移除年份
国防部供应链管理	1993	2019	医疗补助计划	2003	—
税法的实施	1993	—	促进国土安全的适当有效的信息共享机制的建立	2005	2017
海关财务管理	1993	1999			
国务院海外不动产管理	1993	1995	国防部业务转型模式	2005	
联邦运输管理局拨款管理	1993	1995	国防部人事安全检查计划	2005	2011
资产没收计划	1993	2003	跨部门承包管理	2005	2013
住房和城市发展部单一家庭抵押贷款保险和租赁住房援助计划	1995	2007	国家运输系统融资	2007	
			对美国国家安全利益至关重要的技术的有效保护	2007	
税务系统现代化	1995	—	改进联邦食品安全监督	2007	
国税局报税欺诈	1995	2005	邮政服务重组以实现财务可持续性	2009	
国税局业务系统现代化	1995	2013			
空中交通管制现代化	1995	2009	金融监管体系现代化	2009	
国家气象局现代化	1995	2001	加强对医疗产品的监督以保护公共卫生	2009	
国防部财务管理	1995				
国防部业务系统现代化	1995	—	转变环境保护局的评估过程并控制有毒化学品	2009	
2000年计算机挑战	1997	2001	2010年人口普查	2009	2011
补充保障收入	1997	2003	联邦石油和天然气资源管理	2011	
2000年人口普查	1997	2001			
确保联邦信息系统和网络关键基础设施安全	1997		通过更好管理气候变化风险来限制联邦政府的财政风险	2013	
国防部基础设施支持管理	1997	2021	缩小气象卫星数据差距	2013	2019
林业局财务管理	1999	2005	改善信息技术采购和运营	2015	
联邦航空局财务管理	1999	2005	管理并改善退伍军人健康护理风险	2015	
人力资本战略管理	2001	—	改进联邦印第安教育、监控和能源计划	2017	
美国邮政服务转型计划	2001	—			
对国土安全部管理职能的强化	2003		2020年人口普查	2017	
联邦残疾计划现代化	2003		联邦环境责任	2017	
联邦不动产管理	2003	—	联邦人事安全检查计划	2019	—

(续表)

高风险领域	增加年份	移除年份	高风险领域	增加年份	移除年份
退伍军人事务部采购管理	2019	—	预防、应对药物滥用	2021	—
小型企业紧急贷款	2021	—			

1. GAO 高风险领域清单确认机制

2000 年，GAO 发布《确定绩效和问责挑战与高风险》(Determining Performance and Accountability Challenges and High Risks,以下简称"文件"),该文件是 GAO 用于确定高风险领域清单的指导性文件。文件通过规定清楚明晰的评价标准,为 GAO 判定某一项目是否归属于高风险,提供了理论依据。

一般而言,GAO 高风险领域清单的确定需要综合考虑定性因素与定量因素:定性因素主要考虑风险是否会危及公共卫生或安全,是否会影响经济增长、国防安全、国家安全或显著降低国家经济效率等;定量因素主要考虑资产面临计提减值损失,重要资产丢失、毁损、浪费或利用不足等是否会造成 10 亿美元及以上的损失。

考虑到上述因素,GAO 确定高风险领域清单需经过三个步骤,三个步骤相辅相成、相互衔接。第一步,绩效评估与问责。评估联邦主要机构项目、任务领域以及管理职能的绩效,并对这些联邦机构展开问责。第二步,确定绩效与问责挑战。基于绩效评估与问责制,为每个主要机构确定该机构运行治理过程中的相关挑战。第三步,确定绩效与问责挑战是否适合确定为高风险领域。其中,每个步骤都对应了相应的判定与识别标准,从而能够达成各个步骤的目标。

1) 绩效评估与问责

关于绩效评估与问责,最重要的是确定绩效评估与问责的对象。GAO 在确定高风险领域清单之前,会按照相关标准确定绩效评估与问责对象。在选取对象时,GAO 首先会与美国国会协商,然后与管理和预算办公室以及其他联邦机构的主要管理层进行协调,从而确定最终的绩效评估与问责对象。

GAO 会综合考虑定性、定量因素,并不会对所有联邦机构项目或任务领域进行绩效评估或问责,而是将重点放在最重要的领域。按照文件规定,所选择项目或任务领域需要符合下列标准之一:

(1) 属于国会和行政部门关注的焦点。

(2) 涉及庞大的公众利益或巨额资金支出。

(3) 在机构战略计划和年度绩效计划与报告中占有显著地位。

(4) 与已识别的绩效评估与问责的高风险问题相关。

在确定绩效评估与问责对象时,GAO 信息渠道来源较为广泛,主要包括:

(1) 各机构的战略计划、年度绩效计划和报告、问责报告和经审计的财务报告。

(2) GAO 内部的报告、检查报告文件。

(3) 其他独立分析报告等。

通过将上述信息加以分析利用,确定每个主要项目和任务领域的关键目标、战略、绩效衡量标准和报告的绩效。

2) 确定绩效与问责挑战

第一步完成后,GAO 会基于一定的标准评估联邦主要机构项目、任务领域以及管理职能的绩效,从而确定机构运行过程中可能会面临的挑战。考虑到不同部门的职能、任务领域有显著不同,绩效的衡量标准也有明显差异。为此,GAO 建立了普遍适用的绩效评估标准。图 8-1 所示的各要素是 GAO 根据以往经验总结出的高绩效组织创建与运行的关键要素,其中内部控制是每个管理职能的关键点。GAO 通常利用多渠道收集多方信息,包括 GAO 的审计报告、战略计划研究、国会证词和调查研究等。

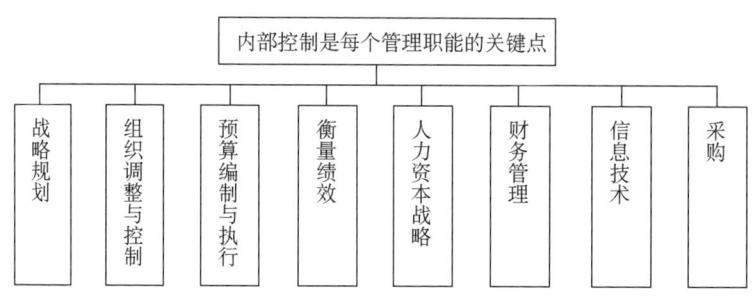

图 8-1 高绩效组织创建与运行的关键要素

3) 确定绩效与问责挑战是否适合确定为高风险领域

确定绩效与问责挑战是否适合确定为高风险领域需经历三个步骤:

(1) 考虑绩效与问责挑战是否具有国家意义,或具有至关重要的管理职能。

(2) 确定该挑战是否来源于内在风险或系统性问题。当项目本身特性会更容易导致欺诈、浪费和滥用时,可能会产生内在风险;当机构为执行项目而建立的方案、管理支持或财务系统、政策和程序无效并产生重大缺陷时,可能会出现系统性问题。

(3) 考虑定性与定量因素以及针对这些挑战所采取的纠正措施。

考虑的定性风险领域包括但不限于:①公众健康或安全;②服务交付;③国家安全;④国防事项;⑤经济增长;⑥公民权利与隐私等。若上述领域受到威胁,可能会导致国家服务效率显著降低、程序失效、伤害生命以及减少公民对政府的信心等不利后果。

单从定性因素出发,并不足以分析问题。基于此,GAO会从定量的角度出发,考虑货币资金或其他量化的损失风险。基于定量的角度,GAO会针对某些领域,设定类似于社会审计中重要性水平的标准,如10亿美元的金额在以下领域视为是重大的,可以将相关领域认定为高风险领域:主要资产(如应收贷款)减值,主要代理资产(如库存或财产)丢失、被盗、损坏、浪费或未充分利用,不当支付,或有事项或潜在责任。

在基于定性与定量因素考虑的基础上,GAO还需考虑针对风险领域的纠正措施,包括:该机构是否已表明解决问题的决心;该机构在加强控制以解决问题方面取得进展的程度;建议的原纠正计划是否合适;有效的解决方案是否将在近期内基本完成;解决方案是否能从根本上解决问题。

在考虑单一机构的绩效与问责挑战是否应被列为高风险领域后,还需考虑到某些高风险领域可能广泛存在于多个政府机构,所以GAO会依据相应的标准来判断这些单一机构的高风险是否应被列为政府范围内的高风险领域。文件明确了政府范围内高风险领域的标准,如果这些风险是多个机构中存在的重大缺陷、影响政府总体预算或其他政府资源的很大一部分,或者需要某个机构进行特别行动或管理,或者需要预算办公室、立法行动、国会监督才能解决的缺陷,GAO可能会将此事项指定为政府范围内的高风险区域。

2. GAO高风险领域清单移除标准

国会通常会在高风险领域采取足够的应对措施,在达到一定标准后,GAO会将已改善的项目从高风险领域清单中移除。从清单中移除需要满足五个标准(图8-2),包括:①领导层承诺(高层领导坚定的承诺与支持);②能力(机构有能力解决风险);③行动计划(存在纠正行动计划,该计划定义根本原因、解决方案,并提供实质性纠正措施);④监控(监测和验证纠正措施的有效性和可持续性);⑤展示进度(展示在实施纠正措施和解决高风险领域方面的进展)。

2015年,GAO开始使用五角星来表明高风险领域的进展,该星形显示某高风险领域是否满足(已采取符合该标准的行动)、部分满足(已采取了一些但不是全部必要的行动)或未满足(采取的行动很少)五个标准中的一个。

图 8-2 高风险进展标准评级示例

3. GAO 高风险领域清单分析

GAO 高风险领域清单中的内容数量随年度变化的趋势如图 8-3 所示。1993 年披露的清单中有 17 项内容,之后,根据高风险领域确认机制与移除标准,清单上内容有所增加或减少,但总体而言,其数量随时间呈上升趋势,至 2021 年高

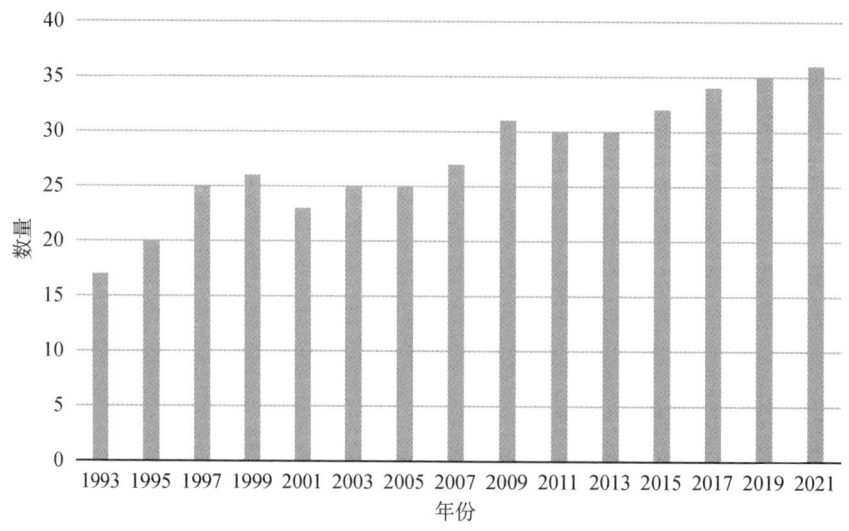

图 8-3 GAO 高风险领域数量变化趋势

风险领域清单中内容增至 36 项,关注的风险领域也越来越多样化。

1993—2021 年 GAO 高风险领域清单内容的变化趋势如表 8-2 所示。GAO 对贷款、保险及福利计划,联邦部门的合同管理、财务管理,强化管理以提高效率和效果等问题从始至终保持了高度关注。贷款、保险及福利计划涉及养老金福利保障保险计划、单一家庭抵押贷款保险和租赁住房援助计划、学生经济援助计划、医疗保险计划等项目,覆盖群体包括学生、退休人员、退伍军人、小型企业等,GAO 共提出 12 项相关内容,截至 2021 年已移除 7 项;联邦部门的合同管理涉及国防部、航天局等部门的采购事项,GAO 从 2005 年开始关注跨部门承包的合同管理问题,GAO 共提出 7 项相关内容,截至 2021 年已移除 2 项;联邦部门的财务管理涉及美国海关、国防部、林业局、航空局等部门,GAO 共提出 4 项相关内容,截至 2021 年已移除 3 项,自 1999 年以后未再披露财务管理相关高风险领域;强化联邦部门管理以提高工作效率和效果相关问题涉及面较广,如国务院海外不动产管理、联邦运输管理局拨款管理、国税局报税欺诈管理、改善信息技术的采购和运营等,还包括美国每 10 年进行一次的人口普查管理,GAO 共提出 18 项相关内容,截至 2021 年已移除 8 项。

表 8-2   1993—2021 年 GAO 高风险领域清单内容变化趋势

年份	新增数	移除数	清单总数	新增内容	移除内容
1993	17	0	17	贷款、保险及福利计划等(6) 更有效地管理联邦合同(5) 强化管理以提高效率和效果(5) 联邦部门的财务管理(1)	—
1995	8	5	20	联邦部门的现代化转型(5) 保险及福利计划(1) 联邦部门的财务管理(1) 强化管理以提高效率和效果(1)	贷款、保险及福利计划等(3) 强化管理以提高效率和效果(2)
1997	5	0	25	强化管理以提高效率和效果(2) 联邦部门的现代化转型(1) 保险及福利计划(1) 确保公共安全(1)	—
1999	2	1	26	联邦部门的财务管理(2)	联邦部门的财务管理(1)

(续表)

年份	新增数	移除数	清单总数	新增内容	移除内容
2001	2	5	23	联邦部门的现代化转型(1) 强化管理以提高效率和效果(1)	贷款、保险及福利计划(1) 更有效地管理联邦合同(1) 联邦部门的现代化转型(1) 强化管理以提高效率和效果(2)
2003	4	2	25	保险及福利计划(2) 强化管理以提高效率和效果(1) 确保公共安全(1)	强化管理以提高效率和效果(1) 保险及福利计划(1)
2005	4	4	25	确保公共安全(2) 联邦部门的现代化转型(1) 更有效地管理联邦合同(1)	联邦部门的财务管理(2) 保险及福利计划(1) 强化管理以提高效率和效果(1)
2007	3	1	27	确保公共安全(2) 强化管理以提高效率和效果(1)	保险及福利计划(1)
2009	5	1	31	联邦部门的现代化转型(2) 确保公共安全(2) 强化管理以提高效率和效果(1)	联邦部门的现代化转型(1)
2011	1	2	30	强化管理以提高效率和效果(1)	确保公共安全(1) 强化管理以提高效率和效果(1)
2013	2	2	30	强化管理以提高效率和效果(1) 确保公共安全(1)	联邦部门的现代化转型(1) 更有效地管理联邦合同(1)
2015	2	0	32	强化管理以提高效率和效果(1) 保险及福利计划(1)	—
2017	3	1	34	强化管理以提高效率和效果(3)	确保公共安全(1)
2019	2	1	35	确保公共安全(1) 更有效地管理联邦合同(1)	确保公共安全(1)
2021	2	1	36	确保公共安全(1) 贷款和保险问题(1)	强化管理以提高效率和效果(1)

GAO 自 1995 年起开始关注联邦部门的现代化转型,包括国家气象局现代化、国税局业务系统现代化、空中交通管制现代化、国防部业务系统现代化、金融监管体系现代化等,GAO 共披露 10 项相关内容,截至 2021 年已移除 3 项。1997 年,GAO 第一次披露公共安全相关高风险领域,随后相关披露愈发频繁,内容涉及改进联邦食品安全监督、国防部人事安全检查、转变环境保护局的评估过程并控制有毒化学品等,共提出 11 项相关内容,截至 2021 年已移除 3 项。

GAO 自 1993 年起提出的 62 个高风险领域中,强化管理以提高效率和效果相关内容占比最高,为 29%;贷款、保险及福利计划,联邦部门的现代化转型,以及确保公共安全相关内容数量相当,占比在 18% 左右;联邦部门合同管理与财务管理相关内容占比相对较少,近年也未再披露新的内容。从移除角度来看,贷款、保险及福利计划和联邦部门财务管理相关问题解决得较好,内容移除率均在 50% 以上,联邦部门的现代化转型与确保公共安全相关内容移除率较低。

4. 国会在高风险领域采取的行动

联邦政府对 GAO 提出的高风险领域始终保持高度关注,并开展长期工作以纠正问题,化解风险。针对 GAO 已提出的多项整改建议,相关部门积极响应,不断处理审计中发现的问题并取得进展。根据 GAO 的审计建议,国会采取的几项行动实例如表 8-3 所示。

表 8-3　　　　　　　　国会在高风险领域采取的行动实例

高风险领域	国会采取的行动	GAO 的工作如何为国会行动作出贡献	对高风险进展标准的影响
联邦残疾计划现代化	2017 年的《退伍军人上诉改进和现代化法案》取消了以前的上诉程序,为退伍军人提供了各种选择;退伍军人索赔由退伍军人福利管理局(VBA)进一步审查,或直接向退伍军人上诉委员会提出上诉;该法案还要求退伍军人事务部(VA)提交一份实施新上诉程序的全面计划	GAO 评估了 VA 上诉计划,包括该计划是否合理、是否存在差距;GAO 在 2017 年、2018 年参加了众议院退伍军人事务委员会圆桌会议,并发布了 2018—2020 年 VA 上诉计划相关评估结果	2019 年,VA 简化其上诉程序,实施了 2017 年立法的要求(能力)

(续表)

高风险领域	国会采取的行动	GAO的工作如何为国会行动作出贡献	对高风险进展标准的影响
税法的实施	《纳税人第一法案》第1101条要求国税局(IRS)制定客户服务策略,第2301条允许国税局降低2021年及随后几年提交100份以上资料申请表的投资者电子申请门槛	GAO提出美国国税局没有设定改善纳税人体验的绩效目标和相关措施	美国国税局计划确定绩效目标、措施和指标,作为其2021年1月向国会提交报告的一部分;GAO审查新报告,以确定其在多大程度上落实了先前建议。(行动计划) 扩大的电子申报范围将有助于美国国税局确定哪些申报表最有效(监控)
改善信息技术采购和运营	2018年《国防部授权法案》(2018年NDAA)要求建立技术现代化基金和董事会,并允许各机构建立机构现代化IT系统和营运资金基金	GAO保证更好地管理传统IT系统建设经费;研究政府对传统IT系统的严重依赖	2018年《国防部授权法案》(NDAA)条款:(1)允许机构建立营运资金,用于从IT系统过渡;(2)创建技术现代化基金,以帮助机构更换旧系统,以及收购或开发新系统(能力)
联邦人事安全检查计划	2018年《国防部授权法案》(NDAA)第925节要求相关委员会主席和其他负责人协调,提供年度报告,及时处理人员安全问题	2018年《国防部授权法案》(NDAA)与GAO 2017年报告一致,在报告中,GAO要求国会考虑恢复和增加2004年《情报改革和恐怖主义预防法》的要求,即行政部门每年向适当的国会委员会报告其背景调查过程	年度评估将帮助国会监测行政部门背景调查的及时性以及国会认为相关的其他事项(监控)
通过更好管理气候变化风险来限制联邦政府的财政风险	《2018年灾难恢复改革法案》(DRRA)第1234条允许总统就每起重大灾害预留一定比例的赠款,用于灾前减灾。第1206条提出联邦为州和地方政府提供联邦援助,以进行建筑法规的管理和执法	GAO发现,如果将灾后减灾工作与灾前减灾资源相平衡,联邦对恢复重建的投资可能会更有效;增强州和地方的抗灾能力有助于减少联邦财政风险	2020年8月,由于《2018年灾难恢复改革法案》(DRRA),联邦紧急事务管理局建立了建设弹性基础设施和社区赠款计划,以支持对社区重建工作的灾前投资(能力)

(续表)

高风险领域	国会采取的行动	GAO的工作如何为国会行动作出贡献	对高风险进展标准的影响
确保对美国国家安全利益至关重要的技术的有效保护	《2019年约翰·麦凯恩国防授权法》(2019年NDAA)第1049条要求国防部建立一份采购计划、技术、制造能力和研究领域的清单；《2018年外国投资风险评估现代化法案》第1717(a)条和第1721(b)条规定美国外国投资委员会的成员机构，并要求每个机构每年向相应的国会委员会提交为期8年的详细支出计划，包括估计的人员配备水平	自2007年以来，GAO已确定需要加强保护关键技术的个别计划和活动，并呼吁在计划之间加强协调；2018年，GAO发现美国外国投资委员会的工作量在2011年至2016年增加了50%以上，建议财政部部长作为委员会主席，与成员机构合作，评估人员配置需求	《2019年约翰·麦凯恩国防授权法》(2019年NDAA)条款允许更好地了解国防部的关键计划和技术。(行动计划) 2018年的《外国投资风险评估现代化法案》规定，通过授予特别的招聘权限，加强美国外国投资委员会的活动并使之现代化(能力)
国防部业务转型模式	《2019年约翰·麦凯恩国防授权法》(2019年NDAA)第921节授权国防部拟定一份关于国防业务运营的报告	GAO在2020年11月报告说，国防部在其2020年1月的报告中解决了《2019年约翰·麦凯恩国防授权法》(2019年NDAA)的大部分关键要求，如报告军事和文职人员的数量以及所需企业业务活动的成本	自2019年以来，国防部在成本节约方面取得了一些进展(监控)

此处选取满足五项标准，并于2021年从GAO高风险领域清单移除的国防部基础设施支持管理为例(属于强化管理以提高效率和效果的内容)。国防部管理着一系列固定资产，据报道，截至2019年11月，其管理的固定资产约573 000个设施，如维修站、办公楼等。根据国防部估计，这些固定资产总重置价值约为1.3万亿美元。考虑到这些基础设施对于维持军事战备状态至关重要，自1997年以来，国防部基础设施支持管理一直在高风险领域清单上。但在2021年，GAO将该项目从清单中移除，因为相关部门作出的努力已满足五个标准：①领导层承诺：国防部高级领导人已承诺采取行动，继续致力于改善该部门基础设施管理水平。例如，2019年10月，国防部正式承诺未来实施GAO提出的关于基础设施管理的建议，具体包括：国防部同意确定军事建设、信息技术、人员和设备搬迁以及可替代融资项目(alternatively financed projects)等的成本要求；同意通过使用合理假设，可靠估计过剩的基础设施容量，从而提高其对过剩容量估计的准确性等。②能力：国防

部进一步证明了在保证效率的基础上,基础设施与国防部部队结构需求保持一致的能力。例如,国防部和军事部门通过使用数据分析和集成支持(DAIS)系统来监控不动产库存数据,以提高其不动产数据的准确性和完整性,保证通过更有效地利用空间,帮助国防部更好地管理其设施,以满足部队结构的需求。③行动计划:国防部已经制订了计划。例如,国防部制订固定资产效率计划,以更好地识别多余的基础设施;2019年9月,国防部发布最新版本的固定资产效率计划,该计划设定了国防部目标,包括减少其使用的办公室和仓库的数量以及2020—2024年拥有的建筑物数量。④监控:国防部在2019年制订了一项5年计划以提高数据质量,包括指导检查和记录更新,截至2019年9月,海军通过检查设施是否存在、设施是否到位、数据完整性和现有设施是否列在记录中以纠正审计中发现的错误。⑤展示进度:在过去几年中,国防部通过采取行动减少过剩的基础设施,在保证基础设施与其部队结构需求一致方面取得了进展。在此过程中,国防部实施了GAO在2019年建议的7项行动;国防部通过承诺改进其未来基础设施管理措施,响应了7项行动中的4项;进一步同意通过使用合理假设,可靠估计过剩的基础设施容量以及制定指导意见以提高其过剩容量估计的准确性。

8.2 构建经济安全预警指标体系

经济安全预警指标体系是经济安全审计监测与预警中心的重要组成部分。建立一套科学合理、具有普遍适用性的经济安全预警指标体系,有助于国家审计发挥维护经济安全的作用,有助于推动国家审计功能创新。现有研究表明,构建经济安全预警指标体系的原则包括:科学性原则、完备性原则、重要性原则、可操作性原则、独立性原则以及可比性原则(年志远和李丹,2008;安广实和叶凡青,2011)。根据以上原则并借鉴其他有关国家经济安全的研究成果,本卷认为,可以设计一套经济安全审计预警指标体系,并根据影响不同领域的安全因素,分别设计一些主要指标,最后综合形成经济安全预警指标体系。各领域主要指标的选取以国家审计工作能够收集到的数据为基础。同时,经济安全审计监测与预警中心可以根据国内外相关科学研究与实践经验,设置各项指标相应的安全值范围,并赋予相应的权重。通过比较审计工作中所收集到的各项指标实际值与安全值范围,就可以识别威胁国家经济安全的风险因素。

8.2.1 金融安全预警指标(A)

经济安全审计监测与预警中心通过建立一套科学合理、具有高度适用性的金融安全预警指标体系,不仅可以反映金融的真实状况,而且能够借助指标的评价结果尽早地发出可靠的预警信号,保障我国金融在安全、有序的范围内运行,有助于推动国家审计功能创新。国外关于金融风险预警指标的研究方法主要有以下三种:①对导致危机发生的因素及其变化进行定性讨论,强调危机发生前一个或几个经济指标的变化。这类研究没有对预警指标预测危机的有效性进行定量检验,因此,研究主观性太强,如 Dornbusch 和 Goldfajn(1995)强调高估的汇率。②将危机发生前的典型指标与"对照组"进行比较,并对指标在危机前的表现与"对照组"是否存在系统性差异进行参数和非参数检验,从而确定哪些指标有助于预测危机发生的概率,如 Eichengreen 和 Zrwin(1995),Frankel 和 Rose(1996),Kaminsky 和 Reinhart(1998)。③应用计量经济模型,在模型中估测在未来一期或几期发生危机的概率,如 Goldstein 等(2000),Abiad(2003),Fontaine(2005)。

现有金融安全预警指标体系的构建主要包括三个步骤:①选取合适的预警指标。我国金融安全预警指标体系主要涉及宏观、中观和微观三个层面(何建雄,2001;李兆华和施泽军,2010),根据以往研究,那些能显著反映金融安全状态的指标,即可作为预警指标。Kaminsky 和 Reinhart(1998)对有关货币危机的 15 篇文献进行梳理,总结出 103 个预警指标,这对于预警指标的选取提供了重要的参考。②确定指标临界值和安全区间。根据国际公认的标准或监管要求,已有研究往往通过信号法原则,将会发生金融危机而预警系统没能发出预警的概率和发生错误预报的概率相等时的相关数据作为临界值(沈悦和张珍,2007)。已有研究主要是根据风险的性质,参考历史数据、国际通用标准或专家意见等确定一个区间。③确定权重。个别预警指标超过其临界值的意义可能并不大,只有联合运用个别指标,将指标合成,指标才具有较高的预警能力,这就涉及各项指标权重的确定问题。常用的权重确定方法有主观赋权法、层次分析法(AHP)、熵权法、主成分分析法、因子分析法等。

国家审计应从审计功能出发,在借鉴以往研究的基础上,结合国家审计的实际情况,设计金融安全预警指标体系,更好地指导国家审计工作,监控金融风险,维护金融安全。根据前文的分析,金融安全的内容可以划分为宏观和微观两个层面,因此,本卷建议从宏观和微观两个层面来构建金融安全预警指标体系,宏观层面强调宏观经济平衡发展,微观层面强调银行业金融机构的安全、保险业金融机构的安全和证券业金融机构的安全。在指标体系的构建过程中应注意宏观和微观层面风险的传染效应。图 8-4 展示了本卷关于金融安全预警指标体系的设计思路。

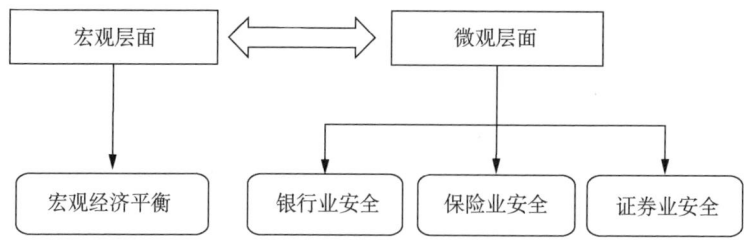

图 8-4　金融安全预警指标体系的设计思路

根据金融安全预警指标体系的设计思路,本卷分别从宏观层面和微观层面选取不同衡量指标。其中,宏观层面具体指标的选择可分为三大类,分别是反映经济对内均衡状况、经济对外均衡状况和国际金融状况的指标,具体可选择的指标如表8-4所示;微观层面的指标则包括资本充足性、资产质量、盈利能力、流动性以及市场风险敏感度等方面的综合评价指标,如表8-5所示。

表 8-4　宏观层面预警指标体系

一级指标	二级指标	三级指标
经济对内均衡状况 A_1	经济增长 A_{11}	GDP增长率 A_{111}、固定资本形成增长率 A_{112}、国内储蓄率 A_{113}
	物价水平 A_{12}	通货膨胀率 A_{121}
	就业水平 A_{13}	失业率 A_{131}
	宏观金融 A_{14}	货币供应膨胀率 A_{141}、货币供应量增长率 A_{142}、国内信贷膨胀率 A_{143}、实际利率 A_{144}
	财政状况 A_{15}	财政赤字率 A_{151}、国债依存度 A_{152}、国家财政债务偿债率 A_{153}
经济对外均衡状况 A_2	国际贸易状况 A_{21}	净易货贸易条件指数 A_{211}、经常账户余额占GDP的比例 A_{212}、外贸依存度 A_{213}、实际有效汇率 A_{214}
	国际储备充足性 A_{22}	国际储备与进口付汇的比率 A_{221}、短期外债占国际储备比例 A_{222}、M_2与国际储备的比率 A_{223}
	外债状况 A_{23}	负债率 A_{231}、债务率 A_{232}、偿债率 A_{233}、外债利用率 A_{234}、外债期限结构 A_{235}、外债利率结构 A_{236}
	资本流动状况 A_{24}	外国直接投资与GDP之比 A_{241}、误差与遗漏率 A_{242}
国际金融状况 A_3	国际利率水平 A_{31}	美国联邦基金利率 A_{311}
	国内外金融资产实际收益率差异 A_{32}	国内外1年期金融资产名义收益率之差 A_{321}、国内外通货膨胀率差 A_{322}
	全球股市状况 A_{33}	美国道琼斯综合平均指数 A_{331}、伦敦金融时报100指数 A_{332}、日经225指数 A_{333}

表 8-5　　　　　　　　　　　微观层面预警指标体系

一级指标	二级指标
资本充足性 A_5	调整的资本对风险加权资产的比率 A_{41}
	调整的Ⅰ级资本对风险加权资产的比率 A_{42}
资产质量 A_4	呆账占全部贷款的比率 A_{51}
	呆账占全部资本的比率 A_{52}
	贷款在各经济部门的分布比率 A_{53}
盈利能力 A_6	资产利润率 A_{61}
	资本利润率 A_{62}
	利息收入占总收入的比率 A_{63}
	非利息支出占总收入的比率 A_{64}
流动性 A_7	流动资产占总资产的比率 A_{71}
	流动资产对短期负债的比率 A_{72}
市场风险敏感度 A_8	资产平均期限 A_{81}
	负债平均期限 A_{82}
	外汇净头寸对资本的比率 A_{83}

8.2.2　财政安全预警指标(B)

根据 Hana(1998)提出的财政风险矩阵,对中国财政风险的形成机制进行分析,并根据财政收支、财政赤字、政府债务、财政运行可持续性等方面的特征对财政风险进行归类,可以将中国的财政风险分解为宏观经济运行风险、财政体制风险、财政债务风险、财政收支风险四个方面(杨志安和宁宇之,2014;洪源,2011)。

宏观经济运行风险和财政体制风险属于财政风险的系统外部因素。宏观经济运行风险通过影响财政收支的运行和债务的变化影响财政风险。国家的宏观经济运行情况主要体现在经济领域和金融领域,国家的经济发展水平和效益决定了财政收入的规模和增速。金融领域对财政安全的影响主要表现在资金的流动能力上,金融系统在社会资源的分配中扮演着重要的角色,一旦爆发金融危机,公共财政的运行能力会受到极大的影响。宏观经济运行风险可能导致财政风险的上升,进而威胁国家的财政安全。

财政体制风险对财政系统自身的举债能力产生直接影响,而财政系统自身举债能力指标又直接反映了财政系统承担财政风险的能力和政府负债风险程度,两者共同反映了那些未来可能转化为财政系统内部风险和对当前财政运行构成潜在影响的风险因素。此外,政府债务与国家经济总量之间存在着相互的影响,因此,已有研究选择指标时,较多地利用比率指标。本卷对财政债务风险设计的二级指标对直接显性债务风险和隐性及或有债务风险都进行了考虑。

财政收支风险和财政债务风险属于财政风险的系统内部因素,能直接衡量一国财政风险。财政收支风险反映了财政系统一个财政年度产生的财政风险流量,而财政债务风险反映了过去积累的财政风险存量,两者共同反映财政运行中的现实风险。本卷结合我国财政风险的分类、预警指标体系构建原则以及数据的可获得性,把我国的财政风险划分为 4 个风险因子,选取了 18 个风险评价指标,表 8-6 为财政风险预警指标体系。

表 8-6　　　　　　　　　　财政风险预警指标体系

一级指标	二级指标
宏观经济运行风险 B_1	GDP 增长率 B_{11}
	通货膨胀率 B_{12}
	失业率 B_{13}
	国有工业企业资产负债率 B_{14}
	国有银行不良贷款率 B_{15}
财政体制风险 B_2	国家财政收入占 GDP 的比率 B_{21}
	中央财政收入占国家财政收入的比重 B_{22}
	税收收入占财政收入的比重 B_{23}
财政债务风险 B_3	国债负担率 B_{31}
	国债借债率 B_{32}
	居民负债率 B_{33}
	国家债务依存度 B_{34}
	中央债务依存度 B_{35}
	国债偿债率 B_{36}
	债务增速与 GDP 增速比 B_{37}
	外债负债率 B_{38}
	外债偿债率 B_{39}

(续表)

一级指标	二级指标
财政收支风险 B_4	预算外收入占财政收入的比重 B_{41}
	财政支出与财政收入的增长弹性 B_{42}
	财政支出补偿系数 B_{43}
	财政赤字率 B_{44}

8.2.3 产业安全预警指标(C)

从已有的关于产业安全指标体系的文献来看,国外学者关于产业安全评价指标的研究较少,俄罗斯经济学家先恰戈夫 B.K.(2003)主编的《经济安全——生产、财政、银行》一书提出的经济安全阈值标准对产业有所涉及,分别是:对外依存程度的阈值、居民生活水平的阈值、财政状况指标阈值。国内学者基于我国经济环境,提出了从"产业国内环境、产业国际竞争力、产业对外依存度、产业控制力"4个维度构建产业安全指标体系(李孟刚,2006),利用相关数据准确、全面地反映我国产业安全状态。

依据前文的分析,国家审计主要通过宏观层面的政策执行效果审计以及微观层面的重点地方国企、央企的审计间接作用于产业,提高产业抵御外部风险的能力,因此,建立产业安全预警指标体系,应当考虑国家审计维护产业安全的作用路径。本卷根据前文产业安全相关定义及核心内容、中国经济环境以及预警指标体系的构建原则,从产业竞争力、产业控制力、产业对外依存度、产业生态环境 4 个维度构建预警指标体系,全面反映我国产业安全状态,具体指标如表 8-7 所示。

表 8-7　　　　　　　　　产业安全预警指标体系

一级指标	二级指标	三级指标 (影响因子)	三级指标 (具体指标定义)
产业竞争力 C_1	自主创新能力 C_{11}	技术创新能力 C_{111}	企业自主创新产品专利授权数量年增长率
		管理创新能力 C_{112}	资源配置率
		创新竞争力 C_{113}	自主创新产品市场占有率
		创新转化能力 C_{114}	企业自主创新产品获利能力
		研发投入度 C_{115}	研发费用占销售收入的比重

（续表）

一级指标	二级指标	三级指标（影响因子）	三级指标（具体指标定义）
产业竞争力 C_1	国内现实竞争力 C_{12}	利润率 C_{121}	净利润与总成本的比值
		劳动生产率 C_{122}	单位劳动力投入与产出的比值
		产业国内市场份额 C_{123}	某一产业的国内市场销售额占该国国内市场该产业产品的全部销售额的比重
	国际贸易竞争力 C_{13}	产业国际市场占有率 C_{131}	某产业的出口额/世界该产业的出口总额
		产业贸易竞争力指数 C_{132}	一国某种产品的净出日值与该产品期值和期值会计的比值
		显性比较优势指数 C_{133}	一国某种出口商品财出口总值的比重与世界该类产品占世界出口总值的比重之间的比率
产业控制力 C_2	市场控制力 C_{21}	外资市场占有率 C_{211}	外资控股企业销售额与同类产品销售额比值
	技术控制力 C_{22}	外资技术控制率 C_{221}	行业外资发明专利数与全行业发明专利数比值
	品牌控制力 C_{23}	外资品牌占有率 C_{231}	国内外资品牌数与国内总品牌数之比
	外资股权控制力 C_{24}	外资股权控制率 C_{241}	外资控股企业产值与国内产业总产值比值
	外资国别控制力 C_{25}	外资国别集中度 C_{251}	重要企业外资国别集中度
产业对外依存度 C_3	产业出口依存度 C_{31}	产业出口对外依存度 C_{311}	该产业出口贸易总额与该产业的国内生产总值之比
	产业进口依存度 C_{32}	产业进口对外依存度 C_{321}	该产业进口贸易总额与该产业的国内生产总值之比
	产业资本依存度 C_{33}	产业资本对外依存度 C_{331}	该产业的国外资本存量与该产业当年的总产值之比
	产业技术依存度 C_{34}	产业技术对外依存度 C_{341}	该产业技术引进经费在R&D经费与技术引进经费之和中的占比
产业生态环境 C_4	制度环境 C_{41}	产业政策 C_{411}	该产业的政策数量占经济政策数量的比重
		政府行政能力 C_{412}	政府行政管理效率
		国际组织制度环境 C_{413}	当年反倾销、反调查涉及金额占出口的比重

(续表)

一级指标	二级指标	三级指标 (影响因子)	三级指标 (具体指标定义)
产业生态环境 C_4	产业资本环境 C_{42}	资本收益率 C_{421}	利润额与总收入的比值
		资本效率 C_{422}	利润额与成本费用额的比值
	产业资源环境 C_{43}	资源要素 C_{431}	该产业资源进口量与消费总量的比值
		能源利用率 C_{432}	单位国内(地区)生产总值能耗
	产业结构 C_{44}	产业集中度 C_{441}	一个行业中各市场竞争主体所占行业总收入或总资产百分比的平方和
	产业劳动力环境 C_{45}	就业增长率 C_{451}	当年该行业从业人数与上年该行业从业人数之比
		劳动力素质 C_{452}	平均受教育年龄
		人力资本 C_{453}	该产业当年的总利润与当年从业人数的比值
	产业需求环境 C_{46}	国内需求增长率 C_{461}	该产业当年的国内产品消费量与国内产品消费量的比值

产业竞争力是一种比较概念,体现了本土产业相对于其他地区或国家所具有的竞争优势,来源于本土产业生产的产品与生产效率满足市场需求而持续获利的能力,表现为市场份额的不断扩大,我们首先从自主创新能力方面考察我国产业生产的产品的竞争实力,同时从国内现实竞争力和国际贸易竞争力两个方面描述我国产业竞争实际现状。产业控制力主要指在开放背景下本国资本对某产业的国际控制力,一个产业只有具备产业控制力,才具有产品定价权,才能进一步对产业的发展与改变作出自主规划,实现产业安全,我们从市场控制力、技术控制力、品牌控制力、外资股权控制力、外资国别控制力等维度对产业控制力状况进行评估。产业对外依存度体现为国内产业对国外的依赖程度,也反映了该产业对外开放程度,不管是进口对外依存度、出口对外依存度、资本对外依存度还是技术对外依存度,我国都处于较高水平(牛立洁,2015),这是产业安全的一个风险隐患,特别是近年来我国为了弥补产业发展的质量与技术差距采取"为出口而进口"的贸易策略,导致制造业高度对外依存(杨水利和杨祎,2019)。产业生态环境对产业从制度环境、产业资本环境、产业资源环境、产业结构、产业劳动力环境、产业需求环境6个维度进行综合描述。

8.2.4 生态安全预警指标(D)

生态安全是可持续发展的关键和重点,已有研究对生态安全指标体系的研究主要停留在对区域生态安全某一特定方面的评价上,如水生态安全、土地生态安全、人工湿地生态安全等(冯文斌和李升峰,2013)。吴国庆(2001)针对区域农业可持续发展,从资源生态环境压力、质量和保护整治能力三方面构建了生态安全评价指标体系。吴开亚等(2004)结合PSR(Pressure-State-Response)理论模型从系统状态指标、系统压力指标、系统响应指标三方面分别探讨了区域生态安全评价指标的选取和赋权方法,并在此基础上建立了区域生态安全的主成分投影评价模型。何刚等(2018)从压力、状态、响应三方面构建了区域生态安全评价指标体系。

PSR理论是基于压力、状态、响应三个方面对环境质量进行评价的理论,常被用于生态系统安全评价中。PSR理论最初由加拿大统计学家David J Rapport和Tony Friend提出,在20世纪80年代末,经济合作与发展组织(OECD)和联合国环境规划署(UNEP)共同将其用于研究环境安全问题(Hammond等和Institute,1995;Tong,2000)。基于PSR理论,本卷对生态安全的衡量分为三个维度:生态安全状态、生态安全压力和生态安全治理。国家审计一方面用生态安全状态指标对当前国家生态资源环境进行描述,可以了解资源质量、生态环境质量以及生态资源质量的变化情况,具体从水资源质量、土地资源质量、空气资源质量等层面进行考虑;另一方面在社会层面上用公众对环境的满意率来衡量公众角度的国家生态环境水平。国家审计利用生态安全压力指标发现生态环境中存在的问题、问题的严重程度,主要从人口增长、水土流失、污染物排放以及自然灾害损失等维度进行考虑。国家审计利用生态安全治理指标衡量社会保护生态安全、整治生态环境、排除生态危险的能力,主要考虑国家在生态安全治理方面的投入以及农业人口素质。本卷综合上述三个方面,考虑国家生态安全风险,构建的生态安全评价指标体系如表8-8所示。

表8-8 生态安全评价指标体系

一级指标	二级指标
生态安全状态指标 D_1	空气质量指数 D_{11}
	耕地质量指数 D_{12}
	地面水质指数 D_{13}
	森林覆盖率 D_{14}
	生物多样性指数 D_{15}
	公众环境满意率 D_{16}

(续表)

一级指标	二级指标
生态安全压力指标 D_2	人口增长率 D_{21}
	人均水资源量 D_{22}
	人均耕地面积 D_{23}
	水土流失面积占比 D_{24}
	单位水资源工业废水负荷 D_{25}
	单位面积国土工业三废负荷 D_{26}
	自然灾害损失率 D_{27}
	成灾面积占比 D_{28}
生态安全治理指标 D_3	环境治理投入占 GDP 比例 D_{31}
	工业三废处理率 D_{32}
	自然保护区占国土比例 D_{33}
	农民人均纯收入 D_{34}
	万名农业人口中农业科技人员数量 D_{35}

8.2.5 信息安全预警指标(E)

在互联网全面高速发展,相关技术逐渐稳定的环境下,维护信息安全变得愈发重要。针对国家网络信息安全的评价指标的研究探索还十分缺乏,大部分研究主要讨论具体企业信息系统安全的问题。参照闫世杰等(2006)与董哲一等(2019)的研究,本卷从信息安全环境、信息安全技术、信息安全产业和国际信息安全四个方面来考虑国家信息安全。

信息安全环境指标从宏观层面描述总体信息安全的政策环境、人才环境、意识形态环境和基础设施环境。政策环境将国家相关法律法规以及各地方政府政策等纳入考虑,如网络安全法和国家网络空间安全战略将地方政府政策按照发文机构级别赋予权重并加权求和。人才环境反映相关从业人员数量。意识形态环境考察相关人员的信息安全意识,通过专家打分实现。基础设施环境为社会提供信息安全公共服务和支撑,主要反映国家和企业信息安全管理的有效性、信息安全等级化保护制度的落实情况、信息安全预警体制和应急机制的建设情况。信息安全技术指标衡量国家与企业对信息安全技术研究与发展的投入强度和最终的产出水平,以及信息安全的产学研合作情况。信息安全产业指标反映相关产业情况,包括企业的数量、投入资本和具有核心竞争力的信息安全产品。国际信息安全主要反映我国信息安全产业的国际影响力和对国外人才的引进情况。综合上述四个方面，本卷构建的信息安全评价指标体系如表 8-9 所示。

表 8-9　　　　　　　　　　信息安全评价指标体系

一级指标	二级指标
信息安全环境 E_1	信息安全政策支持 E_{11}
	信息安全从业人员数量 E_{12}
	信息安全意识 E_{13}
	信息安全基础设施 E_{14}
信息安全技术 E_2	信息安全企业研发投入强度 E_{21}
	信息安全相关专利数量 E_{22}
	国家对信息安全研发项目的投入 E_{23}
	信息安全产学研创新合作情况 E_{24}
信息安全产业 E_3	大型信息安全企业数量 E_{31}
	信息安全企业数量 E_{32}
	信息安全资本 E_{33}
	相关具备核心竞争力的产品数量 E_{34}
国际信息安全 E_4	相关国外人才引进数量 E_{41}
	信息安全企业在国外设立的分支机构数量 E_{42}
	信息安全产业出口产值占比 E_{43}

8.2.6　国有资产安全预警指标(F)

保障国有资产安全的目的在于防范国有企业管理营运中存在的风险。本卷主要基于国有企业的国有资产安全,从两个维度考虑威胁国有资产安全的风险因素:一是企业特性所决定的国有资产安全面临的财务风险和营运风险;二是国有资产管理过程中面临的体制风险和道德风险。

财务风险指标一方面衡量国有企业负债偿债能力,另一方面衡量国有资产的收支预算完成率。营运风险指标用企业的资产净收益率、资产保值增值率等衡量,考察企业的盈利能力;同时关注无形资产和国有资产在总资产中所占的比例,统计国家所有者的权益占比以及无形资产状况,便于系统、全面地掌握国有资产的基本情况和企业创新能力。对财务风险和营运风险的了解,同时也是对企业管理层管理和决策能力的考察。

体制风险指国有企业制度中隐含的风险,对体制风险要考察监督机制、激励机制,以及责任的承担主体是否明确。监督机制完善性由独立董事占比、监督管理委员会中专家的比例来衡量;激励机制完善性通过应付职工薪酬占企业净利润的比例、培训次数和机会衡量;责任主体明确性通过专家打分衡量。由于国有企业所有权的特殊性,企业中容易出现道德风险,产生低效管理的现象,造成国有资产的流失。参考张萍和孙柳(2013)的研究,本卷从企业和管理层两个层面考虑道德风险,管理层层面考察管理人员的受教育水平和社会责任意识,企业层面考察企业政治立场与企业社会责任意识。综合以上四个方面,本卷构建的国有资产安全预警指标体系如表 8-10 所示。

表 8-10　国有资产安全预警指标体系

一级指标	二级指标	三级指标
财务风险指标 F_1	偿债能力 F_{11}	资产负债率 F_{111}
		速动比率 F_{112}
		不良资产比率 F_{113}
	预算完成程度 F_{12}	收支预算完成率 F_{121}
营运风险指标 F_2	盈利能力 F_{21}	资产净收益率 F_{211}
		资产保值增值率 F_{212}
	资产结构 F_{22}	无形资产占比 F_{221}
		国有资产占比 F_{222}
体制风险指标 F_3	监督机制完善性 F_{31}	独立董事占比 F_{311}
		监督管理委员会中专家的比例 F_{312}
	激励机制完善性 F_{32}	应付职工薪酬占企业净利润的比例 F_{321}
		培训次数和机会 F_{322}
	责任主体明确性 F_{33}	专家打分 F_{331}
道德风险指标 F_4	企业层面 F_{41}	企业政治立场 F_{411}
		企业社会责任意识 F_{412}
	管理层层面 F_{42}	管理层受教育水平 F_{421}
		管理层社会责任意识 F_{422}

8.2.7 重大风险防控重要领域安全预警指标

1. 突发公共事件安全预警指标(G)

突发公共事件按照事件类型可以分为自然灾害、事故灾难、公共卫生事件、社会安全事件,具有瞬发性、破坏性,此类事件一旦发生,可能会给人民生命与财产造成巨大损失,严重扰乱社会秩序,因此,在预警指标体系中加入对突发公共事件风险的监测很有必要。我国的公共危机预警机制在2003年基本建成,但经过多年的发展,依然处于预警信息收集与监测分布过于分散,缺少统一、高效、综合协调的信息预处理机构的不健全状态(荆乐国,2016),预警机制不健全主要体现为缺乏足够的灾害应急准备(申振东等,2016),无法有效防止突发公共事件的发生并应对突发公共事件。

我国生态环境部2018年发布《行政区域突发环境事件风险评估推荐方法》,从环境风险源强度、环境风险受体脆弱性、环境风险防控与应急能力三个方面建立了行政区域突发环境事件风险指数计算法指标体系①。郭海明等(2014)从经济利益、政治权益、社会保障、文化教育、公共安全、民族宗教六个方面构建了针对社会安全突发事件的统计监测指标体系。张玉亮(2010)从政府预警层面,考虑公共危机信息预警资源投入、公共危机信息预警环境支持、公共危机信息预警管理控制能力以及公共危机预警信息活动能力,构建了政府公共危机信息预警能力初始评价指标体系。

国家审计运用自身平台,结合大数据技术,能够将对突发公共事件各因素的监测与预警结合起来,对突发公共事件风险进行严密监测。综合已有研究与突发公共事件的特有性质,本卷从危机因素、危机应对能力、危机严重程度三个方面进行预警指标的设计。危机因素与危机应对能力是对突发公共事件的事前风险评估,其中,危机因素是对风险源状况的描述,通过对风险源的监测,国家审计能够掌握危机事件发生的可能性与时间节点,能够及时发出预警。危机因素分为自然灾害、事故灾难、公共卫生事件、社会安全事件四种类型。危机应对能力是对危机预警与应急能力的评估。及时提高地方危机应对能力,加强危机物资财产储备、人员储备等,能够减少危机发生时对受灾地造成的损失。由于突发公共事件的影响具有持续性、社会性,发生过程中容易滋生更多的风险,事中的监测也尤为重要,本卷从直接与间接损失、社会舆论、受灾群众心理问题等多种角度评估危机严重程度。本卷构建的突发公共事件风险预警指标体系如表8-11所示。

---

① 关于印发《行政区域突发环境事件风险评估推荐方法》的通知(环办应急〔2018〕9号)。

表 8-11　　　　　　　　　　突发公共事件风险预警指标体系

一级指标	二级指标	三级指标
危机因素指标 G_1	自然灾害 G_{11}	气候变异程度 G_{111}
		环境破坏程度 G_{112}
		地质结构潜在威胁 G_{113}
		环境投诉数量 G_{114}
		近 5 年突发环境事件发生数量及影响 G_{115}
	事故灾难 G_{12}	高事故风险企业数量 G_{121}
		生产安全政策数量 G_{122}
		生产事故频发程度 G_{123}
		基础设施建设投资欠缺度 G_{124}
		基础设施损坏程度 G_{125}
	公共卫生事件 G_{13}	法定传染病情况 G_{131}
		地区医生和卫生员数量 G_{132}
		医疗卫生政策数量 G_{133}
		近 5 年突发卫生事件发生数量及影响 G_{134}
		基本公共卫生环境 G_{135}
	社会安全事件 G_{14}	犯罪率 G_{141}
		离婚率 G_{142}
		失业率 G_{143}
		收入差异程度 G_{144}
		宗教与民族纠纷次数和规模 G_{145}
		团体犯罪斗殴次数和规模 G_{146}
危机应对能力 G_2	预警能力 G_{21}	信息采集手段先进程度 G_{211}
		预警奖惩机制 G_{212}
		预警系统覆盖程度 G_{213}
	应急能力 G_{22}	应急预案编制情况 G_{221}
		应急人员数量 G_{222}
		应急物资储备情况 G_{223}

(续表)

一级指标	二级指标	三级指标
危机严重程度 G_3	生命损失 G_{31}	直接导致死亡人数 G_{311}
		援助人员死亡人数 G_{312}
	经济损失 G_{32}	生产直接损失 G_{321}
		个人财产损失 G_{322}
		公共财产损失 G_{323}
	社会稳定水平 G_{33}	危机舆论倾向 G_{331}
		社会心理问题 G_{332}
		秩序混乱程度 G_{333}
	自然环境损失 G_{34}	直接自然资源损失 G_{341}
		导致的环境污染 G_{342}

2. 资本市场安全预警指标(H)

资本市场具有固定的风险,风险会随着时间产生周期性的累积与变化。同时,在空间上,某一主体发生的风险可能会引起市场上各主体之间的一系列连锁反应,造成资本市场的系统性风险并最终演变为资本市场危机。因此,国家审计对经济安全的监测预警系统需要将对资本市场整体风险的监测包含在内。马良渝和汪洋(2005)对构建我国资本市场危机预警指标体系进行了探讨,认为应充分考虑资本市场信息特征和资本市场在开放环境下受到的国际金融信息冲击,以及资本市场信息源和传播渠道等,并指出房地产业相关指标应纳入资本市场危机预警指标体系。魏伟和国世平(2017)将影响资本市场安全的风险因素细分为国际因素指标、国内经济因素指标、证券市场因素指标、外围因素指标和金融机构风险因素指标。孙国茂等(2020)基于宏观审慎监管的要求,从宏观经济、股票市场和证券机构3个维度构建指标体系,采用综合指数法测度资本市场系统性风险。

本卷认为,构建资本市场风险预警指标应从宏观的经济环境、中观的资本市场和重要行业状况、微观的各重要性机构三个方面进行构建,其中重要行业主要指一直被认为是泡沫经济诱源的房地产行业。宏观经济环境包括国际经济环境与国内经济环境,主要考虑宏观经济变量对资本市场波动性风险和流动性风险的冲击。中观层面的股票市场指标从整体资本市场的运行情况考虑系统性风险,其中,美国标准普尔500指数涨跌幅度考察国外资本市场情绪情况,以预防国际资本市场风险变化引发我国资本市场风险爆发的可能性。微观重要性机构包括金融机构、重要企业与资本市场中介机构。重要企业主要指影响国民经济命脉的地方国企与央企,除了从财务指标上考虑其财务风险外,还应从股价崩盘风险与信息披露的透明度与及时性等方面进行考察。资本市场中介机构包含社会审计机构、证券机构、法律机构、资产评估机构等,对投资者和公众负有一定责任,应重点纠察其是否存在违法失信行为,以及它们之间的关联程度。另外,根据证监会 2016 年发布的《证券公司风险控制指标管理办法》,证券公司风险控制以净资本为核心,净资本也是国际通用的证券公司风险监控核心指标,因此,选取净资本比率与资本充足率进行相关风险评估。本卷构建的资本市场风险预警指标体系如表 8-12 所示。

表 8-12　　　　　　　　　资本市场风险预警指标体系

一级指标	二级指标	三级指标
宏观经济环境指标 H_1	国际经济环境 H_{11}	OECD 领先指标 H_{111}
		原油价格变化 H_{112}
		进出口交换比率 H_{113}
	国内经济环境 H_{12}	GDP 增长率 H_{121}
		通货膨胀率 H_{122}
		利率敏感性比率 H_{123}
		固定资产投资增长率 H_{124}
中观资本市场与重要行业指标 H_2	股票市场指标 H_{21}	平均市盈率 H_{211}
		平均换手率 H_{212}
		股价波动幅度 H_{213}
		融资融券规模 H_{214}
		IPO 溢价率 H_{215}
		上市公司总市值 H_{216}
		美国标准普尔 500 指数涨跌幅度 H_{217}
	房地产业指标 H_{22}	房价收入比 H_{221}
		商品房销售面积/商品房竣工面积 H_{222}
		房地产开发投资额/全社会固定资产总投资 H_{223}

(续表)

一级指标	二级指标	三级指标
微观重要性机构指标 H_3	金融机构 H_{31}	资本充足率 H_{311}
		不良贷款率 H_{312}
	重要企业 H_{32}	股价崩盘风险 H_{321}
		偿债能力指标 H_{322}
		盈利能力指标 H_{323}
		成长能力指标 H_{324}
		营运能力指标 H_{325}
		信息披露透明度 H_{326}
	资本市场中介机构 H_{33}	净资本比率 H_{331}
		资本充足率 H_{332}
		资产管理业务收入 H_{333}
		违法失信频率与程度 H_{334}
		证券行业相互持有债券比重 H_{335}
		证券行业相互持股比重 H_{336}

3. "一带一路"合作安全预警指标(I)

"一带一路"倡议的提出和实施,促进了我国的对外开放,也推动了我国及沿线参与国的经济发展,我国在"一带一路"沿线开展了丰富的投资,这些投资面临诸多内外部风险因素的威胁,这些风险因素复杂多变,且处于监管的薄弱环节,国家审计对经济安全的监测预警指标体系应当将与"一带一路"合作相关的指标体系涵盖在内。刘恒(2018)提出,"一带一路"沿线国家的政治制度、法律、环境、社会习俗、文化传统和宗教信仰等方面存在差异,会给我国的经济安全带来不同的威胁,除客观差异以外,外在的大国博弈、地缘政治等也会影响经济安全,因此,我们在构建经济安全预警指标体系时应当予以考虑。张晓芬等(2020)结合"一带一路"建设项目案例的相关数据,利用改进的层次分析法(AHP)构建了一套预警指标体系,包含外部层面和内部层面的指标,外部层面指标包括政治、社会、经济、政策以及自然等方面的指标,内部层面指标包括决策、技术层面的指标。王璟璇等(2021)在构建"一带一路"海外项目风险动态监测预警指标时,将风险分为外部环境风险和项目自身风险两个方面,并从政治、经济、项目属性和项目实施四个方面构建了一套动态的预警指标体系。

本卷认为,构建"一带一路"合作风险预警指标应从内部和外部两个方面进行,

"一带一路"合作中的相关项目建设、海外投资等规模大、建设周期长，项目和投资不仅本身复杂，而且还会受到投资或项目所在国外部环境的影响，因此，指标体系的构建应当尽可能地包含可能对经济安全造成影响的所有风险因素。本卷主要从政治风险、经济风险、社会风险以及具体项目风险四个方面构建预警指标体系。政治风险包括政局稳定性和法制及监管水平，政局稳定性主要考虑东道国的政府稳定性、内部战争威胁以及是否面临外部争端，法制及监管水平主要考虑国家法制水平、资本和人员流动限制、商业和环境管制以及是否与中国签订双边投资协定等方面。经济风险从经济发展水平和金融稳定性两个方面考虑，东道国的经济发展水平和金融稳定性会对当地的投资和基础设施项目建设的安全性形成很大的影响。社会风险主要考虑社会安全以及国民素质，社会安全是进行投资和项目建设活动的前提，而国民素质是投资和项目建设顺利进行的有力保障。具体项目风险指标包括项目决策风险和项目实施风险。

表 8-13　　　　　　　　　"一带一路"合作风险预警指标体系

一级指标	二级指标	三级指标
政治风险指标 I_1	政局稳定性 I_{11}	政府稳定性 I_{111}
		内部战争威胁 I_{112}
		外部争端 I_{113}
	法制及监管水平 I_{12}	国家法制水平 I_{121}
		资本和人员流动限制 I_{122}
		商业和环境管制 I_{123}
		是否签订双边投资协定 I_{124}
经济风险指标 I_2	经济发展水平 I_{21}	人均 GDP I_{211}
		经济增长率 I_{212}
	金融稳定性 I_{22}	通货膨胀率 I_{221}
		不良贷款率 I_{222}
社会风险 I_3	社会安全 I_{31}	社会安全事件发生率 I_{311}
		罢工率 I_{312}
		国际恐怖主义 I_{313}
	国民素质 I_{32}	人均受教育水平 I_{321}
		受高等教育水平 I_{322}

(续表)

一级指标	二级指标	三级指标
具体项目风险 I_4	项目决策风险 I_{41}	投资规模 I_{411}
		项目建设标准 I_{412}
		项目决策程序合规性 I_{413}
	项目实施风险 I_{42}	技术风险 I_{421}
		项目实施速度 I_{422}
		项目投资回报率 I_{423}

8.2.8　国家经济安全审计综合指数

1. 经济安全审计预警指标体系的作用

1）指标体系综合反映国家经济安全的影响因素

国家经济安全审计指标体系涵盖了国家经济安全影响因素涉及的各个领域，将抽象的研究对象和影响因素分为可识别、可量化、可研究、可操作的系统。国内诸多学者通过构建指标体系的方式研究国家经济安全的影响因素。叶卫平（2010）通过对"基本经济制度""经济主权""经济危机"三个一级指标进行分析，研究了影响国家经济安全的基本因素。顾海兵和孙挺（2012）通过对"经济安全条件"和"经济安全能力"两个一级指标进行分析，研究了条件外因和能力内因对国家经济安全的共同影响。

2）指标体系是评估国家经济安全状态的重要工具

国家经济安全问题具有复杂性和广泛性。国家经济安全是一个系统，里面包含若干个子系统，如果对所有子系统进行分析，一是会耗费大量的资源，二是可能遗漏某些关键因素。因此，一套科学合理的指标体系，可以涵盖影响经济安全的所有关键因素，能直观反映国家经济运行情况，国家审计借助指标体系可以实现对国家经济安全状态的有效评估。

3）指标体系是预测国家经济安全状态的重要手段

国家审计对国家经济安全状态进行监测和预警的最终目的是对国家未来经济安全状态进行预测，通过对未来经济安全状态进行预测，可以形成对未来经济形势的准确判断，有助于找准经济运行的薄弱环节，为制定国家经济政策提供决策依据。

2. 确立国家经济安全审计综合指数

在设计了经济安全审计预警指标体系的基础上，我们就可以构建国家经济安全审计综合指数。

$$I = \sum K_{ji} W_{ji}$$

其中，I 表示经济安全审计综合指数；K_{ji} 表示各项国家经济安全指标的分数；W_{ji} 表示各项经济安全指标的权重。

经济安全审计综合指数的计算步骤如下：

第一，利用国家审计活动收集到的信息，对国家经济安全各单项指标进行打分；

第二，赋予各项国家经济安全指标相应的权重；

第三，加权平均计算经济安全综合指数。

通过计算国家经济安全审计综合指数，并与预先设定的安全值范围进行比较，就可以对国家经济安全状态进行评价，并根据情况进行预警。

3. 国家经济安全审计综合指数运用的关键

在运用国家经济安全审计综合指数时，关键在于如何确立各项国家经济安全指标的权重以及安全值范围。确立权重与设定安全值范围主要有三种方法。一是专家评估法。专家评估法是以专家对研究对象作出的判断为初始值，然后进行一定的处理以得到研究结果的方法（顾海兵，2005）。专家评估法借助专家的力量对各项指标的权重和安全值范围进行判断、选择，再对专家形成的反馈结果进行分析处理，最终确定权重与安全值范围。二是专家文献研究法。专家文献研究法是指在调查一定时期、特定范围专家研究成果的基础上，对文献信息进行整理归纳、统计分析，形成研究依据的方法（顾海兵和王甲，2018）。通过对重要文献的分析，可以得出关于指标权重与安全范围的定量特征及其背后的定性逻辑，能够为确定权重和设定安全值范围提供充分的信息。三是因子分析法。因子分析法通过客观的分析，确定各项指标的权重与安全值范围。

对各级指标体系权重与安全范围的确定应当采用不同的方法。对于本卷所述的几大领域的主指标，因涉及的指标较少，可以采用专家评估法或专家文献研究法。例如，邀请充分了解国家经济安全影响因素的专家对各主指标的权重进行主观的判断。而对于各领域主指标的一级指标、二级指标乃至三级指标，可以采用较为客观的因子分析法。

8.3 构建经济安全预警模型

预警模型是预警系统的核心内容，是经济安全审计信息分析的重要手段或工具，预警模型可以针对各预警指标总结出国家总体经济安全状况，考察预警指标是否触及经济安全红线,再通过各组成指标分析风险来源与状况。预警模型能够有效控制经济风险,维护国家经济安全。

预警模型大致可分为两类:计量模型和非计量模型。计量模型包括 ARMA 模型、ARCH 模型、VAR 模型、STV 横截面回归模型、MCS 模型以及基于贡献分析法、主成分分析法、相关性分析法、判别分析法等建立的具体模型;非计量模型则包括人工神经网络模型、KLR 信号分析模型、Bayes(贝叶斯)概率模式识别模型、灰色预测模型等。几种主要的经济安全预警模型及其特点如表 8-14 所示。

表 8-14　　　　　　　　　　主要经济安全预警模型

序号	名称	特点
1	ARMA 模型	通过定量的方法描述时间序列模型观测值之间的自相关性,进而利用过去值预测将来值;方法本身的程序能够使设定样式逼近最佳模型;适用范围广;突发事件对经济活动产生重大影响时,该模型预测效果会失真或失效
2	ARCH 模型	利用自回归刻画方差的变异性,从而用过去误差预测未来误差的方法;进行宏观经济预警时引入误差使模型更准确,并且适用于非线性预警系统(王慧敏,1998)
3	VAR 模型	比传统宏观经济计量模型更适用于经济预警,解释变量全部都是滞后变量,可直接利用历史数据对未来进行预测(杭斌和赵俊康,1997)
4	判别分析法模型	根据已知观测量的预警分类和表明观测量特征的指标变量,推导出判别函数,最后根据判别函数确定观测量的所属类别
5	贡献分析法模型(樊茂勇,2001)	适用于处理非线性预警指标的定量分析
6	人工神经网络模型(Nag 和 Mitra,1999)	平行分散处理模式;能克服传统统计预警模型的缺点;具备处理资料遗漏或错误的能力
7	KLR 信号分析模型	经济预警中最重要的模型;选择一系列指标并根据其历史数据确定其阈值,当指标观测值超过阈值则说明该指标发出预警信号
8	Bayes(贝叶斯)概率模式识别模型	将预警系统视为一个模式,把未知警度的新预警样本与已知警度的预警标准样本进行比较辨别,以确定新预警样本所归属的预警模式类别;适合研究预警系统的预警可靠性(王建成等,1997)

国内外学者关于经济安全预警模型的研究不断深入,但每一种方法都存在一定的局限性。例如,ARMA 模型预测可能会在短期内有效,但未必长期有效;ARCH 模型用过去误差解释未来误差的可行性存疑;判别分析法模型无法确定已知观测量预警分类保持有效性的时间和程度;基于概率模式的识别模型有一定的

复杂性;人工神经网络模型的输入输出指标还需要进一步探讨;KLR信号分析模型在最小的噪声即信号比率确定方面存在差异性;STV横截面回归模型能分析出是否发生危机的概率,但不能得出危机具体的发生时间(万正晓和吴孔磊,2009;姜茸等,2015)。

总体来看,现有模型存在各种不同缺陷。模型需基于一定的基础假设才有效,而实际的预警指标体系却很难满足一系列的假设条件。模型会涉及各种各样的阈值,确定阈值较为困难,如果阈值设定过紧,会忽略掉一部分风险信号,存在预警机制失效的可能;如果阈值设定过松,风险信号过多,存在发出错误预警的可能。这些模型基本都是针对其他国家经济运行情况而建立的,在实际运用到我国时,需要根据我国国情进行一定的修改与调整。模型多注重定量分析,不重视定性分析,容易忽略一些风险信息。模型并非从风险角度专门针对国家经济安全问题进行分析,其具体运用基本也只侧重经济安全中的某一领域。例如,张明喜和丛树海(2009)构建基于神经网络的财政风险预警系统,得出2008年我国总体财政风险为中警状态的结论;陈秋玲等(2009)建立基于BP人工神经网络模型的金融风险预警模型,指出我国2008年国家综合金融风险为危险状态。关于我国经济安全预警模型的分析研究多侧重于财政安全与金融安全。

国家经济安全涉及的范围较广,威胁经济安全的因素产生的条件和背景复杂多样,因此,并没有对所有情况都适用的模型和方法。针对国家经济安全风险构建适用于经济安全审计的预警模型,应当充分考虑国家审计在审计活动中所收集到的经济安全信息,基于审计功能的发挥,从审计权限出发,建立经济安全预警模型,用于更好地监测威胁经济安全的因素,发挥预警作用。

本卷提出四种可能路径。

(1) 利用现有的预警模型,结合现实状况,进行适当修正。国外一些学者在研究金融预警模型的过程中提出了这一观点,Davis和Karim(2008)建议,与其摒弃早期预警模型,不如在模型中纳入能够反映发达国家特征的一些变量,如证券市场的不稳定性等,从而使早期预警模型成为宏观审慎分析的一个有益补充。国家审计可在现有模型的基础上进行适当修正和补充,以满足实践中对金融安全预警的需要。

(2) 构建新的经济安全预警模型。例如,利用贝叶斯判别分析原理,对历年经济安全综合指数进行排名和分类,并采用专家调查法、模糊聚类法或多维标度等方法确定最终经济安全的状态(红灯区、黄灯区、绿灯区)。以经济安全风险的各个评价指标为输入指标,以经济安全状态为输出指标,利用历史样本,建立模型,由模型估计结果。

(3)将现有的多种预警方法综合利用,以适应较为全面的经济安全预警系统,达到提高预警准确度的目标。例如,人工神经网络模型不同于传统的统计预警模型,这一模型属于动态的分析模型,将其与静态模型相结合,更能发挥预警作用。许多模型采用的预警模式多为定量分析,因此,我们需要克服只重视定量预警的不足,将定性与定量相结合,才能对影响经济安全的因素进行更全面的分析,结合专家的知识和经验作出最终预警。

(4)构建子系统风险预警模型。没有一种预警模型对所有领域均适用,国家审计可以在构建综合经济安全风险分析模型的基础之上,针对金融安全、财政安全、产业安全以及重大风险防控安全各自领域的特点,选取不同的合适的预警模型对其风险进行衡量。更进一步地,可以对子系统的各组成部分继续深入分析,比如对各子系统的一级指标分别单独选取合适的预警模型,或对各子系统区分具体区域进行预警风险分析,通过这种方式,在考察国家经济安全的风险水平时,能够逐步溯源,更深入地分析风险的分布领域与空间来源,便于有针对性地发出风险预警,有利于对风险的迅速控制与化解。

9 国家审计维护经济安全的国际实践

9.1 美国审计署维护经济安全的实践

9.1.1 美国审计署维护金融安全的实践

1. 以 2008 年金融危机为例的金融安全实践

1) 2008 年金融危机对美国的影响

2008 年金融危机对美国生产、消费、经济等方面均产生了深刻的影响,具体包括以下方面。

(1) 消费收紧。美国个人消费开支约占美国国内生产总值的 2/3,在发生金融危机之后的 8 个月里,美国商品零售额有 7 个月环比出现下降。

(2) 开工不足。据美国联邦储备委员会 2009 年 1 月数据,美国工业产值下降 1.8%,降幅略高于经济学家预期的 1.7%,制造业产值下降 2.5%,开工率 72.3%,当月产能利用率降至 72.0%,均为 1983 年 2 月份以来的最低水平。12 个月内美国工业产值下降 10.0%,制造业产能利用率从 69.7% 降至 68%,机动车及零部件产值下降 23.4%,开采业产值下降 1.3%,开采业产能利用率由 90.2% 降至 88.9%。

(3) 失业突出。2009 年 2 月,美国失业率上升至 8.1%,这是美国自 1983 年 12 月至 2009 年的最高水平,略高于 8% 的预期值。从就业人数减少的行业与产业分布来看,经济危机直接侵蚀着包括制造业在内的生产类行业、建筑业、服务业、金融业、零售业。

(4) 经济负增长。经济衰退直接导致美国经济负增长,年度累计实现 1%~2% 的负增长。随后经济恢复比较缓慢,美国甚至全球在 2008 年金融危机后的 2~3 年内都受到此场危机带来的伤害。

2) 应对措施

(1) 不良资产救助项目。为解决危机带来的问题,美国鼓励银行将借贷恢复到危机爆发之前的水平,美国提出实施不良资产救助计划(Troubled Assets Relief Program,简称 TARP),其概况如图 9-1 所示。TARP 是循环采购机制,其中,资金的使用方式之一是支持家庭可承受负担项目,该项目的实质是美国政府为了救助金融部门而向金融机构购买资产和股权,其允许美国财政部以购买或者投保的方式处理 7 000 亿美元的问题资产①。

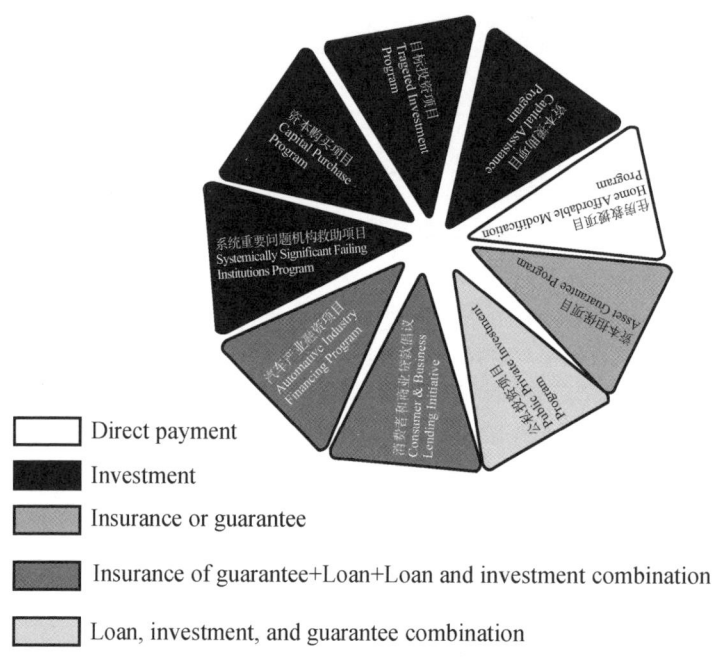

图 9-1 不良资产救助计划概况

(2)美国经济恢复和再投资法案。2009 年 2 月 17 日,时任美国总统奥巴马签署美国经济恢复和再投资法案(American Recovery and Reinvestment Act,简称 ARRA),该法案对部分资金的分配(包括但不限于)如表 9-1 所示。2009 年年末,时任美国总统奥巴马宣布再增加 500 亿美元作为经济刺激计划的延伸。新公布的经济刺激计划包括:基础设施建设、通过财政部不良资产救助计划增加对小型商业企业的贷款、延伸对商业投资的税收减免以及给州及地方政府新的救助等。

---

① 问题资产为在 2008 年 3 月 14 日之前发生的住宅或商业的抵押贷款以及任何与这些抵押贷款相关的证券、义务和其他工具。

表 9-1　　　　　　　　　　ARRA 部分资金分配使用情况

部门或项目	用途	金额(亿美元)
能源部能源效率和可再生能源办公室（EERE）	支持 EERE 的应用研发与部署计划①	25
	支持电子技术在交通工具中的应用	4
	成立能源先进研究计划署,支撑能源创新	4
越冬御寒援助项目	每户居民的援助金额增加到 6 500 美元,同时开展新的越冬御寒援助行动	50
住宅与城市发展部	恢复或改建公共建筑,包括提高建筑单元的能源效率	40
	通过国内居民住宅项目来提高居民住宅的效能	5.1
	改善低收入家庭住宅的能效	2.5
电池系统和组件	支持先进的锂离子电池和混合动力电子系统,同时发展软件项目	20
	替代燃料汽车试点拨款项目	3
	支持能效设备,同时支持能源部的"能源之星"项目	3
能效与节能专项	引导各州政府和地区政府支持能效和节能战略与项目,包括旨在在政府大楼安装燃料电池、太阳能、风能和生物质发电设备计划的能源审计计划	32
国家能源项目	用于各州采用严格的建筑节能技术和为能效措施提供有效的激励	31
可再生能源和输电技术贷款担保	支持可再生能源和输电技术贷款担保	60
国家电网现代化活动	升级需求响应设备,分析、开发和实施智能电网技术,同时支持储能技术研究和能源供应中断的恢复	45
美国总务管理局	将联邦建筑转变为绿色建筑,购置联邦用新能源汽车	48

3) 审计机关发挥的作用

第一,GAO 针对不良资产救助计划发挥的主要作用。

2008 年 10 月 3 日,不良资产救助计划被签署成为法案,该法案要求,美国总审计长负责对财政部的计划进行审计,至少每隔 60 天向国会提交一份全面的审计报告。

(1) 事前审计——加强对 TARP 监管。

一方面,针对 2008 年度预算案,GAO 指出政府 2008 年为金融机构资产多付

---

① 其中,8 亿美元用于生物质项目,4 亿美元用于地热技术项目,还有 5 000 万美元用于提高信息与通信技术的能源效率,http://chinaeast.xinhuanet.com/zhuanti/2009-02/28/content_16329173.htm。

31%的资金。2008年度预算案显示,对联邦政府收购的金融资产的价值评估表明,政府可收回的资金仅为购买这些资产所支付价格的2/3左右①。在7 000亿美元金融救助计划下,政府可能为金融机构不良资产付出了过高代价。奥巴马政府承担的33%补贴比国会预算办公室(Congressional Budget Office,简称CBO)所做的预测更为糟糕,CBO预计,第一笔2 470亿美元TARP资金将流失640亿美元,相当于政府补贴了26%。

另一方面,为保障TARP顺利实施,在2008年12月对其进行事前审查。

TARP是美国政府2008年救助举措中最重大的一部分,GAO承认计划实施不易。截至2008年11月25日,财政部已通过资本购买项目(Capital Purchase Program,简称CPP)向52家机构注资1 500亿美元,TARP作为一个全新项目会面临很多挑战,尤其是在经济前景不明的环境下,基于此,GAO认为财政部应作出一系列改进以提高计划实施的完整性和透明度。具体地讲,GAO认为财政部需作出的改进如表9-2所示。

表9-2　　　　　　　　GAO提出的财政部需作出的改进

序号	内容
1	与银行监管机构共同建立一个有效的系统,及时确定并报告金融机构的行为大致上是否符合资本采购计划目的的
2	建立一种新方式,确保参与资本采购计划的金融机构遵守与财政部达成的协议中的关键要求
3	使现有的传播战略正式化,确保包括国会和公众在内的外部利益相关者都能了解到救助计划目前采取的战略和行动以及战略改变的原因
4	确保有足够并适当的培训人员被分配去监督所有"承包商",特别是监督基于时间和材料的合同定价
5	继续为TARP制定一个综合全面的内部控制系统,包括制定政策、建立程序和引导
6	快速发布最终解决利益冲突的办法并且重新考虑和谈判"冲突减轻计划",以便增强其特殊性和服从性
7	在现有不断进展中的正规化行动基础上建立一个明确的过渡计划,以便顺利过渡到新的管理阶段
8	建立一个系统有效的管理和监督利益冲突的部门
9	继续为IFS招聘工作人员,以确保财政部拥有人员去执行和监督TARP的进行

---

① 这项成本数据是在划拨2 500亿美元储备金以应对未来金融冲击的讨论会上被披露的,该数字较此前一些预测更为悲观。

(2) 事中审计——进行跟踪审计,确保 TARP 投资项目的有效性。

一方面,为保证 TARP 投资的各主要项目的有效性,GAO 对其进行跟踪审计。

2009 年 2 月,美国财政部提出利用剩余资金的战略。这一战略确定了存在的问题和计划解决问题的措施。随后一段时间,美国财政部为项目的各个组成部分提供了其他细节。美国财政部特别宣布参与者通过公司合作形式进行不良资产交易的计划,并推出了住房保障计划,该活动与 TARP 的原定计划是一致的。美国财政部回复了 GAO 提出的 5 个有关承包、协议和建立内部控制的公开建议。

2009 年 3 月,财政部扩大对新投资的资本购买项目的调查范围,将调查范围从 20 家机构扩大到所有参与项目的机构,通过采取行动并结合 GAO 的建议,保证改善对承包商的监督。同时,继续改善其一系列现有协议条款的管理达标情况。例如,要求资产管理公司要对参与机构遵守协议情况发挥监督作用;通过出台措施,确保机构遵守股息、股票回购和行政赔偿限制。

另一方面,住房援助计划作为 TARP 的基石,GAO 对其进行详细跟踪审查[①]。

GAO 在 2009 年 3 月的报告中,报告了住房援助计划的重要组成部分。到 2009 年 7 月,住房援助计划的执行仍然很不明确,虽然核心项目已得到执行,仍有部分项目尚未实施。此外,GAO 发现住房援助计划存在管理薄弱环节:一些子项目和内部控制的执行时间滞后于时间表。GAO 为确保住房援助计划的顺利实施,对财政部提了一些建议,如表 9-3 所示。

表 9-3 　　GAO 为确保住房援助计划顺利实施对财政部提出的建议

序号	方法	内容
1	住房贷款审批方法	如果一个家庭的债务超过其家庭总收入的 55%,那么这个家庭会被通告。如果该家庭想获得贷款,必须通过联合住房贷款咨询,才能获得批准
		评估咨询机构通过评估贷款的性质,确保贷款符合要求
2	重新评估计划,以确保住房援助计划资金得到有效利用,最大限度地加强对家庭的帮助力度,并最大限度地提高纳税人的整体利益水平	
3	完善住房援助计划内部控制,包括制定政策,对项目和计划表进行全面系统的指导,以保护政府和纳税人的利益	
4	提高系统评估业务人员的能力,帮助财政部更好理解和解决相关业务问题	

---

① 参见 2009 年 7 月 GAO 审计报告。

(3) 事后审计——针对 TARP 2009 年财务报告。

一方面,财政部 2009 年 TARP 财务报告体现了相关重要环节,但 GAO 认为仍有改善的余地①。

GAO 2009 年年度报告显示,虽然 TARP 自身存在缺陷和问题,但有助于防止恐慌和恢复市场信心。同时,由于财政部没有明确澄清 TARP 目标,GAO 很难对其总体有效性作出评估。

GAO 2009 年年度报告显示,2009 年 TARP 分别向美国国际集团(AIG)和陷入困境的汽车行业提供了 304.3 亿美元与 304.7 亿美元救助资金。报告还显示,美国政府从其他 TARP 项目中获得 195 亿美元收益,因此,截至 9 月份,TARP 净支出达到 414 亿美元。财政部估计,截至 9 月 30 日,TARP 净资产约为 2 397 亿美元。到 2009 年年底,美国各家银行偿还 710 亿美元 TARP 资金。另外,部分国会议员希望将剩余 TARP 资金中的 750 亿~1 500 亿美元用于修建公路和其他基础设施项目、向小企业提供贷款以及支持州和地方政府财政,旨在刺激经济并创造就业。

GAO 2009 年年度报告显示,TARP 总体运行计划好于预期,报告表示:"过快撤出这些支撑举措或将破坏经济的初步稳定局面。"但报告并未对是否应当延长援助计划至 2010 年 10 月 2 日的问题下结论。

另一方面,GAO 披露截至 2009 年 12 月美国政府 TARP 资金的使用情况。

截至 2009 年 11 月末,美国总计分配 5 607 亿美元 TARP 资金,分别用于投资银行业、汽车业、美国国际集团,以及做资产担保、房市支持、信贷计划等。在这些分配资金中,美国财政部账面承诺款项总计为 4 725.1 亿美元,但实际上仅拨付约 3 700 亿美元。在企业归还 TARP 资金之前,美国财政部尚有 1 393 亿美元未分配资金,加上迄今已归还的资金,TARP 项下约有 2 575 亿美元可供分配②。

第二,GAO 针对美国经济恢复和再投资法案发挥的主要作用。

(1) 事前审计——保障法案目标的实现。

GAO 不仅承担着监管和保证透明度的责任,还需要与其他监管机构密切协调,从而完成法案所要求的任务,并随时让国会了解 GAO 工作的进展。

法案要求 GAO 每 2 个月对联邦和地方政府进行一次审查并提出报告,通报资金如何使用、是否达到了预期目标,这些目标具体包括:创造新就业机会并促进

---

① 2009 年 12 月 GAO 审计报告。
② 2009 年 1 月 30 日 GAO 第二次审计报告。

经济复苏;帮助那些在经济萧条环境下深受影响的行业;投资交通、环境保护和其他会带来长期经济效益的基础设施;稳定联邦和地方政府的财政预算,最小限度地削减公共服务,并避免增税所带来的负面影响。

GAO 主要选择了 16 个州①,并在此后几年里对这些州的资金使用情况进行分析。这些州的人口占全美总人口的 65%,大约收到法案投资总额的 2/3。此外,GAO 还在这些州抽取一些样本地区,深入审查地方政府对法案资金的使用情况。除了上述 16 个州外 GAO 还抽查其他州对法案资金的使用情况进行报告。同时,GAO 的专项调查部门,持续进行风险估计或根据举报信息调查具体的投资项目和可能产生舞弊的资金流,并根据其判断着手进一步的调查。

(2) 事中审计——跟踪审计,为确保法案的受托经济责任和有效实施,对法案的资金使用和签订的合同进行跟踪记录。

依据 GAO 的经验,当巨额资金快速流出、确定或改变项目参与者的资格要求、投资新项目时,或这几种情况混合发生时,舞弊和滥用职权的风险就会上升。这表明需要基于风险的考虑来关注具体的投资项目和资金流量结构,对法案的资金使用和签订的合同进行跟踪记录。

首先,2009 年 4 月 GAO 的第一份报告。

GAO 在 2009 年 4 月第一份报告中重点介绍了所审查的各州和地区关于法案资金的使用和规划。2009 年,法案预计投入的 490 亿美元约有 90%将通过医疗、交通和教育等项目提供给各州和地区。在这些项目中,三个最大的项目分别是:增加联邦医疗救助资金(FMAP)投入、公路基础设施建设、国家财政稳定基金(SFSF)。16 个州和哥伦比亚地区已将法案的资金投入使用,具体如表 9-4 所示。

表 9-4　　　　　　所审查的各州和地区的情况——2009 年 4 月

项目	内容
增加联邦医疗救助资金(FMAP)投入	在 2008 年 10 月 1 日到 2009 年 4 月 1 日期间,16 个州和华盛顿哥伦比亚特区中的 15 个地方已对 FMAP 投入了约 79.6 亿美元。增加的联邦医疗救助资金主要用于各州的医疗服务开支,有利于减少各州的医疗项目开销。各州须报告所获得联邦医疗援助资金的使用情况

---

① GAO 根据支出预测、州人口占全美人口比例、失业率、州的总体贫困水平、地理面积等标准选择了 16 个州和地区。

（续表）

项目	内容
公路基础设施建设	各州和地区正大力开展规划活动,以确定项目获得州和联邦级的关于承包和执行的批准。在大多数情况下,各州将精力集中在建设和维修项目上,如道路、桥梁的维护等。 4月16日前,16个州中已有2个州达成了价格约为分配资金50%的协议,而有3个州还没有策划项目协议。只有几个州达成了执行合同,16个州中的大部分州计划在4月或5月出价,因此,各州普遍尚未动用法案的资金
国家财政稳定基金（SFSF）	各州和华盛顿哥伦比亚特区须向教育署申请SFSF。教育署一旦认为申请中包括关于如何使用资金的保障和信息,确定使用程序等,就会向其发放资金。 截至4月20日,已有3个州达到该要求,分别是南达科他州、加利福尼亚州和伊利诺伊州。各州和地区报告称,SFSF将被用于雇用和留住老师、减少裁员、弥补预算的不足以及恢复削减经费的计划

其次,2009年7月,GAO针对法案资金使用情况的跟踪审查①。

截至2009年6月19日,财政部已投入290亿美元用于2009年度国家和地方的经济恢复法案,其中超过90%通过增加联邦医疗救助资金投入和国家财政稳定基金用于联邦支出。GAO重点关注使用资金的措施,具体如表9-5所示。

表9-5　　　　所审查的各州和地区的情况——2009年7月

项目	内容
增加联邦医疗救助资金（FMAP）投入	在2008年10月1日到2009年6月29日期间,16个州对于增加医疗援助基金投入了150亿美元,接近资金总额的86%。 各州和地区报告称,它们计划将增加的联邦资金投入医疗补助,以保持现有的福利水平。由于增加了联邦医疗补助金额,大多数州的官员表示,他们将利用发放的国家资金减轻财政压力
公路基础设施建设	截至6月25日,在16个州交通部已承接了近2 600千米公路的基础设施建设和其他配套项目,耗资92亿美元。在全国范围内,一半的路面改善工程已完成,预计可在3年内完成。GAO发现最大的差别主要在于各州如何确定其经济贫困地区方面,以及如何为这些地区选择优先项目
国家财政稳定基金（SFSF）	截至2009年6月30日,在16个州中,只有得克萨斯州尚未提交SFSF申请,宾夕法尼亚州于2009年6月左右提交了申请书,但尚未收到资金。其余14个州已经获得了来自教育署的第一批投资,约170亿美元,其中有43亿美元已投入使用。 教育部门表示将使用SFSF以保留现有的工作人员,特别是维持现有的教育计划和教育经费。教育部门还表示,SFSF将有利于减少国家预算的开销

---

① GAO,2009年7月8日,American Recovery and Reinvestment Act。

再次,2009年9月,GAO针对法案资金使用情况的跟踪审查①。

关于2009年9月针对法案资金使用情况的跟踪审查,GAO的关注重点如表9-6所示。

表9-6　　　　所审查的各州和地区的情况(2009年9月)

项目	内容
增加联邦医疗救助资金(FMAP)投入	在2008年10月1日到2009年4月1日期间,在16个州中,15个州已对FMAP投入了约79.6亿美元。增加的联邦医疗救助资金用于各州的医疗服务开支,有利于减少各州和地区的医疗项目开销。各州须报告对所获得联邦医疗援助资金的使用情况
高速公路基础设施投资和公交资金	在全国范围内,大约350亿美元法案资金投资于高速公路基础设施项目和公共交通,并成为GAO审计各州和各地区投资时的重点。 GAO建议交通运输部部长继续与州交通运输部门和公交公司联系以发现问题并且在合适的时候提供指导
州财政稳定基金(SFSF)	截至2009年9月15日,被GAO审计的16个州中的15个州的SFSF申请已经获得批准。GAO曾报告其将使用SFSF维持现有的教育基金水平,特别是留住老师。同时SFSF将帮助弥补州预算的削减。 GAO建议学校采取进一步的措施尽到监督责任,并且考虑提供关于报告的培训和技术指导以帮助它们建立起关于SFSF报告的监督计划

最后,2009年12月,GAO针对法案资金使用情况的跟踪审查②。

关于2009年12月针对法案资金使用情况的跟踪审查,GAO的关注重点如表9-7所示。

表9-7　　　　所审查的各州和地区的情况——2009年12月

项目	内容
增加医疗救助的联邦医疗辅助比率基金(FMAP)	16个州在2008年10月1日已获得223亿美元FMAP拨款,到2009年9月15日,占比超过资金总额的97%。与此同时,各州已获得36亿美元作为2010年度第一季度的医疗财政拨款

---

① GAO,2009年7月8日,American Recovery and Reinvestment Act。
② GAO,2009年12月10日,American Recovery and Reinvestment Act to Congress。

(续表)

项目	内容
高速公路基础设施投资和公交资金	截至2009年11月16日,16个州用于高速公路基础设施建设的资金(119亿美元)占总金额(156亿美元)的76%,并投入4 600个项目中,其中16%(19亿美元)已回收。在全国范围内,已有204亿美元(77%)投入8 800个项目中,其中42亿美元已偿还
教育部门	截至2009年11月6日,16个州已获得84亿美元作为教育投资,其中7.35亿美元(10%)用于基础教育计划,作为A部分投资,7.55亿(11%)美元用于个体和残疾教育计划(IDEA),作为B部分投资
其他项目	HUD(住房与城市发展部)和3 112家公共住房机构签订资助协议,提供30亿美元的公共住房资助,截至2009年11月14日,机构表示已有一半的资助资金投入使用

4)在加强金融监管方面的相关审计改革

(1)美国政府针对金融危机进一步加强监管改革。2009年6月17日,美国政府公布了金融监管改革白皮书,拉开了美国20世纪30年代大萧条以来最大规模的金融体系改革序幕。在该份改革白皮书中,美国政府对导致本次危机的根源进行反思,并据此提出五大关键目标,分别为:加强对金融机构的监管,建立对金融市场的全方位监管,保护消费者和投资者金融行为不受损害,赋予政府应对金融危机所必需的政策工具,建立国际监管标准并促进国际合作(表9-8)。

表9-8　　　　　　　　　　　五大关键目标

序号	目标	内容
1	加强对金融机构的监管	成立金融服务监管委员会,以监视系统性风险,同时促进跨部门合作
		强化美联储权力,将其监管范围扩大到所有可能对金融稳定造成威胁的企业;除银行控股公司外,对冲基金、保险公司等也将被纳入美联储监管范围
		对金融企业设立更严格的标准,大型的、关联性强的企业将被设置更高标准
		成立全国银行监管机构,以监管所有拥有联邦执照的银行
		撤销储蓄管理局及其他可能导致监管漏洞的机构,避免部分吸储机构借此规避监管
		对冲基金和其他私募资本机构需在证券交易委员会注册

(续表)

序号	目标	内容
2	建立对金融市场的全方位监管	强化对证券化市场的监管,包括增加市场透明度,强化对信用评级机构的管理,创设和发行方需在相关信贷证券化产品中承担一定风险责任
		全面监管金融衍生品的场外交易
		赋予美联储监督金融市场支付、结算和清算系统的权力
3	保护消费者和投资者金融行为不受损害	建立消费者金融保护局,以保护消费者不受金融系统中不公平、欺诈行为的损害
		对面向消费者和投资者的金融产品及服务强化监管,促进这些产品透明、公平、合理
		提高消费者的金融产品和服务提供商的行业标准,促进公平竞争
4	赋予政府应对金融危机所必需的政策工具	建立新机制,使政府可以自主决定如何处理危机并可能带来系统风险的非银金融机构。美联储在向企业提供紧急金融救援前需获得财政部许可
5	建立国际监管标准并促进国际合作	改革企业资本框架,强化对国际金融市场的监管,对跨国企业加强合作监管,并且强化国际危机应对能力

(2) 美国政府再筑金融监管篱笆。美国众议院于 2009 年 12 月 11 日通过了 2009 年 6 月出台的金融监管体系改革方案。

美国实行的是以美联储为中心的伞形监管模式。该模式是以联邦政府和地方政府为依托、以中央银行为核心、各专业金融监管机构为主体组成的监管体系,即双层多头金融监管体系。"双层"分为联邦层和州政府层,"多头"是指联邦政府针对分业经营的需要设立了多个行业监管主体。在美国金融危机爆发和蔓延过程中,金融监管当局未有效发挥风险防范职能,尤其是抵御系统性风险的职能;相反,美国金融监管体系制度性缺陷、监管漏洞和监管效率低下等弊端,成为危机爆发和深化的重要因素。基于此,奥巴马政府在 2009 年 6 月正式公布金融监管体系改革方案,同年 12 月 11 日,众议院通过了这一改革计划,该计划可以归纳为两个层面——立新与补漏。

立新方面的核心内容。一是使美联储成为"超级监管者",将加强对所有大型、相互关联的金融机构(主要为一级金融控股公司,不论其是否拥有存款机构)的统一监管;二是建立一个新的独立的联邦消费者金融保护监管署,对信贷、储蓄、支付和其他金融产品和服务的提供商进行监管,以保护消费者。

补漏方面的核心内容。一是投资银行和货币市场共同基金将分别接受美联储和证券交易委员会的监管,对所有场外交易衍生品市场实行全面监管,对冲基金和私人股权基金必须在美国证券交易监督委员会(SEC)注册;二是成立国家保险办公室,对保险业进行联邦层面的监管,诸如房利美等国家支持企业将被纳入新监管体系中;三是金融体系中的支付、清算和结算系统将受到统一监管,金融机构的资本金、流动性、风险敞口等风险管理标准将更加严格且保守。

美国金融监管改革方案的通过对中国金融监管具有重要的启示意义。中国现行金融监管体系与美国的分业监管体系相类似,"一行三会"①构成了中国金融监管的框架。在2008年金融危机中,中国金融监管体系有效发挥监管职能,确保了金融体系的整体稳定性,总体上,中国金融监管体系的框架是合理的,监管是有效的。

结合美国对金融危机的反思和借鉴美国金融监管体系的改革经验,加强和改进中国金融监管是维持金融稳定、保障金融安全和促进经济平稳较快发展的重要基础。本卷认为,可以从以下方面着手:一是金融监管体系应当动态调整,以适应经济发展和金融部门发展;二是提高金融监管协调的有效性,监管部门之间应建立长期有效的跨部门协调机制;三是协调金融创新与金融监管的关系,设计一个既能促进金融创新又能防范金融风险的监管体系;四是金融监管部门应加强对大型金融机构的风险管理,尤其需避免类似美国的分业监管和混业经营的制度性矛盾;五是建立有效的危机应对体系,建立包括注入流动性、处置问题资产、金融机构重组与破产等要素的金融危机应对机制;六是加快金融监管体系自身建设,监管能力应和金融业务、金融创新的发展保持动态的协调。

2. 美国审计署其他维护金融安全的实践

近年来,GAO就金融监管方面的问题发表了多份报告以及提供了多份证词(详见附录7),就金融市场的监督与管理、金融监管体系改革的方向、系统性风险、大型复杂金融机构的风险管理系统的监管情况以及金融机构基础设施建设等问题提供了自己的观点与重要的建议。GAO认为,美国的金融体系容易出现系统性风

---

① 现已转变为"一行两会"。

险的原因在于：①金融监管制度存在缺陷，不能充分监督大型和相互联系的金融机构；②金融监管机构并没有对所有的金融机构及其活动进行直接的监督和管理；③随着市场的不断发展，新的金融产品的形成会导致当前的监管制度不能应对金融产品的复杂性。

　　GAO对银行监管机构的工作进行持续监督，从而能够更有针对性和经常性地评估它们的工作。银行监管机构具有识别和应对银行系统性风险的职责。GAO在其审计报告中讨论了从过去危机中获得的银行监管经验教训，并提出了审计署和其他监管机构提倡的能够对银行监管机构在新出现风险的监管和应对方面进行持续监督的框架。GAO在审计中发现：①银行监管机构在危机出现早期缺乏强有力的行动。在银行开始经历资本下滑之前，银行监管机构对其高风险活动实施的管理较弱，然而，银行监管机构并不总能有效地指导银行管理者在资本下滑之前解决潜在的问题，如监管者并不总是强制银行管理者迅速解决问题，或者发出及时的执法行动。②银行监管机构缺乏前瞻性的风险评估。在监管机构对银行进行检查时，检查者根据银行暴露出的风险进行监督等级的设定，他们并不总是对前瞻性信息进行综合考量，不符合实际的评级反映出的一些因素（如薄弱的风险管理工作），虽然短期不会造成损失，但是在长期会造成损失。③银行监管机构较少考虑来自更广范围的金融系统性风险。2007—2009年的金融危机表明，银行的安全风险和稳健性不可能仅仅通过个体银行或多个银行的绩效或活动体现，银行监管机构必须通过整个金融系统来识别新出现的风险。对此，GAO将监管经验教训整合为两部分内容，以便识别和应对银行系统新出现的风险：①综合考虑财务指标等定量信息，这能帮助用户跟踪和分析新出现风险信息的定性来源，相关定量信息如监管报告、产业和学术研究资料；②提出措施监督银行监管机构对新出现风险的应对，如银行监管机构对于银行的指导机制，其目标是在银行风险应对行动的有效性产生问题时发挥补充作用。

9.1.2　美国审计署维护财政安全的实践

　　自2004年以来，美国审计署就一直将维护国家财政安全作为其战略计划的重要组成部分。2004年至今，GAO共发布了5份战略计划，都将分析政府的财政状况，加强解决当前和预期财政缺口的方法作为重要内容。5份战略计划中与财政安全相关的绩效目标和关键举措如表9-9所示。

表 9-9　美国审计署发布的战略计划中与财政安全相关的绩效目标和关键举措

序号	战略计划	财政安全相关绩效目标	关键举措
1	美国审计署 2004—2009 战略计划 (GAO-04-534SP[①])	① 分析联邦政府的长期财政状况；② 分析预算选择的结构和信息并探索改进方案；③ 评估与政府财务状况和融资来源相关财务信息的可靠性	① 更新和完善长期预算模式，关注联邦债务，评估重要财政政策对财政的影响，评估其他预算处理方法的影响；② 检查和分析联邦资本的计划，检查预算中的问题，审查和更新《联邦预算过程中使用的术语表》[②]，寻找能改善预算估计的领域，减轻固定成本和不可控成本对项目预算的影响，评价预算绩效，确定国会预算能力的影响因素，寻找并向国会报告节约预算的机会；③ 对政府财务报表和相关内部控制以及政府财务运作的主要组成部分的财务信息进行年度审计和报告，为解决合并财务报表存在的问题提供意见，向编制报表的相关机构提供技术意见以改善其内部控制，提高财务报表信息的可审计性，减少相关机构为编制财务报表付出的努力
2	美国审计署 2007—2012 战略计划 (GAO-07-1SP[③])	① 分析预算选择的结构和信息并探索改进的方案，包括对长期财政状况的影响；② 评估与政府财务状况和融资来源相关财务信息的可靠性	① 分析联邦政府的长期财政状况，审查国会预算程序和对预算的控制，确定预算相关的改进机会，评估机构的预算流程和对资源决策的响应；② 对政府财务报表及相关内部控制的充分性进行年度审计和报告，对财政部的税务收入和公共债务进行年度审计（确定联邦收入和债务），为解决合并财务报表存在的问题提供建议，向编制报表的相关机构提供技术意见以改善内部控制，提高财务报表信息的可审计性，降低相关机构为编制财务报表付出的努力
3	美国审计署 2010—2015 战略计划 (GAO-10-559SP[④])	① 分析承诺、信息、流程和控制对联邦预算前景以及机构预算决策和运营的影响；	① 对联邦及州和地区的财政赤字和债务水平进行长期模拟和分析，分析联邦预算和债务的透明度以及长期承诺的影响，探索国会预算程序和控制对政策的影响，评估机构预算过程中使用的信息对资源决策、运作和问责的影响；

[①] https://www.gao.gov/products/GAO-04-534SP.
[②] 国会及相关联邦机构编制预算的基本参考文件。
[③] https://www.gao.gov/products/GAO-07-1SP.
[④] https://www.gao.gov/products/GAO-10-559SP.

9 国家审计维护经济安全的国际实践

(续表)

序号	战略计划	财政安全相关绩效目标	关键举措
3	美国审计署 2010—2015 战略计划(GAO-10-559SP)	② 监督和检查联邦政府对各州短期和长期财政状况的反应; ③ 评估与政府财务状况和资金来源相关财务信息的可靠性; ④ 监测和评估预算过程的风险管理、绩效衡量和项目评估,促进提高政府运作效率、有效性和问责效率; ⑤ 确定改善财务管理基础能力的方法,为管理提供有用的信息	② 确定联邦政策和经济趋势对州和地区长短期财政能力的影响,评估和审查各州和地区政府如何使用联邦基金,评估联邦资金在促进经济增长或弥补地方财政缺口方面的有效性; ③ 对联邦政府的财务报表和相关内部控制以及遵守法律要求的情况进行年度审计,审计与经济复苏相关的联邦实体的财务报表以及相关控制和法律合规性,对国库收入和联邦债务管理进行年度审计,改善对于联邦机构以及联邦政府财政运作的审计和报告机制; ④ 评估绩效指标,评估联邦预算决算过程中工具的使用状况,评估风险管理工具和技术的实施状况,对政府政策和计划的变化提供前瞻性的分析和预见; ⑤ 评估改善联邦财务管理的相关努力的有效性,分析改善联邦财政管理基础设施的立法进展,确定联邦财务管理组织、运营和治理结构中的最佳实践,提高联邦会计、审计和内部控制标准的有用性
4	美国审计署 2014—2019 战略计划(GAO-14-1SP[①])	① 分析承诺、信息、流程和控制对联邦短期和长期预算前景、债务管理、机构预算决策和运作的影响; ② 监督和检查联邦政府对州和地区政府短期和长期财政状况的反应; ③ 评估与政府财务状况和资金来源相关财务信息的可靠性	① 分析当前和潜在的长期财政风险对联邦财政前景和透明度的影响,审查国会预算程序和控制对决策的影响,评估机构预算过程中使用的信息对资源决策、运作和问责的影响,检查联邦债务和金融市场趋势对债务管理和融资成本的影响; ② 研究联邦政策和经济趋势对州和地区短期和长期财政能力的影响,评估州和地区如何使用联邦基金,监督陷入财政困境的州和地区并评估其对联邦计划和资金的影响; ③ 每年审计政府的合并财务报表、相关内部控制和法律合规性及相关的监督,审计国库收入和联邦债务活动及相关余额,改善对联邦机构和政府的合并报表的审计和报告机制,评估改善联邦财务管理的努力的有效性

---

① https://www.gao.gov/products/GAO-14-1SP.

(续表)

序号	战略计划	财政安全相关绩效目标	关键举措
5	美国审计署2018—2023战略计划(GAO-18-1SP①)	①分析影响联邦短期和长期预算前景、债务管理和机构预算决策与运作的因素;②检查和监督联邦政府对州和地区短期和长期财政状况的反应;③评估财务信息的可靠性、财务报表相关内部控制的有效性以及与政府的财务状况和融资来源相关的法律法规的适用性	①研究长期财政前景的主要驱动因素和减少支出与收入差距的机会,审查与国会预算程序和控制有关的信息和例外情况并评估潜在的变化,加强决策制定透明度和财政控制,评估机构预算过程中使用的信息,研究国债管理;②更新GAO对州和地区短期和长期财政能力评估的模型,监督州和地区的财政能力及其对联邦计划和资金的潜在影响;③每年审计政府的合并财务报表、相关内部控制和法律合规性及相关的监督,每年审计财政部的税收和联邦债务活动及相关余额,评估改善联邦财务管理的努力的有效性,评估其他审计人员对联邦机构财务报表的审计

由表9-9可知,美国审计署针对财政安全进行的实践主要分为三个方面:一是对联邦预算、债务以及与之相关的承诺、信息、流程和控制的审查;二是对联邦政府监督和管理州和地区财政状况的情况进行审查;三是对与政府财务状况和资金来源相关的财务信息的可靠性进行审查,即对政府财务报告、相关内部控制以及法律合规性的年度审计和报告。

在联邦财政不可持续性不断上升、联邦债务规模持续扩大的背景下,加之2019年新冠疫情在全球暴发,美国2020年的债务达到GDP的100%,并且GAO预测债务规模将在2028年达到历史最高点,并且会以高于GDP的速度增长②。GAO针对这一现象,发布了主题为"美国财政的未来"的专题报告,该专题包含了四个部分的内容:一是当前财政状况,包含对联邦财政状况的简介、GAO对政府财务报告的审计情况以及对财务报告关键内容的解释;二是联邦债务,内容涵盖联邦债务的基本信息以及GAO对债务管理挑战的分析;三是财政展望,即GAO对联邦、州和地区财政状况的预测;四是未来财政的驱动因素和趋势,是GAO对财政

---

① https://www.gao.gov/products/GAO-18-1SP.
② https://www.gao.gov/products/GAO-21-275SP.

不可持续性趋势的预测以及 GAO 对联邦、州和地区各级收入和支出的分析。

从 GAO 发布的报告和证词来看，GAO 每年都发布政府财务报告的审计报告，通过对政府财务报告的审计，了解政府的财务状况，并发表审计意见。基本内容包括预算和财务报告的比较、成本和收入、资产和负债、宏观经济发展趋势以及财政缺口与延迟财政改革的代价。

GAO 在 2016 年的政府财务报告审计中发现，联邦政府债务规模不断扩大、财政赤字不断增加，因此，GAO 指出联邦政府财政处于不可持续的道路上。此后，GAO 高度关注国家的财政健康。2017 年至 2021 年，GAO 针对美国国家财政健康发表了十余份报告及证词，强调了国会应当采取措施以恢复联邦财政的可持续性，具体如表 9-10 所示。

表 9-10　GAO 发表的有关美国国家财政健康相关报告及证词

序号	主题	主要观点	报告/证词编号
1	需要采取行动来应对联邦政府的财政未来	①2016 年政府财务状况发生重大变化，财政赤字增加；②财政政策缺乏变化，目前正处于不可持续的道路上；③财政风险给联邦预算带来了额外的压力	GAO-17-237SP
2	需要采取行动来应对联邦政府的财政未来	①联邦政府赤字不断增加，联邦财政处于不可持续状态；②债务占 GDP 的比率持续上升（未考虑可能影响联邦财务状况的其他财政风险）；③国会应采取行动恢复财政的可持续性；④联邦政府的债务限额不是对债务的事前控制，应当将借款决策与收入结合起来	GAO-17-579T
3	需要采取行动来应对联邦政府的财政未来	①目前的财政路径是不可持续的，联邦政府应制订计划以重回可持续发展道路；②联邦政府应当准备应对某些不可预见的事件带来的财政风险；③相关执行机构应当采取措施保障财政健康	GAO-18-299SP
4	需要采取行动来应对联邦政府的财政未来	①联邦政府的债务杠杆率很高，需要尽快制订计划以恢复财政的可持续性；②公众期望联邦财政能应对某些不可预见的事件带来的财政风险；③相关执行机构应当采取措施保障财政健康	GAO-19-314SP
5	实现长期财政可持续性所需的行动	为解决不断增长的联邦债务问题并使恢复财政的可持续性，政策制定者应制订一项长期计划，以应对涉及收入和支出的所有联邦活动；长期财政计划应当包括通过制定预算实施目标来构建可持续的财政规则和目标，具体包括：限制赤字水平的预算平衡规则、限制公共债务占 GDP 的比率的债务规则、设定收入上限或下限的收入规则以及限制支出的支出规则	GAO-19-611T

(续表)

序号	主题	主要观点	报告/证词编号
6	需要采取行动来应对联邦政府的财政未来	①联邦政府的债务杠杆率很高,需要制订计划以恢复财政的可持续性;②联邦政府在预算或长期财政预测中未充分考虑某些财政风险,可能导致未来支出增加和债务水平升高;③相关执行机构应当采取措施保障财政健康	GAO-20-403SP
7	需要采取行动来应对联邦政府的财政未来	①如果政策没有变化,联邦政府的财政状况将长期处于不可持续的状态;②政策制定者在制定政策过程中需要考虑财政收入与支出以及债务管理方法	GAO-20-482T
8	有效运用财政规则和目标	①设定明确的目标和目的可以为一个国家的财政政策奠定基础;②国会应考虑制订一项长期财政计划,其中包括财政规则和目标,如债务占GDP的比率目标	GAO-20-561
9	财政可持续性需要一个长期计划	联邦政府财政处于不可持续的道路,联邦政府及相关执行机构应当及时采取行动	GAO-21-161T
10	有关潜在债务目标的支出和收入影响的信息	①COVID-19大流行以及联邦政府的应对措施造成了严重的经济收缩并导致联邦政府债务增加;②为弥合财政缺口,政策制定者需要考虑削减计划支出、增加收入,或者将两者结合起来	GAO-21-211
11	大流行后财政的长期可持续性	①联邦医疗保健计划和社会保障方面的支出推动了联邦债务的增长;②联邦债务增加会增加财政危机发生的可能性,并可能导致美元大幅贬值或各界对政府的偿还能力失去信心;③国会应制订长期财政计划以维持财政可持续性	GAO-21-275SP

9.1.3 美国审计署维护产业安全的实践

自20世纪80年代以来,美国经济经历了第二次世界大战后最为深刻的产业结构调整,产业结构调整使美国的产业结构更加现代化和高级化。对美国产业产生影响的因素有很多,主要分为经济因素和非经济因素(李孟刚,2015):经济因素包括居民需求结构、投资结构等;非经济因素包括技术进步、教育水平等。

美国是全球第一大经济体,其市场经济非常发达,产业政策较为宽松自由,在其产业结构调整的过程中,政府的直接干预较少,产业的调整多基于市场的力量和间接的手段,通过优化生产要素的配置,产业结构实现了合理化和高级化。美国政府也采取了一些措施调整产业结构,如通过制定和修订政策法规、为有形资本提供良好的基础设施、为国家扶持的产业提供有利的政策支持及良好的投资环境等间接的手段,实现其调整产业结构的目的。

虽然美国政府采取的都是间接的手段,但这些手段在产业结构调整中起到了重要的作用,促进了美国产业结构的高级化和现代化,维护了产业安全。回顾美国的经济和产业发展史,美国各届政府的经济政策都对美国产业安全起到了重要的促进作用。自20世纪90年代以来,美国经济从军事领域向民用领域转移的脚步加快,国家制定了科技发展的战略和重要规划,政府加大了对高科技产业的投入,引导并鼓励产业界投入资金支持科技发展,并通过科学技术改造传统产业。相应地,美国审计署也高度重视科技安全,其围绕科技安全实施审计,进行政策的预期分析,保障各联邦机构的科技应用免受内部和外部的威胁,以维护科技产业的安全。例如,GAO选定了美国农业部、国土安全部等联邦机构,评估联邦机构应用"云计算"方面取得的进展和可能遇到的风险。又如,GAO审查联邦政府各数据中心的精简、整合进展并提出相关建议。

同时,信息革命迫使美国进行体制变革,生产体制、分配体制以及企业体制等都包含在其中,体制创新的落实需要美国政府相关部门进行跟踪与监督。例如,先进发达的高科技成果转化机制——风险投资的出现对美国新兴产业的发展起了重要的推动作用,相应地,GAO对这种新型的高风险领域会重点关注,保证了产业结构调整、产业升级、产业安全维护的顺利进行。

美国审计署通过政策审计来监督、控制产业政策的落实与执行,通过对某几个高风险且关乎产业结构安全的关键领域进行审计,从而确定这一领域的安全状况(如科技领域),关键领域的安全与整个国家的产业安全息息相关,某一领域的安全状况会对产业安全产生影响,政府会据此评价国家经济水平,并作出产业调整的决策。

2008年金融危机让美国政府意识到实体经济的重要性,并于2009年及之后提出一系列产业政策以重振制造业,如《美国创新战略:促进可持续增长和提供优良工作机会》《制造业促进法案》等,美国审计署针对这一系列政策的执行与实施情况进行跟踪审计,共发布审计报告12篇,对联邦政府的政策执行情况与执行效果情况、相关科研技术创新情况、有关金融机构的服务支持情况三个方面进行了审计与评价,主要关注有关部门是否进行了合理的资源分配、是否培养了制造业的竞争力和促进了产品的出口、政府对创新技术研究的资助是否有重复性质且导致资源浪费、进出口银行是否完成目标、中小企业是否能得到融资支持等问题,并对发现的问题提出进一步完善的意见与建议,这在很大程度上促进了美国制造业的改造升级,对国家审计促使产业政策的落实与完善具有一定借鉴意义(张强,2014;李乾文和丁楠,2017)。

9.1.4 美国审计署在重大风险防控中的实践

1. 美国审计署在突发公共事件中的作用

在突发公共事件①频发的背景下,美国建立了联邦应急管理局(FEMA),负责各类突发公共事件的应对。美国审计署长期以来持续关注突发公共事件的应急管理工作。进入21世纪以来,GAO多次针对美国发生的几次重大流感、飓风、洪水等自然灾害以及"9·11"事件进行审计并发布审计报告和证词,在突发公共事件中发挥了重要作用。GAO针对突发公共事件的审计存在如下特点。

1) 评价应急管理计划的合理性

制订有效的应急管理计划能够最大限度地降低突发公共事件对政治、经济和社会的不利影响。近年来,美国审计署就突发公共事件的应急管理计划发布了多份审计报告及证词。GAO认为,在突发公共事件的应急管理中,制订完善的应急管理计划至关重要,有效的战略规划可以帮助联邦政府及相关机构及时采取行动,对潜在的风险进行管理与控制。

在突发公共卫生事件的应对中,联邦政府更容易在事件发生前采取有效的措施,将突发公共卫生事件的影响控制在一定范围内。在2000—2001年和2003—2004年流感季节,由于流感疫苗生产遇到困难、流感季节提前等原因,美国国内流感疫苗供不应求,美国国内遭遇了较大规模的流感疫情。GAO针对当时的应急管理计划的有效性进行审计,推动美国联邦政府于2006年发布应对突发公共卫生事件的国家层面的战略计划。2009年,H1N1流感在美国蔓延,为该计划的实施提供了实践机会,GAO针对应急管理计划的实施情况进行审计,并提出了改善应急管理计划的建议,包括完善监测与报告流程、识别计划行动所需的信息等。GAO对于应急管理计划的评价,不仅采用对已发生的突发公共事件进行经验总结的方式,还通过演练等方式对应急管理计划的实施全过程加以评价,对应急管理计划的缺陷提出修正意见。

在自然灾害的应急管理中,应急管理计划涉及应对灾难的准备、援助以及事后的恢复全过程。①应对灾难的准备②。GAO指出,联邦政府在2017—2019年向多个联邦机构提供了约1 830亿美元的自然灾害补充拨款。美国全球变化研究计

---

① 突发公共事件的类型包含突发公共卫生事件、自然灾害以及社会安全事件。
② 美国对于自然灾害的应对准备主要体现在提高防灾能力上,防灾能力的提高能够有效地降低自然灾害对人员和财产的影响。

划(USGCRP)显示,极端天气和气候相关的自然灾害发生的频率及其严重性将提高,这会对经济产生负面影响。因此,GAO认为,创建"抗灾能力框架",作为分析联邦行动的指南,能够帮助监督和管理联邦政府在应对自然灾害中的行动,可以提高国家的抗灾能力。GAO指出,"抗灾能力框架"最主要的部分有三个:一是信息,即为决策者提供权威和可理解的信息,以帮助其识别当前和未来的风险以及降低风险应对策略的影响;二是整合,旨在使决策者能够采取协调一致的行动;三是奖励,有助于激励各界对防灾基础设施的投资。②灾难援助。GAO对灾难援助的应用标准进行了审查,旨在促进联邦应急管理局构建客观和具体的资格评价标准,并强调援助标准的选择应当考虑各州和地方政府的灾难应对能力。③灾难恢复。联邦应急管理局①负责制定并实施灾难恢复框架,该框架涉及经济、健康和社会服务、住房、基础设施等六个方面的内容,旨在促进各级政府在灾后恢复中的援助协调。GAO的工作有助于促进这一框架的有效实施。

"9·11"事件的发生加强了美国政府以及GAO对社会安全事件,特别是恐怖主义活动的关注。"9·11"事件发生后,GAO迅速响应,并发布了两份相关的审计报告。GAO提出了联邦政府应当制定应对恐怖主义活动的国家战略的建议,并强调应当重点关注和评估国家面临的威胁和风险。在联邦政府的协调下,联邦调查局和联邦应急管理局应当在处理恐怖主义危机和事件后果方面发挥各自的作用。GAO指出联邦政府现存的高风险领域和漏洞,有助于联邦政府完善应对恐怖主义危机的国家战略,加强联邦各机构在评估与打击恐怖主义活动中的协调,提高美国对恐怖主义危机的应急管理能力。

2)对应急资金进行审计

一是对应急资金预算金额的确定方式进行审查,评价预算制定方式的合理性及预算可行性。美国相关法令规定,当总统宣布自然灾害为重大灾难时,联邦政府有义务为自然灾害提供补充援助。GAO在2003年对各州设计的灾害预算方法进行了审计,审计结果显示,各州都没有专门用于应对未来可能发生的灾害的资金储备。"9·11"事件发生后,GAO高度重视联邦政府及相关机构针对恐怖主义作出的努力。2003年,GAO报告了联邦政府用于反恐的资金情况,并提出了改进行政管理和预算局年度报告的建议,包括收集和报告数据,改进与打击恐怖主义有关的战略和计划中的执行措施。

---

① 联邦应急管理局与各州的充分合作能够促使其发挥主导作用,使联邦应急管理局可以在灾难发生之前和之后为各州和地区提供帮助。

二是对资金的使用情况进行报告与监督,促进信息的公开透明,促进资金使用效益性目标的达成。2010年,GAO针对H1N1的应急资金使用情况发布了审计报告,报告指出,为应对H1N1流感,截至2010年10月,卫生和公众服务部(HHS)使用了61.5亿美元应对此次流感,使用途径包括:研发和购买流感疫苗、为地方政府提供财政支持等。2020年,GAO针对COVID-19的财政拨款发布了审计报告,报告了联邦的拨款情况,提供了公开透明的资金信息。

三是对资金使用绩效进行评估。GAO重点关注应急资金的使用绩效,特别是自然灾害恢复过程中的资金使用绩效。2017年,GAO发布了多份审计报告及证词,详细列出了2017年飓风发生之后灾后恢复资金的使用情况,并对资金使用绩效进行评价,提出建立合理绩效评价指标的建议。

GAO通过对应急资金的审计,帮助联邦政府及各州完善了突发公共事件预算资金的确定方法,明确了联邦政府与各州之间的资金拨付责任,提高了应急资金拨付的合理性。GAO通过监督和完善资金使用和报告的方式,增强了对应急资金拨付过程的控制,提高了资金使用的合理性;制定了合理的绩效评价方式,提高了应急资金的效益性,保障了应急管理工作的有效进行。

3) 对突发公共事件的相关风险进行管理

一是关注突发公共事件本身的风险。GAO通过审计帮助相关机构制定了风险评价指标,并对相关机构提高风险抵御能力的计划提出有效的建议,提高联邦政府对突发公共事件风险的管理能力。2006年,GAO将美国的国家洪水保险计划(NFIP)列入高风险清单,对联邦政府所面临的洪水风险以及抵御洪水风险的能力进行了审计,并提出了国家洪水保险计划实施过程中存在的问题,督促相关机构及时修正。

二是关注突发公共事件的潜在风险。①应急响应过程中潜在的风险。政府对突发公共事件的应急响应使其对劳动力以及物资采购的需求都大大增加,GAO指出,相关机构需要对劳动力需求进行准确的评估、对采购过程中的欺诈风险进行有效控制。②拨付大量应急资金所带来的潜在财政风险。应急资金需求的规模取决于突发公共事件的规模及影响范围,大量的应急资金拨付可能带来财政风险。例如,美国针对洪水建立了国家洪水保险计划,GAO对该计划进行审计并提出了改革措施,减少了国家洪水保险计划的资金缺口,预防了洪水灾害发生后因支付大额保费而给联邦政府带来财政风险。③突发公共事件发生可能导致的经济风险。突发公共事件的发生会影响企业的正常运行,对社会公众的生命和财产安全造成不利影响。GAO关注突发公共事件可能带来的潜在经济风险,提高联邦政府对经济风险的关注度,降低突发公共事件对国家经济发展的负面影响。

4) 对突发公共事件应急管理机构职责履行情况的审查

突发公共事件的事前预防。GAO重点关注相关机构是否采取有效的措施预防突发公共事件。例如,针对突发公共卫生事件,国防部、卫生和公众服务部的疫苗以及药物储备预防措施是否有效,疾病的监测系统是否能够充分反映相关的风险,并留出足够的时间以备采取相应的措施。自然灾害具有突发性和不可预测性。2005年,美国"卡特里娜飓风"发生后,美国颁布《卡特里娜飓风后法案》,该法案规定:联邦应急管理局主要负责建立国家防备体系并评估国家的防备能力(即有效应对灾害所需的能力)以及实现所需能力需具备的资源。GAO针对联邦应急管理局的审查重点分为两部分:一是对FEMA相关能力进行评估;二是对国土安全部以及联邦应急管理局在国家备灾方面取得的进展进行报告。GAO为FEMA的灾难预防工作确定了可衡量的绩效指标并协助FEMA确定了提高备灾能力的计划,对联邦机构的自然灾害预防工作发挥了积极作用,同时对联邦政府的相关投资也发挥了指导作用。

突发公共事件的事中响应。GAO的审计目标是充分发挥相关机构在应急响应中的管理及协调的职责,提高应急响应的速度和效率。GAO重点关注各类突发公共事件发生后,相关机构在协调响应工作中的职责履行情况。一方面,GAO识别了相关机构在履行职责、资源分配过程中面临的挑战;另一方面,GAO强调了提高突发公共卫生事件相关信息透明度的建议,以提高社会公众对政府决策的信心。例如,2020年新冠疫情发生后,GAO针对新冠疫情相关情况进行审计,明确指出了联邦政府及相关机构应保证病毒检测、治疗方案、疫苗研发以及医疗物资供应等问题的相关信息的透明和公开。

突发公共事件的事后恢复。GAO根据联邦政府制定的国家灾难恢复框架(NDRF)对联邦应急管理局的职责履行情况进行审查,重点关注了FEMA实施国家灾难恢复框架的程度、处理公共援助(PA)的能力及改善公共援助管理的措施等。

GAO对相关机构的职责履行情况进行审查,能够及时发现相关机构在职责履行过程中存在的问题,提高相关机构应对突发公共事件的能力。

2. 美国审计署在维护资本市场安全方面的实践

在1792年纽约股票交易所成立之后,美国资本市场经过200多年的发展,形成了全国与区域相协调、场内与场外相结合的多层次资本市场,包括向大企业提供股权融资的全国性市场、向中小企业提供股权融资服务的全国性市场、由地方性股票交易所构成的区域性交易所市场以及向广大中小企业提供股权融资的场外市场。2017年,美国财政部对美国金融体系监管框架进行审查,并以系列报告形式依次发布相关内容与建议,于2017年10月6日针对资本市场监管发布第二份报告《一个创造经济机会的金融体系——资本市场》①。报告针对美国资本市场监管改革提出一系列建议,主要包括:促进企业获得资本和投资者获得投资机会,为企业和投资者培育稳健的市场,通过完善优质的证券化市场来鼓励借贷,重新调整衍生品监管,使监管结构和流程合理化、现代化,确保公平的国际竞争环境等内容。

美国的国家审计制度在资本市场监管中发挥着重要的作用,主要通过对证券交易监督委员会、商品期货交易委员会等资本市场监管机构进行二次监管来实现。美国的证券监管是集中型监管体制的典型代表,即由政府设立全国性证券监管机构,制定和实施专门的证券市场管理法规来对全国证券市场进行统一管理(何侃,2009)。美国证券交易监督委员会(SEC)是直属美国联邦的立法机构,负责美国的证券监督和管理工作,主要在促进资本市场信息公开披露、保障市场投资者利益、惩戒市场欺诈或操控行为方面发挥功能。GAO会对SEC制定的资本市场制度是否正常运行进行审查,对SEC制定的新规则进行及时考察。例如,2021年1月14日,SEC公布了促进资本形成和扩大投资机会的相关规则,GAO迅速审查了该项新规则并于3月11日发布公告,具体从成本效益分析、与相关法案的关系方面进行分析,认为该项规则能够通过扩大美国中小企业资本取得渠道,简化、协调和改进豁免发行规则方面的要求,促进资本流通,增加投资者的机会。对GAO关于资本市场制度运行中的疑问,SEC会进行积极的回应并采纳GAO的相关建议,促进资本市场机制正常有效运行(GAO,2004)。

此外,对资本市场衍生品的市场管理,GAO也会进行相关审查,如对商品期货交易委员会发布的掉期交易商和主要掉期参与者的资本要求规则的审查等②。对于资本市场的中介机构,GAO于2016年审查了代理咨询行业的现状,报告了代理咨询公司对资本市场企业治理可能产生的影响以及SEC对代理咨询公司进行的监督活动,

---

① U.S. Department of the Treasury,2017,https://www.treasury.gov/press-center/press-releases/Documents/A-Financial-System-Capital-Markets-FINAL-FINAL.pdf.

② GAO,2021. Commodity Futures Trading Commission: Capital Requirements of Swap Dealers and Major Swap Participants,2021,https://www.gao.gov/products/b-332977.

向SEC提供了一份审查草案,且该草案被SEC认为是适宜的并最终被采纳[①]。

9.2 加拿大审计署维护经济安全的实践

9.2.1 加拿大审计署维护金融安全的实践

1. 以应对2008年金融危机为例的金融安全实践

1) 2008年金融危机对加拿大的影响

2008年金融危机的爆发对加拿大生产、消费、经济等方面也造成了相应的影响,具体包括以下方面。

(1) 失业者增加。加拿大虽受危机影响较小,但还是受到了冲击。加拿大就业报告显示,加拿大全国2008年1月单月的就业机会流失数创下了历史新高,共有129 000份工作机会流失,是当时就业机会连续下降的第3个月份,加拿大全国失业率达到7.2%。

(2) 多伦多股市狂跌[②]。2008年9月16日,雷曼兄弟公司破产消息传出后,多伦多股市经历一次大跌,多指开盘狂跌515.55点。从2008年6月18日算起,多伦多股市已经下跌18.7%。

2) 应对措施

2009年1月27日,加拿大财政部部长杰姆·弗莱厄蒂向加拿大政府和议会递交了"2009年加拿大经济行动计划"预算案。根据这份综合预算计划,加拿大政府将提供充足的资金以应对金融危机,希望通过这一高赤字政策,在全球经济同步衰退期间刺激其国内经济增长,具体举措如表9-11所示。

表9-11 2009年加拿大经济行动计划具体举措

项目	内容
提供83亿加元用于战略转型	提供83亿加元作为加拿大技能和转型战略资金,该战略包括额外支持深受经济危机影响的加拿大人,其中包括增加就业保险和投入更多的资金用于技能培训
提供78亿加元刺激住房建设的行动	提供78亿加元建设高质量住房,刺激建设,提高能效。措施包括向460万加拿大家庭提供房屋翻新税收优惠(每家最多可申请1 350加元)、节能改造资金,支持低收入加拿大人、老年人、残疾人和加拿大土著的社会住房投资以及向市民提供低成本贷款

---

① GAO, 2016. Corporate Shareholder Meetings: Proxy Advisory Firms' Role in Voting and Corporate Governance Practices, https://www.gao.gov/products/gao-17-47.

② http://www.powertoronto.com/? action-viewnews-itemid-28030.

(续表)

项目	内容
投资120亿加元建设基础设施的行动	扩大和加快基础设施领域的联邦投资,将近120亿加元的基础设施刺激资金用于道路、桥梁、宽带互联网接入、电子健康记录、实验室建设。这将支持危机中的经济增长和就业,同时也将加强加拿大长期生产力
提供75亿加元支持企业和社区的行动	在特别危机时期,保护就业机会和支持部门调整,将75亿加元用于额外支持部门、地区和社区
提供2 000亿加元用于改善融资渠道	通过特别融资框架提供多达2 000亿加元以改善融资的渠道,允许企业获得用于投资、发展和创造新的就业机会的融资

3) 审计机关发挥的作用

(1) 事前审计。

一方面,针对2009—2010年度财政预算,重点建立一个健全有效的受托经济责任框架和完善的审计监控体系。加拿大审计署(Office of Audit General,简称OAG)针对2009—2010年度财政预算(2009年加拿大经济行动计划)发表了相关的声明和预算评估报告,重点要求建立一套健全有效的受托经济责任框架和完善的审计监控体系,具体工作如表9-12所示。

表9-12　　建立一个受托经济责任框架和审计监控体系的工作

序号	内容
1	加拿大政府实施一系列监督措施,以确保支出有效,符合受托经济责任制。这些措施将由相关领域的管理部门和机构、众议院财政委员会及其秘书处以及审计署协商。经济行动计划的各项开支需符合《财务管理法案》,并由内部审计职能部门和审计署审查
2	《财务管理法案》要求相关的负责部门,审慎地管理资源和所需支付的各项综合收益基金,其中包括保持适当的财务记录
3	内部审计职能部门独立运作,其做法和活动客观公正,并且有利于政府履行受托经济责任和提高透明度。内部审计长需确保管理体系的设计和操作、风险管理以及组织的控制过程有效运行
4	在年底,经济行动计划的所有开支,各种受托经济责任的报告和部门执行情况报告需通过审计,由审计署向议会提交
5	在执行2009年加拿大经济行动计划早期,政府与审计署开展了对话,以确保该计划符合受托经济责任和良好的治理要求,政府在整个经济计划期间都将继续保持这种对话

(续表)

序号	内容
6	透明度和对外报告是确保各项支出发挥效应和各部门负责任的重要工具。政府将定期向国会报告2009年加拿大经济行动计划执行的总体情况。个别部长还需向加拿大人发布其职责范围内行动计划的更新
7	报告是政府受托经济责任框架的重要组成部分。政府将详细地报告其采取的行动以及行动的执行和取得的进展。联邦政府审阅来自各省和地区独立的报告,同时与各省和地区政府合作,联合评估行动计划所取得的进展

另一方面,审计机关在监督2009年加拿大经济行动计划预算及各项开支中发挥了重要作用。在审计署针对经济行动计划预算给财政部理事会的信中,审计长声明,加拿大审计署应针对政府的经济行动计划开展相应的审计工作,同时对未来审计工作提出了更详细的要求,具体包括三个方面。

第一,加强项目建设和明确受托经济责任。2009年加拿大经济行动计划项目将得到适当的规划和监督。经济行动计划内容涉及的资格标准需清晰明确以减少在支出方面的混乱。确立适当的风险治理和控制框架,有界定"成功项目"的明确经营标准,以作为项目实施的基础。

第二,政府需保持良好的记录,维护决策支持、风险评估进程,设立清楚和明确的资格标准,以确保经费使用价值最大化;为管理系统的建立提供适当投资和必要的支持。

第三,项目支出的财务和管理控制需遵守法律。例如,《联邦责任法》第32、33条以及《金融管理法》第34条要求联邦政府确保项目符合有关环保法律。在审计署所有的审计活动中,其使用的相关准则需基于政府自己的规则,如果政府决定修改经济行动计划中的正常程序,审计署希望政府清楚记录理由且责任明确。

(2)事中审计。审计部门对2009年加拿大经济行动计划具体举措的投入资金开展了跟踪审计。

4)在加强金融监管方面的相关审计改革。

加拿大金融监管体系分为联邦和省两级。联邦负责监管所有在联邦注册的信托公司、保险公司、信用社、福利社以及养老金计划,其监管重心是相关公司的偿付能力,旨在保护消费者的利益。省一级监管部门的监管对象则是在省注册的信托公司、保险公司等金融机构,其重点是对金融机构的市场行为实施监管。

1987年和1992年,加拿大先后修改《金融机构和存款保险修正案》和《银行法》,允许银行通过金融控股公司的形式建立附属机构从事信托、证券和保险业务。

同时，其他金融机构也可以向银行业渗透，加拿大金融业由此进入混业经营时期。

为使金融监管跟上金融业发展，加拿大于1996年5月通过了C-15法案。该法案规定，金融监管局（Office of the Superintendent of Financial Institutions，简称OSFI）应通过推动行业规范的建设、降低银行经营失败的风险等手段，增强社会公众对金融体系的信心。该法案特别强调了OSFI早期干预行为的重要性。1998年9月，联邦政府授权的特别工作小组在对加拿大金融业做全方位研究后提交了 *MacKay Report*。依据这份报告，1999年6月，加拿大财政部颁布了以风险管理为核心的《监管框架》(*Supervisory Framework*)，明确了OSFI进行监管操作的原则和方法。2001年，加拿大成立金融消费者管理局（Financial Consumer Agency of Canada，简称FCAC），专门负责金融消费者的保护工作。

加拿大金融监管的主要目标有两个：一是针对系统性风险进行审慎性监管，确保金融机构的稳健经营和金融体系的稳定；二是针对金融机构的机会主义行为进行合规监管，保护中小消费者和投资者。

在目标型监管模式理论的影响下，自20世纪末开始，加拿大金融监管体制发生了一些新的变化：OSFI作为联邦单一的审计监管者的地位得到加强，证券业统一监管趋势加速，金融消费者保护问题更为各方重视。虽然金融监管机构数量没有减少，但政府通过将监管权限在不同部门的再分配，使监管体制的安排更趋合理。

金融危机也进一步凸显了统一监管的重要性，具体而言，体现在两个方面。

第一，国家审计在经济行动计划中以风险管理为核心的监管理念加强了OSFI作为单一监管机构的地位。OSFI的监管权限为：建立金融机构财务标准，审批金融机构市场准入，对金融机构资本金及经营合规性进行审查。如有必要，有权以行为不当为由撤换银行董事或高级管理人员，并对违反法律法规的机构或个人给予经济处罚。在救市计划中国家审计以加强风险管理为核心，一方面，建立和完善管理线路；另一方面，监督所有的资金投入，以降低金融风险，保障金融监管体系的稳健。

第二，国家审计进一步积极推动证券业的统一监管。在有关各方的推动下，加拿大于20世纪90年代成立了论坛性质的加拿大证券行政会（Canadian Securities Administrators，简称CSA）。CSA由各省、区的证券委员会自愿联合组成，主要职责是协调各省、区的证券监管，确保立法原则及标准的统一。2003年，CSA进行了机构改组，由过去的论坛性质的松散型组织变成一个更为正式的组织。同年8月，CSA政策协调委员会成立。审计机关也负责相关的信息披露，与各监管机构间的沟通与协调顺畅，职责明确，确保加拿大证券业实现统一监管。

2) 加拿大审计署其他维护金融安全的实践

2011年,加拿大与美国签订了《周边安全和经济竞争力行动计划》(*Perimeter Security and Economic Competitiveness Action* Plan),该计划涉及贸易便利化、经济增长和跨境执法等多个主题。基于加美边境安全对加方经济的重要性,OAG针对此项计划将跨境贸易确认为审计重点①,通过执行审计程序,审查各部门和机构在促进贸易经济方面取得的进展,发现此项计划在维持国家经济竞争力方面没有达到预期效果。2017年,OAG发布春季审计报告②,此份审计报告明确提出,基于联邦政府固有的欺诈风险,OAG通过审查选定的特定组织是否具有管理欺诈风险的机制来监测其执行政策和指令的情况。金融政策的颁布与实施离不开联邦政府,OAG通过审查以保证政策执行的有效性。为保证抵押贷款和住房的安全,2018年,OAG针对加拿大抵押贷款和住房公司进行了特别审查③,该项审计主要关注机构治理、战略规划、绩效衡量、风险管理和资本管理五个方面,国家审计提出公司应关注极端危机产生时的风险状况,确保公司能及时采取管理行动以应对危机。2019年,OAG针对加拿大商业发展银行进行审计④,在此次审计中,OAG主要关注加拿大商业发展银行的制度和做法是否保证其资产得到保护和控制,其资源是否得到经济和有效的管理以及其制度有无重大缺陷。

9.2.2 加拿大审计署维护财政安全的实践

加拿大审计署依法执行的审计工作包括:财务审计、绩效审计和特别审查,其中财务审计是审计工作的重点,占审计工作的一半。在财务审计中,对加拿大政府的财务报表审计工作占财务审计工作量的21%⑤。OAG对政府合并财务报表进行审计并发表审计意见,对政府合并财务报表的审计涵盖了对政府债务的审计,并通过审计报告的独立章节披露财政收入、支出、赤字,政府债务的分类、余额、利息率等具体情况。此外,OAG每年会根据财务审计的结果,选择审计的某个领域发表审计评论,建议国会议员向联邦相关机构提出问题,以帮助相关机构更好地评估这些机构对政府财务状况的影响。

---

① Report 1—The Beyond the Border Action Plan (oag-bvg. gc. ca).
② 2017 Spring Reports of the Auditor General of Canada (oag-bvg. gc. ca).
③ Report of the Joint Auditors to the Board of Directors of Canada Mortgage and Housing Corporation—Special Examination—2018 (oag-bvg. gc. ca).
④ Report of the Joint Auditors to the Board of Canada Development Investment Corporation—Special Examination—2018 (oag-bvg. gc. ca).
⑤ 数据来源于加拿大审计署官网,https://www.oag-bvg.gc.ca/internet/English/au_fs_e_371.html.

在政府债务方面,或有负债是影响国家财政安全的重要风险因素。加拿大政府在 2017 年的财务报表中,首次对或有负债的拨备进行单独报告(截至 2017 年 3 月 31 日为 165 亿美元)。OAG 对 2016—2017 年政府合并财务报表进行审计后,在《2016—2017 年财务审计评论》(下称《评论》)中将或有负债确定为关键领域,进行了额外的分析。OAG 指出,或有负债金额重大且具有复杂性,可能显著改变政府未来的财务状况,并对或有负债的披露进行了更详细的介绍,如介绍了或有负债在财务报表中的披露位置、如何单独披露或有负债类型及金额。OAG 还在《评论》中建议,国会议员可以要求政府对其管理或有风险敞口的相关问题进行评估,具体包括:①识别哪些因素或风险可能导致未来或有负债的潜在增加;②政府如何关注或有负债的金额以及如何监控或有负债转为负债的可能性;③确定计入或有负债准备的项目的性质以及项目增减的原因①。

除了对政府债务进行监控,OAG 还开展了对 PPP 项目的特别审查。加拿大审计署 2016 年春季报告报告了对 PPP 加拿大公司②的特别审查报告③。OAG 对该公司的审计采取国家审计和社会审计协同的模式,聘请了毕马威会计师事务所,并与注册会计师共同在审计报告上签名。此次审计的目标是通过系统的审计检查与实践,查证 PPP 加拿大公司是否有效保护和控制其资产、有效管理以及运营其资源。审计的领域包括:公司治理、战略规划、风险管理、绩效衡量和报告、人力资源管理、项目选择和管理、利益相关者关系和扩展、信息保护、投资管理七个方面。OAG 针对审计的领域,在审计报告中报告了每个领域的优势及劣势,并提出了相应的改进建议,如表 9-13 所示。

表 9-13　　OAG 对 PPP 加拿大公司进行特别审查后提出的建议

序号	领域	具体建议
1	公司治理	明确公司治理机构的作用及职责,及时向董事会报告价值观、道德以及遵守法律法规的情况
2	战略规划、风险管理、绩效衡量和报告	丰富绩效报告框架,包含其活动如何有助于实现战略目标和公司取得成果

---

① 数据来源于加拿大审计署官网,Commentary on the 2016—2017 Financial Audits (oag-bvg. gc. ca),https://www. oag-bvg. gc. ca/internet/English/parl_oag_201803_00_e_42890. html#inli4。
② PPP 加拿大公司即 PPP Canada Inc.,是一家根据《加拿大商业公司法》规定成立的皇家公司,其主要任务是通过 PPP 模式实现更大的价值、及时性和对纳税人问责,从而改善公共基础设施的交付情况。
③ PPP Canada Inc., Special Examination Report — 2015(oag-bvg. gc. ca). https://www. oag-bvg. gc. ca/internet/English/parl_oag_201602_06_e_41250. html.

(续表)

序号	领域	具体建议
3	项目选择和管理	公司应确保项目状态监测记录和后续活动被正式和一致地记录并报告给投资委员会
4	利益相关者关系和扩展	制定和实施公司沟通和发展战略,明确绩效衡量标准,确保向联邦政府报告项目状态的正式性和一致性
5	信息保护	公司应明确定义其信息技术安全目标并定期监控和解决安全评估中发现的问题,加强对私营部门服务提供商的监控
6	投资管理	投资政策应包括投资目标、风险参考和利息再投资指南

从加拿大审计署提出的改进建议来看,国家审计能够多促进PPP加拿大公司完善业绩报告框架、加强全公司范围的沟通、加快战略制定和实施等,从而降低PPP项目实施过程中的风险,进一步化解威胁财政安全的风险因素,防范财政风险。

9.2.3 加拿大审计署维护产业安全的实践

加拿大是西方七大工业强国之一,产业门类齐全,属于传统农业和资源大国,其制造业、林业、渔业、服务业十分发达,在产业结构中占据重要地位。通过1994年1月1日生效的《北美自由贸易协定》,加拿大经济与美国经济更紧密地联系在一起。近年来,加拿大的产业发展呈现出服务业稳健增长、第一产业优势明显、制造业门类齐全、金融业高度集中等特征。加拿大政府针对自身产业发展状况制定了多种宏观产业政策,主要侧重于贸易立国,积极吸引外来投资:提出"全球创新中心"的定位,重视产学研合作网络建设,支持科研成果产业化,努力使创新成为国民的核心价值观以及各产业发展的内生动力;补贴航空航天、汽车、乳制品、清洁能源等国家重点产业,确保其竞争优势;通过各项贸易政策与措施保护国内产业平稳发展(中华人民共和国驻加拿大大使馆经济商务处,2018)。

加拿大审计署根据社会关注和国家治理中遇到的问题选择审计对象,其审计范围非常广,如联邦政府接受专业服务提供商服务的情况、捐赠款项目监管、伤残军人退役安置、工业部航天航空领域专项转移支付等(王春华等,2013)。加拿大审计署对国家实行的产业政策也会实施跟踪审计与绩效审计。例如,根据2016年通过的农业政策框架文件《卡尔加里宣言》,政府重视农业科学研究的投入,各级政府多个院校以及农业企业成立了多个研究机构,投入经费占农业生产总值的2%以上,在加拿大具有一定知识水平的农民可以优先申请贷款,并开展绿色证书培训,鼓励农场主进行知识培训,因此,国家审计对经费的使用情况以及使用效果、农民贷款情况、知识培训取得的效果都会进行跟踪审计与分析，以进一步推动农业的发展与进步。

9.2.4 加拿大审计署在重大风险防控中的实践

1. 加拿大审计署在突发公共事件中的作用

加拿大审计署在美国发生"9·11"事件之后，积极对本国反恐怖主义工作进行审计，并发布审计报告。针对已经发生的突发公共事件，开展审计工作，对相关部门的工作进行监督和评价。此外，OAG根据政府用于防灾减灾方面支出的增加，识别出国内突发公共事件发生的风险，并积极采取措施，为提高联邦政府的减灾能力、降低突发公共事件的危害提供思路。

1) 对相关机构的履职情况进行审查

加拿大公共安全部负责全国范围内突发公共事件的应急管理，在联邦应急管理中履行协调和领导职责。OAG认为：①在突发公共事件的应急管理中，公共安全部可以通过制定突发公共事件相关政策和应急管理计划来加强其领导作用的发挥，提高各省和地区相关机构的应急管理能力；②公共安全部应制定风险管理框架，框架应当包含对潜在威胁的评估以及对风险应对能力的评估，从而有助于相关部门更好地了解其面临的风险并采取应对措施；③突发公共事件可能会对基础设施造成破坏，会影响加拿大政府的有效运作，甚至威胁到加拿大公民的安全、健康和经济保障。通过对公共安全部职责履行情况的审计，OAG使公共安全部的职责更加明确。

加拿大土著地区的自然环境存在天然的劣势，因此，发生突发公共事件的风险更高。OAG希望管理土著地区应急管理的土著事务和北部发展局以及卫生部能够建立充分的应急管理储备以应对突发公共事件。OAG重点关注的内容包括：①应急管理计划的情况。建立完整、有效的应急管理计划能够帮助土著地区更好地应对突发公共事件及其后果。②加拿大土著事务和北部发展局每年用于应急管理计划的预算资金。从预算金额来看，充足的预算有助于在土著地区进行基础设施建设；从资金投入领域来看，将资金集中于缓解活动和预防活动，能够提高土著地区的防灾、减灾能力；从长期来看，充足的预算有助于减少长期的人力和财务成本。③对资金筹措及使用过程的监督和报告。建立完善的控制过程，有助于提高应急管理储备的使用效率。

2) 评价减灾措施的有效性

根据OAG的统计数据，2010—2015年，加拿大用于灾难援助和恢复的财政资金总额超过1970—2008年的总和①。OAG认为，完善的减灾措施能够降低自然灾害的不利影响，对政府和社会来说具有成本效应。OAG对联邦政府及相关机构减灾措施进行审计，并审查相关援助资金的使用和援助政策的落实情况，将审计报告通过环境与可持续发展专员的报告向公众发布。OAG为提高联邦政府的减灾能力、降低自然灾害危害提供了思路，发挥了重要作用，主要表现在：①督促联邦相关机构加强横向合作，对联邦各省建立自然灾害的预防和应急系统加强指导与帮助；②促进利益相关者共享信息，为应对自然灾害提供充分的信息；③推动相关机构充分考虑外部因素的影响，建立动态的自然灾害预测模型，有利于自然灾害预警；④促进联邦政府形成科学、系统的减灾计划。在对救灾资金的监督方面，OAG建议将更多的资金用于加强防灾基础设施的建设、提高基础设施的防灾能力和恢复能力，而非用于灾后援助，不断提高对自然灾害的预防能力。

加拿大政府为应对恐怖主义袭击建立了反恐怖主义的行动框架，行动框架包括反恐怖主义资金的管理、相关情报的管理以及应急响应的管理等内容。OAG对该行动框架进行审计，认为加拿大针对"9·11"事件建立的反恐怖主义行动的管理框架是基本有效的，对社会安全事件的预防、响应、援助和恢复四个阶段进行了全面的管理。OAG提出：①合理运用反恐怖主义资金，通过增强应急准备和改善边境基础设施，能够降低恐怖主义袭击对于国家安全的影响；②对情报进行适当管理，在对威胁加拿大安全的活动进行预警时，应将资源有选择地投入威胁最大的事项上；③反恐怖主义行动需要联邦各部门的共同行动，提高各部门之间的协调一致性有助于提高反恐怖主义行动的有效性。

3）政府支出绩效审计

OAG负责对政府为应对突发公共事件发生的相关支出、政府的应急准备和响应行动的资金使用绩效进行评价。2020年，OAG针对联邦政府为应对COVID-19采取的措施进行了审计，重点关注了政府在公民健康和安全保护方面所做的努力、对企业的经济援助、用于应急响应的政府支出的绩效。

2. 加拿大审计署在维护资本市场安全方面的实践

加拿大资本市场与美国资本市场联系密切，国际化程度较高，许多加拿大和美国企业会选择在两地同时上市，加拿大上市公司具有小公司众多、资源和科技类公司占主导地位的特点。加拿大没有集中统一的全国性证券监管机构，每个省和地

---

① Report 2—Mitigating the Impacts of Severe Weather. https://www.oag-bvg.gc.ca/internet/English/parl_cesd_201605_02_e_41381.html#ex1.

区有自己的证监会直接负责对当地的证券市场进行监督和管理(刘慧娟,2014),各自独立,互不相属。为了协调各地的证券监管,确保立法原则及标准统一,各地证券监管机构自愿联合组成一个非正式机构——加拿大证券行政会(CSA)。2014年1月,联邦财政部正式启动CCMR(The Cooperative Capital Markets Regulatory System)计划,根据计划,联邦将成立资本市场合作监管局,资本市场合作监管局仍然承认各司法辖区的监管主权,但希望分享部分地方权力协同共管,目标是制定各地资本市场法与一部加拿大资本市场稳定法,作为联邦以实现监管资本市场风险的依据,加拿大各地区的资本市场走向一体化和标准化成为不可逆转的趋势①。

同时,加拿大投资证券商协会、加拿大共同基金交易商协会、加拿大投资业监管组织、加拿大投资业协会、加拿大投资者保护基金等自律组织负有监管自己的会员及从业人员等证券监管职责。加拿大多伦多、蒙特利尔、温哥华、阿尔伯塔、温尼伯5个主要证券交易所也负责对资本市场进行监管,监管内容包括对持续披露的审查、对股票上市的核准及维持二级市场有效性等。

除了资本市场监管机构的监管,加拿大审计署会对加拿大国有企业进行定期审计,出具审计报告并公布所花费的审计费用。国有企业在资本市场上占据重要地位,对国家经济稳定具有重要影响,审计报告中包括对国有企业主要业务活动等基本情况的描述、审查调查的重点、结果、建议与答复,企业在公司治理、战略规划、绩效衡量、风险管理和信息披露方面是否存在问题或弱点。加拿大审计署的审计结果不仅要在审计署网站上公告,还要在被审计企业门户网站上予以披露(邹小平,2016),以促进资本市场的信息公开透明。

9.3 澳大利亚审计署维护经济安全的实践

9.3.1 澳大利亚审计署维护金融安全的实践

1. 以2008年金融危机为例的金融安全实践

1) 2008年金融危机的爆发对澳大利亚的影响

(1) 资源价格。在2008年全球金融危机的影响下,一向发展势头良好的澳大利亚矿产业繁荣不再,这直接对该国收入、经济增长和就业造成了严重的不利影响。

---

① 《加国私募市场系列(二)——加拿大证券市场的监管体系》,2020,http://caifuhao.eastmoney.com/news/20200411093307794120840。

(2) 政府预算。虽然澳大利亚提前采取了相关的应对措施,但全球性的经济衰退也导致其预算出现赤字。

(3) 企业及家庭财富缩水①。2008 年至 2009 年财政年度企业利润缩水 20%,家庭财富缩水幅度达到 36%,贬值和亏损的财产包括现金、银行存款、债券和股票等。据澳大利亚统计局的报告,在金融危机中,澳大利亚平均每个家庭的财富从 15.9 万澳元下滑至 9.8 万澳元。人均财富则从 5.89 万澳元减少至 3.62 万澳元。

(4) 股市下跌②。从 2008 年 7 月至 2009 年 3 月,澳大利亚股价下跌了 43%。

(5) 失业率猛增③。澳大利亚 2009 年 7 月失业率为 5.8%,2008 年同期为 5%,就业人数增长 3.22 万人。据分析,就业人数的大幅增长是因为临时就业人数大幅增加,而全职就业人数下降 1.6 万人。

(6) 制造业萎缩④。2009 年 2 月份,澳大利亚制造业表现指数(PMI)环比下滑了 4.9 点,连续第 9 个月下滑,跌至 31.7,远远低于关键点 50。2009 年 6 月增长了 6.1 个百分点,到达 44.5 点。至 2009 年 7 月,该指数已连续第 14 个月低于 50 点。制造业表现指数高于 50 点,表明制造业在扩张;反之,则表示该行业萎缩。

2) 应对措施

(1) 第一轮财政刺激方案。2008 年 10 月 15 日,时任澳大利亚总理陆克文宣布了一项规模达 104 亿澳元的财政刺激方案,以提振受到全球金融危机冲击的经济。该财政刺激方案一共有 10 项措施,主要包括:花费 48 亿澳元增加退休金的发放,提供 39 亿澳元用于支持中低收入者。为了提振低迷的住房市场,首次购房者将获得另外 15 亿澳元的融资。时任澳大利亚总理陆克文还曾表示,澳大利亚政府将为所有银行存款提供为期 3 年的担保。此外,澳大利亚政府还对澳大利亚商业银行在国际信贷市场进行的所有期限的大额融资提供担保⑤。2008 年 11 月 29 日,澳大利亚政府向各州增加共 150 亿澳元的财政拨款,以帮助澳大利亚对抗全球金融危机。这项财政拨款计划对经济的中期增长起到重要的推动作用,提供了更多的就业机会,并进一步深化澳大利亚政府在医疗和教育事业的改革⑥。

(2) 第二轮财政刺激方案。2009 年 2 月 3 日,澳大利亚推出规模达 420 亿澳元的救市计划。这一经济刺激计划使澳大利亚政府 2009 年出现 225 亿澳元的财

---

①② 《人民日报》2009 年 6 月 29 日。
③ http://finance.qq.com/a/20090807/002761.htm.
④ http://www.kiiik.com/info/851426.html.
⑤ http://news.stockstar.com/info/Darticle.aspx?id=JL,20081015,00000853&columnid=1709.
⑥ http://news.sina.com.cn/w/2008-12-01/104716759581.shtml.

政赤字,约占澳大利亚国内生产总值的 1.9%。为了刺激经济,澳大利亚政府寻找符合条件的投资项目,这些项目不仅能够对整个国家的发展产生持久的推动力,而且能够支持各地的基础设施建设并提供更多的就业机会。表 9-14 列示了澳大利亚政府计划的主要投资项目。

表 9-14　　　　　　　澳大利亚政府计划的主要投资项目

序号	项目
1	为澳大利亚的每所小学投资建设一个新图书馆、一座多功能大厅或一间配有现代化设施的教室
2	为 500 所中学建造新的科学实验室或者语言学习中心
3	提供高达 20 万澳元的政府拨款,用于个别急需维修的学校和社区
4	为大约 270 万个澳大利亚家庭安装天花板隔热设施提供补助
5	为太阳能和热泵热水系统的相关企业增加退税优惠
6	新建 2 万个低价位的社会住房
7	紧急维修大约 2 500 个空置的社会住宅以提升房屋的质量
8	为一般的小型企业购买资产提供额外的 30% 的减税优惠,但是所购买的资产必须符合规定的条件
9	为旨在减少交通事故的 Black Spot Program 中的 350 个附加项目提供资金援助
10	在高风险铁路通道新安装 200 个左右的铁路道口栏杆
11	投资 6.5 亿澳元推动地方社区的基础设施建设和澳大利亚国家高速公路的维护
12	将现金一次性支付给符合条件的家庭、未婚工人、学生、受干旱影响的农民和其他公民
13	2007—2008 财年年收入在 10 万澳元以下并已经缴纳税款的公民均有资格获得高达 900 澳元的税收补助
14	为澳大利亚国防军新建造 802 座营房

(3) 大幅降息。2009 年 2 月 3 日,澳大利亚央行宣布,将基准利率下调 100 个基点至 3.25%,为 1964 年以来最低水平,希望以此为该国经济增长提供支持。

3) 澳大利亚审计署在金融危机中发挥的作用

首先,事前审计——审查政府对汽车经销商融资业务资助项目提供的资金。

澳大利亚审计署发布名为《财政部对汽车经销商财政援助申述》(*Representations to the Department of the Treasury in Relation to Motor Dealer Financing Assistance*)的 2009—2010 年度第一号绩效审计报告。该报告对汽车经销商融资业务资助项目的资金情况进行了说明。

汽车经销商金融业是一个从事专业服务的行业。2008年,在澳大利亚市场中已经有12项针对汽车经销商的融资业务在有序正常地操作运行中。2008年10月下旬,全球金融危机爆发以后,澳大利亚两大从事汽车经销商大宗融资的资金供应者宣布,自2008年年底他们将停止在澳大利亚和新西兰为汽车经销商提供融资服务。澳大利亚汽车行业在本国经济发展中一直扮演着重要角色,没有金融服务商的融资,许多汽车经销商可能会被迫关闭或缩减业务。两个最大的融资商的撤出和其他融资商也将撤出的可能性,将很可能对宏观经济造成严重的不良经济后果。

在听取专家、主要银行家和汽车经销行业的代表组织的共同建议之后,财政部在2008年12月5日宣布,发布一项约20亿澳元的特殊目的中介基金(Special Purpose Vehicle,简称SPV),旨在通过将符合条件的汽车经销商的贷款证券化,为这些企业的流动性需要提供支持。

在4家主要银行的支持下,该基金将先试运行12个月作为过渡期(在资金水平连续下降超过6个月),使符合条件的汽车经销商建立起新的融资渠道。

证据表明,SPV给汽车经销商的融资市场增强了信心。在这方面,从2008年12月5日宣布消息时起至2009年6月这段时间,至少有12份来自具备资格的汽车经销商提交的申述材料,这些申述以书面形式或口头形式提交给总理、财务部长或他们各自的办事处和部门,以寻求可靠的资金援助。

澳大利亚审计署审查的记录显示,至少有4家只销售二手机动车辆的经销商提出申述,认为政府提出的专项资金的适用范围应当包括他们。然而,SPV适用范围是否应当包括那些类型的汽车经销商不是由政府部门来决定的。

审计署没有发现任何新的个别汽车经销商在2008年12月5日宣布SPV和2008年12月19日发布《汽车经销商信息指南》之前,向总理、财政部部长以及他们各自的办事处和部门提交过申述材料。

其次,事中审计——对救市计划中的教育改革项目资金使用情况的审查[①]。

澳大利亚审计署有职责审查澳大利亚政府为小学投资的基础设施建设项目。澳大利亚政府审布的2009年第二轮财政刺激方案包括在未来3年内投资147亿澳元用于教育改革项目,该项资金将有助于澳大利亚中小学基础设施的建设、重建和维护。其中,政府为资助制造业并促进经济增长,花费数10亿澳元用于小学新建基础设施。然而,有学校多次反映没有收到政府承诺资助的设备,而且相关的政

---

① http://www.abc.net.au/news/stories/2009/07/25/2636213.htm?site=local.

府补助没有得到有效使用。因此,审计将针对这些建设项目的管理、选择和批准进行审查。因纳税人的钱可能被浪费、得不到有效的管理和应用,一些学校提请澳大利亚审计署对相关情况进行详细审查是值得认可和肯定的。

最后,追踪审计——国家基础建设项目审计(National Infrastructure Audit)[①]。

澳大利亚政府建立了一项基金——澳大利亚建设基金(The Building Australia Fund,简称 BAF)来提高国内的生产力。在严峻的经济形势下,BAF 为资金短缺的交通和通信业的基础设施建设提供资金支持,以缓解城市交通拥挤状况并促进贸易和宽带网络的发展。政府预期将分期注入资金到该建设基金,首次拨款额度为 200 亿澳元。基金对上述项目的支付将受到政府对全国宽带网络需求提案进程和区域通信独立审查委员会(Regional Telecommunications Independent Review Committee)审议结果的影响。

澳大利亚政府建立了澳大利亚基础设施建设机构(Infrastructure Australia),保证基础设施建设和发展方面有一个全国性的专门机构负责。该机构将负责制定一个战略性蓝图以解决基础设施建设的瓶颈,并加快国家的运输业、水、能源和通信业资产的现代化进程。

为保证对国家未来的投资项目可以早日起步,澳大利亚政府在 2007—2008 财年计划投入 7 500 万澳元,与各州政府合作,针对部分优先项目进行基础设施建设的可行性研究。这项研究将审查以下项目的可行性:升级位于远北和北昆士兰州的布鲁斯高速公路,以及位于昆士兰州东南方的高速公路的重要路段;升级悉尼 M5 高速公路和悉尼西部铁路线的建设;升级西部环道,同时建造已经设计完成的墨尔本东西运输走廊的建设项目;开展伯斯机场的一个综合运输计划;开发阿德莱德的一项运输可持续性研究项目。这些可行性研究将纳入国家基础设施建设审计项目。审计署在 2009 年 3 月 1 日完成一份基础设施优先项目目录名单,提交给澳大利亚政府理事会(Council of Australian Governments,简称 COAG)参考。

4)在加强金融监管方面的相关审计会计改革

全球金融危机对公营和私营部门报告实体的财务状况都造成了很不利的影响。在这种复杂的环境背景下,审计部门应当继续对财务报告所提供信息的质量和一致性进行审查。在 2008 年 11 月 15 日举行的会议上,G20 集团各国财政部部长和央行行长共同呼吁,会计准则制定者应当立即着手解决复杂金融工具和资产

---

① http://www.aib.org.au/2008budget/budget-infrastructure.htm.

负债表表外项目的估价和披露问题,并在中期制定一个专门针对金融工具的高质量的、全球性的会计准则。

澳大利亚审计署继续追踪和关注由于全球金融危机引发的财务报告相关问题,因为这次危机可能会影响到公营部门。在对澳大利亚政府实体的2008—2009年的审计中,审计署会对可能受到全球金融危机影响的金融工具的确认、计量和披露给予特别关注。

(1) 审计准则改革。国际审计与鉴证准则理事会(The International Auditing and Assurance Standards Board,简称 IAASB)一直在修订其准则,以提高准则的明晰度和一致性。澳大利亚审计与鉴证准则理事会(Australia Audit and Assurance Standards Board,简称 AUASB)计划审查 IAASB 修订的审计准则,以便其从 2010 年 1 月 1 日开始适用于澳大利亚报告实体。AUASB 优先考虑与公共部门相关的审计项目,包括开发制定绩效审计准则和合规审计准则。

此外,澳大利亚审计与鉴证准则委员会为绩效审计颁布了新的审计准则——ASAE 第 3500 号[①],它适用于 2009 年 1 月 1 日以及之后的绩效审计工作。该准则取代了澳大利亚当时的两个绩效审计准则:第 806 号绩效审计准则和第 808 号计划绩效审计准则。AUASB 表示该准则旨在确保澳大利亚所有的公营和私营部门在操作时都保持高质量的、一致的做法。

新的准则并不需要大量改变审计署的工作和报告的惯有做法。然而,审计署最终报告的绩效审计报告的审计结论可能会有变化。

(2) 修订 1997 版《澳大利亚审计长法》[②]。2009 年 2 月 25 日,澳大利亚对 1997 年版《澳大利亚审计长法》(以下简称审计长法)的大量修订正式生效。主要修订如下:根据审计长法第 19 条规定,就拟议的绩效审计报告所收到的任何意见审计人员都需完整地将其包括在审计报告里,这一修订对审计人员现有的做法给予了立法支持;对绩效审计报告摘要以立法形式确认,这些报告概要有时需要提供给有关各方以听取意见或获取相关评论。这一修订案的影响是,针对一份审计报告摘要所收到的任何意见必须完整地包括在最后的审计报告中。以前,国家审计在审计报告最后定稿时,会对相关评论给予适当的考虑,但审计人员可以使用自由裁量权决定是否应将这些意见列示在最后的审计报告中。该修订还意味着审计报

[①] ASAE 第 3500 号准则:Standard on Assurance Engagements ASAE 3500 Performance Engagements. https://www.auasb.gov.au/admin/file/content102/c3/ASAE-3500_10-17.pdf.

[②] 澳大利亚审计长法修订:Auditor General Act 1997,https://www.legislation.gov.au/Details/C2016C00685。

告摘要同样适用审计长法对掌握审计信息的人员所提出的保密要求。

为确保审计报告是一份内容丰富和可读的文件,审计署将继续要求审计机构使拟议的审计报告与审计结果和建议直接相关,并做到合理简洁。审计署还要求提供的每一个评论分为三个部分:从尊重每一条审计建议的角度,不论报告实体同意或不同意、附带限制条件的同意或不同意审计意见,该报告实体都应当在建议报告中提出相关的正式评论,这些正式的评论将作为附录列入最后的报告中;报告实体简短的评论意见概述(1~2个段落),包括在报告摘要和说明书中;其他细节的评注,审计署将继续把报告实体提出的正式的意见列入最后的审计报告中。

2)澳大利亚审计署其他维护金融安全的实践

澳大利亚清洁能源金融公司(CEFC)是根据《2012年清洁能源金融公司法》设立的,目的在于促进更多的资金流入清洁能源部门,澳大利亚审计署重点审查CEFC为清洁能源技术提供资金的职能。在出口金融审计方面,出口金融和保险公司(EFIC)是澳大利亚政府基于《出口金融和保险公司法》设立的,澳大利亚审计署审查EFIC的治理结构和满足法定和审慎要求的能力,包括管理其信贷和融资风险。为保证国家经济稳定,居民生活质量得到保障,澳大利亚成立了国家住房金融和投资公司(NHFIC),该机构通过提供各项债券和贷款来缓解证券市场压力,改善澳大利亚公民的居住条件。因为2019—2020年NHFIC超支了优惠贷款准备金1.01亿澳元,2021年3月,澳大利亚审计署介入并发现NHFIC制定的业绩衡量指标不够可靠和完整、未具体评估贷款项目。从问题出发,澳大利亚审计署建议国家住房金融和投资公司根据EFIC和NHFIC之间的服务协定,对业绩进行严格的监测和报告、审查和更新风险框架和风险评估等。

9.3.2 澳大利亚审计署维护财政安全的实践

澳大利亚审计署针对国家财政安全进行的审计工作主要通过绩效审计的方式进行,审计内容主要是联邦相关机构对政府预算和联邦债务的管理情况。澳大利亚审计署发布的与财政安全相关的审计报告如表9-15所示。

表9-15　　　澳大利亚审计署发布的与财政安全相关的审计报告

序号	主题	审计工作的主要内容	报告编号
1	议会预算办公室的管理①	① 评估预算办公室发挥作用的有效性; ② 重点审查预算办公室是否建立了有效的治理和行政安排以向议会报告预算执行和管理情况,是否有健全和及时的流程促进其发挥关键职能,预算管理绩效是否得到监测、审查和报告	2013—2014年第36号审计长报告

(续表)

序号	主题	审计工作的主要内容	报告编号
2	联邦债务管理	① 审查并考虑改进联邦公共债务报告和披露机制的机会;评估联邦债务筹集、管理和偿还的有效性,评价其是否与可接受的风险暴露程度相一致;确定是否有机会改进联邦债务筹集、管理和偿还的方法。 ② 提出的改进建议包括注重风险管理、明确投资组合基准目标的风险与成本、披露绩效指标以加强问责、加强内部审计、管理联邦信用风险等	1999—2000 年第 14 号审计长报告
3	联邦债务管理后续审计	① 评估 ANAO1999 年联邦债务管理审计的建议和发现的主要问题得到解决的程度,以及任何变化的影响; ② 审计建议继续提高债务透明度和加强问责	2004—2005 年第 42 号审计长报告

① 议会预算办公室的主要职责是对预算周期、财政政策和提案的财务影响进行独立的分析,并向议会通报情况。

在预算管理方面,澳大利亚审计署通过审计预算管理相关机构的职责履行情况,促进预算管理办公室发挥作用,以加强联邦的财政和预算框架,促进问责和提高预算的透明度,保障联邦预算的效益。

在联邦债务管理方面,联邦政府为确保货币政策和债务管理的有效分离,采用从短期货币市场和固定利率市场借款的方式来为其预算赤字提供充分的资金。相应地,联邦政府相关机构进行债务管理的重点在于通过调整债务组合的期限和货币敞口,进行利率和跨货币互换,从而对债务组合的风险和成本进行管理。从表 9-15 可知,澳大利亚审计署针对联邦债务管理的审计主要关注的是联邦债务的透明度以及与债务相关的问责机制。澳大利亚审计署期望通过加强相关机构对联邦债务的管理来规避债务相关的风险,保障财政安全。

9.3.3 澳大利亚审计署维护产业安全的实践

澳大利亚通常被认为是资源供给型发达国家,在全球化背景下,澳大利亚产业结构不断发生变化。澳大利亚传统产业为农牧业、采矿业,经过多年的产业结构调整,服务业、制造业、采矿业和农业成为澳大利亚四大主导产业,尽管农业在国民经济中的比重有所下降,但其产量、产值和效益均不断提高,由于制造业在全球产业链中萎缩,采矿业逐渐成为澳大利亚国民经济重要支柱行业(史逸林,2019)。澳大利亚财政和国际贸易平衡很大程度上取决于矿业等资源产业,这一独特而显著的经济特征令澳大利亚在 2009 年金融危机中幸免于难。澳大利亚于 20 世纪 80 年代开始了全国性的经济结构调整:一方面是注重经济开放,突破国内狭小市场的限制,提高企业的国际竞争力;另一方面是转变制造业发展模式,促进其生产要素禀赋优势被优化利用,向专业化生产转变。政府以产业产品结构合理化为目标,调整工业地区分布和企业组织等,在空间上进一步优化了国家产业布局①。在对外贸易上,澳大利亚实施市场多元化战略,积极促进出口、支持多边贸易体系、积极开展双边和区域自由贸易协定谈判等。

澳大利亚审计署在产业安全领域主要对产业政策、战略、计划、方案等的执行情况与执行效果进行审计,并对相关部门是否有效履行公共经济责任进行审计。产业计划审计在澳大利亚可以追溯到1999年对其药业投资计划进行的跟踪审计,1999年,澳大利亚审计署对药业投资计划资金申请人所适用的方法和程序的公正性进行了评估与审计。2003年,澳大利亚审计署审查了澳大利亚工业参与计划,评估其在多大程度上实现了其两项政策目标。澳大利亚审计署对产业政策的执行效果审计可以追溯到2000年,澳大利亚通过对农业、渔业与林业部、外交贸易部、交通运输部以及区域服务部4个主要机构对政府为澳大利亚农业食品工业制定的目标的实现情况进行评估与分析。在具有重大风险的房地产行业相关政策的审计上,2019年,英联邦科学和工业研究组织(CSIRO)通过了新的10年房地产投资战略之后,澳大利亚审计署于2020年进行审计发现,CSIRO没有充分吸取以前的经验教训,其衡量运营成本的方法无效,在支持执行其2012年战略方面也没有取得成效,并且没有制定任何可量化的目标来衡量实施房地产投资战略方面的表现,澳大利亚审计署针对此提出了五项建议并全部被CSIRO接纳。近年来,澳大利亚审计署分别对《国家食品工业战略》《乳品业调整法》《塔斯马尼亚森林产业发展和援助方案》等从政策执行情况、执行效果、资金申请评估、项目财务管理、所涉风险等方面进行了相关审计,促进政策与方案的落实、完善相关准则、给出相关调整建议,促进各产业的安全发展,为维护国家产业安全助力。

9.3.4 澳大利亚审计署在重大风险防控中的实践

1. 澳大利亚审计署在突发公共事件中的作用

1)审查灾难应急管理行动框架及其实践

澳大利亚审计署应对突发公共事件的方式主要体现为对灾难应急管理行动框架的审计和对具体突发公共事件中联邦政府及相关机构所做工作的审计。对灾难应急管理行动框架的审计,能够及时发现行动框架在设计上的不足,从而完善灾难应急管理行动框架,有助于联邦政府及相关机构在进行灾难响应的过程中做到有据可依,提高应急响应的速度和效率;而针对具体突发公共卫生事件中联邦政府及相关机构所做工作进行的审计,能够审查出联邦政府及相关机构在应对突发公共

---

① 全球中小企业联盟:《澳大利亚的贸易和产业政策变迁》,http://www.globalsmes.org/。

事件的具体行动中存在的问题,帮助不同的机构完善其行动能力方面的不足。

2)对相关机构在应急管理过程中的履责情况进行审计

澳大利亚卫生部作为医疗卫生体系的管理与协调部门,在突发公共卫生事件的应对中发挥领导与协调作用。2020年COVID-19疫情暴发之后,澳大利亚审计署进行了主题为"卫生部传染病紧急情况协调"的审计,对卫生部针对突发公共卫生事件所构建的应急管理框架以及卫生部为应对突发公共卫生事件采取的措施进行了审计。澳大利亚审计署认为,卫生部的职责包括:①建立有效的突发公共卫生事件管理策略;②制定有效的措施来应对突发公共卫生事件。

针对自然灾害,澳大利亚审计署主要进行了两方面的工作:一是对应急管理局在应急管理中发挥的协调与领导作用进行审计,发现应急管理局工作中可能存在的困难,为促进应急管理局实现其战略目标提出相关的政策建议;二是对国防部向社会提供紧急援助的程序的有效性进行了审计,对国防部的具体援助行动进行审查。审计发现,国防部对自然灾害的预防能力不足以及绩效评价标准缺失等。澳大利亚审计署发布了两份审计报告,分别描述应急管理局在应对自然灾害过程中的职责履行情况以及国防部在自然灾害紧急救援中的作用。

突发公共事件的发生还会导致政府机构运营环境的变化,以及政府服务需求的变化,因此,联邦政府的风险管理显得尤为重要。联邦政府的风险管理涉及两个部门:澳大利亚税务局和澳大利亚服务部,其对突发公共卫生事件带来的风险进行有效管理,降低危机对国家经济发展、政府运营的后续影响。澳大利亚审计署认为对风险进行有效管理主要体现在:①迅速落实国家针对突发公共事件所采取的一系列政策和措施;②对突发公共事件引发的新的风险进行有效管理、监控并审查;③对实施经济响应措施带来的潜在风险进行有效管理,如援助付款的欺诈风险、完整性风险等。澳大利亚审计署对上述两个部门的风险管理工作进行审计,促进了两个部门完善对风险所采取的措施。例如,针对2020年的COVID-19疫情,澳大利亚审计署进行了以"澳大利亚服务部COVID-19措施和企业风险管理"和"澳大利亚税务局对与快速实施COVID-19经济响应措施相关的风险的管理"为主题的审计,评价了相关机构的风险管理计划。

2. 澳大利亚审计署在维护资本市场安全方面的实践

澳大利亚资本市场较为成熟,澳大利亚证券交易所是世界第五大股权交易市场。澳大利亚有100多家证券公司和1 000多家基金管理公司,上市板块分为资源板块、金融业板块、其他服务业板块和制造业板块四大板块,企业在澳大利亚上市,排队时间短、上市成本低,澳大利亚资本市场的可信性、合作性和高效率性得到国际市场的认可①。

澳大利亚资本市场的主要监管机构是证券和投资委员会(ASIC),它是一个依法独立行使监管职能的独立政府部门,主要负责监督市场行为、保护投资者,管辖范围十分广泛。ASIC 可以采取执法行动,处理和阻止违法违规行为,并采用分级执法的方法,对严重违法违规行为实施更严厉的制裁措施。此外,澳大利亚证券交易所作为自律性的监管机构,在负责证券的发行、上市与交易的同时,也在职责范围内监管证券市场,对交易所的市场参与者进行审查,对违反相关规则的行为进行调查,并可以将某些具体事项提交给证券和投资委员会作进一步调查。澳大利亚证券交易所本身也受证券和投资委员会的监管,在对澳大利亚上市企业的监督方面,它与证券和投资委员会紧密合作,维护资本市场的透明、公正、健全。

澳大利亚审计署对证券和投资委员会负有监督权力与责任,对证券和投资委员会执行监管所依据的程序与执行监督的情况进行审查。例如,2015 年澳大利亚审计署对证券和投资委员会管理可强制执行的承诺制度(Enforceable Undertakings)的有效性进行了评估,可强制执行的承诺制度涉及各种行为,包括资本市场机构的误导性或欺骗行为、公司审计师和清算人未能正确履行职责和职能的情况、财务顾问提供低质量建议的行为等。澳大利亚审计署发现,作为证券和投资委员会的监管机制之一,可强制执行的承诺制度在 ASIC 的整体执法中具有重要作用,但依然存在一些问题,对此,提出了两项建议:定期评估和报告可执行承诺在提高自愿遵约水平方面的效果;加强信息透明度和质量保证。两项建议均被证券和投资委员会回应并采纳。针对证券和投资委员会监督程序的有效性,澳大利亚审计署在 2007 年对证券和投资委员会审查涉嫌违法行为的程序有效性、调查与提交法定报告的效率进行了评估审查,对 2002 年至 2004 年的 416 份法定报告进行了详细审查,提出了五项审计建议并被证券和投资委员会全部采纳。

9.4 欧洲审计院维护经济安全的实践

9.4.1 欧洲审计院维护金融安全的实践

1. 以 2008 年金融危机为例的金融安全实践

1) 2008 年金融危机的爆发对欧盟的影响

金融危机造成欧盟经济体信贷混乱、需求不足,影响了实体经济活动。欧元区

---

① 中华人民共和国商务部:《对外投资合作国别(地区)指南》,2020,http://www.mofcom.gov.cn/dl/gbdqzn/upload/aodaliya.pdf.

经济连续 4 个季度萎缩,2009 年第一季度更创下了 1999 年欧元区成立以来的季度最大降幅。德国 2009 年第一季度 GDP 环比下滑 3.8%,为 1970 年采取现行统计方法以来的最大降幅。法国、意大利、西班牙和荷兰第一季度 GDP 则分别下滑 1.2%、2.4%、1.8%和 2.8%。

欧盟统计局的数据显示,欧元区很多企业以裁员应对衰退,2009 年 1 月,失业率增至 8.2%。在欧盟成员中,西班牙 1 月的失业率为 14.8%,拉脱维亚为 12.3%,荷兰为 2.8%,奥地利为 4.0%。欧元区最大经济体德国工业下滑,失业率攀升。2009 年 1 月份德国工业产值创 1990 年两德统一以来的最大降幅。失业率攀升至 8.3%,大约 350 万人失去工作。据英国工业联合会统计,由于需求持续快速恶化,英国 2009 年 2 月份工业产值仍处于 28 年来的低点,工业产值指数从 1 月份的-43 降至-44。法国工业产出至 2009 年 1 月已是连续第 5 个月下降。法国国家统计机构数据显示,法国 2009 年 1 月份工业产值较前月下降 3.1%。

欧洲经济增长的"三驾马车"——消费、投资和出口同时遭遇急刹车,机械、汽车、化工等欧洲经济的几个支柱产业均遭受重创,陷入订单下滑、出口大幅减少的困境。欧洲经济以制造业为主,与金融、高科技等产业相比,庞大的制造业的往往衰退周期更长,衰退程度也更深。由于资金链紧张,欧洲企业破产和并购风波不断,一些企业的商业道德也开始滑坡。

2) 欧盟的应对措施

首先,出台欧盟银行拯救总计划[①]。

有报告显示,到 2009 年 12 月底,欧盟各国累计批准了高达 3.3 万亿欧元的银行拯救计划。

欧盟各国政府通过的 3.3 万亿欧元拯救计划包括 3 114 亿欧元的资本注入、2.92 万亿欧元的银行债务担保,还有对银行流动性和融资的支持。

数据显示,英国政府的银行拯救计划总金额为 7 810 亿欧元,是欧盟成员中最多的。丹麦和德国分列第二和第三,拯救金额高达 5 939 亿欧元和 5 542 亿欧元。而斯洛伐克、捷克、爱沙尼亚、立陶宛等东欧国家未提出银行拯救计划。

其次,欧洲议会加强银行业监管和抑制失业率上升的措施[②]。

随着金融危机的影响急剧扩大。欧洲议会一直在探讨一个双管齐下的方法来拯救危机,目的在于:一是通过加强银行业监管措施建立一个更明确的欧洲监管体

---

① http://rss.sina.com.cn/finance/usstock.xml.
② Economic crisis: the European Parliament's response. www.elections2009.eu.

系;二是试图减轻经济衰退对人们生活的影响。

2008年10月,即金融危机在欧洲全面爆发几个星期之后,欧洲议会议员就告知欧盟的执行机构——欧洲委员会(该机构负责起草欧盟法规),他们希望通过立法来加强对欧洲金融服务的监管。在2009年4月到5月就有了具体结果,其中包括资本要求指令(The Capital Requirements Directive)和第二偿付能力指令(The Solvency Ⅱ Directive)。资本要求指令规定通过制定新规则来增加透明度,从而加强对银行的监管,确保银行具备合适的风险管理机制。第二偿付能力指令通过引入关于更先进的偿付能力的规定,制定出新准则以加强对保险公司的监管和制定更严格的信用评级规则以提高欧洲信用评级的透明度和独立性。

欧洲议会通过了有助于抑制失业率上升的一系列举措:扩大"全球化调整基金",以帮助因此次金融危机而失业的工人;支持临时工拥有充分的权利;扩大职业培训和教育的范围;支持平均每周工作48小时的规定。

欧洲议会还支持危机期间其他加强经济恢复的系列建议:议会两次同意提高对不属于欧元区的欧盟国家贷款最高限额,从120亿欧元到2008年11月的250亿欧元再到2009年4月份的500亿欧元,这些国家都遭受了经济下滑的严重影响。2008年12月,议会高票通过2 000亿欧元的金融刺激一揽子计划,还同意增加银行存款担保,如果1家欧洲银行倒闭,公民储蓄的担保额将达到100 000欧元。议会还呼吁对小企业法的法律效力加以强化,并希望为欧洲的私人公司建立统一法令。欧洲议会多数议员表示支持伦敦G20峰会的成果,G20峰会同意投入1.1万亿美元以鼓励经济稳定和国际金融、信贷和贸易的复苏以及加强对金融市场的监管,但议会也呼吁世界各国领导人取消所有税收和管制保护、堵塞监管漏洞。

再次,欧盟理事会通过"经济复苏计划"[①]。

2008年10月16日,欧盟理事会通过"经济复苏计划",该计划的目的在于避免严重的经济衰退,其立足于《稳定和增长公约》以及针对增长与就业的《里斯本战略》。它包括:一个总额2 000亿欧元的预算(约占欧盟国内生产总值的1.5%),这由欧盟成员预算1 700亿欧元(约占欧盟国内生产总值的1.2%)和欧盟"立即行动"提供支持的300亿欧元(约占欧盟国内生产总值0.3%)构成;另外,欧盟还有若干优先行动,这些行动以《里斯本战略》为基础,同时适应了经济上的长期挑战,继

---

① Communication from the Commission to the European Council, 2008. A European Economic Recovery Plan. Brussels.

续实施其旨在提高潜在增长率的结构性改革。

最后,欧盟委员会制定行动框架。

全球经济危机是欧盟面临的一大挑战,因此,欧盟必须快速反应,减少其对欧盟整体经济的影响。欧盟委员会会同各成员和国际伙伴合作采取行动鼓励投资,以促进经济增长和增加就业,这就是欧盟委员会 2008 年 10 月发布的被称为"从金融危机到复苏:一个欧洲行动框架"公告的目的所在,利用 2007—2013 年总金额 347 亿欧元的金融资源,欧洲凝聚力政策在预算严重紧张的情况下为成员和欧盟地区提供了稳定预算和公共投资。

3) 欧洲审计院在金融危机中发挥的作用

(1) 欧洲审计院对欧洲央行的监督作用①。

由于欧洲审计院(European Court of Auditons,简称 ECA)在欧盟机构中作为最高政府审计机关的地位之特殊性,它必然在欧盟应对金融危机中以及欧盟日常事务中发挥着至关重要的作用。

欧洲审计院对欧洲中央银行管理运营的效率作出检查和评价。欧洲联盟条约第 248 款做了详细的规定,下面就从其中整理分析出欧洲审计院对央行管理运营的效率作出检查和评价的过程。

欧洲联盟条约规定,欧洲审计院应审查欧盟所有收入和支出账目,还应审查欧盟设立的所有机构的所有收入和支出的账目。欧洲审计院应向欧洲议会和理事会就账目的可靠性和基础性事务的合法性和合规性提供保证声明,该声明要公布在欧盟官方杂志上。欧洲审计院应审查是否所有收入已收到,所有的支出是否合法合规,以及财务管理是否合理,应报告任何违规的行为。这些审计可在待考察的财政年度关账前进行。

审计工作应参考欧盟其他机构现场执行结果记录,这些机构是代表欧盟或在成员方内部管理收入和支出的机构。欧洲审计院和各成员方国家审计应在保持各自独立性的前提下本着信任的原则加强合作。成员方国家审计机构应通知欧洲审计院其是否打算参与审计。

代表欧盟管理收入或支出的机构、从欧盟预算中收到支付的任何自然人和法人,以及国家审计,或者有权力的国家主管部门,都应该根据欧洲审计院的需要向其提供履行其职能所需要的任何文件和信息。关于欧洲投资银行在管理欧盟收入开支方面的活动,欧盟审计院获得该银行信息的相关内容应该由欧洲审计院、银行

---

① European Central Bank,2009. Annual Report 2008.

和欧盟委员会之间签订的协议来规定。如果没有该协议,欧洲审计院仍然有权力获得对由欧洲投资银行管理的欧盟支出和收入的必要的信息。

欧洲审计院应在每个财政年度结束后起草一个年度报告,并送交其他机构,同时将年度报告与这些机构对审计院的意见答复一起在欧洲联盟的官方杂志予以公布。欧洲审计院也可以在任何时候以特别报告的形式就具体问题提出意见,在欧盟的其他任何一个机构需要时把意见提供出去。欧洲审计院的年度报告、特别报告或意见应以多数票通过。但是,为通过特定种类的报告或意见,欧洲审计院也可能根据议事规则规定的条件建立更小范围的议事机构。

(2) 欧洲审计院在欧盟委员会财务管理、内部机构设置以及内部机构运行规章制度的制定方面的评估作用①②③。

欧洲审计院对欧盟委员会财务管理状况进行审计目的在于评估欧盟委员会的财务管理质量,监控其运作效率,这个工作一般是从两个方面着手进行:一是欧盟委员会是否遵循了财务管理规章制度以及相应监管要求;二是欧盟委员会是否设立了内部控制系统以确保合理合法的财务管理机制。这两个问题主要涉及执行总干事和财务事务总司执行的管理活动领域,这些领域一般包括以下几方面内容:欧盟委员会财务管理业务的全面安排,财务业务的风险管理,绩效衡量指标和基准,信托账户的管理,罚款的管理,支付过程和银行账户的管理,人力资源。欧洲审计院在执行审计的过程中,审计证据是通过检查、收集和评估现有的规则和程序、审查文件、控制测试和交易以及询问得到的。为了便于比较,其他公共机构的财务管理的做法也在其考虑之列,另外,欧洲审计院也参阅和借鉴有关的学术文献。

欧盟委员会和其他机构的内部机构的设置必须经过欧洲审计院的审计。例如,2009 年欧洲审计院第 13 号特别报告对欧盟委员会新设立 6 个执行局进行了审计和论证,认为设立动因是弥补委员会人手短缺,即委员会本着实用主义的原则建立了 6 个执行局,以便在遇到问题时有足够的人手来应对。接着,审计院进一步指出,受到人手短缺或者其他的外部因素的影响而被迫建立机构是一种次优选择。最后,欧洲审计院对设立 6 个执行局进行了成本效益分析,把关注点放在了成本比

---

① European Communities,2009. Annual Activity Report for 2008.

② European Court of Auditors, 2009. Delegating Implementing Tasks to Executive Agencies: A Successful Option? Special Report No. 13.

③ European Court of Auditors,2009. On a Proposal for an Amended Regulation of the Budget Committee of the Office for Harmonization in the Internal Market Laying down the Financial Provisions Applicable to the Office("Financial Regulation"). Opinion No. 1.

较上,几乎不考虑其他相关的收益,分析结果表明6个执行局的设立没有得到有关效率方面的可靠数据的支持。另外,欧洲审计院建议执行局应该以结果为导向。

欧洲审计院有权监督欧盟机构的内部规章制度的制定和实施,并提出建议要求其修正。例如,在2009年第1号审计意见中,欧洲审计院对内部市场标准调和处预算委员会修订规章发表了意见,认为重要性的概念无论在总论中还是具体财务规章中都没有被提到。由于易受到不同的理解和解释,欧洲审计院要求重新表述涉及的段落以及设立更精确的标准,这些标准是要能够得到客观验证的。

为了凸显欧洲审计院在欧盟发展尤其是面对金融危机时的经济发展和恢复与统一(即欧盟凝聚力)方面发挥的巨大作用,下面列举欧洲审计院2009年工作计划的简要条款:

第一,2009—2012年,欧洲审计院开展工作的重要方面有经济增长和就业、气候变化和可持续的欧洲、欧洲作为世界的合作伙伴、完善的法规。

第二,欧洲审计院需要对欧盟管理和会计核算方面的一些新的和正在发生的变化作出反应:持续开发一个基于欧盟委员会行动计划的内部控制整合框架,其中包括厘清可容忍风险的概念;继续执行2007—2013年金融框架以及随之而来的多年度方案和管制条例,尤其是对结构基金而言;审查原先的2000—2006年的开支计划,经济复苏和金融补救措施的完整性、充分性和记录;增加代理处、执行机构、合作事业部和其他的机构。

在上述简要条款中,欧洲审计院把"经济增长和就业"作为其工作的重中之重,在具体条款中包括对欧盟各国为克服金融危机而采取的各种措施的实施效果的审计。作为欧盟常设机构的欧盟委员会,其发布的欧洲经济复苏计划(EERP)使欧洲审计院为适应克服金融危机的需要而必须为之"持续开发一个内部控制整合框架",来监管和评价其执行和执行的效果[①]。

(3)审计总预算和部门预算。

一方面,审计欧盟总预算。

欧洲联盟条约第274款第一条规定,欧盟委员会应根据自己的责任以及成员方应与欧盟委员会进行合作的原则贯彻执行预算,以确保拨款按照健全的财务管理原则使用。欧盟委员会对总预算的正确执行负有最终责任,但是总预算的批准是由欧洲理事会和欧洲议会共同作出的。而欧洲审计院的职责是在审计的基础

---

① 当然,一旦该内部控制整合框架出台,就意味着欧盟会计和审计为适应克服金融危机的需要作出了一个重大的改革和创新。

上，为欧洲理事会和欧洲议会的账目的合法性和基本交易事项的可靠性声明提供保证。欧洲审计院执行审计应严格按照国际审计准则和职业道德标准。这些准则和标准要求，无论欧洲理事会和欧洲议会的年度账目是否存在重大错误和其基本交易事项是否合法合规，欧洲审计院都要计划和执行审计以获取合理保证。欧洲审计院的审计报告在某种程度上是某一年的总预算程序的终结。

欧洲审计院的审计目的在于获取有关综合账户的金额和披露信息以及基本交易事项的合法合规性的审计证据。所选的程序取决于审计师的判断，包括对综合账目的错误陈述的风险评估。在作出风险评估时，审计师应考虑与综合账目的编制及与公允表达有关的内部控制，为保证基本交易的合法合规而实施的监督和控制系统，目的是设计适当的审计程序。审计工作除了对综合账目和年度活动报告的评价之外，还评价相关机构所采用的会计政策的合适性及所作出的会计估计的合理性。

在2008年预算审计报告中，欧洲审计院先是对总预算的执行做了一个概括，接着又从八个方面详细对欧盟收入和不同领域的支出发表了具体的评价意见。在可靠性方面，欧洲审计院认为按照财务条例的规定和公认会计原则，欧盟的账目在所有的重大方面都公允地反映了2008年12月31日的经营成果和现金流量。在基本交易事项的合法性和合规性方面，欧洲审计院认为"教育和公民"和"行政和其他支出"两项下各账户在各个重大方面是合法合规的；"农业和自然资源"项下各账户除了在"农村发展"方面以外在所有重要方面都是合法合规的。关于"经济和财政事务"项的审计结论是，其年度支付没有受到重大错误的影响。欧洲审计院审查了三个经济和财政事务监控系统，结果是，在确保支付的合法合规性方面，两个是有效的，一个是部分有效的。接着，欧洲审计院又给出了相应建议。

另一方面，审计部门预算。

除了对欧盟总预算负有审计之职责，欧洲审计院还对欧盟内部的各部门如欧洲职业发展训练中心、欧洲提升生活与工作品质基金会、欧洲环境局、欧洲训练基金会、欧洲监管药物滥用中心、欧洲检验药品局、内部市场标准调和处、欧洲工作安全与健康局、共同体维护植物多样性局、欧洲各机构翻译中心、欧洲监督种族歧视中心、欧洲重建局和欧盟警政署等一系列业务机构的预算执行审计，发布审计报告。

通过以上内容可知，欧盟一切活动和事项，包括活动和事项的执行、执行的依据、执行的主体，都要经过作为欧盟公民经济利益的独立卫士——欧洲审计院的审计。欧盟的不断发展和强大与欧洲审计院地位的提升和作用的发挥息息相关。欧洲审计院的作用发挥以及作用发挥的范围之广是客观的事实。

4）欧盟在加强金融监管方面的相关审计会计改革

（1）欧盟委员会加强金融监管的措施及相应的审计。

欧洲审计院在2009年2月发布的欧盟金融监管报告中所提到的金融监管一揽子建议涉及两个关键元素。一是欧洲系统性风险委员会，它应监测和评估金融体系作为一个整体在稳定性方面的风险（"宏观审慎监管"）。它将预警系统性风险，必要时建议相关机构采取行动以应对这些风险。欧洲系统性风险委员会的建立将有助于防范和化解金融危机中暴露出的金融体系所具有的互联的、复杂的、部门和跨部门的系统风险。二是欧洲金融监管体系，其职责是监管单个金融机构（"微观审慎监管"），它是由各个国家金融监管机构所组成的一个健全而完善的网络，在欧洲监管当局领导下工作，是由银行业证券委员会、保险委员会和职业救济金管理部门转变而成。它是建立在共享信息和相互加强职责基础之上的，即把单个国家的监管机构与整个欧洲层面的具体任务结合起来。它旨在促进形成协调的规则以及连贯的监管惯例和实施程序。欧洲金融监管体系应建立在伙伴关系、灵活性和辅助的原则之上，旨在强调某一国监管机构在制定金融稳定性和投资保护政策方面拥有充分的决定权的基础上加强各国监管机构之间的信任，以便有效解决跨境风险。

（2）会计方面的改革。

实务界和理论界将金融危机归咎于公允价值的应用，欧洲审计院基于此对公允价值原则进行了广泛而深入的反思，认为这个原则是有意义的，但是也存在一些特殊情况，因为它能够误导投资者，扭曲经理们的行为，因此，要慎用这个原则。

欧盟于2008年10月修改国际会计准则IAS-39（金融工具确认和计量准则），旨在引入更多的灵活性且与美国公认会计原则保持一致。欧盟决定修改国际会计准则IAS-39的有关银行条款，从而引入更多的灵活性，以及与美国公认会计准则融合，这是值得肯定的，但是，必须考虑不同银行业务模式之间的差异。

欧洲审计院认为，为了确保会计惯例和打造全球公平竞争环境，国际会计准则委员会（IASB）应该积极促进一个共识：什么地方应该运用以及如何运用公允价值原则，什么地方不应该运用。为此，国际会计准则委员会必须开诚布公地倾听各界的意见，形成一个更为敏感、开放、负责任的和平衡的治理结构。如果达不成如此共识,可能的原因就应该是国际社会的作用,它给公允价值原则的应用设置了限制条件。

针对会计准则,欧洲审计院提出了以下建议:

第一,找到有关复杂金融产品的会计问题的迅速解决办法;

第二,会计规则不应对商业模式有偏见,不应该促进周期性行为,不应该阻碍长期投资;

第三,国际会计准则委员会和其他会计准则制定机构应为不能运用公允价值的非流通市场的资产的估价提供一个一般性的透明的方法;

第四,国际会计准则委员会进一步向管制机构、监督机构和商业界开放其标准制定的过程;

第五,加强国际会计准则理事会的监督和治理结构。

2. 欧洲审计院其他维护金融安全的实践

欧洲审计院对欧盟金融机构的资本市场监管和风险管理进行审计,就有关存款担保和资金需求方面提出建议。欧洲委员会协同欧洲审计院重新考虑了欧盟金融机构特别是大型跨国金融机构管制与监控模式的适当性。此外,欧洲审计院还对欧洲中央银行的管理营运效率进行了审计评价。在海关层面,欧洲审计院基于《金融风险标准和标准执行决定》,重点审查海关金融风险框架设计与执行的有效性。鉴于欧盟反洗钱政策的重要性和银行业的作用,欧洲审计院重点审计反洗钱政策的效率和有效性,并向利益攸关方提供信息为支持政策的制定和进一步实施提供建议。关于欧盟国家针对金融机构的援助,欧洲审计院基于欧盟银行业的新监管框架和市场发展前景,着重针对金融机构的竞争政策执行情况进行专门绩效审计[1]。欧洲保险和职业养老金管理局(European Insurance and Occupational Pensions Authority,简称 EIOPA)是欧洲三个监督机构之一,其为欧洲金融稳定作出了重要贡献。欧洲审计院发现 EIOPA 在跨境业务和内部模式监管方面存在系统性挑战。关于银行业危机管理,欧洲央行于 2014 年承担了银行监管责任,其主要使命是保障银行系统的安全和健全,欧洲审计院主要评估欧洲央行管理层危机管理的运作效率,欧洲审计院发现欧洲央行已经为危机管理建立了实质性的框架,但是依然存在设计缺陷和低效实施的情况[2]。

---

[1] Special Report 21/2020: Control of State Aid to Financial Institutions in the EU: in Need of a Fitness Check(europa.eu).

[2] Special Report no 02/2018: The Operational Efficiency of the ECB's Crisis Management for Banks (europa.eu).

9.4.2 欧洲审计院维护财政安全的实践

欧洲审计院每年对欧盟的预算执行情况进行审计,发表审计意见,得出审计结论并提出改进建议。在年度预算执行审计过程中,欧洲审计院主要关注的内容包括:①对预算和财务管理进行审查,明确最初预算和最终决算之间的差异;②审查预算绩效指标的有用性并对预算执行情况进行评价;③对收入以及与之相关的内部控制及报告进行审计。

在2018年的年度预算执行审计中,欧洲审计院对欧盟的预算管理提出了改进建议:一是要提高预算支出预测的准确性;二是要加强对预算的相关担保敞口进行管理和监测;三是要不断提高预算的透明度[①]。为加强对预算管理的问责,欧洲审计院在2019年的年度报告中加入年度管理和绩效报告,它是欧盟委员会主要高层关于欧盟预算的绩效报告,欧洲审计院审查了欧盟委员会编写报告的程序,对报告是否对欧盟支出计划的表现提供了清晰、全面和平衡的概述进行了审查[②]。欧洲审计院通过程序和实践两个方面的审计监督,督促相关人员履行其职责,对预算进行全面的管理。

在对欧盟预算情况进行年度审计的基础上,欧洲审计院还对预算相关情况进行特别审查,并发表特别报告[③]。欧盟委员会为消除金融危机产生的根源,制定了三项立法以加强国家预算框架(即执行预算政策的方式)。欧洲审计院针对欧盟委员会采取的加强欧盟成员方预算框架的行动的结果进行了评估,主要关注了三个方面的内容:一是欧盟关于国家预算框架要求的有效性;二是相关机构之间的相互协调合作对于加强国家预算框架的作用;三是欧盟制定的法律在成员方是否得到充分的实施和应用。欧洲审计院指出,欧盟委员会采取的加强成员方预算体系的行动基本达到预期,但在效果的评估上,由于没有独立的财政机构进行统一的评估和自由裁量权的存在,欧盟委员会和成员方对于国家预算框架执行情况的评估存在差异。针对审计结果,欧洲审计院提出整改建议:①为确保成员方对国家预算框架的实施,各国执行国家预算框架的合规性应由欧盟委员会和独立财政机构进行统一的评估;②欧盟委员会应当对国家预算框架的要求进行审查,确保框架的有效

[①] 欧洲审计院发布的《有关2018财政年度的年度报告》,https://www.eca.europa.eu/en/Pages/DocItem.aspx?did={D9EB3145-ABBB-4170-A7A5-2950B94654B9}。

[②] 欧洲审计院关于欧盟预算执行情况的报告——2019年年底的状况,https://www.eca.europa.eu/en/Pages/AR2019.aspx。

[③] 第22/2019号特别报告:欧盟对国家预算框架的要求:需要进一步加强它们并更好地监控它们的应用,https://www.eca.europa.eu/en/Pages/DocItem.aspx?did={56E7384F-871C-47EE-BB55-F3593768DAEE}。

性;③加强欧盟财政委员会对各国实施国家预算框架的监督;④加强国家预算框架的执行,欧盟委员会应实时获取国家预算的相关信息并对国家预算框架的运算进行实时监测。

9.4.3 欧洲审计院维护产业安全的实践

欧洲共同体委员会(简称欧共体)于1990年发布第一份以产业政策为名的政策通报,提出市场开放性、横向性和辅助性的产业政策原则。市场开放性是指保证欧共体内开放的市场竞争环境;横向性是指通过改善市场制度、市场环境、创新环境等框架性条件为所有或者多数产业部门的发展创造有利的环境;辅助性是指欧共体行动仅作为成员方政策的补充而存在。这些指导原则一直沿用至今(孙彦红,2012)。1994年,欧盟(当时欧共体已升级为欧盟)发布了第二个重要的产业政策通报"欧洲通往信息社会之路",继续强调产业政策横向性的原则,但更加强调要促进竞争。

2002年至2005年,欧盟连续发布4份关于产业政策的通报,形成了本质上是横向政策但也会充分考虑行业具体情况的矩阵式、综合性的产业政策(Karl 和 Susanne,2006)。2010年,欧盟制定"欧洲2020战略",在横向政策的基础上增加了更多对部分具体产业使用的政策手段,强调可持续地提高产业竞争力,并且更多地使用防御性贸易工具,产业政策更加倾向于保护主义(郑春荣和吴永德,2021)。欧盟的主要产业政策工具包括创造良好的制度环境以促进产业创新发展与核心竞争力提高、提升国有企业在重点行业发挥的关键作用、增强对公共研发和企业研发的支持、通过欧洲地区发展基金和欧洲社会基金等结构基金推动传统制造业、相对落后地区的结构转型(李晓萍和罗俊,2017)。

欧洲审计院对产业政策相关资金的使用与使用效果进行审查,关注资金使用是否有效针对产业政策的目标并提出相关建议。例如,欧盟委员会将2014年至2020年共同农业政策预算的1/4用于减缓温室气体排放,欧洲审计院对其是否能够实际减少农业温室气体排放进行了审查,发现其执行的相关举措对温室气体的排放影响甚微。自2010年以来,温室气体排放基本没有显著变化,原因在于共同农业政策的资金主要用在了不太能减缓气候变暖的措施上,对此,欧洲审计院建议欧盟委员会采取能够实质减少温室气体排放的农业措施,并定期报告共同农业政策减缓气候变暖的效果。

在产业组织安全上,欧洲审计院对市场监管与反垄断程序的执行与执行效果进行审计。欧盟委员会与各国竞争管理机构一起执行欧盟的市场竞争监管,实现并购控制和反垄断。2020年,欧洲审计院审查了欧盟委员会是否能有效发现市场违规行为,是否有效执行欧盟有关合并和反垄断的相关规定,以及其与国家竞争管理机构合作的情况,并研究审查了欧盟委员会评估自身相关业绩以及报告的情况。审计发现,欧盟委员会能够在一定程度上解决产业内的市场竞争问题,但由于资源有限,其监测市场和发现垄断案件的能力有限,并且数字市场的出现使某些调查变得更加复杂。此外,欧盟委员会评估和报告其相关业绩的方式也需要改进。这次审查帮助欧盟委员会提高了打击违反竞争规则行为的能力,加强了其与各国竞争管理机构之间的密切合作,并促进了业绩评估与报告方式的优化。

在关注国际贸易、保护自身产业方面,欧洲审计院也对相关政策进行了审计。在对贸易保护政策的审计上,欧洲审计院发现,贸易保护政策保护欧盟企业免受倾销的功能良好,欧盟委员会遵循了合理的必要程序,但还可以进一步采取更多措施,改进监测方式以提升政策的总体效果。欧洲审计院还会关注其他国家贸易政策对欧洲产业的影响。例如,其对我国一直在实施的国家主导的投资战略进行审查,研究欧盟对我国战略的反应。

9.4.4 欧洲审计院在重大风险防控中的实践

1. 欧洲审计院在突发公共事件中的作用

欧洲审计院历来重视突发公共事件的应急管理。针对欧盟各成员方应对疯牛病、2003年SARS流感、2009年H1N1流感等突发公共卫生事件的措施,欧盟境内发生的重大自然灾害以及科索沃危机等社会安全事件,欧洲审计院实施了大量审计工作,为欧盟委员会应对突发公共事件发挥了重要作用。

1)对欧盟应对突发公共事件的行动框架的有效性进行评估

欧洲审计院认为,有效的行动框架应当是针对突发公共事件全过程的战略路线图,危机的预警系统、监测系统、风险管理系统以及反应系统是突发公共事件应对中较为关键的内容,为确保行动框架的有效实施,欧盟成员方之间的协调以及欧盟成员方对行动框架的实施至关重要。欧洲审计院对行动框架有效性的评估包括两方面:

一是审查灾难应急管理行动框架及其实践。ECA认为,行动框架作为欧盟和各成员方应对突发公共事件的行动指南,应当准确且有效,现有的行动框架在资金安排、应急措施等方面还存在不足,同时相关机构还应当根据气候等环境因素的变化动态调整相关框架的预警机制,以确保其能够对突发公共事件进行准确的预警和监测。在世界经历2003年SARS流感、2009年H1N1流感、2011年H4型大肠杆菌疫情和2014年埃博拉病毒疫情之后,欧盟委员会制定了《跨境健康威胁决定》,欧洲审计院对该决定进行了审计,并于2016年发布特别报告,提出了完善风险管理、早期预警和反应系统的相关建议。2016年,欧洲审计院发布主题为"欧盟民防机制:应对欧盟以外灾难的协调已广泛有效"的审计报告,对欧盟各成员方以外的突发公共事件的应急机制进行了审查与报告,指出欧盟的民防机制提高了欧盟的应急能力。2018年,欧洲审计院对应对洪水的《洪水指令》进行了审计,强调要增强问责制、改进财务资源使用状况、完善洪水风险管理、推动洪水保险发展等。

二是行动框架在实施过程中的有效性。欧盟的主要职责是协调、监督和领导,具体的实施由各职能机构或成员方负责,因此,建立绩效评估指标、加强问责制等有助于提高欧盟制定的行动框架在实施过程中的有效性。欧洲审计院分别针对印度洋海啸、米奇飓风、阿布鲁齐地震、海地地震等突发公共事件,评估行动框架在实施过程中的有效性,并发布审计报告。欧洲审计院对行动框架有效性的评估促进了框架的落地和实施,有助于行动框架的不断完善和创新,增强欧盟委员会的应急管理能力。

2) 针对具体的突发公共事件的应急响应和恢复工作进行的审查

欧洲审计院针对具体的突发公共事件的应急响应和恢复工作进行审查,对欧盟用于应急响应和恢复工作或是人道主义援助的资金使用情况进行监督,从行动层面评估欧盟的应急响应和恢复工作的有效性。欧洲审计院认为,在灾难的应急响应和恢复工作中,欧盟委员会应当重点关注相关资金的分配、重建项目计划的制订以及重建项目实施过程的监测等问题。2001年,欧洲审计院发布了主题为"涉及对科索沃危机受害者的紧急人道主义援助的管理"的特别报告,对欧盟委员会援助资金的分配、应急程序等进行了监督与评价,提出了旨在提高援助速度的措施,包括:建立紧急情况的决策程序、分配足够的工作人员、开发管理信息系统、提供适当的后勤帮助、采取更积极的资金筹措方式、加强与其他援助机构合作等。2008年,欧洲审计院审查了欧盟团结基金的拨付情况,提出了资金拨付不及时等问题。2014年,欧洲审计院还针对海地地震的恢复工作进行了审计,强调了风险管理、机构合作对灾后重建的重要性,并提出了完善预算管理以避免资金浪费和低效率使用的建议。

欧洲审计院对相关机构的职责履行情况进行的审计有助于提高机构的行动效率,促进其应急管理能力的提升。此外,欧洲审计院在审计结论中还强调了风险管理在应对突发公共事件中的重要性,建议欧盟及成员方对突发公共事件的风险以及资金使用过程中的风险进行有效的管理。

3）对欧盟委员会管理职责的审查

由于各成员方之间联系的紧密性，欧盟需要对各成员方应对紧急情况的措施进行有效的管理，防止突发公共事件给一国带来巨大的风险并波及欧盟的其他成员方。针对欧盟成员方境内发生的各类突发公共事件，欧洲审计院重点关注欧盟委员会的职责履行情况，促使欧盟采取相关的措施来激励各成员方积极采取响应措施，降低突发公共事件可能给欧盟及各成员方带来的潜在风险。

4）重点关注突发公共事件发生后的援助行动

欧盟委员会作为援助行动的管理者，对援助行动实施恰当的管理。在援助过程中，最为重要的是资金管理。欧洲审计院对援助资金的审查涵盖了资金管理的全过程：一是对资金的来源进行审查，二是对拨款前的项目评估进行审查，三是对资金拨付的报告和监督程序进行审查。2001年，欧洲审计院针对科索沃危机进行审计，全面反映了欧盟委员会援助科索沃危机过程中的资金管理全过程。

欧盟的灾难援助基金有欧盟团结基金、欧洲农村发展农业基金等，分别用于援助不同类别的自然灾害。2012年，欧洲审计院报告了欧盟团结基金对2009年阿布鲁齐地震的援助行动，对成员方的援助资金使用情况进行了监督，确保了援助资金使用的合规性。2014年，欧洲审计院针对欧洲农村发展农业基金进行了审计，发现了援助资金针对性不足、效益低等问题，并提出欧盟委员会以及成员方应当共同采取措施，提高资金使用效率的建议。

欧洲审计院关注的重点包括援助资金支付的及时性、高效性、灵活性和效益性，认为援助基金有助于帮助受灾国有效应对自然灾害带来的财政风险，欧盟委员会应当采取充分的措施以确保资助行动的效益。

2. 欧洲审计院在维护资本市场安全方面的实践

2000年，法国巴黎证券交易所、荷兰阿姆斯特丹证券交易所、比利时布鲁塞尔证券交易所合并为欧洲证券交易所，它是欧洲首家跨国交易所、欧洲第一大证券交易所，由各交易所所在国家的监管机构组成，各国监管机构根据协议共同协调对资本市场的监管。

欧盟自身"超国家"的特殊性质决定其对资本市场的监管需要在各个国家监管的基础上进行，从而实现资本市场监管的多边合作与协调。欧洲证券和市场管理局是欧盟证券市场的协调与监管机构，其于2020年2月发布《可持续金融战略》，战略重点之一是促进欧盟形成高效一致的监管体系，监测资本市场变化趋势，根据欧盟制定的定量定性指标进行风险评估工作,将具体指标体系与各个国家共享(施懿宸和杨晨辉,2020)。

欧洲审计院对资本市场的监管首先体现在对欧洲证券和市场管理局的监督上。2008年金融危机之前,欧洲对资本市场信用评级机构几乎没有监管,于2011年成立了欧洲证券和市场管理局以监督它们。随后,在2015年,欧洲审计院对欧洲证券和市场管理局在信用评级机构的监管方面进行了审计,研究其是否成功发挥了自己作为欧盟信用评级机构监督机构的功能,审计发现欧洲证券和市场管理局已经具有良好基础,但其规则和准则尚未完善,还存在潜在的重大风险。

2015年,欧盟委员会启动了资本市场联盟的工作,这是欧盟在促进欧盟资本市场一体化方面作出的重大举措,旨在为个人和企业投资者提供更广泛的投资机会,相应地拓宽企业融资渠道,并减小银行系统的风险敞口。2019年,欧洲审计院对欧盟委员会为实现资本市场联盟所进行的一系列举措的有效性开展了审计,并于2020年发布审计公告。审计发现,欧盟委员会朝着建立资本市场联盟的目标迈出了一小步,但迄今未能在其职权范围内取得实质性进展,欧洲审计院建议欧盟委员会作出有针对性的行动,确定具体目标和关键措施,进一步便利中小企业进入资本市场,解决关键的跨境投资障碍,并建立资本市场联盟监测系统。

对资本市场中介机构,欧洲审计院也给予了关注。自2008年金融危机以来,欧盟逐步加强了对投资基金行业的监管,期望在加强投资者保护的基础上,为投资基金提供一个公平的竞争环境。欧盟制定了一套规则以评估投资者和资本市场稳定面临的风险,旨在降低资本市场系统性风险。但由于许多有关投资基金的详细规则都是各国确定的,两个层面的规则之间可能存在重大差异,对此,欧洲审计院对欧盟在投资基金市场一体化方面取得的进展进行了审计,除了讨论不断发展的监管框架的适当性和有效性外,还对其是否促进成员国之间的监督趋同进行了审查。

附　　录

附录1　《"十四五"国家审计工作发展规划》

第一部分　发展环境和指导方针

做好"十四五"时期的审计工作,必须深刻认识审计工作面临的发展环境,牢牢把握审计工作的指导方针。

一、发展环境

党的十八大以来,党中央将审计作为党和国家监督体系的重要组成部分,作出一系列重大决策部署。习近平总书记亲自谋划、亲自部署、亲自推动审计领域重大工作,为审计事业发展指明了前进方向、提供了根本遵循。"十三五"时期,全国审计机关坚持以习近平新时代中国特色社会主义思想为指导,围绕《中华人民共和国国民经济和社会发展第十三个五年规划纲要》的主要目标、任务和重大举措,认真贯彻党中央、国务院重大决策部署,扎实推进审计管理体制改革,稳步推进审计全覆盖,做好常态化"经济体检"工作,累计审计50多万个单位,促进增收节支和挽回损失2.2万多亿元,推动建立健全规章制度3.7万多项,移送重大问题线索3.9万多件,为促进中央令行禁止、维护国家经济安全、推动全面深化改革、促进全面依法治国、推进廉政建设等作出了积极贡献。

"十四五"时期是我国全面建成小康社会、实现第一个百年奋斗目标之后,乘势而上开启全面建设社会主义现代化国家新征程、向第二个百年奋斗目标进军的第一个五年,审计工作面临新的形势、任务和机遇。

——国际国内环境对审计工作提出新挑战。当今世界正经历百年未有之大变局,国际环境的不稳定性不确定性明显增加,经济全球化遭遇逆流。我国已转向高质量发展阶段,同时发展不平衡不充分问题仍然突出,重点领域关键环节改革任务仍然艰巨。审计机关要深刻认识我国社会主要矛盾变化带来的新特征新要求,深刻认识错综复杂的国际环境带来的新矛盾新挑战,增强机遇意识和风险意识,认识和把握发展规律,发扬斗争精神,增强斗争本领,树立底线思维,准确识变、科学应变、主动求变,不断开创审计工作新局面。

——新时代赋予审计工作新职责新使命。审计工作涉及党和国家事业全局,必须在党中央集中统一领导下开展。党的十九大作出改革审计管理体制的决定,党的十九届三中全会决定组建中央审计委员会,要求构建集中统一、全面覆盖、权威高效的审计监督体系,更好发挥审计监督作用。审计机关要深刻认识和准确把握新时代的新特点、新使命、新部署、新要求,自觉在思想上政治上行动上同以习近平同志为核心的党中央保持高度一致,认真落实党中央对审计工作的部署要求,在审计理念、审计手段、审计管理的改革创新上下功夫,不断完善审计制度,使中国特色社会主义审计制度更加成熟、更加定型。

——审计工作还存在一些短板。审计运行体制机制与党中央对审计工作集中统一领导的要求还不完全适应;审计作用发挥与党中央部署要求仍有差距,全国审计工作发展还不平衡;审计全覆盖的质量和水平需要提高,审计成果的质量、层次和水平有待提升;主责主业聚焦不够,审计工作任务重与力量不足的矛盾较突出,干部队伍能力素质不能完全适应审计事业发展需要,审计信息化建设需进一步加强,审计组织方式需进一步优化。审计机关要坚持问题导向,精准施策,力补短板,推动审计工作高质量发展。

二、指导思想

审计作为党和国家监督体系的重要组成部分,要坚持以习近平新时代中国特色社会主义思想为指导,深入贯彻党的十九大和十九届二中、三中、四中、五中全会精神,增强"四个意识"、坚定"四个自信"、做到"两个维护",坚持党中央对审计工作的集中统一领导,坚持稳中求进工作总基调,立足新发展阶段,贯彻新发展理念,构建新发展格局,以推动高质量发展为主题,围绕统筹推进"五位一体"总体布局和协调推进"四个全面"战略布局,依法全面履行审计监督职责,深化审计制度改革,加强全国审计工作统筹,加快构建集中统一、全面覆盖、权威高效的审计监督体系,更好发挥审计在推进国家治理体系和治理能力现代化中的作用,为全面建设社会主义现代化国家开好局、起好步提供监督保障。

三、基本原则

——坚持党的全面领导。深入学习贯彻习近平总书记关于审计工作的重要讲话和重要指示批示精神,坚持和完善党领导审计工作的制度机制,坚持和完善中国特色社会主义审计制度,全面落实党中央对审计工作集中统一领导的各项要求,不断提高贯彻新发展理念的能力和水平,为构建新发展格局、实现高质量发展发挥好监督保障作用。

——坚持依法审计、客观公正。依法全面履行审计监督职责,始终做到法定职责必须为、法无授权不可为,聚焦主责主业,依照法定职责、权限和程序行使审计监督权。坚持原则、恪尽职守、勤勉尽责,始终做到查真相、说真话、报实情。全面辩证地看待审计发现的问题,按照"三个区分开来"要求,客观审慎作出评价和结论。

——坚持以人民为中心。坚持人民主体地位,站稳人民立场,坚持把促进实现好、维护好、发展好最广大人民根本利益作为审计工作的出发点和落脚点,紧扣我国社会主要矛盾变化,把改善人民生活品质、推动共同富裕作为审计工作的切入点和着力点,推动党中央、国务院各项惠民富民政策落到实处。

——坚持改革创新。与时俱进,推进审计理念、思路、方法、制度、机制创新,及时揭示和反映经济社会各领域的新情况、新问题、新趋势。坚持用改革的视角发现问题,以改革的思路推动解决问题,做到揭示问题与推动解决问题相统一,揭示问题、规范管理、促进改革一体推进。

——坚持系统观念。立足审计工作全国一盘棋,强化党委审计委员会对本地区审计工作的统筹协调、整体推进、督促落实,强化上级审计机关对下级审计机关的领导,强化审计工作的前瞻性、整体性和协同性。增强政治意识,围绕"国之大者"谋划和开展审计工作,善于从政治上看问题,善于把握政治大局,不断提高政治判断力、政治领悟力、政治执行力。

四、主要目标

按照国家"十四五"规划纲要确定的经济社会发展目标,结合审计工作实际,确定以下主要目标。

——健全集中统一的审计工作体制机制。把加强党对审计工作的领导落实到审计工作全过程各环节,构建完成覆盖全国、上下贯通、执行有力的组织体系,健全党中央关于审计工作的重大决策部署落实机制、军地联合审计工作机制;健全各级党委审计委员会关于审计领域重大事项请示报告制度,形成审计工作全国一盘棋。

——着力构建全面覆盖的审计工作格局。统筹各级审计力量,拓展审计监督的广度和深度,消除监督盲区,形成多层次、全方位的审计监督体系,确保党中央重大政策措施部署到哪里、国家利益延伸到哪里、公共资金运用到哪里、公权力行使到哪里,审计监督就跟进到哪里。实现审计全覆盖纵向与横向相统一、有形与有效相统一、数量与质量相统一。

——推动形成权威高效的审计工作运行机制。坚持依法审计,用事实和数据说话,维护审计监督的权威性和公信力。坚持党政同责、同责同审,促进权力规范运行。建立健全审计查出问题整改长效机制。着力构建审计计划、组织实施、复核审理、督促整改等既相互分离又相互制约的审计工作机制,不断提升审计管理的制度化、规范化、信息化水平。

第二部分　依法全面履行审计监督职责

做好"十四五"时期的审计工作,必须围绕国家经济社会发展主要目标,把党的领导落实到审计工作全过程各环节,依法全面履行审计监督职责,治已病、防未病,发挥好审计机关对推进国家"十四五"规划纲要实施的监督作用。

五、政策落实跟踪审计

以贯彻落实党中央、国务院重大决策部署,促进政令畅通为目标,明确政策落实跟踪审计定位,加大对经济社会运行中各类风险隐患揭示力度,及时发出预警;加大对重点民生资金和项目审计力度,维护人民利益。改进项目组织实施方式,做实政策落实跟踪审计项目,按照中央重大决策部署安排审计,一个方面政策落实跟踪审计内容原则上列为一个项目。强化审计成果运用,拓展审计监督的广度和深度。

——构建覆盖中央部门、省本级、市县基层全链条跟踪审计机制。对党中央、国务院确定的重大决策部署,要顺着政策落实的全链条、各环节开展跟踪审计,全面掌握政策落实中各利益攸关方的意见建议,对市县基层落实情况要有一定的抽审面,客观反映政策落实的实际效果。

——建立各专业审计与国家重大政策措施有效对接机制。审计机关各专业审计职能部门应将自身职责与党中央、国务院和地方各级党委、政府制定的重大政策措施有效对接，每年选择若干项关系经济社会发展大局的政策措施，集中力量开展专项审计，发挥专业优势，确保审深审透。

——明确各级审计机关的职责定位。审计署及省级审计机关重在加强政策分析研究，提出政策落实跟踪审计项目库意见建议，研究审计重点事项和审计思路，完成项目组织和自身承担的实施工作，综合汇总政策落实情况的审计结果，反映重要审计情况。审计机关的派出机构和市县审计机关重在抓好审计实施，掌握被审计地区相关政策措施落实情况，揭示政策落实中的突出问题，提出需要上级部门完善政策措施的意见建议。

六、财政审计

以增强预算执行和财政收支的真实性、合法性和效益性，推进预算规范管理、建立现代财税体制、优化投资结构为目标，加强对预算执行、重点专项资金和重大公共工程投资等的审计。

——财政预算执行及决算草案审计。围绕财政预算执行过程和结果，每年对各级政府预算执行及决算草案进行审计，重点关注预算收入统筹、预算支出管理和财政支出标准化推进、预算编制的合规性和完整性、预算执行和绩效管理、政府财务报告体系建设及实施等情况，促进加强财政资源统筹，优化财政支出结构，增强国家重大战略任务财力保障。

——部门预算执行及决算草案审计。围绕部门预算的完整性、规范性、真实性，重点关注预算执行、中央八项规定精神落实以及财经法纪执行等情况，对各级党政工作部门、事业单位、人民团体等部门预算执行和决算草案5年内至少审计1次，重点部门和单位每年安排审计，深入揭示预算执行中各类违规和管理不规范问题，促进各预算单位规范管理，增强预算约束。

——重点专项资金审计。围绕重点领域预算绩效管理，重点关注科技、文化、网络安全和信息化等专项资金分配、管理和使用情况，以及相关的政策目标实现情况，推动中央与地方政府事权和支出责任划分改革，促进完善转移支付制度和重点专项资金提质增效。

——政府债务审计。围绕党中央、国务院关于防范化解地方政府债务风险的部署，重点关注地方政府债务风险防控、隐性债务化解和地方政府债券资金使用绩效等情况，推动健全政府债务管理制度，遏制地方政府隐性债务增量、稳妥化解存量,提高政府债券资金使用绩效。

——税收、非税收入和社会保险费征管审计。围绕税务、海关等部门职责履行和权力运行,重点关注税费征管真实性完整性、税费优惠政策落实、口岸通关便利化、进出境货物监管、征管风险防范,以及收入征管制度改革推进等情况,推动健全收入征管制度,提升收入征管质效,完善税务海关执法制度和机制,规范执法行为。

——重大公共工程投资审计。围绕重大公共工程项目预算执行、决算和建设运营,重点关注交通、能源、水利等行业专项规划落实,项目建设管理、资金筹集及管理使用、生态环境保护、建设用地和征地拆迁等情况,持续开展北京冬奥会、川藏铁路等基础设施建设跟踪审计,促进国家"十四五"规划纲要确定的重大工程项目及相关政策落实,提高投资绩效,推动投融资体制改革。

——国外贷援款项目审计。围绕我国政府与国际金融组织和外国政府签订协议约定的职责,在项目执行期内每年开展1次审计,重点关注国外贷援款项目财务收支、项目执行和绩效情况,以及债务管理情况,促进提高项目质量和外资使用效益,推动实现高水平对外开放。

认真履行联合国审计委员会委员工作职责,切实做好联合国审计。

七、国有企业审计

以推动深化国资国企改革、加快国有经济布局优化和结构调整、健全管资本为主的国有资产监管体制为目标,加强对国有及国有资本占控股或主导地位的国有企业以及国有资本监管部门的审计。

——国有企业资产负债损益审计。围绕国有企业资产负债损益的真实性、合法性、效益性,重点关注国有企业重大投资项目、资产处置以及风险防控等情况,促进企业提升财务管理水平和会计信息质量,提高经营管理绩效和国有资产(资本)保值增值。

——国有企业改革审计。围绕国企改革"1+N"制度体系和三年行动方案决策部署,重点关注混合所有制改革和自然垄断行业改革、国有企业法人治理结构和健全市场化经营机制,国有企业科研投入、科技成果转化和核心技术创新攻关等情况,促进完善中国特色现代企业制度,推动提升企业技术创新能力。

——国有资本投资、运营和监管审计。围绕"管企业"向"管资本"转变,重点关注国资监管部门履行监管职责、国有资本投资运营情况,推动监管部门职能转变、优化管资本方式,提升国有资本经营预算执行绩效,促进优化国有资本布局、规范国有资本运作、提高国有资本配置和运行效率。

——境外投资和境外国有资产审计。围绕境外投资和境外国有资产安全、规范、高效运营，重点关注国有企业贯彻落实党中央、国务院关于"走出去"和"一带一路"建设决策部署、境外重大投资风险防范和重大项目建设管理、境外国有资产经营绩效和安全完整等情况，促进提升企业国际化经营和抗风险能力，实现安全、规范、高效走出去，更好服务国家发展大局。

八、金融审计

以防范化解重大风险、促进金融服务实体经济，推动深化金融供给侧结构性改革、建立安全高效的现代金融体系为目标，加强对金融监管部门、金融机构和金融市场运行的审计。

——防范化解金融风险情况审计。围绕统筹发展与安全、守住不发生系统性风险底线，持续关注重点地区、重点领域、金融机构、金融市场以及跨机构、跨市场的风险状况，促进健全金融风险防控、预警、处置、问责的制度体系，维护金融市场健康平稳运行。

——金融监管部门职能履行情况审计。围绕金融监管部门职能履行，重点关注利率市场化改革和货币政策执行效果，多层次资本市场体系建设，宏观及微观审慎监管的框架、措施和规则的制定和执行，金融基础设施建设完善等情况，促进健全金融监管制度，提升金融监管效能，推动建设现代中央银行制度和完善现代金融监管体系。

——金融机构经营管理情况审计。围绕金融机构资产负债损益的真实性、合法性、效益性，重点关注金融机构资产质量、经营管理、风险防控、公司治理及内部管控等情况，促进金融机构完善公司治理，依法合规经营，增强竞争能力。

——金融服务实体经济情况审计。围绕深化金融供给侧结构性改革和扩大开放，重点关注金融服务实体经济重点领域和薄弱环节的情况，促进信贷结构优化、提高直接融资比重、降低实体经济融资成本、服务创新驱动发展战略、增强金融普惠性，推动构建金融有效支持实体经济的体制机制。

九、农业农村审计

以促进提高农业质量效益和竞争力，保障国家粮食安全，推动巩固拓展脱贫攻坚成果和全面推进乡村振兴为目标，聚焦惠农政策落实和涉农资金安全绩效，加强对农业农村相关专项资金、项目和政策落实情况的审计。

——粮食和重要农产品稳产保供相关政策落实情况审计。围绕藏粮于地、藏粮于技任务落实、种质资源和耕地保护,重点关注高标准农田建设、黑土地保护、农业水利设施建设、农业科技和现代种业发展、农业结构调整等情况,推动强化耕地数量保护和质量提升,保护种粮积极性,促进增强农业综合生产能力和深化农业供给侧结构性改革。

——乡村建设行动实施情况审计。围绕乡村建设规划提出的目标任务、重要项目和措施等,重点关注乡村产业发展、农村人居环境整治和农业废弃物综合利用、乡村基础设施建设,以及改善乡村公共服务情况,推动健全城乡融合发展体制机制和建设美丽宜居宜业乡村,促进农民增收。

——农业农村改革任务推进情况审计。围绕深化农业农村改革、加强农业农村发展要素保障等,重点关注农村集体产权制度改革以及完善农业补贴、农业保险等政策落实情况,促进巩固完善农村基本经营制度、健全农业农村投入保障制度。

——巩固拓展脱贫攻坚成果同乡村振兴有效衔接情况审计。围绕扶贫项目资金资产管理使用、农村社会保障和救助、易地扶贫搬迁后续帮扶、脱贫地区特色种养业提升等,重点关注脱贫地区产业可持续发展、农村低收入人口和欠发达地区帮扶政策落实等情况,促进健全防止返贫动态监测和精准帮扶机制,推动巩固拓展脱贫攻坚成果与乡村振兴有效衔接,提升脱贫地区整体发展水平。

十、资源环境审计

以加快推动绿色低碳发展,改善生态环境质量,提高资源利用效率,助力美丽中国建设为目标,全面深化领导干部自然资源资产离任审计,加强对生态文明建设领域资金、项目和相关政策落实情况的审计。

——领导干部自然资源资产离任审计。围绕中央关于加强领导干部自然资源资产离任审计的决策部署,重点关注自然资源资产管理、国土空间规划、碳达峰碳中和、污染防治攻坚战等重大任务落实情况,加快建立健全审计评价标准和指标体系,促进领导干部落实生态文明建设责任制。

——资源环境专项资金审计。围绕节能减排、污染防治、生态保护修复、资源开发利用等财政专项资金投入、分配、管理和使用情况,重点关注生态环境保护修复重大工程、环境基础设施、资源循环利用等重点项目的实施效果,保障资金安全,促进政策目标实现。

——生态文明建设政策落实情况审计。围绕国家"十四五"规划纲要中生态文明建设目标任务,重点关注碳排放碳达峰行动推进、绿色发展政策体系构建、"绿色生态"约束性指标完成、生态保护补偿机制建设、生态安全和环境风险防控等情况,促进经济社会发展全面绿色转型。

十一、民生审计

以提高保障和改善民生水平,确保兜牢基本民生底线,推动民生领域相关改革任务落实落地,促进健全多层次社会保障体系,维护好最广大人民根本利益为目标,加强对就业、社会保障、住房、教育和卫生健康等重点民生资金、项目和相关政策落实情况的审计。

——就业优先政策落实情况审计。围绕减负、稳岗、扩就业等资金管理使用情况,重点关注职业技能提升行动、创业带动就业、就业帮扶等就业保障政策落实情况,推动落实高校毕业生、退役军人、农民工、灵活就业人员、新业态就业人员等重点群体就业保障,促进提高就业补助资金使用效益,健全就业公共服务体系。

——社会保险基金审计。围绕养老、医疗等社会保险基金和积极应对人口老龄化相关资金管理使用情况,重点关注社会保险基金筹集使用和运行风险,推动实现基本养老保险全国统筹和基本医疗、失业、工伤保险省级统筹等改革任务目标,完善养老服务体系,促进社会保险制度公平和可持续发展。

——社会救助、社会福利等兜底保障政策落实和资金使用情况审计。围绕最低生活保障、特困人员供养、医疗救助、残疾人补贴、优抚安置、彩票公益金等专项资金管理使用情况,重点关注资金申请、审核、分配、使用等环节存在的突出问题,推动特殊困难群体基本生活保障到位,促进完善优化分层分类、城乡统筹的社会救助体系。

——住房保障体系建设和改革推进情况审计。围绕保障性安居工程、住房公积金、住宅专项维修资金等住房保障资金管理情况,重点关注城镇老旧小区改造、保障性租赁住房和共有产权住房建设、住房制度改革等政策落实情况,促进完善住房市场体系和住房保障体系,提高住房保障有效供给,推动城市更新建设,有效解决困难群众和大城市新市民、青年人等重点群体住房困难问题。

——高质量教育体系建设和改革推进情况审计。围绕基础教育、职业教育、普通高等教育等领域专项资金管理使用情况,重点关注学前教育普及普惠优质发展、义务教育均衡发展和城乡一体化、职业教育改革、高校"双一流"建设等政策落实情况,推动教育经费保障机制、教师队伍建设、人才培养等方面深化改革,落实"立德树人"的根本任务,推进一流人才培养和创新能力提升,更好服务经济社会发展。

——卫生健康体系建设和改革推进情况审计。围绕公共卫生体系建设、医疗服务与保障能力提升、国家基本药物制度等资金投入和管理使用情况,重点关注重大疫情防控救治体系、基层公共卫生体系、应对突发公共卫生事件能力和分级诊疗体系等建设,以及医药卫生体制改革推进情况,促进提升公共卫生服务水平和医疗资源有效配置,推动健康中国战略贯彻落实。

十二、经济责任审计

以强化干部管理监督,促进干部履职尽责、担当作为为目标,加强对各级党政主要领导干部和国有企事业单位主要领导人员经济责任审计。

——科学确定经济责任审计计划和审计重点。科学制定经济责任审计计划,以任中审计为主,坚持党政同责、同责同审。围绕领导干部权力运行和责任落实,根据不同类别、不同级次、不同地区(部门、单位)领导干部的履职特点,进一步规范经济责任审计重点内容,重点关注贯彻落实党和国家重大经济方针政策和决策部署,地区(部门、单位)重要发展规划制定、执行和效果,重大经济决策,财政财务收支和经济运行风险防范,以及在经济活动中落实党风廉政建设责任和遵守廉洁从政(从业)规定等情况。

——规范经济责任审计评价。以查清的事实为依据,以法律法规和政策制度为准绳,在审计范围内,对被审计领导干部履行经济责任情况进行评价,认真贯彻落实"三个区分开来"要求,考虑历史情况,着眼长远发展,准确界定责任,力求审计结论客观公正、问题处理实事求是,鼓励探索创新,支持担当作为。

——推动深化经济责任审计结果运用。加强与经济责任审计工作联席会议成员单位及有关部门协作配合,发挥监督合力,健全完善联合反馈审计结果、联合督查审计整改等工作机制,及时向被审计领导干部及其所在单位反馈审计情况、提出整改要求、开展整改督查,推动将经济责任审计结果以及整改情况作为考核、任免、奖惩被审计领导干部的重要参考。

十三、督促审计查出问题全面整改落实

深入贯彻落实习近平总书记关于审计整改工作的重要指示批示精神,坚持以推动审计查出问题有效整改、巩固和拓展审计整改效果为目标,坚持揭示问题与推

动解决问题相统一,推动建立健全审计查出问题整改长效机制,做实审计监督后半篇文章。

——强化审计整改责任落实。各级党委审计委员会要及时研究审计查出重大问题的处理意见,统筹协调并督促落实。审计机关要推动被审计单位压实整改主体责任,强化主管部门对其管辖行业领域的监督管理责任。及时组织对审计整改情况进行跟踪督促检查,以后年度审计中也要重点关注以前年度审计整改情况,重点核实整改结果的真实性和完整性,防止敷衍整改、虚假整改。推进审计监督与人大预算决算审查监督、国有资产管理情况监督有机结合,形成监督合力。

——健全审计整改工作机制。对审计查出的问题,形成问题清单,逐项分解到有关地区、部门和单位,明确整改责任主体,整改要求要科学合理、分类施策:对于能够立行立改的,提出明确、具体、可操作、标准统一的整改要求;涉及体制机制或相关法规政策不完善的,提出深化改革、完善制度的意见建议,督促有关部门单位研究改进。加强审计整改信息化建设,采取网上追踪和现场检查相结合、对账销号等方式,推动提升整改效果,实现审计整改由治标多治本少向标本兼治转变。

——推动审计整改结果运用。加强与有关部门的沟通联动,推动把审计监督与党管干部、纪律检查、追责问责结合起来,将审计整改情况作为考核、任免、奖惩领导干部的重要参考。推动健全审计整改约谈和责任追究机制,对拒不整改、推诿整改、敷衍整改、虚假整改的,审计机关可提出处理意见建议,按照干部管理权限提请纪检监察机关、组织人事部门或主管部门研究处理。

第三部分　落实各项保障措施

做好"十四五"时期的审计工作,必须把坚持党中央对审计工作的集中统一领导细化、实化、制度化,加强审计业务管理、干部队伍建设和信息化建设,不断彰显中国特色社会主义审计的政治优势和制度优势。

十四、坚持党中央对审计工作的集中统一领导

进一步巩固和深化审计管理体制改革成果,认真落实党中央对审计工作集中统一领导的各项要求,确保审计工作有序高效,党中央关于审计工作的决策部署及时传导、不折不扣得到落实,切实做到"两个维护"。

——健全各级党委审计委员会工作运行机制。地方各级党委审计委员会要加强对本地区审计工作的领导,立足区域发展战略和本地区实际,增强审计工作的针

对性和有效性。上级党委审计委员会要加强对下级党委审计委员会工作的领导。各级党委审计委员会办公室要认真履职尽责,加强研究谋划、沟通协调、服务保障、督察督办,确保各项部署要求落到实处。

——完善推动党中央关于审计工作的重大决策部署落实机制。各级党委审计委员会要及时传达学习党中央关于审计工作的重大决策部署、习近平总书记关于审计工作的重要讲话和重要指示批示精神、中央审计委员会的议定事项,结合实际研究制定贯彻落实的具体措施。各级党委审计委员会办公室要建立健全审计监督重大事项督察督办制度,建立定期"回头看"和报告、通报、问责制度,加大督察督办力度,确保党中央决策部署有效落实。

——严格执行审计领域重大事项请示报告制度。对重要审计情况、重要审计报告、重大违纪违法问题线索及其处理意见等,审计机关要首先向本级党委审计委员会请示报告,经批准后再按法定程序办理。下级党委审计委员会重大事项要向上级党委审计委员会请示报告,委员会主要负责同志为第一责任人,对请示报告工作负总责。制定审计领域重大事项请示报告清单,实行重大事项请示报告责任追究制度。

——加强对全国审计工作的领导。坚持审计工作全国一盘棋,强化上级审计机关对下级审计机关的领导,上级审计机关要加强审计项目计划的统筹和管理,优化审计组织方式,合理配置审计资源,加强对下级审计机关的考核和干部管理。优化审计机关内部机构设置,增强派出审计机构力量。健全完善军地联合审计工作机制,积极稳妥推进军地联合审计工作。加强对内部审计工作的指导和监督,依法核查社会审计机构出具的审计报告,增强审计监督合力。

十五、全面加强审计业务管理

加大审计创新力度,在盘活用好审计资源上下功夫、挖潜力,向统筹要效率,靠创新提效能。

——创新审计理念思路。积极开展研究型审计,系统深入研究和把握党中央、国务院重大经济决策部署的出台背景、战略意图、改革目标等根本性、方向性问题,不断提升审计工作政治性和前瞻性。转变审计思路,既要善于发现问题,更要注重解决问题,发挥审计的建设性作用。根据审计实践需要,强化审计理论研究,推动审计理论、审计实践和审计制度创新。

——创新审计组织方式。根据审计项目性质,综合运用上审下、交叉审、同级审等审计组织方式,对涉及全国的大项目,统一调度兵力打好决战;对急难险重的任务,集中优势兵力打好歼灭战;对党中央临时交办、时效性强的任务,快速集合兵力打好闪击战;对历史遗留问题和体制机制问题,善于坚守阵地,打好持久战,不断提高审计工作质量和效率。

——优化审计流程管理。坚持严谨务实,所有内部流程以保障审计业务顺利开展为前提。加强审计项目计划管理,实现年度计划和五年规划有机衔接,建立中长期审计项目库,原则上每年确定的审计项目应在中长期审计项目库中筛选确定。在开展试审或审前调查的基础上,科学制定审计工作方案、实施方案。厘清各环节质量控制责任,提高复核审理效率,更好服务审计业务开展。加强审计项目过程控制,规范延伸调查行为。

——健全审计质量控制体系。推动审计法及其实施条例修订工作。加强全流程审计质量管控,建立与信息化相适应的审计质量控制体系,切实防范审计风险。编写、修订各专业领域的审计指南、法规向导,加强对审计工作的实务指引,加强对审计法律法规执行情况的检查,严格落实分级质量控制责任。发挥优秀审计项目对审计质量的示范引领作用。

——加强审计结果运用。建立健全各级审计机关之间审计结果和信息共享机制,加强审计结果跨年度、跨地域、跨行业、跨领域的综合分析,提炼普遍性、规律性、倾向性、苗头性问题,提出有针对性的意见建议。加大审计结果公开和审计整改情况公告力度。强化与其他监督部门和主管部门的沟通协调,健全完善重大问题线索移送和重要问题转送机制。

十六、加强审计干部队伍建设

全面落实"以审计精神立身、以创新规范立业、以自身建设立信"的总要求,加强审计干部思想淬炼、政治历练、实践锻炼、专业训练,锻造信念坚定、业务精通、作风务实、清正廉洁的高素质专业化审计干部队伍。

——大力弘扬和践行审计精神。深入贯彻习近平总书记关于审计精神的重要论述,教育引导审计干部树立对法律的信仰和对法治的崇尚,保持客观公正的工作立场;践行脚踏实地、扎实苦干、与时俱进、开拓创新的精神,始终保持对审计事业的忠诚和对审计职业的操守,当好国家财产的"看门人"、经济安全的"守护者"。

——加强专业能力建设。建立健全审计职业教育培训体系,针对审计干部特点开展分级分类培训。改进审计实务导师制,通过以审代训等途径强化培训效果。

坚持在审计一线锤炼干部过硬本领,提高能查、能说、能写能力。推进干部轮岗交流,完善交流学习机制,提高综合素质。

——健全完善选人用人机制。认真贯彻落实新时代党的组织路线,严格按照新时期好干部标准选人用人,按规定条件、程序开展干部考录、调任、聘任、遴选、选调等工作,严把干部入口关,树立重实干重实绩的用人导向,推动落实能上能下的用人机制。注重在工作一线考察识别干部,落实和完善精准考核、奖惩分明的激励约束机制,保护干部干事创业的积极性。

——持续加强政治机关建设。健全不忘初心、牢记使命长效机制,深入开展党史学习教育,落实意识形态工作责任制,认真履行全面从严治党主体责任和监督责任,推动机关党建与审计业务融合发展。严格落实中央八项规定及其实施细则精神,严格执行审计"四严禁"工作要求和审计"八不准"工作纪律,准确运用监督执纪"四种形态"。加强审计机关内部审计和领导干部经济责任审计,自觉接受纪检监察、人大监督、民主监督、社会监督、舆论监督等各方面监督。

十七、坚持科技强审

全面贯彻落实习近平总书记关于科技强审的要求,加强审计技术方法创新,充分运用现代信息技术开展审计,提高审计质量和效率。

——提升信息化支撑业务能力。推动金审工程三期项目建设应用和持续优化,完成国产化技术改造和部署。完善审计业务网络,实现与副省级以上地方审计机关数据分析网联通。建设完善电子数据备份中心。完善网络安全管理制度,建立健全网络安全责任、统一的网络安全防护标准、协调联动的网络安全协作等体系,开展网络安全常态化检查,持续提升网络安全防御和应急处置能力。

——提升数据管理水平。健全数据采集和定期报送机制,推动被审计单位统一数据接口,认真履行国内外标准化组织技术机构秘书处职责,持续推进数据标准化。健全数据集中管理制度规范,保障数据安全。推动提高省级审计数据分中心的数据存储、处理和分析能力,实现署、省两级审计机关集中管理审计业务数据。

——加强数据资源分析利用。坚持以用为本,完善数据管理制度规范。充分利用地方政府数据平台,扎实开展业务数据与财务数据、单位数据与行业数据以及跨行业、跨领域数据的综合比对和关联分析,促进审计工作从现场审计为主向后台数据分析和现场审计并重转变。加强数据和分析模型共享共用。

十八、抓好规划实施

各地区各部门要加强对审计工作的领导,积极主动支持配合审计工作。凡是管理分配使用公共资金、公共资产、公共资源的部门和单位,凡是行使公共权力、履行经济责任的领导干部,都要依法自觉接受审计监督,认真做好审计查出问题整改工作,建立健全解决问题的长效机制。

各级审计机关要根据本规划要求,研究制定具体落实措施,加强组织领导,落实规划实施责任,抓好规划实施,确保目标任务顺利完成。审计署要组织开展规划实施情况的监督检查和效果评估,确保各项任务落实到位。

附录2 《中国金融稳定报告(2020)》

2020年11月,中国人民银行发布了《中国金融稳定报告(2020)》,对2019年以来我国金融体系的稳健性状况进行了全面评估。报告认为,2019年以来,全球政治经济局势更加复杂严峻,中国经济金融体系面临的外部不确定性有所加大。面对复杂局面,金融系统坚决贯彻落实党中央、国务院决策部署,坚持稳中求进工作总基调,坚持新发展理念,紧紧围绕服务实体经济、防控金融风险、深化金融改革三项任务,坚持实施稳健的货币政策,坚决打好防范化解重大金融风险攻坚战,持续深化供给侧结构性改革,不断改善金融管理和服务,为促进经济高质量发展创造了良好的货币金融环境。

报告指出,2020年,突如其来的新冠疫情对中国乃至全球经济带来前所未有的冲击。世界经济严重衰退,产业链供应链循环受阻,国际贸易投资萎缩,大宗商品市场动荡。金融管理部门坚决落实党中央、国务院"六稳""六保"工作部署,及时采取保持流动性合理充裕、引导市场利率下行、增加再贷款再贴现额度、出台小微企业信用贷款支持计划、实施中小微企业贷款阶段性延期还本付息政策等多种应对举措,全力对冲疫情影响。在一系列政策措施的作用下,金融支持统筹推进疫情防控和经济社会发展取得积极成效,前三季度金融体系运行总体平稳,有力支持我国经济实现正增长,国民经济延续稳定恢复态势,充分展现出我国经济金融的强大韧性和巨大回旋余地。

报告认为,从国际上看,当前世界经济仍处在国际金融危机后的深度调整期,长期矛盾和短期问题相互交织,结构性因素和周期性因素相互作用,经济问题和政治问题相互关联,加之境外疫情形势依然严峻、部分国家保护主义和单边主义盛行等不利因素影响,中国不得不在一个更加不稳定不确定的世界中谋求发展。国内方面,我国正处在转变发展方式、优化经济结构、转换增长动力的攻关期,结构性、体制性、周期性问题相互交织,实现高质量发展还有一些短板弱项,加之受到疫情的冲击,部分企业债务违约风险加大,可能传导至金融体系,金融领域面临的困难和风险增多。

报告指出,人民银行会同相关部门坚决打好防范化解重大金融风险攻坚战,取得重要成果。一是宏观杠杆率过快上升势头得到遏制。宏观上管好货币总闸门,结构性去杠杆持续推进。前期对宏观杠杆率过快增长的有效控制,为应对新冠疫情中加大逆周期调节力度赢得了操作空间。二是高风险金融机构风险得到有序处置。对包商银行、恒丰银行、锦州银行等分类施策,有序化解了重大风险,强化市场纪律。三是企业债务违约风险得到妥善应对。推动银行业金融机构持续加大不良贷款处置力度,不断完善债券违约处置机制。四是互联网金融和非法集资等风险得到全面治理。全国存续的P2P网络借贷机构数量和规模大幅压降,非法集资等活动得到严厉打击,各类交易场所清理整顿稳妥有序推进。五是防范化解金融风险制度建设有力推进。出台资管新规相关配套细则并推动平稳实施,影子银行无序发展得到有效治理。初步建立系统重要性金融机构、金融控股公司、金融基础设施等统筹监管框架,扎实推进金融业综合统计。全面深化资本市场改革,新证券法开始实施。总体看,经过治理,中国金融体系重点领域的增量风险得到有效控制,存量风险得到逐步化解,金融风险总体可控,守住了不发生系统性金融风险的底线。

面对国内外经济金融运行的复杂局面,中国经济潜力足、韧性强、回旋空间大、政策工具多的基本特点没有变,坚定不移深化改革、扩大开放的决心没有变。要坚持用全面、辩证、长远的眼光看待当前的困难、风险、挑战,发挥好改革的突破和先导作用,推动金融体系更好服务经济社会发展大局。坚持稳中求进工作总基调,支持形成以国内大循环为主体、国内国际双循环相互促进的新发展格局。扎实做好"六稳"工作,全面落实"六保"任务,完善宏观调控跨周期设计和调节,加大货币金融政策支持实体经济力度,帮助企业特别是中小微企业渡过难关,推动金融机构合理让利,促进经济和金融良性循环健康发展。继续有效防范化解重大金融风险,精准处置重点领域风险,补齐监管制度短板,进一步压实各方责任,牢牢守住不发生系统性金融风险的底线,实现稳增长与防风险的长期均衡,为胜利完成"十三五"规划主要目标任务、决胜脱贫攻坚、全面建成小康社会营造有利的金融环境。

附录3　中国人民银行　中国银行保险监督管理委员会中国证券监督管理委员会《关于完善系统重要性金融机构监管的指导意见》

系统重要性金融机构在金融体系中居于重要地位,其经营和风险状况直接关系到我国金融体系整体稳健性以及服务实体经济的能力。为完善我国系统重要性金融机构监管框架,建立系统重要性金融机构的识别、监管和处置机制,防范系统性风险,有效维护金融体系稳健运行,经党中央、国务院同意,现提出以下意见。

一、总则

(一)机构定义。系统重要性金融机构是指因规模较大、结构和业务复杂度较高、与其他金融机构关联性较强,在金融体系中提供难以替代的关键服务,一旦发生重大风险事件而无法持续经营,将对金融体系和实体经济产生重大不利影响、可能引发系统性风险的金融机构。

(二)机构范围。本意见所称系统重要性金融机构包括系统重要性银行业机构、系统重要性证券业机构、系统重要性保险业机构,以及国务院金融稳定发展委员会(以下简称金融委)认定的其他具有系统重要性、从事金融业务的机构。

"银行业机构"指依法设立的商业银行、开发性银行和政策性银行;"证券业机构"指依法设立的从事证券、期货、基金业务的法人机构;"保险业机构"指依法设立的从事保险业务的法人机构。

(三)完善监管的主要途径。完善系统重要性金融机构监管,主要通过两条途径实现:

1. 对系统重要性金融机构制定特别监管要求,以增强其持续经营能力,降低发生重大风险的可能性。

2. 建立系统重要性金融机构特别处置机制,确保其在发生重大风险时,能够得到安全、快速、有效处置,保障其关键业务和服务不中断,同时防范"大而不能倒"风险。

本意见提出的特别监管要求是对系统重要性金融机构实施的额外监管措施,

不取代银行业、证券业、保险业监管部门的日常监管职责。

（四）工作机制。系统重要性金融机构由金融委在人民银行和银保监会、证监会工作的基础上确定。人民银行负责系统重要性金融机构基本规则制定、监测分析、并表监管，视情责成有关监管部门采取相应监管措施，并在必要时经国务院批准对金融机构进行检查监督。银保监会、证监会负责系统重要性金融机构评估的数据收集、得分计算和名单报送，依法对相应行业系统重要性金融机构实施微观审慎监管。人民银行会同银保监会、证监会及财政部等其他相关单位建立系统重要性金融机构特别处置机制。金融委成员单位之间要切实加强关于系统重要性金融机构的信息共享和监管合作。

（五）监管责任。相关部门应按照本意见规定的分工，切实履行对系统重要性金融机构的监督管理责任。因相关部门未履行监督管理责任、或履行监督管理责任不到位而造成重大金融风险，金融委办公室按程序牵头启动监管问责。

（六）识别标准和基本监管规则。金融委办公室组织人民银行、银保监会、证监会，依据本意见提出系统重要性银行业、证券业、保险业机构识别标准和监管的实施细则，报金融委审议通过后施行。

二、评估与识别

（七）评估流程。系统重要性金融机构的评估按照以下流程每年开展一次：

1. 确定参评机构范围。

2. 采用指标法识别系统重要性金融机构，确定定量评估指标和评分方法，制作数据收集模板，向参评机构收集评估所需数据。

3. 计算各参评机构系统重要性得分，确定系统重要性金融机构认定分数阈值，形成系统重要性金融机构初始名单。

4. 结合其他定量和定性分析作出监管判断，对系统重要性金融机构初始名单作出调整。

5. 确定并公布系统重要性金融机构最终名单。

（八）参评机构范围。人民银行会同银保监会、证监会根据各行业发展特点，制定客观定量、简单可比的标准，划定参评机构范围。参评标准可采用金融机构的规模指标，即所有参评机构表内外资产总额不低于监管部门统计的同口径上年末该行业总资产的75%；或采用金融机构的数量指标，即银行业、证券业和保险业参评机构数量分别不少于30家、10家和10家。

（九）评估指标。采用定量评估指标计算参评机构的系统重要性得分。评估指标主要衡量系统重要性金融机构经营失败对金融体系和实体经济的潜在影响，包括机构规模、关联度、复杂性、可替代性、资产变现等一级指标。人民银行会同银保监会、证监会根据各行业特点和发展状况设置二级指标及相应权重。

（十）收集数据。银保监会和证监会根据金融委审议通过的评估指标和参评机构范围，制作数据报送模板和数据填报说明。数据填报说明包含各二级指标定义、模板较上年的变化等内容。参评机构于每年6月底之前填写并提交上一会计年度数据。监管部门进行数据质量检查和数据补充修正，并与人民银行共享参评机构的监管报表、填报数据和其他相关信息。

（十一）系统重要性得分。银保监会和证监会在完成数据收集后，计算参评机构系统重要性得分。除另行规定计算方法的情形外，每一参评机构具体指标值占全部参评机构该指标总和的比重与该指标相应权重的乘积之和，即为该参评机构的系统重要性得分。银保监会和证监会根据整体得分情况，确定系统重要性金融机构阈值，形成系统重要性金融机构初始名单，提交金融委办公室。

（十二）监管判断。人民银行、银保监会、证监会可根据其他定量或定性辅助信息，提出将系统重要性得分低于阈值的金融机构加入系统重要性金融机构名单的监管判断建议，与初始名单一并提交金融委办公室。必要时，按系统重要性得分对系统重要性金融机构分组，实行差异化监管。

（十三）名单确定和披露。系统重要性金融机构初始名单、相应金融机构填报的数据和系统重要性得分、监管判断建议及依据于每年8月底之前提交金融委审议。系统重要性金融机构最终名单经金融委确定后，由人民银行和相关监管部门联合发布。

（十四）评估流程和方法的审议与调整。金融委每三年对系统重要性金融机构的评估流程和方法进行审议，并进行必要调整与完善。行业发生显著变化、现有评估流程和方法不能满足防范系统性风险实际需要的，金融委可对评估流程和方法进行额外审议。

三、特别监管要求

（十五）附加监管要求。人民银行会同银保监会、证监会，在最低资本要求、储备资本和逆周期资本要求之外，针对系统重要性金融机构提出附加资本要求和杠杆率要求，报金融委审议通过后施行。为反映金融机构的系统重要性程度，附加资本采用连续法计算，即选取系统重要性得分最高的金融机构作为基准机构，确定其附加资本要求，其他机构的附加资本要求根据系统重要性得分与基准机构得分的比值确定。当对系统重要性金融机构进行分组监管时，可在各组内分别选取系统重要性得分最高的机构作为各组的基准机构，组内其他机构的附加资本要求采用连续法确定。

根据行业发展特点，人民银行可会同银保监会、证监会视情对高得分组别系统重要性金融机构提出流动性、大额风险暴露等其他附加监管要求，报金融委审议通过后施行。

（十六）公司治理。在现有治理监管要求基础上，系统重要性金融机构要进一步建立风险覆盖全面、管理透明有效的治理架构，进一步明确董事会、监事会和高管层的职责权限，并在董事会下设风险管理委员会，负责评估机构存在的系统性风险因素，明确系统性风险管理目标，制定风险防控有关措施，督促管理层落实有关工作。

（十七）风险管理。系统重要性金融机构要进行并表风险管理，对整体治理、资本、风险和财务等进行全面和持续管控，不断优化风险偏好，建立全面风险管理架构，每年制定或更新风险管理计划并报送人民银行和相应监管部门。系统重要性金融机构的风险管理计划应包括对机构风险状况的全面分析、风险防控体系有效性的评估以及改进风险管理水平的具体措施。

（十八）信息系统。系统重要性金融机构要建立高效的数据收集和信息系统，实现对整体风险状况的有效监控，不断优化相关信息报送机制，强化信息披露。

四、审慎监管

（十九）日常监管。银保监会、证监会依法对系统重要性金融机构实施日常监管，包括对机构及其业务范围实行市场准入管理，审查机构高级管理人员任职资格或者任职条件，对机构实施现场检查和非现场监管，收集机构的相关监管数据，开展风险与合规评估，建立风险监控、评价和预警体系，依法查处违法违规行为等。财政部按规定对开发性银行、政策性银行及其开发性、政策性业务进行监管。

（二十）风险监测。人民银行、银保监会、证监会定期针对机构整体经营情况或个别业务开展风险评估，要求机构遵守更高的信息披露标准，以及采取其他有助于监测分析机构风险状况的措施。

（二十一）压力测试。人民银行会同银保监会、证监会，定期对系统重要性金融机构开展压力测试,根据压力测试结果视情对系统重要性金融机构提出额外的监管要求或采取相应监管措施。

(二十二)监管建议。人民银行基于对系统重要性金融机构的风险判断,可建议相关监管部门采取相应监管措施。相关监管部门要积极采纳建议并及时作出回复。

(二十三)宏观审慎措施。系统重要性金融机构存在违反审慎经营规则或威胁金融稳定的,人民银行可向该机构直接作出风险提示。必要时,人民银行商有关部门按照法定程序对系统重要性金融机构的业务结构、经营策略和组织架构提出调整建议,并推进有效实施,以降低其引发系统性风险的可能性。系统重要性金融机构要按要求进行整改,并向人民银行和相关监管部门提交报告。

五、特别处置机制

(二十四)危机管理小组。人民银行牵头银保监会、证监会及财政部等其他相关单位组建危机管理小组,负责建立系统重要性金融机构的特别处置机制,推动恢复和处置计划的制定,开展可处置性评估,以确保系统重要性金融机构经营失败时,能够得到安全、快速、有效处置,保障关键业务和服务不中断,避免引发系统性风险。

(二十五)恢复计划。系统重要性金融机构要制定恢复计划并按年度更新,提交危机管理小组审议修订后执行。恢复计划旨在确保在极端压力情景下,金融机构能够通过采取相关措施恢复正常经营。恢复计划包括但不限于机构概览、执行恢复计划的治理架构、关键功能和核心业务识别、压力情景的设计和分析、恢复措施触发条件、具体实施方案、可行性分析、执行障碍和改进建议等内容。

(二十六)处置计划。危机管理小组会同系统重要性金融机构制定处置计划并按年度更新,处置计划经危机管理小组审议修订后执行。处置计划旨在通过预先制定的处置方案,确保机构在陷入实质性财务困难或无法持续经营时,能够得到快速有序处置,并在处置过程中维持关键业务和服务不中断,避免引发系统性风险。处置计划包括但不限于机构概览、执行处置计划的治理架构、关键功能和核心业务识别、处置措施触发条件、处置计划实施所需的信息和数据、处置策略分析、处置权力和处置工具分析、具体实施方案、可行性分析、处置对经济金融的影响、执行障碍和改进建议等内容。

(二十七)可处置性评估。危机管理小组对系统重要性金融机构按年开展可处置性评估,评估处置机制的可行性与可靠性,以及提高可处置性需改进的方面。评估包括但不限于以下内容:处置机制和处置工具是否合法可行,处置资金来源及资金安排是否明确,金融机构的关键功能识别方法是否合理,关键功能在处置中能否持续运行,组织架构及管理信息系统能否支持处置,处置的跨境合作和信息共享安排是否可行,金融市场基础设施能否持续接入,处置对经济金融的影响等。系统重要性金融机构发生兼并、收购、重组等重大变化的,危机管理小组要及时评估其可处置性的变化情况。

(二十八)信息报送要求。系统重要性金融机构要及时向危机管理小组提供审查恢复和处置计划、开展可处置性评估所需要的相关信息,确保自身管理信息系统能够迅速、全面满足相关信息报送要求。

(二十九)问题机构处置原则。系统重要性金融机构发生重大风险,经批准,由人民银行会同相关部门成立风险处置工作小组,进行应对和处置。处置过程中应当明晰处置责任,既要守住底线,防范系统性风险,又要依法合规,防范道德风险。依据恢复和处置计划,在处置资金使用顺序上,首先使用金融机构自有资产或市场化渠道筹集资金开展自救;上述措施不能化解风险的,相应行业保障基金可以依法提供流动性支持或救助;如上述措施均无法化解风险,在可能引发系统性风险、危及金融体系稳定时,系统重要性金融机构可以向人民银行申请有前置条件的、应急性流动性支持或救助,必要时,由人民银行会同有关部门审核并按程序报批后实施。

六、国际协调与合作

(三十)与国际组织的合作。人民银行、财政部、银保监会、证监会加强与金融稳定理事会、巴塞尔银行监管委员会、国际证监会组织和国际保险监督官协会等国际组织的交流合作,结合我国国情稳妥推进国内系统重要性金融机构监管框架与国际准则接轨。当全球系统重要性金融机构同时也被认定为国内系统重要性金融机构时,原则上适用两者之中较高的特别监管要求。

(三十一)与境外监管部门的合作。人民银行、银保监会、证监会不断提升与境外监管部门的合作水平,加强对系统重要性金融机构境外分支机构的监管,必要时与东道国相关部门签订跨境合作协议,强化监管和处置过程中的协调合作。

七、实施

本意见自发布之日起施行。

金融控股公司适用国家有关金融控股公司监管的规定,但经金融委认定具有系统重要性的金融控股公司,同时适用本意见。

附录4 2019年《党政主要领导干部和国有企事业单位主要领导人员经济责任审计规定》的主要变化之处

	《党政主要领导干部和国有企事业单位主要领导人员经济责任审计规定》 2019年7月
总则 方面	① 明确了"坚持和加强党对审计工作的集中统一领导";明确了"促进领导干部履职尽责、担当作为,确保党中央令行禁止"。 ② 在指导思想部分新增了"四个意识""四个自信""两个维护""五位一体"总体布局和协调推进"四个全面"战略布局方面的内容。 ③ 将经济责任定义为"贯彻执行党和国家经济方针政策、决策部署,推动经济和社会事业发展,管理公共资金、国有资产、国有资源,防控重大经济风险等有关经济活动应当履行的职责"。 ④ 审计对象新增了"国有和国有资本占主导地位的企业(含金融机构,以下统称国有企业)的法定代表人或者不担任法定代表人但实际行使相应职权的主要领导人员"。 ⑤ 在审计期间部分强调了"以任职期间审计为主";审计实施主体部分增加了"审计委员会"
组织协调方面	① 在联席会议部分新增了"金融监督管理部门"参与联席会议制度和联席会议职能。 ② 在审计计划部分新增了"干部考核管理监督""审计对象实行分类管理""经济责任审计中长期规划""领导干部履行经济责任情况审计全覆盖"和"终止审计"
审计内容方面	① 在审计基础部分新规定"经济责任审计应当以领导干部任职期间公共资金、国有资产、国有资源的管理、分配和使用为基础"。 ② 在审计重点部分新规定"以领导干部权力运行和责任落实情况为重点"。 ③ 审计内容部分新增了"经济风险防范情况,民生保障和改善情况,生态文明建设项目审计""在经济活动中落实有关党风廉政建设责任和遵守廉洁从政规定情况"和"以往审计发现问题的整改情况"等
审计实施方面	① 在审计通知部分取消了审计通知送达时限,新增了有关审计通知书的具体规定。 ② 在统筹协调部分新增了"经济责任审计应当加强与领导干部自然资源资产离任审计等其他审计的统筹协调"的内容。 ③ 在配合责任部分新增了"有关部门、单位应当及时提供有关资料和信息"的要求。 ④ 征求意见主体由"审计组"升格为"审计委员会办公室、审计机关";在报告修改部分新增了内容。 ⑤ 将报告审定由"审议"升级为"审定",明确了审计报告具体要求
审计评价与结果运用	① 在审计评价部分新增了"综合运用多种方法,坚持定性评价与定量评价相结合"的要求;明确了"对审计中未涉及的事项不作评价"。 ② 在审计责任部分明确了责任界定考虑因素;取消了主管责任,将相关内容整合到领导责任中;直接责任部分新增了"决策部署不坚决不全面不到位、不履行或者不正确履行职责等规定造成的后果";将主管责任和领导责任合并为领导责任。 ③ 责任豁免内容新增了"三个区分开来"。 ④ 增加了审计结果运用范围和审计结果运用反馈等内容

附录5 2014—2020年度中央部门预算执行审计概况及发现的主要问题

年份	中央部门预算执行审计情况	涉及的部门
2014	① 有的部门预算编报和执行尚不够严格。 ② "三公经费"、会议费等的管理使用中还存在违反财经纪律的问题。 ③ 信息系统建设统筹规划还不够	44个中央部门和303个中央部门所属单位(抽查财政预算拨款2 213.49亿元,占其财政拨款总额的41%)
2015	① 违规套取和使用资金问题依然存在。 ② 事业单位预算保障办法不够明确。 ③ 有的部门和所属单位利用部门权力或影响力取得收入。 ④ 有的部门和单位执行"三公经费"和会议费等管理制度未完全到位	42个中央部门及其所属241家单位(审计财政支出预算1 891.62亿元,占其预算支出总额的36%)
2016	① 预算及资产资金管理还有薄弱环节。 ② 个别部门公务用车、会议管理和办公用房清理等工作还不够到位。 ③ 利用部门影响力或行业资源违规收费问题依然存在	61个中央部门,10家人民团体和中国邮政集团公司、中国对外文化集团公司及其所属332家单位(抽查财政预算拨款2 517.61亿元,占其财政拨款总额的42%)
2017	① 预决算编报还不够准确。 ② 资产管理还不够规范。 ③ "三公经费"和会议费管理不严格问题在一些部门依然存在。 ④ 一些部门和单位依托管理职能和利用行业影响力违规收费	57个中央部门及其所属365家单位(涉及财政拨款预算拨款2 115.99亿元,占其财政拨款总额的35.28%)
2018	① 预算编报还不够完整准确。 ② 预算执行及资产管理还不够规范。 ③ "三公经费"和会议费管理还不够严格。 ④ 一些单位依托管理职能或利用行业资源违规收费	首次对中央一级预算单位实现审计全覆盖,并延伸审计其所属单位256家
2019	① 落实过"紧日子"要求还不够到位。 ② 项目支出"花旧补新"或往来账款长期未清理。 ③ 资产管理仍存在薄弱环节。 ④ 部门信息系统建设绩效有待提高	继续对中央一级预算单位实现审计全覆盖,并延伸审计其所属单位290家
2020	① 部门预算不够完整准确,少(多)报预算、代编预算等问题依然存在。 ② 违反中央八项规定精神和过"紧日子"要求。 ③ 预算管理存在薄弱环节(涉及政府采购、资金管理、财务核算和全面预算绩效管理)	审计了43个中央部门及其所属单位439家(抽查财政预算拨款2 314.33亿元,占其财政拨款总额的31.44%)

附录6 2014—2020年中央预算执行审计中发现的"三公经费"及会议费问题的类型及涉及金额

年份	问题类型	涉及金额
2014	① 在因公出国(境)方面,存在擅自更改行程或境外停留时间问题。 ② 公务用车和公务接待不合规问题。 ③ 在会议费方面,存在开会地点不合规、费用超标准问题。 ④ 在津补贴方面,存在违规发放补贴问题	共计35 018.82万元
2015	"三公经费"和会议费等管理制度不完善。 ① 在因公出国(境)方面,存在变更或延长时间、无预算或超预算出国(境)问题。 ② 在公务用车方面,存在占用其他单位车辆、未及时清理上缴公务用车、运行费超预算、超标准购车问题。 ③ 在公务接待方面,存在超标准列支、转嫁接待费问题。 ④ 在会议费方面,存在超预算、超标准列支会议费问题	共计3 198.77万元
2016	个别部门公务用车、会议管理和办公用房清理等工作不到位	共计596.28万元
2017	"三公经费"和会议费管理不严问题。 ① 在因公出国(境)方面,存在超计划、超限量、超人数安排出国,无预算、超预算出国(境)问题。 ② 在公务用车方面,存在未按规定完成公车改革,超标准编制、违规或变相配备、未按规定使用公务用车,无预算、超预算、超标准支出公务用车购置及维护费问题。 ③ 在会议和管理培训方面,存在无计划、计划外召开会议或举办培训,超标准、超预算、超范围列支会议费、培训费问题。 ④ 违规发放津补贴、违规兼职或取酬	共计11 237.28万元
2018	"三公经费"及会议费等管理不够严格	涉及43个部门及其151家所属单位,金额共计5 469.25万元
2019	"三公经费"超范围或超标准	2个部门的4个因公出国(境)团组超员超期;3个部门及其14家所属单位公务用车超编制或使用不合规等,涉及公务车93辆

(续表)

年份	问题类型	涉及金额
2020	"三公经费"等管理不严。 ① 在公务用车方面,存在超标准配备公务用车、无偿占用下属单位车辆、违规发放车补问题。 ② 在因公出国(境)方面,存在出国团(组)转嫁费用问题。 ③ 在会议方面,存在无(超)计划召开会议、摊派或违规收(支)会议费问题。 ④ 违规发放津补贴,超标配置办公用房、违规装修办公楼。	共计 7 764.68 万元

附录7 GAO就金融监管相关问题发表的审计报告及提供的证词

Panel A: GAO 发表的审计报告

序号	主题	内容	报告编号
1	金融监管体系改革	① 描述了金融监管制度的起源; ② 表述了市场发展的变化给金融监管带来的各种挑战; ③ 提供了一个评价框架,包含 9 个特征要素:明确监管目标,综合平衡,关注系统性风险,灵活性与适应性,效率与效果,消费者和投资者权益保障的一致性,监管机构应当具有独立性、重要影响力、权威与责任,金融监管的一致性,以及将纳税人的风险降至最低	GAO-09-216
2	金融市场的监管	① 金融机构的杠杆交易和减债行为是如何引发金融危机的; ② 联邦金融监管机构为限制杠杆交易所采用的规章制度,以及监管机构如何对这些规章制度的遵守情况进行监督; ③ 本次金融危机所暴露的现有用于限制杠杆交易的监管方法的缺陷,以及相应的对策建议	GAO-09-739

Panel B: GAO 提供的证词

序号	主题	机构	主要观点	证词编号
1	金融监管体系改革	参议院银行、住房和城市事务委员会	必须改革现行的美国金融监管体系,使之更加现代化,并提出了一个可以让国会和其他各方用来制定和评估可能的金融监管改革方案的框架	GAO-09-349T

(续表)

序号	主题	机构	主要观点	证词编号
2	系统性风险	众议院金融服务委员会所属的资本市场、保险和政府出资企业委员会	① 美英两国的金融监管机构对信用违约互换进行监督的程度； ② 信用违约互换给金融市场和机构的稳定带来的风险和挑战； ③ 金融监管机构和行业对解决信用违约互换带来的风险的最近举措，以及可用于其他金融产品的类似努力	GAO-09-397T
3	大型复杂金融机构风险管理系统监管情况	参议院银行、住房和城市事务委员会所属的证券、保险和投资委员会	① 金融监管机构如何监督大型复杂金融机构自身的风险管理； ② 监管机构对2007年夏天之前的风险欠缺识别； ③ 妨碍风险管理监督的因素	GAO-09-499T
4	金融监管体系	参议院银行、住房和城市事务委员会	① 金融监管的进展和GAO近期的工作情况，进一步说明了现阶段旧的金融监管系统的局限性和差距； ② 金融危机期间，其他国家对金融监管系统改进的经验； ③ 改革美国金融监管体系的相关建议	GAO-09-1049T
5	金融监管体系	金融稳定委员会、金融研究办公室	① 强化金融稳定委员会和金融研究办公室的问责制和透明度； ② 促进金融稳定委员会收集和共享关键财务风险指标，作为系统方法的一部分，以帮助识别对金融稳定的潜在威胁	GAO-12-886
6	系统重要性非银行金融公司监管情况	金融稳定委员会	GAO分别从跟踪和监控、披露和透明度以及评估程序的范围三个方面确定金融稳定委员会能够加强问责制和透明度的关键领域	GAO-15-51
7	金融监管结构	金融稳定委员会、美联储、金融研究办公室	① 改变金融监管结构，避免零散和重叠； ② 国会应考虑是否需要修改立法，以使金融稳定委员会的权力与其应对系统性风险的使命保持一致； ③ 定期将其监测工具、评估或监测活动的结果纳入系统风险委员会	GAO-16-175

（续表）

序号	主题	机构	主要观点	证词编号
8	金融部门关键基础设施	财政部、联邦金融监管机构	① 网络安全对金融安全至关重要，金融部门需开展跟踪式全部门网络风险缓解工作； ② 更新金融服务部门具体计划，包括衡量风险缓解工作进展的具体指标等	GAO-20-631
9	金融稳定性	联邦金融监管机构、金融稳定委员会	① 监管机构针对杠杆贷款需持谨慎态度； ② 明确美国金融稳定委员会权威，使之应对系统性风险	GAO-21-167
10	金融监管机构合作	联邦存款保险公司	为更有效地监督消费者风险抵抗能力、美国银行体系的安全性和健全性，联邦存款保险公司应与其他金融监管机构合作，在信贷承销中适当使用替代数据	GAO-21-466PR

资料来源：

GAO. Financial Stability：New Council and Research Office Should Strengthen the Accountability and Transparency of Their Decisions.

GAO. Financial Stability Oversight Council：Further Actions Could Improve the Nonbank Designation Process.

GAO. Financial Regulation：Complex and Fragmented Structure Could Be Streamlined to Improve Effectiveness.

GAO. Critical Infrastructure Protection：Treasury Needs to Improve Tracking of Financial Sector Cybersecurity Risk Mitigation Efforts.

GAO. Financial Stability：Agencies Have Not Found Leveraged Lending to Significantly Threaten Stability but Remain Cautious Amid Pandemic.

GAO. Priority Open Recommendations：Federal Deposit Insurance Corporation.

附录8　国务院国有资产监督管理委员会央企名录

1	中国核工业集团有限公司	8	中国电子科技集团有限公司
2	中国航天科技集团有限公司	9	中国航空发动机集团有限公司
3	中国航天科工集团有限公司	10	中国融通资产管理集团有限公司
4	中国航空工业集团有限公司	11	中国石油天然气集团有限公司
5	中国船舶集团有限公司	12	中国石油化工集团有限公司
6	中国兵器工业集团有限公司	13	中国海洋石油集团有限公司
7	中国兵器装备集团有限公司	14	国家石油天然气管网集团有限公司

(续表)

15	国家电网有限公司	44	中国通用技术(集团)控股有限责任公司
16	中国南方电网有限责任公司	45	中国建筑集团有限公司
17	中国华能集团有限公司	46	中国储备粮管理集团有限公司
18	中国大唐集团有限公司	47	国家开发投资集团有限公司
19	中国华电集团有限公司	48	招商局集团有限公司
20	国家电力投资集团有限公司	49	华润(集团)有限公司
21	中国长江三峡集团有限公司	50	中国旅游集团有限公司[香港中旅(集团)有限公司]
22	国家能源投资集团有限责任公司		
23	中国电信集团有限公司	51	中国商用飞机有限责任公司
24	中国联合网络通信集团有限公司	52	中国节能环保集团有限公司
25	中国移动通信集团有限公司	53	中国国际工程咨询有限公司
26	中国卫星网络集团有限公司	54	中国诚通控股集团有限公司
27	中国电子信息产业集团有限公司	55	中国中煤能源集团有限公司
28	中国第一汽车集团有限公司	56	中国煤炭科工集团有限公司
29	东风汽车集团有限公司	57	机械科学研究总院集团有限公司
30	中国一重集团有限公司	58	中国中钢集团有限公司
31	中国机械工业集团有限公司	59	中国钢研科技集团有限公司
32	哈尔滨电气集团有限公司	60	中国化学工程集团有限公司
33	中国东方电气集团有限公司	61	中国盐业集团有限公司
34	鞍钢集团有限公司	62	中国建材集团有限公司
35	中国宝武钢铁集团有限公司	63	中国有色矿业集团有限公司
36	中国铝业集团有限公司	64	有研科技集团有限公司
37	中国远洋海运集团有限公司	65	矿冶科技集团有限公司
38	中国航空集团有限公司	66	中国国际技术智力合作集团有限公司
39	中国东方航空集团有限公司	67	中国建筑科学研究院有限公司
40	中国南方航空集团有限公司	68	中国中车集团有限公司
41	中国中化控股有限责任公司	69	中国铁路通信信号集团有限公司
42	中粮集团有限公司	70	中国铁路工程集团有限公司
43	中国五矿集团有限公司	71	中国铁道建筑集团有限公司

（续表）

72	中国交通建设集团有限公司	85	中国电力建设集团有限公司
73	中国信息通信科技集团有限公司	86	中国能源建设集团有限公司
74	中国农业发展集团有限公司	87	中国安能建设集团有限公司
75	中国林业集团有限公司	88	中国黄金集团有限公司
76	中国医药集团有限公司	89	中国广核集团有限公司
77	中国保利集团有限公司	90	中国华录集团有限公司
78	中国建设科技有限公司	91	华侨城集团有限公司
79	中国冶金地质总局	92	南光(集团)有限公司[中国南光集团有限公司]
80	中国煤炭地质总局		
81	新兴际华集团有限公司	93	中国西电集团有限公司
82	中国民航信息集团有限公司	94	中国铁路物资集团有限公司
83	中国航空油料集团有限公司	95	中国国新控股有限责任公司
84	中国航空器材集团有限公司	96	中国检验认证(集团)有限公司

参 考 文 献

安广实,叶凡青,2011.基于维护国家经济安全的审计预警机制构建[J].电子科技大学学报(社科版),13(5):59-64.

毕晓方,张俊民,李海英,2015.产业政策、管理者过度自信与企业流动性风险[J].会计研究,(3):57-63.

毕秀玲,于晓静,杨静静,2012.公共危机审计理论框架探析[J].财会通讯,(25):86-88.

蔡春,毕铭悦,2014.关于自然资源资产离任审计的理论思考[J].审计研究,4(5):3-9.

蔡春,蔡利,2012.国家审计理论研究的新发展:基于国家治理视角的初步思考[J].审计与经济研究,27(2):3-10,19.

蔡春,蔡利,朱荣,2011.关于全面推进我国绩效审计创新发展的十大思考[J].审计研究,4(4):32-38.

蔡春,李江涛,2009.经济权力审计监控研究—审计理论研究的一个新领域[J].审计与经济研究,24(5):3-8.

蔡春,李江涛,刘更新,2009.政府审计维护国家经济安全的基本依据、作用机理及路径选择[J].审计研究,(4):7-11.

蔡春,李明,毕铭悦,2013.构建国家审计理论框架的有关探讨[J].审计研究,(3):3-10,21.

蔡春,2000.受托经济责任:现代会计、审计之魂[J].会计之友,(10):15.

蔡春,朱荣,蔡利,2012.国家审计服务国家治理的理论分析与实现路径探讨:基于受托经济责任观的视角[J].审计研究,(1):6-11.

蔡利,马可哪呐,2014.政府审计与国企治理效率:基于央企控股上市公司的经验证据[J].审计研究,(6):48-56.

蔡利,马可哪呐,周微,等,2015.外部审计功能与银行业系统性风险的监控:基于公允价值审计的视角[J].经济学家,(11):70-80.

蔡利,2013.政府审计维护金融安全的作用机理及实现方式研究[D].成都:西南财经大学.

曹颖,2005.区域产业布局优化及理论依据分析[J].地理与地理信息科学,(5):72-74.

曹越,吕亦梅,伍中信,2015.国家经济安全审计实施路径研究[J].财经理论与实践,36(2):83-88.

车亚飞,2016.COSO-ERM视角下政府审计应对社会性公共危机预警体系的研究[D].西安:西北大学.

陈斌,程永林,2020.中国国家经济安全研究的现状与展望[J].中国人民大学学报,34(1):50-59.

陈国阶,2002.论生态安全[J].重庆环境科学,(3):1-3.

陈骏,时现,2018.审计全覆盖驱动下的审计技术方法创新研究[J].审计研究,(5):22-29.

陈丽红,张龙平,朱海燕,2016.国家审计能发挥反腐败作用吗[J].审计研究,(3):48-55.

陈明森,2005.外资企业市场进入行为与市场结构效应:以福建省外商直接投资为例[J].东南学术,(3):85-97.

陈秋玲,薛玉春,肖璐,2009.金融风险预警:评价指标、预警机制与实证研究[J].上海大学学报(社会科学版),(5):127-144.

陈宋生,陈海红,潘爽,2014.审计结果公告与审计质量:市场感知和内隐真实质量双维视角[J].审计研究,(2):20-28.

陈宋生,董旌瑞,潘爽,2013.审计监管抑制盈余管理了吗[J].审计与经济研究,(3):10-20.

陈雨露,2020."双循环"新发展格局与金融改革发展[J].中国金融,(Z1):19-21.

程同顺,2017.习近平总体国家安全观的内容和特色[J].人民论坛,(29):35-37.

池国华,郭芮佳,王会金,2019.政府审计能促进内部控制制度的完善吗——基于中央企业控股上市公司的实证分析[J].南开管理评论,(1):31-41.

褚剑,方军雄,2016.政府审计能够抑制国有企业高管超额在职消费吗[J].会计研究,(9):82-89.

崔雯雯,2017.国家审计、信任和善治[J].天津商业大学学报,37(4):9-14,59.

戴明禹,2017.大数据时代企业管理中信息安全研究的现状与展望[J].情报科学,35(12):162-167.

戴小平,2000.论金融安全区的构建[J].经济问题,(6):50-53.

丁烈云,何家伟,陆汉文,2009.社会风险预警与公共危机防控:基于突变理论的分析[J].人文杂志,(6):161-168.

董敏杰,梁泳梅,张其仔,2015.中国工业产能利用率:行业比较、地区差距及影响因素[J].经济研究,50(1):84-98.

董哲一,朱春磊,黄云霞,2019.我国网络安全产业评价指标体系初探[J].信息安全与通信保密,(12):56-62.

窦祥胜,2002.宏观经济风险探析[J].经济学家,(4):60-63.

段成钢,2010.发挥国家审计维护金融安全作用的思考[J].现代审计与经济,(3):9-11.

樊茂勇,2001.基于应用贡献分析法的经济预警指标选择[J].中国农村观察,(3):57-64.

范小云,王道平,方意,2011.我国金融机构的系统性风险贡献测度与监管:基于边际风险贡献与杠杆率的研究[J].南开经济研究,(4):3-20.

范言慧,席丹,殷琳,2013.繁荣与衰落:中国房地产业扩张与"荷兰病"[J].世界经济,36(11):27-50.

方向东,1994.产业结构升级的两种模式及其启示[J].经济改革与发展,(8):37-41.

冯飞鹏,2018.产业政策、创新与股票收益敏感性:基于信号理论视角的考察[J].现代经济探讨,(5):46-53.

冯文斌,李升峰,2013.江苏省土地生态安全评价研究[J].水土保持通报,33(2):285-290.

B.盖伊·彼得斯,2001.政府未来的治理模式[M].吴爱明,夏宏图,译.北京:中国人民大学出版社.

高飞,2015.中国的总体国家安全观浅析[J].科学社会主义,(2):11-15.

龚关,2013.中国制造业资源配置效率与全要素生产率[J].国民经济管理.

(7):64-75.

龚晓丽,2021."一带一路"视阈下的审计培训模式研究[J].科技与创新,4(8):146-147,150.

顾海兵,沈继楼,周智高,等,2007.中国经济安全分析:内涵与特征[J].中国人民大学学报,(2):79-85.

顾海兵,孙挺,2013.信心预期黄金——广义虚拟经济视角的探讨[J].广义虚拟经济研究,4(1):24-28.

顾海兵,王甲,2018.国家经济安全指标体系的确定与修正——专家文献法探讨[J].山东社会科学,(2):110-116.

关筱谨,任碧云,李坤青,2021.短期跨境资本流动对系统性金融风险的影响研究[J].经济体制改革,(3):8.

郭海明,杨言勇,王海东,2014.突发社会危机统计监测指标体系的设计[J].四川理工学院学报(社会科学版),(3):18-24.

郭虹虹,2021.浅谈大数据环境下的政府审计创新[J].中国乡镇企业会计,4(7):150-151.

郭檬楠,郭金花,2020.国家审计监督能降低国企过度负债吗?——基于国家审计与社会审计协同的视角[J].上海财经大学学报,22(6):95-109.

郭檬楠,宋璐,郭飞,2021.社会审计质量、国家审计监督与国企资产保值增值[J].审计与经济研究,36(2):11-18.

韩承鹏,2018.习近平总体国家安全观的哲学基础[J].求索,(6):35-42.

韩国高,迟绍祥,2018.财政分权背景下税制结构对工业产能利用率的影响研究[J].北京工商大学学报(社会科学版),33(2):94-104.

韩国高,胡文明,2017.要素价格扭曲如何影响了我国工业产能过剩?——基于省际面板数据的实证研究[J].产业经济研究,(2):49-61.

韩康,2005.政府经济和政府理性:公共经济学的缘起与发展[J].国家行政学院学报,(4):7-11.

郝莉莉,马可哪呐,2017.跨境审计监管、经济安全与会计师事务所国际化战略[J].会计论坛,(2):146-157.

郝其荣,2017.地方税收竞争对产能过剩的影响:基于省级面板数据的分析[J].时代经贸,(16):58-60.

郝振平,2009.政府预算执行审计的目标分析[J].审计研究,(2):10-14.

何刚,王雯雯,夏业领,等,2018.基于正态云模型的区域生态安全评价[J].安全与环境学报,18(2):807-813.

何欢浪,张曼,2018.央地关系、地方保护与我国各省产能利用率的实证分析[J].软科学,32(5):10-13.

何建雄,2001.建立金融安全预警系统:指标框架与运作机制[J].金融研究,(1):105-117.

何侃,2009.美国证券市场监管体制简介[J].财会学习,(4):81.

何维达,宋胜洲,2003.开放市场下的产业安全与政府规制[M].南昌:江西人民出版社.

洪源,2011.基于风险因子和AHP的财政风险非参数预警系统构建与实证分析[J].广东商学院学报,26(6):12-23.

胡安俊,2020.中国的产业布局:演变逻辑、成就经验与未来方向[J].中国软科学,(12):45-55.

胡川,2009.行政事业单位国有资产管理模式的国际比较及其借鉴[J].经济社会体制比较,(1):45-50.

胡海峰,代松,2012.后金融危机时代系统性风险及其测度评述[J].经济学动态,(4):41-46.

胡耘通,2021.基于免疫系统理论的国家审计治理腐败路径研究[J].中共南宁市委党校学报,23(1):50-55.

黄汉权等,2017.新时期中国产业政策转型:理论与实践[M].北京:中国社会科学出版社.

黄亮雄,王贤彬,刘淑琳,2015.中国产业结构调整的区域互动:横向省际竞争和纵向地方跟进[J].中国工业经济,(8):82-97.

黄溶冰,王跃堂,2010.我国省级审计机关审计质量的实证分析(2002-2006)[J].会计研究,(6):70-76,96.

黄少卿,陈彦,2017.中国僵尸企业的分布特征与分类处置[J].中国工业经济,(3):24-432.

江涌,2009.金融安全是国家经济安全的核心:国际金融危机的教训与启示[J].求是,(5):60-62.

姜茸,梁双陆,李春宏,2015.国家经济安全风险预警研究综述[J].生态经济,(5):34-38.

蒋尧明,杨嘉逸,唐衍军,2021."区块链+国家审计"助力大数据反腐研究[J].北京工商大学学报(社会科学版),36(1):37-45.

金太军,徐婷婷,2013.应对突发公共事件的政府协调能力:框架、问题与思路[J].学习与探索,(5):37-43.

靳思昌,2018.论大数据背景下的国家审计监督全覆盖[J].财会月刊,(7):160-165.

荆乐国,2016.大数据视野下我国公共危机预警机制建设问题研究[D].西安:陕西师范大学.

景玉琴,2005.关于产业安全问题的经济思想钩沉[J].江汉论坛,(10):15-19.

鞠丽华,2018.习近平总体国家安全观探析[J].山东社会科学,(9):17-22.

孔祥银,王琰,2018.财政资金审计监督全覆盖优化研究[J].财会通讯,(7):95-98.

雷家骕,2006.关于国家经济安全研究的基本问题[J].管理评论,(7):3-7,63.

雷家骕,朱嘉真,2000.国家经济安全与国际经济关系[J].科学新闻,(34):9.

李东,2011.政府审计与金融安全[J].特区经济,(1):290-291.

李斐,2020.国家审计监督与金融风险防范关系研究:基于银行的实证分析[D].武汉:中南财经政法大学.

李国学,2018.不完全契约、国家权力与对外直接投资保护[J].世界经济与政治,4(7):122-141,160.

李健,冯均科,侯兴国,等,2009.政府审计监督与国家经济安全[J].现代审计与经济,(5):7-9.

李健,侯兴国,曹广明,2010.政府审计维护国家金融安全的作用路径与实现机制[J].审计研究,(4):7-10.

李江涛,苗连琦,梁耀辉,2011.经济责任审计运行效果实证研究[J].审计研究,(3):24-30.

李金华,2001.国家经济安全监测警示系统的构建[J].中南财经大学学报,4(5):27-30.

李军林,王麒植,姚东旻,2016.产业结构与经济风险:来自"荷兰病"的模型分析[J].人文杂志,(2):25-32.

李力行,申广军,2015.经济开发区、地区比较优势与产业结构调整[J].经济学(季刊),14(3):885-910.

李孟刚,2006.产业安全理论的研究[D].北京:北京交通大学.

李孟刚,2006.产业安全理论研究[J].管理现代化,(3):49-52.

李孟刚,2016.产业布局安全论[M].北京:北京交通大学出版社.

李明辉,2014.政府审计在反腐败中的作用:理论分析与政策建议[J].马克思主义研究,(4):106-115.

李乾文,丁楠,2017.传统制造业转型升级中的中美政府审计比较[J].会计之友,(1):116-118.

李青原,马彬彬,2017.国家审计与社会审计定价:顺风车还是警示灯——基于我国央企控股上市公司的经验证据[J].经济管理,39(7):149-162.

李小波,吴溪,2013.国家审计公告的市场反应:基于中央企业审计结果的初步分析[J].审计研究,(4):85-92.

李晓萍,罗俊,2017.欧盟产业政策的发展与启示[J].学习与探索,(10):105-112.

李营辉,毕颖,2018.新时代总体国家安全观的理论逻辑与现实意蕴[J].人民论坛·学术前沿,(17):84-87.

李兆华,施泽军,2009.政府审计维护国家金融安全的功能定位[J].经济研究导刊,(23):129-130.

梁勇,1999.开放的难题:发展中国家的金融安全[M].北京:高等教育出版社.

林秀梅,关帅,2020.环境规制推动了产业结构转型升级吗——基于地方政府环境规制执行的策略互动视角[J].南方经济,(11):99-115.

林毅夫,2017.产业政策与我国经济的发展:新结构经济学的视角[J].复旦学报(社会科学版),59(2):148-153.

刘国城,2020.协同视角下新时代国家审计创新研究[J].财经论丛,4(7):63-72.

刘和旺,刘博涛,郑世林,2019.环境规制与产业转型升级:基于"十一五"减排政策的DID检验[J].中国软科学,(5):40-52.

刘恒,2018."一带一路"建设中我国经济安全风险及对策分析[J].现代管理科学,(8):27-29.

刘慧娟,2014.国际证券市场信息披露监管制度研究[D].北京:对外经济贸易大学.

刘家义,2012.论国家治理与国家审计[J].中国社会科学,(6):60-72,206.

刘雷,崔云,张筱,2014.政府审计维护财政安全的实证研究:基于省级面板数据的经验证据[J].审计研究,(1):35-42,52.

刘磊,张晓晶,2020.中国宏观金融网络与风险:基于国家资产负债表数据的分析[J].世界经济,43(12):27-49.

刘莉亚,梁琪,2019.系统性风险的防范与化解[J].经济学动态,(6):83-91.

刘明康,陈永伟,2016.中国贫富分化恶化,应破除体制性障碍[J].国企,(4):11.

刘锡良,等,2004.中国经济转轨时期金融安全问题研究[M].北京:中国金融出版社.

刘锡良,孙磊,2004.我国政府对金融安全的影响和维护[J].财经科学,(3):1-5.

刘跃进,2018.总体安全为人民——学习习近平总书记关于总体国家安全观的重要论述[J].紫光阁,(7):16-17.

柳光强,2016.税收优惠、财政补贴政策的激励效应分析:基于信息不对称理论视角的实证研究[J].管理世界,(10):62-71.

路海英,2021.政府审计视角下我国文化创意产业高质量发展探索[J].西部财会,4(5):68-70.

吕江林,2015.基于CGE模型的我国商业银行房价下跌压力测试研究[J].当代财经,(4):43-59.

吕劲松,张晋,2015.基于审计结果公告的金融审计绩效分析[J].审计研究,(1):31-36.

吕先锫,2010.论政府审计的"免疫"及实现[J].会计之友,(2):103-104.

马良渝,汪洋,2005.我国资本市场危机预警信息指标体系建设研究[J].经济纵横.2005,(7):22-24.

马新彬,2019.如何防范"大而不能倒"风险?——系统重要性金融机构监管框架梳理[J].金融市场研究,(11):113-130.

马轶群,崔伦刚,2016.论国家审计对金融行业监管套利的监督:以交叉金融创新为例[J].审计研究,(5):27-31.

马轶群,倪敏,李勇五,2020."一带一路"倡议、国有企业境外投资风险和国家审计治理[J].山西财经大学学报,42(7):114-126.

马振超,2020.人民安全:国家安全的价值基础[J].人民论坛,(4):50-52.

孟焰,张军,2010.论国家审计"免疫系统"实施机制[J].中央财经大学学报,4(5):81-84.

年志远,李丹,2008.国家经济安全预警指标体系的构建[J].东北亚论坛,(6):75-76.

牛立洁,2015.FDI对我国产业对外依存度的影响研究[D].北京:北京交通大学.

彭冲,汤二子,黄溶冰,2017.政府审计功能协同与财政支出效率:理论与实证[J].财经论丛,(11):63-73.

蒲丹琳,王善平,2011.政府审计、媒体监督与财政安全[J].当代财经,(3):47-53.

乔瑞红,陈楠,2014.政府审计视角下资本市场监管研究[J].会计之友,(19):54-56.

秦荣生,2021."十四五"时期国家审计的时代使命[J].审计观察,4(4):25-29.

青小平,唐辉荣,2012.试论国家审计和国家经济安全[M]//财会工作理论研究与实践探索(第二辑).北京:中国时代经济出版社:103-118.

邱兆祥,曹宇,刘永元,2020.现代金融体系与构建"双循环"新发展格局[J].金融论坛,25(11):11-16,68.

曲格平,2002.关注生态安全之二:影响中国生态安全的若干问题[J].环境保护,(7):3-66.

曲伟强,2016.自然资源资产离任审计评价体系研究[J].商业会计,(13):30-32.

任秀梅,李东光,2012.经济安全审计预警系统架构研究[J].价值工程,31(2):145-146.

容志,2014.公共危机治理框架的现代化及路径分析:从解释到运用[J].上海行政学院学报,15(4):64-72.

上海证券交易所——南京大学联合课题组,2015.上海资本市场系统性风险监控指标研究[R].上证联合研究计划第25期课题报告.

申振东,郭勇,张罗娜,2016.关于我国公共危机管理的思考:基于近三年60起典型突发事件的分析[J].贵州社会科学,(6):70-75.

沈言,2008.国家审计"免疫系统"功能的基本内涵和实现路径[J].现代审计与经济,4(6):8-9.

沈悦,张珍,2007.中国金融安全预警指标体系设置研究[J].山西财经大学学报,(10):89-94.

审计署金融审计司课题组,袁野,吕劲松,等,2010.审计机关在维护国家金融安全方面发挥作用的机制与路径[J].审计研究,(1):18-22.

生忠军,2019.总体国家安全观:形成背景、基本原则和重要任务[J].中共福建省委党校学报,(1):17-23.

施懿宸,杨晨辉,2020.欧洲证券及市场管理局(ESMA)发布《可持续金融战略》[EB/OL].2020-02-27.https://pdf.dfcfw.com/pdf/H3_AP202004021377471505_1.pdf?1585845998000.pdf.

史逸林,2019.全球化下澳大利亚产业结构的演变[J].澳大利亚研究,(1):39-53.

宋常,2009."免疫系统"理论视野下的国家审计[J].审计与经济研究,(1):4-11.

宋常,田莹莹,张羽瑶,2014.关于国家审计若干重大问题的思考[J].当代财经,(1):108-113.

宋磊,2002.论日本型产业政策的本质与制度基础:租的分配成本及其运用效率[J].现代日本经济,(4):20-25.

宋夏云,蔡颖,2020.经济责任审计全覆盖的目标和运行机制研究[J].会计之友,(20):31-35.

宋衍蘅,肖星,2012.监管风险、事务所规模与审计质量[J].审计研究,(3):83-89.

苏东水,2000.产业经济学[M].北京:高等教育出版社.

粟雁飞,粟艳阳,贺静,2005.从政府金融审计看我国金融监管体制的完善[J].华北金融,(11):34-36.

孙国茂,张辉,张运才,2020.宏观审慎监管与证券市场系统性风险测度研究[J].济南大学学报(社会科学版),30(6):107-124.

孙尚涛,2015.论地方审计机关如何构建区域金融稳定的"三位一体"格局[J].审计研究,(5):52-56.

孙彦红,2012.欧盟产业政策研究[M].北京:社会科学文献出版社.

谭洪涛,蔡利,蔡春,2011.金融稳定监管视角下的系统性风险研究述评[J].经济学动态,(10):137-142.

汤凌霄,2009.中国金融安全报告:预警与风险化解[M].北京:红旗出版社.

唐建新,古继洪,付爱春,2008.政府审计与国家经济安全:理论基础和作用路径[J].审计研究,(5):29-32.

唐滔智,陈红,赫雁翔,2015.国家治理、地方政府性债务审计与经济安全[J].南京审计学院学报,12(5):20-27.

万正晓,吴孔磊,2009.构建我国宏观经济预警模型的几点建议[J].统计与决策.2009,(6):74-75.

汪军喜,1999.当前国家经济风险及其防范[J].中国改革,(8):9-10.

王长友,戚艳霞,2016.国外国有企业审计情况与借鉴[J].审计研究,(3):17-25.

王春华,张楠,张军,2013.加拿大综合审计对我国绩效审计服务国家治理的借鉴[J].生产力研究,(7):182-184.

王东光,2016.国家安全审查:政治法律化与法律政治化[J].中外法学,28(5):1289-1313.

王帆,谢志华,2019.政策跟踪审计理论框架研究[J].审计研究,(3):3-10.

王光远,2005.强化公共受托责任,改进政府绩效评估[N].光明日报,2005-3-23:11.

王海兵,王慧秋,2017.实现国家审计全覆盖的挑战与对策研究[J].财会通讯,(31):99-102,4.

王璟璇,张何灿,徐舒扬,2021.基于大数据的"一带一路"海外项目风险动态监测指标体系研究[J].电子政务,(2):64-74.

王静,包翰林,2018.国家审计是否带来了财政资金安全?——来自地方审计机关的经验证据[J].南京审计大学学报,15(6):10-19.

王克玉,2015.境外国有企业法律风险管理审计探讨[J].审计研究,(5):14-19.

王明进,2017.总体国家安全观的哲学境界与世界价值[J].人民论坛,(29):32-34.

王擎,2011.股市暴涨暴跌的界定及比较:以中国、美国、英国、日本股市为例[J].财经科学,(8):17-25.

王素梅,李兆东,陈艳娇,2009.论政府审计与国家经济安全[J].中南财经政法大学学报,(1):95-99.

王巍,郑石桥,2020.论突发公共事件审计主体[J].财会月刊,(12):100-103.

王勇,汤学敏,2021.结构转型与产业升级的新结构经济学研究:定量事实与理论进展[J].经济评论,(1):3-17.

王元龙,2004.关于金融安全的若干理论问题[J].国际金融研究,(5):11-18.

王云平,盛朝迅,任继球,等,2018.我国产业发展的结构性特征、趋势及建议[J].宏观经济管理,(3):29-36,66.

王志成,2018.关于深化金融审计的几点思考[J].审计研究,(4):7-11.

韦德洪,覃智勇,唐松庆,2010.政府审计效能与财政资金运行安全性关系研究:基于审计年鉴数据的统计和实证研究[J].审计研究,(3):9-14.

魏伟,国世平,2017.中国股市风险预警指标体系分析[J].深圳大学学报(人文社会科学版),34(2):109-116.

文军,1999.论国家经济安全及其对中国的启示[J].中国软科学,(7):17-20.

文硕,1990.世界审计史[M].北京:中国审计出版社.

吴国庆,2001.区域农业可持续发展的生态安全及其评价研究[J].自然资源学报,(3):227-233.

吴开亚,何琼,孙世群,2004.区域生态安全的主成分投影评价模型及应用[J].中国管理科学,(1):107-110.

吴凌翔,2017.试验性金融监管的基本原则及法律规制的合理性基础[J].上海金融,4(8):68-72.

吴香雪,2018.福利供给责任与福利契约践行问题研究[J].社会保障研究,(1):87-95.

吴欣,2019."一带一路"倡议下国有企业境外资产审计问题研究[J].审计与理财,(7):16-18.

夏兴园,王瑛,2001.国际投资自由化对我国产业安全的影响[J].中南财经大学学报,(2):37-41.

先恰戈夫.B.K,2003.经济安全:生产、财政、银行[M].国务院发展研究中心国际技术经济研究所,译.北京:中国税务出版社.

肖笃宁,陈文波,郭福良,2002.论生态安全的基本概念和研究内容[J].应用生态学报,13(3):354-358.

徐鸣,2021.经济审计监督助力文化产业高质量发展机制研究[J].广东经济,4(4):78-81.

许从宝,刘晓星,吴凡,2020.人民币汇率、沪港通交易与股指波动[J].系统工程理论与实践,40(6):1452-1467.

许莉,2010.国家审计维护金融安全的作用机理与制度创新[J].审计与经济研究,25(5):19-26.

许良虎,杨妍春,2011.浅议政府审计与外资并购中的产业安全[J].商业会计,(29):13-14.

闫世杰,吕科伟,赵战生,等,2006.国家信息安全竞争力要素及指标研究[J].信息安全与通信保密,(11):20-23.

闫永博,2016.我国开放型经济产业风险防范机制的研究[J].中国商论,(19):148-151.

杨公朴,王玉,朱舟,王蔷,李太勇,2000.中国汽车产业安全性研究[J].财经研究,(1):22-27.

杨开元,霍晓艳,刘斌,2022.国家审计能降低国有企业审计风险吗?——来自省以下审计机关人财物管理改革的准自然实验[J].审计与经济研究,37(1):25-32.

杨乐,李维,1992.301条款和"超级301"条款[J].国外社会科学,(10):81-83.

杨林,2021.国家审计防范区域性金融风险的实现机制研究[J].经营与管理,4(4):144-149.

杨水利,杨祎,2019.产业对外依存度对价值增值影响的实证研究[J].运筹与管理,28(10):184-191.

杨小军,2020.人民币汇率与通货膨胀之间的溢出效应及动态相关性[J].世界经济研究,(2):59-70,136.

杨云霞,齐昌聪,2020.国家经济安全观的国际对照与借鉴[J].河南社会科学,28(6):55-62.

杨志安,宁宇之,2014.中国财政风险预警系统的构建:基于AHP评价法的实证研究[J].中国经济问题,(4):30-37.

尹佳慧,2016.习近平总体国家安全观探析[J].党政论坛,(4):8-11.

于立深,2007.契约方法论:以公法哲学为背景的思考[M].北京:北京大学出版社.

于新东,2000.中国加入WTO后产业保护和产业安全研究及对策[J].学习与探索,4(2):4-12.

余长林,杨国歌,杜明月,2021.产业政策与中国数字经济行业技术创新[J].统计研究,38(1):51-64.

余佳奇,2020.中美会计跨境监管合作有关问题研究[J].会计研究,(4):183-190.

余乐,2010.金融风险防范与金融审计[J].会计师,(11):71-72.

余泳泽,孙鹏博,宣烨,2020.地方政府环境目标约束是否影响了产业转型升级?[J].经济研究,55(8):57-72.

袁明旭,2018.国家治理体系视阈下公共危机治理现代化研究[J].贵州社会科学,(3):36-44.

曾康霖,2008.试析金融风险、金融危机与金融安全[J].金融发展研究,(2):3-7.

张宝英,2020.审计"免疫系统"功能对国家经济安全的作用[J].知识经济,4(21):31-32.

张家年,马费成,2019.总体国家安全观视角下新时代国家安全及应对策略[J].情报杂志,(9):2-20,152.

张金梅,马广奇,2003.资本市场:对监管者的监管[J].金融教学与研究,(5):44-46.

张明喜,丛树海,2009.我国财政风险非线性预警系统:基于BP神经网络的研究[J].经济管理,31(5):147-153.

张萍,孙柳,2013.国有企业道德风险评价指标体系构建:基于声誉效应的研究[J].经济与管理,27(10):70-75.

张强,2014.美国审计署在贯彻落实产业政策中的作用:以美国审计署对美国制造业重振政策的系列审计为例[J].中国内部审计,(7):97-100.

张庆龙,谢志华,2009.论政府审计与国家经济安全[J].审计研究,(4):12-16.

张少东,王道平,范小云,2020."去产能"与我国系统性风险防范[J].经济学动态,(10):110-126.

张硕,高九江,2016.习近平总体国家安全观的理论价值探究[J].中共南昌市委党校学报,14(1):2-6.

张维,2021.发挥国家审计监督功能防范系统性金融风险[J].审计观察,(4):39-41.

张维,2017.加强监管协调提升金融服务实体经济的效率[J].审计观察,(3):

37-39.

张维平,2006.突发公共事件预警机制的理论构建[J].中国石油大学学报(社会科学版),(3):70-74.

张晓芬,王尹琪,韩凤,2020."一带一路"沿线投资项目风险评价及防范对策:基于改进的AHP法[J].沈阳建筑大学学报(社会科学版),22(1):57-62.

张晓朴,2010.系统性金融风险研究:演进、成因与监管[J].国际金融研究,(7):58-67.

张新民,张婷婷,陈德球,2017.产业政策、融资约束与企业投资效率[J].会计研究,(4):12-18,95.

张晔,刘志彪,2005.产业趋同:地方官员行为的经济学分析[J].经济学家,(6):63-68.

张幼文,1999.金融安全的国际条件与国内条件[J].上海金融,(7):4-6.

张玉亮,2010.政府公共危机信息预警能力评价指标体系研究[J].图书情报工作,54(23):137-140.

赵劲松,2003.如何发挥国家审计在金融风险监管中的作用[J].中国审计,(24):44-45.

赵静,2014.地方政府税收竞争对产能过剩的影响[J].技术经济,33(2):96-103.

赵卿,2017.中国式产业政策对产能过剩的影响效应研究:基于中国省级面板数据的经验分析[J].经济与管理评论,33(4):29-37.

赵圣伟,赵文发,2013.深化金融审计研讨会综述[J].审计研究,(1):49-53.

郑春荣,吴永德,2021.欧盟产业政策调整及其对中欧合作的影响[J].当代世界与社会主义,(1):98-106.

郑佳琪,2013.劳动密集型"荷兰病"对我国经济的影响:基于1990—2011年的实证检验[J].商业时代,(9):24-26.

郑联盛,胡滨,王波,2018.我国引发系统性金融风险的潜在因素与化解之策:基于时间和空间维度的分析[J].经济纵横,(4):87-94.

郑石桥,2019.论金融审计客体[J].财会月刊,(2):110-115.

郑石桥,2019.论金融审计主体[J].财会月刊,(1):86-90.

郑石桥,2019.论金融制度审计[J].财会月刊,852(8):116-121,180.

郑石桥,2020.论突发公共事件审计依据[J].财会月刊,(17):73-76.

郑伟宏,李欢,刘秀,张铖,2018.政策执行效果审计与企业"去产能":基于煤炭上市公司的经验数据[J].财会月刊,(8):149-158.

中华人民共和国驻加拿大大使馆经济商务处,2018.对加拿大产业体系及政策的初步分析[R].

钟春平,曾耀,刘诚,2020.系统重要性金融机构国际监管经验及启示[J].征信,38(6):8-13.

周边,李明辉,陈瑞华,2021.影子银行与系统性风险溢出:基于理财产品视角[J].新金融,(3):50-58.

周诚君,2020.以高标准金融市场体系助力构建新发展格局[J].人民论坛·学术前沿,(23):1-6.

周华,刘俊海,2019.审计监督体系的完善路径研究:从注册会计师审计制度的局限性谈起[J].社会科学,(4):40-52.

周珂,2001.生态安全应纳入环境资源法学的调整对象[R].环境资源法学国际研讨会.

周兰,李惠,2013.维护国家经济安全的政府审计路径选择研究[J].会计之友,(25):37-40.

周燕,潘遥,2019.财政补贴与税收减免:交易费用视角下的新能源汽车产业政策分析[J].管理世界,35(10):133-149.

朱波,杨文华,卢露,2016.信息披露、存款保险制度与银行系统性风险[J].财经研究,(12):96-107.

朱富强,2018.契约主义国家观与有为政府[J].社会科学研究,(5):19-28.

朱继东,2018.努力开创新时代国家安全工作新局面[J].人民论坛·学术前沿,(8):26-35.

朱晓明,许山白,2007.我国区域产业结构趋同问题研究综述[J].人文地理杂志,22(2):20-23.

朱晓文,王兵,2016.国家审计对注册会计师审计质量与审计收费的影响研究[J].审计研究,(5):53-62.

邹小平,2016.加拿大联邦审计署国有企业审计及借鉴[J].中国审计(15):64-6.

左敏,2011.国家审计如何更好地维护国家经济安全[J].审计研究,(4):8-13.

ABIAD A,2003. Early-warning systems: a survey and a regime switching approach[R]. IMF Working Paper.

ACHARYA V V, PEDERSEN L H, PHILIPPON T, et al. , 2010. Measuring systemic risk[R]. Working Paper.

ACHARYA V V, 2009. A theory of systemic risk and design of prudential bank regulation[J]. Journal of Financial Stability, 3: 224-255.

ADRIAN T, BRUNNERMEIER M K, 2011. CoVaR[J]. Social Science Electronic Publishing, 106(7): 1705-1741.

AHMAD A, SAAD M, MOHAISEN A, 2019. Secure and transparent audit logs with block audit[J]. Journal of Network and Computer Applications, 145: 1-14.

AIGINGER K, SIEBER S, 2006. The matrix approach to industrial policy [J]. International Review of Applied Economics, 20(5): 573-601.

ALFARO R, DREHMANN M, 2009. Macro stress tests and crises: what can we learn? [J]. BIS Quarterly Review, (12): 29-49.

AMIN S, 1991. The issue of democracy in the contemporary third world[J]. Socialism and Democracy, (1): 83-104.

AMIN, 1999. An institutionalist perspective on regional economic development international[J]. Journal of Urban and Regional Research, (2): 365-378.

ANG J S, COLEAND R A, LIN J W, 2000. Agency costs and ownership structure[J]. Journal of Finance, 55 (1): 81-106.

BALDWIN D A, MILNER H V, 1992. Economics and national security [M]. London: Taylor & Francis.

BALDWIN D A, 1993. Neorealism and neoliberalism: the contemporary debate[M]. New York: Columbia University Press.

BANDT O D, HARTMANN P, 2000. Systemic risk: a survey[J]. Social Science Electronic Publishing, 35: 5-75.

BENNINGA S, WIENER Z, 1998. Value-at-risk (VaR)[J]. Mathematics in Education and Research, (4): 1-7.

BERNAL OSCAR, GNABO J Y, GRéGORY GUILMIN, 2014. Assessing the contribution of banks, insurance and other financial services to systemic risk[J]. Journal of Banking and Finance, (47): 270-287.

BERNANKE B S, 2009. Lessons of the financial crisis for banking supervision: a speech at the Federal Reserve Bank of Chicago Conference on Bank Structure and Competition[R]. Chicago: Illinois (via satellite).

BILLIO M, GETMANSKY M, LO A W, PELIZZON L, 2010. Econometric measurements of systemic risk in the financial and insurance sectors [R]. NBER Working Paper.

BINDER L, COLEMAN J S, PALOMBARA J L, PYE L W, 1971. Crises and sequences in political development[M]. Princeton: Princeton University Press.

BRANDER J A, SPENCER B J, 1988. Unionized oligopoly and international trade policy[J]. Journal of International Economics,(3): 217-234.

BRANSTON J, TOMLINSON P R, WILSON J R, 2012. "Strategic failure" in the financial sector: a policy view[J]. International Journal of The Economics of Business, 19(2): 233-253.

BRIXI H P, 2001. Contingent government liabilities: a hidden risk to fiscal stability[J]. Accounting & Financial Management, 13(4): 582-623.

BROWNLEES C T, ENGLE R F, 2012. Volatility, correlation and tails for systemic risk measurement[R]. Working Paper.

BURNELL P, 2000. Democracy assistance: international cooperation for democratization[M]. London: Psychology Press.

CALVO S G, REINHART C M, 1996. Capital flows to Latin America: is there evidence of contagion effects[J]. Social Science Electronic Publishing, 1-33.

CERUTTI E M, MCGUIRE P M, CLAESSENS S, 2012. Systemic risks in global banking: what available data can tell US and what more data are deeded [R]. National Bureau of Economic Research.

CHACE J, 1998. Bretton Woods II[J]. World Policy Journal, 15(1): 115.

CHEN G J, JIANG X Y, ZHAO X Q, 2020. Monetary policy, macro-prudential regulation and bank systemic risk-taking[J]. Systems Engineering Theory & Practice, 40(6): 1419-1438.

CROCKETT A, 1996. The theory and practice of financial stability[J]. De

Economist, (4): 531-568.

CUMMINS J D, WEISS M A, 2014. Systemic risk and the US insurance sector[J]. Journal of Risk & Insurance, 81(3): 489-528.

DABELKO G D, 2004. Environmental change and security project report [J]. Woodrow Wilson International Center for Scholars, 10:113.

DAHRENDORF R, 1974. Citizenship and beyond: the social dynamics of an idea[J]. Social Research, 41(4): 673-701.

DAVIS E P, KARIM D, 2008. Comparing early warning systems for banking crises[J]. Journal of Financial Stability, (4): 89-120.

DICKS L D, FULGHIERI P, 2015. Uncertainty aversion and systemic risk [R]. CEPR Discussion Paper, No. DP10510.

DICKSEE L R, 1905. Auditing. [M]. New York: Ronald Press.

DOOLEY E E, 2002. Environmental change and security project[J]. Environmental Health Perspectives, 110(9): A513.

DORNBUSCH R I, GOLDFAJN O R, 1995. Currency crises and collapses [J]. Brookings Papers on Economic Activity, (2): 219-293.

DOYLE, RICHARD B, 2007. The US national security strategy: policy, process, problems[J]. Public Administration Review, 67(4): 624-629.

DUMAS J L, 1990. Economic power, military power, and national security [J]. Journal of Economic Issues, 24(2): 653-661.

EICHENGREEN B, ANDREW K R, 1996. Contagious currency crisis[R]. NBER Working Paper.

EICHENGREEN B, IRWIN D A, 1995. Trade blocs, currency blocs and the reorientation of world trade in the 1930s[J]. Journal of International Economics. 38(2): 1-24.

ELAZAR D L, 1997. Kinship and consent: the jewish political tradition and its contemporary uses[M]. NJ: Transaction Publishers.

FLINT D, 1988. The philosophy and principles of auditing: an introduction [M]. London: Macmillan Education.

FONTAINE T, 2005. Currency crises in developed and emerging market economies: a comparative empirical treatment[R]. IMF Working Paper.

FRANKEL J A, ROSE A K, 1996. Currency crashes in emerging markets: an empirical treatment[J]. Journal of International Economics, 41(3-4): 351-366.

GAO, 2004. Follow up on GAO recommendations concerning the securities investor protection corporation[EB/OL], 2004-07-09. http://www.gao.gov/products/GAO-04-848R.

GAO, 2021. Securities and exchange commission: facilitating capital formation and expanding investment opportunities by improving access to capital in private markets[EB/OL], 2021-03-11. https://www.gao.gov/products/b-333063.

GEIGER U, 1998. Harmonization of securities disclosure rules in the global market — a proposal[J]. Fordham Law Review, 66(5): 1785-1836.

GELUK J, HAAN L D, VRIES C D, 2009. Weak and strong systemic fragility[R]. Working Paper.

GIESECKE K, KIM B, 2011. Systemic risk: what defaults are telling US [J]. Management Science, 57(8): 1387-1405.

GIRARDI G, ERGUEN A T, 2013. Systemic risk measurement: multivariate GARCH estimation of CoVaR[J]. Journal of Banking and Finance, 37(8): 3169-3180.

GOLDSTEIN M, KAMINSKY G L, REINHART C M, 2000. Assessing financial vulnerability: early warning system for emerging markets[R].

GOODHART C, SEGOVIANO M, 2009. Banking stability measures[R]. IMF Working Paper.

GOTTSCHALK P, DEAN G, 2009. A review of organised crime in electronic finance[J]. International Journal of Electronic Finance, 3(1): 46-63.

GOUGH J W, 1957. The social contract: a critical study of its development [M]. Oxford: Clarendon Press.

GRAY A, JENKINS B, 1993. Codes of accountability in the new public sector[J]. Accounting, Auditing & Account ability Journal, (3): 52-67.

GROOM E, 1985. International relations: a handbook of current theory [M]. London: Frances Pinter.

参 考 文 献

HAMILTON J D, 1989. A new approach to the economic analysis of nonstationary time series and the business cycle[J]. Econometrica, 57(2): 357-384.

HAMMOND A L, 1995. Environmental indicators: a systematic approach to measuring and reporting on environmental policy performance in the context of sustainable development[M]. Washington: World Resource Institute.

HANA P B, 1998. Contingent government liabilities: a hidden risk for fiscal stability[J]. Finance & Development, 36(1): 46-49.

HEMMING, PETRIE M, 2006. A framework for assessing fiscal vulnerability[R]. IMF Working Paper.

HESSE H, SEGOVIARNO M, 2009. Distress dependence, tail risk and regime changes[R]. IMF Working Paper.

HOLMES O W, 1994. In search of a post-cold war security structure[J]. Political Science, 1: 1-58.

HUANG R, RATNOVSKI L, 2011. The Dark side of bank wholesale funding[J]. Journal of Financial Intermediation, 20(2): 248-263.

HUANG X, ZHOU H, ZHU H B, 2012. A framework for assessing the systemic risk of major financial institutions[J]. Journal of Banking & Finance, 11: 2036-2049.

HYMER S, COHEN R B, 1979. The multinational corporation: a radical approach[M]. Cambridge: Cambridge University Press.

HYMER S, 1966. The impact of the multinational firm[R]. Working Paper.

INTERNATIONAL MONETARY FUND, BANK for INTERNATIONAL SETTLEMENTS, FINANCIAL STABILITY BOARD, 2009. Guidance to assess the systemic importance of financial institutions, markets and instruments: initial considerations. Briefing Paper for the G20 Finance Ministers and Central Bank Governors[R]. Briefing Paper for the G20 Finance Ministers and Central Bank Governors.

International Monetary Fund, 2009. Global financial stability report: responding to the financial crisis and measuring systemic risks[R]. International

Monetary Fund.

INUI K, KIJIMA M, 2005. On the significance of expected shortfall as a coherent risk measure[J]. Journal of Banking and Finance, 4: 853-864.

JERVIS R, 1978. Cooperation under the security dilemma[J]. World Politics, (2): 192.

JIN L, MYERS C S, 2006. R2 around the world: new theory and new tests [J]. Journal of Financial Economics, 79: 257-292.

JOSEPH S K, HANSEN C A, WILLIAMSON J R, 1987. Inositol 1,3,4,5-tetrakisphosphate increases the duration of the inositol 1,4,5-trisphosphate-mediated calcium transient[J]. Febs Letters, 219(1): 125-129.

KAMINSKY G, REINHART L C M, 1998. Leading indicators of currency crises[J]. Staff Papers, 45(1): 1-48.

KAUFMAN G G, 1999. Bank failures, systemic risk, and bank regulation [J]. Cato Journal, 16(1): 17-45.

KESHARWANI R, 2016. Enhancing information security in big data[J]. International Journal of Advanced Research in Computer and Communication Engineering, 5(8): 323-327.

KHALIZAD Z, 2018. Realism returns[J]. The National Interest, 154: 27-34.

KRAUCE L B, NYE J S, 1975. Reflections on the economics and politics of international economic organizations[J]. International Organization, 29(1): 323-342.

KRITZMAN M, LI Y Z, PAGE S, RIGOBON R, 2010. Principal components as a measure of systemic risk[R]. Working Paper.

KUMAR M, OKIMOTO T, 2007. Dynamics of inflation persistence in international inflation rates[J]. Social Science Electronic Publishing, 39: 1458-1479.

LEE T A, 1988. The evolution of audit thought and practice[M]. London: Taylor & Francis.

LEWIS B D, 2003. Local government borrowing and repayment in Indonesia: does fiscal capacity matter[J]. World Development, 31(6): 1047-

1063.

LINS K V, STRICKLAND D, ZENNER M, 2005. Do non-US firms issue equity on US stock exchanges to relax capital constraints? [J]. Journal of Financial and Quantitative Analysis, 40(01): 109-133.

LLIING M, LIU Y, 2003. An index of financial stress for Canada[R]. Working Paper.

LLOYD-ELLIS H, ZHU X, 2001. Fiscal shocks and fiscal risk management [J]. Journal of Monetary Economics, 48(2): 309-338.

LO A W, 2008. Hedge funds, systemic risk, and the crisis of 2007-2008[R]. Working Paper.

LÓPEZ-ESPINOSA G, MORENO A, RUBIA A, VALDERRAMA L, 2012. Short-term wholesale funding and systemic risk: a global CoVaR approach [J]. Journal of Banking & Finance, 36(12): 3150-3162.

MAMOON D, 2012. Economic security, well-functioning courts and a good government[J]. International Journal of Social Economics, 39(8): 587-611.

MAUTZ R K, 1988. Monuments, mistakes and opportunities[J]. Accounting Horizons, 2: 123-8.

MONTGOMERY R H, 1912. Auditing theory and practice[M]. New York: Ronald Press.

MOORE K, ZHOU C, 2013. Too big to fail or too non-traditional to fail: the determinants of banks' systemic importance, systemic risk centre[R]. Working Paper.

MORAN P, GHOSHAL S, 1999. Markets, firms, and the process of economic development[J]. Academy of Management Review, 24(3): 390-41.

NAG A, MITRA A, 1999. Neural networks and early warning indicators of currency crisis[J]. Reserve Bank of India Occasional Papers, 20(2): 1-36.

NAUTZ D, SCHEITHAUER J, 2011. Monetary policy implementation and overnight rate persistence[J]. Journal of International Money & Finance, 30(7): 1375-1386.

NYE J, 1988. Neorealism and neoliberalism[J]. World Politics, 40(2): 235-251.

PADOA-SCHIOPPA T, 2003. Central banks and financial stability: exploring a land in between[C]. Second ECB Central Banking Conference 2002: The Transformation of the European Financial System, October.

PATTON J M, 1992. Accountability and governmental financial reporting [J]. Financial Accountability & Management, 8: 165-180.

PCAOB, 2011. Assessing and responding to risk in the current economic environment[R]. Staff Audit Practice Alert, No. 9.

POLACKOVA H, 1998. Contingent government liabilities: a hidden risk for fiscal stability[R]. Policy Research Working Paper.

RADELET S, SACHS J, 1998. The onset of the east Asian financial crisis [R]. NBER Working Paper.

RAGNAR N, 1947. International monetary policy and the search for economic stability[J]. The American Economic Review, (2): 569-580.

RAMANATHAN, RAMAKRISHNAN, USHA, et al., 2018. The debate on flexibility of environmental regulations, innovation capabilities and financial performance: A novel use of DEA[J]. The International Journal of Management Science, 75(3):131-138.

RAMPINI A, 1999. Default correlation[R]. Working Paper.

RAZA S A, HANIF N, 2013. Factors affecting internet banking adoption among internal and external customers: a case of Pakistan[J]. International Journal of Electronic Finance, 7(1): 82-96.

REINHART C M, ROGOFF K S, 2011. From financial crash to debt crisis [J]. American Economic Review, 101(5): 1676-1706.

ROMZEK B S, DUBNICK M J, 1987. Accountability in the public sector: lessons from the challenger tragedy[J]. Public Administration Review, (5): 227-238.

SAMOFF J, AMIN S, PIERCE B, 1976. Unequal development: an essay on the social formations of peripheral capitalism[M]. New York: Monthly Review Press.

SANTISO C, 2007. Understanding the politics of the budget[R]. Technical Report.

SAUDAGARAN S M, 1988. An empirical study of selected factors influencing the decision to list on foreign stock exchange[J]. Journal of International Business Studies, 19: 101-127.

SHERER M, KENT D, 1983. Auditing and accountability[M]. London: Pitman Books Ltd.

SINCLAIR A, 1995. The chameleon of accountability: forms and discourses[J]. Accounting, Organizations and Society, 1995, (2/3): 219-237.

SMITH, GADDIS, DESPARD, LUCY, EDWARDS, 1983. The intemperate zone: the third world challenge to US foreign policy[J]. Foreign Affairs, 62(1): 1-5.

STEWART J D, 1984. The role of information in public accountability, in issues in public sector accounting[M]. Oxford: Philip All an Publishers Ltd.

SUNDARARAJAN V, ENOCH C, JOSE A S, HILBERS P, KRUEGER R, MORETTI M, SLACK G, 2002. Financial soundness indicators: analytical aspects and country practices[R]. IMF Occasional Paper.

SWANSON MAUREEN H, VOGEL K M, 2017. Big data, intelligence, and analyst privacy: investigating information dissemination at an NSA-funded research lab[J]. Intelligence and National Security, (3): 357-375.

TONG C, 2000. Review on environmental indicator research[J]. Research On Environmental Science, 13(4): 53.

URIBE M, 2006. A fiscal theory of sovereign risk[J]. Journal of Monetary Economics, 53(8): 1857-1875.

VAN OORDT M, ZHOU C, 2019. Systemic risk and bank business model[J]. Journal of Applied Econometrics, 34(3): 365-384.

WARWICK K, 2013. Beyond industrial policy: emerging issues and new trends[R]. OECD Science, Technology and Industry Policy Papers.

WILDAVSKY A, DIRSMITH M W, 2006. The new politics of the budgetary process[M]. Beijing: Peking University Press.